1. Auflage 2022
ISBN 978-3-446-27468-6
© 2022 die Herausgeber*innen, Haus der Kulturen der Welt,
Carl Hanser Verlag GmbH & Co. KG, München
Printed in Germany

Ein jüdischer Garten
angelegt von Itamar Gov, Hila Peleg, Eran Schaerf

HANSER

Ein jüdischer Garten

»Als Erstes wirst du Wurzeln schlagen«, sagt die ältere Dame Mahboubeh Malacouti zu einer kleinen Rose, die sie in der Hand hält, um sie in ihrem kalifornischen Garten einzupflanzen, »und wenn du einmal Wurzeln geschlagen hast, kannst du in der Erde eines jeden Gartens wachsen.« Und zu ihren Bäumen sagt die iranisch-jüdische Migrantin in Parnaz Foroutans Roman *The Girl from the Garden:* »Ihr müsst wissen, dass das Wort Paradies ein Farsi-Wort ist. Es bedeutet ›der Raum innerhalb geschlossener Mauern, ein kultivierter Ort, der sich von der großen Wildnis abhebt‹.«

Die Tradition eines jüdischen Gartens als eines abgegrenzten Raumes mit erkennbaren ästhetischen Merkmalen und bestimmten Pflanzen hat es nie gegeben. Sei es, weil Juden, wo auch immer sie lebten, nicht immer das Recht genossen, Land zu erwerben und zu bebauen, sei es, weil ihr eigentliches Stück Land, wie Heinrich Heine 1854 schreibt, ein Buch ist, ihre Heiligen Schriften, die sie über Jahrhunderte mit sich herumschleppten. So sehr Heine das Buch als portables Land begehrt, so sehr zweifelt Stefan Zweig einige Jahrzehnte später daran – inzwischen gesellte sich die Idee der Nation dazu –, dass Land und Nation die angemessenen politischen Bedingungen für ein jüdisches Leben bilden. Die »politische Aufgabe des Jüdischen« sei es, »den Nationalismus zu entwurzeln in allen Ländern«, schreibt er 1920 in kosmopolitischem Geist an Marek Scherlag; deshalb lehne er »auch den jüdischen Nationalismus ab«. Experimentelle Versuche, ein Stück Land als jüdisch zu deklarieren – wie die Jodensavanne im Surinam des 17. Jahrhunderts, den 1915 gegründeten Jüdischen Autonomen Oblast im ostasiatischen Russland und, seit 1948, den Staat Israel in Palästina – sind für Edmond Jabès, der 1956 Ägypten verlassen muss, fern vom Judentum, das sich in »Ethik, Kultur und Text« zeigt. »Ich habe ein Land verlassen, das nicht das meine war, und bin in ein anderes gezogen, dass ebenfalls nicht das meine ist. Ich habe mich in eine Vokabel aus Tinte geflüchtet, mit dem Buch als Raum« – eine Fluchtbewegung, die nichts heiligt.

Arabisch, Deutsch, Englisch, Französisch, Hebräisch, Italienisch, Jiddisch, Jüdisch-Arabisch, Ladino, Polnisch, Portugiesisch, Rumänisch, Russisch, Serbokroatisch und Spanisch sind die Sprachen der in diesem Buch zusammengestellten literarischen Werke. Es ist eine Auswahl aus einer größeren Anzahl von Sprachen, die über Jahrhunderte von Schriftstellerinnen und Schriftstellern benutzt wurden, um ihren Erfahrungen mit jüdischem Leben Ausdruck zu verleihen. Jede dieser Sprachen bringt ihr Gedächtnis ins Buch ein, wo es auf andere Narrative trifft. Gemeinsam erzählen sie von der anhaltenden

Migration zwischen nationalen Staatsgrenzen, ethnischen und religiösen Zugehörigkeiten, gesellschaftlichen Klassen, Geschlechtskonstruktionen und politischen Überzeugungen. Diese Gedichte, Briefe, Romane und Erzählungen zeichnen eine jüdische Erfahrung auf, die mehrsprachig ist – ein kulturelles Territorium, in dem alles, was in einer Sprache so ist, wie es ist, durch eine andere Sprache in Bewegung gerät. Die Pluralität der Sprachen macht diese Bewegung erst möglich, die in dem Moment zum Stillstand kommt, in dem sich die Vormachtstellung einer einzigen Sprache konsolidiert. Wie jedes kulturelle Territorium ist auch dieser zerstreute, imaginierte und zugleich konkrete Raum umkämpft, als wäre er ein Land mit festzulegenden Grenzen und einer bestimmbaren Identität. Dieses Buch möchte als Bestimmungsbuch für eine unbestimmbare jüdische Identität gelesen werden, die sich in permanenter Migration zwischen verschiedenen Kulturen begreift, in denen sie gelebt wird.

»Was hat ein Palästinenser im jüdischen Garten zu suchen?«, fragt uns Anton Shammas, als wir ihn um die Erlaubnis bitten, einen Text von ihm ins Buch aufzunehmen, worauf wir antworten:

»Anhand der Darstellung von Pflanzen in literarischen Werken aus verschiedenen Zeiten und Geografien versuchen wir, die jüdische Erfahrung und das jüdische Ethos mit all seinen Komplexitäten und Widersprüchen zu erkunden. Unter anderem wird das Buch eine Vielzahl von Geschichten, Ideen und Erinnerungen aufzeichnen, wird Erzählungen von levantinischen Schriftstellern, jüdischen Schriftstellern, die in arabischen oder jüdisch-arabischen Sprachen schreiben, Schriftstellern, die weiterhin Jiddisch schreiben und sich damit außerhalb des hebräischen Kanons stellen, hebräischen Autoren, die nicht über *Eretz-Israel* singen – kurz gesagt, Schriftstellern in ›kleinen Sprachen‹ [Deleuze/Guattari], die die vom Zionismus propagierte homogene und reine jüdische Identität infrage stellen –, einen Raum geben.

Das Buch enthält auch Texte einer beträchtlichen Anzahl nichtjüdischer Schriftsteller, deren Werke sich mit dem jüdischen Leben oder dem Leben unter Juden befassen und damit die Grenzen eines scheinbar klar definierten und ausschließlich jüdischen Territoriums überschreiten. Einige dieser Autoren sind Albert Londres, Olga Tokarczuk, Fausta Cialente und Raja Shehadeh. Aus heutiger Sicht besteht ihr Beitrag zu diesem Buch in erster Linie, wenn auch nicht nur, darin, dass sie die Frage aufwerfen, ob das Schreiben über jüdische Themen nur Juden vorbehalten sein sollte. Da wir unseren Schwerpunkt auf das jüdische Leben unter anderen Gemeinschaften legen, sehen wir keine Notwendigkeit, eine weitere autarke Darstellung einer unidirektionalen Erinnerung zu reproduzieren. Dies mag ein Grund dafür sein, dass wir palästinensische Autoren in das Buch aufnehmen möchten.

Darüber hinaus glauben wir, dass das Denken über jüdische Erfahrungen außerhalb des ethnisch-nationalen Paradigmas namens Israel (im deutschen Kontext, in dem wir arbeiten, aber nicht nur) nicht ohne die Aufzeichnung dessen auskommt, was der Zionismus mit Palästina und seinen nicht-jüdischen Bewohnern gemacht hat und macht. Wenn wir *Ein jüdischer Garten* als einen imaginären Garten betrachten, wird sein Territorium von der Sprache als einer sich ständig verändernden Idee infrage gestellt. Dennoch wird die hebräische Sprache noch immer als das Territorium des vom Zionismus modellierten ›neuen Juden‹ angesehen. In diesem Zusammenhang entnationalisiert Ihr [auf Hebräisch geschriebenes] Buch *Arabesken* die hebräische Sprache (wenn wir diesen Begriff aus dem Wirtschaftsjargon entlehnen dürfen). Indem *Arabesken* sich die Sprache der Unterdrücker aneignet, greift es in deren Selbstverständnis ein, in ihre Identität, wenn man so will. Und zu ›ihnen‹ gehören auch wir – die einen mit den Kindheitserinnerungen an Ihr Kinderbuch [*Der größte Lügner der Welt*], die anderen mit dem Perspektivwechsel auf sich selbst und die Gesellschaft, den *Arabesken* und andere Ihrer Schriften bewirkten.«

Shammas meldet sich zurück und begrüßt die Aufnahme seines Textes in das Buch. »Erlauben Sie mir jedoch, einen nachträglichen Gedanken oder eine Art Fußnote hinzuzufügen: Nach Ihrer ausgezeichneten und detaillierten Erklärung des Buchtitels stimme ich mit dessen politischem und kulturellem Hintergrund vollkommen überein und mag Ihre Art, ihm einen unerwarteten Sinn zu geben, sehr, aber ich bin mir immer noch nicht ganz sicher, wie ein Palästinenser wie ich, der versucht hat (und kläglich gescheitert ist), die hebräische Sprache, die Nationalsprache des jüdischen Staates, von der Herrschaft des Judentums zu befreien, sich im Raum eines *jüdischen* Gartens noch wohlfühlen kann. Hebräisch ist für mich *eine* Sprache, eine sehr schöne Sprache, und nicht unbedingt eine jüdische Sprache, und es gab nichts Jüdisches an dem, was ich geschrieben habe. Aber lassen wir es dabei bewenden.«

Auch wenn, wie Shammas schreibt, *Arabesken* nichts Jüdisches enthält, nimmt das Buch einen Platz im Gedächtnis der hebräischen Sprache ein. Es ist ein Gedächtnis, das Hebräisch als religiöse und weltliche Sprache kennt, als eine in unterschiedlichen Mundarten gesprochene Sprache, als eine Sprache, die sich Wörter aus Nachbarsprachen auf Dauer ausborgt, als eine Sprache, die jüdisch-arabische und jiddische Autorinnen und Autoren nicht als ihre Schreibsprache wählten, die Sprache des jüdisch-nationalen Erwachens, Israels Nationalsprache und für die nicht-jüdischen Bewohnerinnen und Bewohner Palästinas die Sprache der jüdischen Herrschaft, in die nun Shammas eine Geschichte der Beherrschten einschreibt. In Anbetracht des doppelten Status des Hebräischen als historische exilantisch-marginale Sprache und gegenwärtige Nationalsprache wirft Shammas' Aneignung des Hebräischen für seinen Roman »noch komplexere Fragen auf als bei den früheren kolonisierten Arabern, die auf Französisch oder Englisch geschrieben haben«, bemerkt Gil Z. Hochberg 2007 in *Bringing Hebrew Back to Its (Semitic) Place: On the Deterritorialization of Language*.

Im jüdischen Gedächtnis der Diaspora geistert seit jeher das Bild eines Gartens als Verhandlungsort: zwischen Himmel und Erde, Frau und Mann, Juden und Nicht-Juden, Zier- und Nutzpflanzen und anderem mehr. Bereits der Garten Eden wurde zu einem Ort der Verhandlung, die mit der Vertreibung Liliths endet, als sie sich weigert, unter Adam zu liegen. Adam nimmt sich Eva zur Frau und Lilith wird aus der Hebräischen Bibel eliminiert. Aber nicht ihr Echo, das in Werken wie Ruth Almogs *Eine Fremde im Garten Eden* (זרה בגן עדן, 2008) oder *Frau im Garten* (אשה בגן, 2012) nachhallt. Letzteres erzählt von nicht-jüdischen Künstlerinnen wie Sabina von Steinbach, Judith Leyster und anderen Frauen, die im 17. Jahrhundert für ihr kreatives Begehren gesellschaftliche Diskriminierung in Kauf nehmen müssen. Offensichtlich scheint Almog die Solidarität unter Frauen dringlich genug, um Grenzen zwischen ethnischen, religiösen oder kulturellen Gemeinschaften hinter sich zu lassen.

In seinem *Garten der Urteilskräfte* (بستان العقول, 1147), wie Natan'el al-Fayyumi seinen philosophischen Text nennt, hält der jüdisch-jemenitische Gelehrte es für nötig, arabische Philosophie einzubeziehen und den Koran zu zitieren. Vielleicht ist der Text seinem Namen nach als Garten angelegt, um zu suggerieren, dass Schöpfungen des Geistes, selbst wenn sie von jüdisch-religiösen Themen handeln, sich stets im Wachstum befinden und deshalb immer wieder neu verhandelt werden müssen. Fast zeitgleich mit al-Fayyumi legt auf der iberischen Halbinsel Moses Ibn Esra sein *Duftbeet* an (الحديقة في معنى المجاز والحقيقة). Das *Duftbeet* entsteht als Protokoll einer Gelehrtenversammlung, die den »metaphorischen und wahrhaften« Gebrauch von Begriffen in der heiligen Sprache – die hebräische Sprache der religiösen Schriften, die erst später zur gesprochenen Alltagssprache wird – diskutiert. An seinem galiläischen Wohnort Safed nennt Moses Cordovero seine zusammenfassende Darstellung der mittelalterlichen Kabbala nach der Beschreibung der Liebhaberin im Hohelied *Granatapfelgarten* (פרדס רימונים, 1584). Was auch immer diese Gelehrten in der Metapher des Gartens gesehen haben mögen – sie markieren ihn als einen Ort der Verhandlung und Vermittlung unterschiedlicher Perspektiven. Die jüdische Dichterin Qasmuna bint Ismail al-Yahudi, eine der wenigen Frauen aus dem Mittelalter, deren Werk erhalten ist, gibt diesem männlich besetzten Gartenbild die Stimme eines sehnsüchtigen Subjekts, das nicht ewig auf seine Entfaltung warten will: »Einen Weinberg schau' ich da, zur Les' ist jetzt die Zeit, / Noch streckt sich nicht die Hand aus hin nach der vollen Frucht; / Weh, hinwelkt meine Jugend gar bald in Harm und Leid, / Und ihn, den ich nicht nenne, mein Blick vergebens sucht.«

Wenn es eine Erzählung gibt, die einem Garten ungeahnte Qualitäten zuschreibt und die alle diese Autorinnen und Autoren sicherlich kannten, dann ist es die talmudische Erzählung vom פרדס (Baumgarten), sprich *Pardes*. In ihr erweitert sich der Garten als Ort der Verhandlung zu einem Ort der mystischen Erfahrung und der Pluralität von Textauslegungen, spaltend und verbindend zugleich. Das hebräische Wort *Pardes* ist, wie das deutsche Wort *Paradies*, dem Farsi entlehnt. Im 13. Jahrhundert liest der Kabbalist Moses de León *PaRDeS* als Akronym für vier Ansätze der Thora-Auslegung: P, *Pshat*, wörtliche Bedeutung; R, *Remes*, Anspielung, Allegorie; D, *Drash*, interpretative Bedeutung; S, *Sod*, Geheimnis, mystische, esoterische Bedeutung. Der Garten birgt demnach ein unbekanntes Wissen, auf das man sich einlässt, sobald man ihn betritt. De Leóns Zeitgenosse Josef ben Abraham Gikatilla legt seine Schrift über die mystischen Bedeutungen von Namen und Buchstaben als *Nussgarten* (ספר גנת אגוז, 1247) an. Im Wort Garten – sprich *GiNaT* –, das auf Hebräisch aus drei Buchstaben besteht, sieht Gikatilla ein Akronym für drei Ansätze der Deutung von Wörtern.

Allerdings kommen Texte, die wir als »überliefert« bezeichnen, nicht einfach zu uns, weil sie es wert sind, überliefert zu werden. »Wir sollten nie vergessen«, schreibt Ammiel Alcalay im Vorwort zu der vom ihm herausgegebenen Sammlung *Keys to the Garden* (1996), »dass Texte und die Kulturen, aus denen sie hervorgehen, auf dem Umweg einer Vielzahl von Institutionen in unser gemeinsames Vokabular gelangen, seien es tatsächlich funktionierende Institutionen oder institutionalisierte Annahmen und Erwartungen, Denkweisen, die bestimmen, was wir für plausibel, für abwegig oder unwahrscheinlich halten«. Auf diesem Umweg gelangen auch – oder eben nicht – übersetzte Schriften von einem Sprachraum in andere. Um den aschkenasisch-hegemonialen Kanon der israelischen

Literatur und sein im Ausland distribuiertes Bild zu öffnen, übersetzt Alcalay arabisch-, englisch- und hebräischsprachige Werke von jüdisch-israelischen Schriftstellerinnen und Schriftstellern, die in der Levante, der Türkei, dem Iran, Indien und der arabischen Welt geboren wurden oder deren Familien aus diesen Regionen stammen.

In *Ein jüdischer Garten* wird sich »jüdische Identität« als eindeutig definierbar nicht finden, eher als ein im Werden begriffenes Paradox, das sich dem Wechselspiel zwischen Fremd- und Selbstbestimmung entzieht. »Diese Woche habe ich empfunden, was ein Paradox ist: eine Wahrheit, die noch keinen Raum finden kann, sich darzustellen; die gewaltsam in die Welt drängt und mit einer Verrenkung hervorbricht«, schreibt Rahel Levin an Karl August Varnhagen. »Wie richtig, geliebter Freund, und wie traurig vergleichst du mich – wie überaus witzig, nie hat man etwas erschöpfend Ähnliches über mich gesagt!! – vergleichst du mich einem Baume, den man aus der Erde gerissen hat, und dann seinen Wipfel hineingegraben; zu stark hat ihn die Natur angelegt! Wurzel faßt der Wipfel und ungeschickt wird Wurzel zu Wipfel! Das, Lieber, leider! Leider bin ich.«

Itamar Gov, Hila Peleg, Eran Schaerf

Não, para ela Granja Quieta não mudara. Poderia fechar os olhos e enxergar a dura violência dos troncos nus, a doçura dos leves cachos de acácia ao vento; tantas vezes já procurara com o ar aquela mesma paragem recortada pelos vidros da janela, limpos por ela mesma, por ela mesma – como murros de confissão e redenção no peito, por ela mesma! – tantas vezes divisara a paisagem alargada até o infinito quando o olhar se libertava além das cortinas pesadas que ela mesma, ela mesma bordara. Inclinou-se um instante como para provar-se mais uma vez a realidade – sim, depois do jardim desvendava-se o campo.

Nein, für sie hatte Granja Quieta sich nicht verändert. Sie hätte die Augen schließen können, die harte Gewalt der nackten Stämme betrachten, die Sanftheit der leichten Blütenstände der Akazien im Wind; so oft schon hatte sie mit dem Blick dieselbe Landschaft gesucht, die sich hinter den Fensterscheiben abzeichnete, geputzt von ihr selbst, von ihr selbst – Schläge an die Brust aus Reue und Erlösung, von ihr selbst! – so oft hatte sie die Landschaft vor Augen gehabt, die sich bis ins Unendliche erstreckte, wenn sich der Blick befreite und über die schweren Vorhänge hinausflog, die sie selbst, sie selbst, bestickt hatte. Sie beugte sich für einen Moment vor, wie um sich einmal mehr die Wirklichkeit zu beweisen – ja, hinter dem Garten offenbarte sich das Feld.

Clarice Lispector (1920 Tschetschelnyk –1977 Rio de Janeiro) wurde auf der Flucht geboren, was ihr, wie sie sagte, das Gefühl gab, nicht ganz dazuzugehören, vor allem nicht zu sich selbst. Sie kommt im Alter von zwei Monaten in Brasilien an und wird die einzige in ihrer Jiddisch sprechenden Familie, die mit brasilianischem Portugiesisch als Erstsprache aufwächst. Eines ihrer frühesten Bücher in deutscher Übersetzung, *Eine Lehre oder Das Buch der Lüste*, wird 1982 vom Lilith Frauenbuchladen und -verlag in Berlin veröffentlicht. Ihr Schreiben, das weder ethnisch noch naturalistisch gebunden ist, vielleicht sogar ihre Ablehnung der Kategorisierung Feministin, mögen den Lilith-Zweig der deutschen Frauenbewegung besonders interessiert haben. »Ich kann mich nicht zusammenfassen, denn man kann einen Stuhl und zwei Äpfel nicht zusammenzählen. Ich bin ein Stuhl und zwei Äpfel«, sagt die Erzählerin im Roman *Água Viva*, als sie sich auf die Suche nach sich selbst begibt, nur um zu erkennen, dass ihre Identität eine zusammengesetzte ist und Worte nicht immer das ausdrücken können, was sie tatsächlich fühlt. Sofern der Apfel für Wissen steht und der Stuhl den Thron demokratisiert, bestätigt diese Stimme, dass sie mehr ist als ihr Geschlecht.

Kupka obdartusów, ocalała w kącie rynku przed płomienną miotłą upału, oblegała kawałek muru, doświadczając go wciąż na nowo rzutami guzików i monet, jak gdyby z horoskopu tych metalowych krążków odczytać można było prawdziwą tajemnicę muru, porysowanego hieroglifami rys i pęknięć. Zresztą rynek był pusty. Oczekiwało się, że przed tę sień sklepioną z beczkami winiarza podjedzie w cieniu chwiejących się akacyj osiołek Samarytanina, prowadzony za uzdę, a dwóch pachołków zwlecze troskliwie chorego męża z rozpalonego siodła, ażeby go po chłodnych schodach wnieść ostrożnie na pachnące szabasem piętro.

Ein Häuflein zerlumpter Gesellen hatte sich vor dem Flammenbesen der Hitze in einen Winkel des Marktplatzes gerettet und belagerte ein Stückchen Mauer, warf immer wieder Knöpfe und Münzen dagegen, als ließe sich aus dem Horoskop der Metallscheibchen das wahre Geheimnis der Mauer, die von Hieroglyphen aus Rissen und Sprüngen gezeichnet war, herauslesen. Sonst war der Marktplatz leer. Man erwartete vor dem gewölbten Flur mit den Fässern des Weinhändlers im Schatten der schwankenden Akazien die Ankunft eines Eselchens, von einem Samariter am Zaum geführt, und daß zwei Burschen behutsam einen Kranken aus dem glühendheißen Sattel heben würden, um ihn über die kühle Treppe vorsichtig in das nach Sabbat duftende Obergeschoß zu tragen.

»Bruno Schulz, *Baum mit Vogel*, 1942, Malerei auf Putz, 73 × 46 cm« ist auf dem Schild eines Exponats auf der documenta 14 zu lesen. Der Schriftsteller, Literaturkritiker und Künstler Bruno Schulz (1892 Drohobycz – 1942 Ghetto Drohobycz) hat diesem Exponat aber weder den Titel noch die Maße vorgegeben. Der sogenannte *Baum mit Vogel* wurde mit weiteren »Bildern« einer zusammenhängenden Wandmalerei in Drohobycz entrissen, die damit in ihrer vom Künstler im Verhältnis zum Raum konzipierten Gesamtkomposition nicht mehr existiert. Schulz malte die wie Märchen anmutenden Szenen unter Verwendung von Porträts seiner Familienangehörigen und Peiniger 1942 als Zwangsarbeit in einer vom SS-Mann Felix Landau besetzten Villa. »[M]an kann das nicht so behandeln wie das Leichentuch Christi, und nimmt sich wie bei einer Devotionalie einfach ein Stück daraus«, sagt Benjamin Geissler, der 2001 den Raum entdeckt. Doch das können auch Juden, wie drei Mitarbeiter der Jerusalemer Gedenkstätte Yad Vashem 2001 beweisen, als sie in einer Geheimaktion die Gesamtkomposition in Schutt und Bilder zerlegen und letztere nach Israel »heimholen«. In Gernot Wolframs Erzählung *Die Fresken* (2003) befällt den Leiter dieses Unternehmens beim Anblick der zerstörten Wände ein »Gefühl von Fremdheit«. 2002 vollenden ukrainische Restauratoren die Zerstörung durch die Ablösung weiterer »Devotionalien«, die als »jüdische Spuren« im Museum der Stadt ihren Dienst leisten.

מה שהעניק לשעות הקריאה בקיץ נעימות מיוחדת הייתה האווירה, או מוטב – האוויר – ששרר בחדרי ביתנו ובבתים רבים בבגדאד. על חלונות חדרי השינה הייתה תלויה, מבחוץ, מסגרת־עץ דקה בגודל החלון ברוחב של כעשרים ס"מ, ובה נדחסו זרי־קוצים מזן מיוחד הנקרא »עאקול«, שהיה מדיף ריח רך ומשכר. הרוחות החמות שהיו מגיעות מכל עבר היו פורצות פנימה במלוא עצמת נשיבתם. מזמן־לזמן היינו שופכים דליים של מים על הקוצים הממוסגרים, והרוח הנכנסת הייתה הופכת למשב צונן, בדומה לפעולתם של מזגני האוויר החשמליים של היום (גם אם אלה האחרונים רועשים ואינם מדיפים ריחות ניחוחים). בשנות התבגרותי למדו יצרני המסגרות האלה להשתמש בשיטת הזילוף כדי להימנע מהצורך בהתזה ידנית: היו מעבירים צינור מנוקב מעל למסגרת, והטיפות הנוטפות ממנו היו מכפילות ומשלשות את התענוג של הישיבה בחדר הממוזג.

Besonders angenehm waren die Lektürestunden im Sommer wegen der Atmosphäre, oder besser gesagt der Luft in den Räumen unseres Hauses und vieler anderer in Bagdad. Draußen an den Schlafzimmerfenstern hingen dünne, etwa zwanzig Zentimeter tiefe Holzrahmen von der Größe des Fensters, in die dornige Büschel einer bestimmten Pflanze, die Alhagi heisst und einen sanften und betörenden Duft verbreitet, gepresst wurden. Heiße Winde von überall her drückten in die Zimmer. Ab und zu gossen wir mit Eimern Wasser über die gerahmten Disteln, dann wurde der hereinwehende Wind zu einem kühlen Luftzug, ähnlich wie heutzutage elektrische Klimaanlagen funktionieren (auch wenn letztere lärmen und keine Wohlgerüche verbreiten). In meiner Jugend entwickelten die Hersteller dieser Holzrahmen eine Methode des Besprengens, damit man das nicht mehr von Hand machen musste: Sie befestigten über dem Rahmen einen Schlauch mit Löchern, und die fallenden Tropfen vervielfachten das Vergnügen, in den klimatisierten Zimmern zu sitzen.

Der junge Sasson Somekh (1933 Bagdad – 2019 Tel Aviv-Jaffa) will Schriftsteller werden und Leser außerhalb der jüdischen Gemeinschaft erreichen. Der historische Riss zwischen Juden und Arabern, in dessen Folge er 1950 nach Israel geht, und die Lektüre von Gershom Scholems Studie über den selbsterklärten Messias »Sabbatai Zwi« führen ihn zum Studium der semitischen Sprachwissenschaft. Mit seiner Promotion zu Nagib Machfus sowie zahlreichen hebräischen Übersetzungen moderner arabischer Dichtung aus Palästina, Irak, Syrien, Libanon und Ägypten wird er zum Vermittler zwischen arabischer und israelischer Kultur. Wie einige jüdisch-irakische Schriftsteller in Israel stößt Somekh zur Redaktion der arabischsprachigen Literaturzeitschrift der palästinensisch-israelischen kommunistischen Partei, einer Zeitschrift, die er als »einsprachig und bi-national« bezeichnet. Als »jüdischer Araber« würde sich Somekh nicht beschreiben, verteidigt aber diese hybride Position mit seiner Arbeit. Während der Wissenschaftler Somekh seinen Platz im arabischsprachigen – auch nichtjüdischen – Diskurs international behauptet und der Aktivist sich in B'tselem, dem israelischen Informationszentrum für Menschenrechte in den besetzten Gebieten, engagiert, schreibt der Schriftsteller Somekh über das Bagdad seiner Jugend – der englischen Ausgabe *Baghdad, Yesterday* (2007) wurde erläuternd ein *The Making of an Arab Jew* hinzugefügt. Darin erzählt er vom säkularen, im Kommunismus verankerten Judentum seiner Bagdader Jugendzeit und korrigiert die weitverbreitete Annahme, dass Juden in arabischen Ländern ausschließlich in religiösen Gemeinden lebten.

אֲנִי חֶנְוָנִי הַמִּתְלַבֵּשׁ כְּסוֹחֵר וְנֶצְיָאנִי מֵהַמֵּאָה הַי"ד
כִּי אֲנִי אוֹהֵב לִהְיוֹת שׁוֹנֶה מֵאֲחֵרִים. גַּם לְבוּשׁ מוּזָר וְהָדוּר זֶה
מוֹשֵׁךְ לָקוֹחוֹת לַחֲנוּתִי.
אֲנִי אוֹהֵב לְזַמְזֵם שִׁיר:
הָאוֹר מִתְעַמְעֵם וְהוֹלֵךְ בָּעֲרָבִים,
אַךְ הָאוֹר שֶׁבְּלִבִּי חָזָק תָּמִיד.

רָצִיתִי לְהַעֲסִיק עוֹזֶרֶת בְּבֵיתִי וּבַחֲנוּתִי.
רָאַיָנְתִּי אַחַת מוּזָרָה. אָמְרָה: »בְּמָרוּצַת הַשָּׁנִים,
טִאטֵאתִי וְשָׁטַפְתִּי אֲדָמוֹת בְּגֹדֶל בֶּלְגְיָה.
בִּשַּׁלְתִּי קָפֶה וְתֵה בְּכַמֻּיּוֹת הַמַּסְפִּיקוֹת לִשְׁתִיַּת הַשְּׁחָפִים
בְּחוֹפֵי דֶּנְיָה.
לָמָּה תְּהַסֵּס?
אֶעֱשֶׂה אֶת הַכֹּל לְמַעַנְךָ: אֶהְיֶה עִתּוֹן בִּשְׁבִילְךָ,
אֶהְיֶה כּוֹס בִּירָה בִּשְׁבִילְךָ.
וְאִם תִּרְצֶה לְהַשְׁלִיךְ עַצְמְךָ לָרְחוֹב, אֶפְתַּח אֶת הַחַלּוֹן בִּשְׁבִילְךָ.«
הִיא נֶאֶנְחָה אֲנָחָה אֲרֻכָּה – בְּאֹרֶךְ רְחוֹב הָרָקֶפֶת.

אָמַרְתִּי לָהּ: »אַעֲסִיקֵךְ לִתְקוּפַת נִסָּיוֹן, אֲבָל עָלַיִךְ לְשַׁפֵּר
סִגְנוֹן דִּבּוּרֵךְ הַמְחֻסְפָּס.
יֵשׁ מֵימְרָה צָרְפָתִית: ›הַסִּגְנוֹן הוּא הָאָדָם עַצְמוֹ‹.«
הִיא הֵגִיבָה: »לֹא נָכוֹן. הַמַּעֲשִׂים הֵם הָאָדָם עַצְמוֹ.«

Ich bin ein Krämer, der sich kleidet wie ein venezianischer
    Kaufmann im 14. Jahrhundert,
denn ich bin gern anders. Auch seltsame und prachtvolle Kleidung
zieht die Kunden ins Geschäft.
Ich singe gern vor mich hin:
Das Licht nimmt abends ab,
doch in mir bleibt es hell.

Ich wollte eine Hilfe einstellen für zu Hause und fürs Geschäft.
Mit einer Seltsamen hatte ich ein Gespräch. Sie sagte:
    »Im Laufe der Jahre
habe ich Böden von der Größe Belgiens gefegt und geschrubbt.
Habe Kaffee und Tee in Mengen gekocht, die würden den Möwen
an der Küste Dänemarks zum Trinken reichen.
Warum zögern Sie?
Alles werde ich für Sie tun: Werde die Zeitung für Sie sein,
werde ein Glas Bier für Sie sein.
Und wenn Sie sich auf die Straße stürzen wollen, öffne ich Ihnen
    das Fenster.«

Sie stieß einen langen Seufzer aus – so lang wie die Alpen-
veilchenstraße.

Ich sagte zu ihr: »Ich stelle Sie für eine Probezeit ein,
aber Sie müssen
sich Ihren rauen Ton abgewöhnen.
Ein französisches Sprichwort sagt: Der Stil macht den Menschen.«
Sie sagte: »Stimmt nicht. Taten machen den Menschen.«

Shlomo Zamir (1929 Bagdad – 2017 Ramat Gan) hebräisiert seinen Namen Salim Balbool nach seiner Ankunft in Israel 1950. »Auf der Alliance-Schule in Bagdad hatten wir Französisch, Englisch, Arabisch und Bibelstunden«, sagt er in einem seiner seltenen Interviews 2015, doch habe die arabische Dichtung, die seinerzeit den Inhalt dem Reim unterordnete, auf seine spätere Arbeit kaum Einfluss gehabt. Obgleich Zamir auf Hebräisch schreibt, könne man, sagt er, seine Lyrik eher als französische oder englische Dichtung bezeichnen. Damit löst er die Sprache von ihrer repräsentativen Funktion als Nationalsprache und sie beginnt, von mehreren Kulturen bevölkert zu werden. »Die Sache ist die […], dass Dichtung aus vielen unterschiedlichen Gesichtspunkten geschrieben werden kann.« In seinem ersten Buch הקול מבעד לענף (Die Stimme aus dem Ast, 1960) rufen die Möwen einander auf Phönizisch. Der violette Himmel ist niedrig und »[ein] Kind, das einen Baum besteigt, kann mit einem Taschenmesser / Gott stechen. / Und unter den Pappeln steht die Stille aufrecht / und ihr Finger ist auf ihren Lippen.« Erst dreißig Jahre nach seinem vielgepriesenen ersten Buch veröffentlicht Zamir wieder, darunter הסכין בין השיניים (Das Messer zwischen den Zähnen, 1993).

Anemone

»Wie komme ich hierher?«

Gabriel Bagradian spricht diese einsamen Worte wirklich vor sich hin, ohne es zu wissen. Sie bringen auch nicht eine Frage zum Ausdruck, sondern etwas Unbestimmtes, ein feierliches Erstaunen, das ihn ganz und gar erfüllt. Es mag in der durchglänzten Frühe des Märzsonntags seinen Grund haben, in dem syrischen Frühling, der von den Hängen des Musa Dagh herab die Herden roter Riesenanemonen bis in die ungeordnete Ebene von Antiochia vorwärtstreibt. Überall quillt das holde Blut aus den Weideflächen und erstickt das zurückhaltende Weiß der großen Narzissen, deren Zeit ebenfalls gekommen ist. Ein unsichtbar goldenes Dröhnen scheint den Berg einzuhüllen. Sind es die ausgeschwärmten Immenvölker aus den Bienenstöcken von Kebussije, oder wird in dieser durchsichtigsten und durchhörbarsten Stunde die Brandung des Mittelmeers vernehmlich, die den nackten Rücken des Musa Dagh weit dahinten benagt? Der holprige Weg läuft zwischen verfallenen Mauern aufwärts. Wo sie unvermittelt als unordentliche Steinhaufen enden, verengt er sich zu einem Hirtenpfad. Der Vorberg ist erstiegen. Gabriel Bagradian wendet sich um. Seine große Gestalt in dem Touristenanzug aus flockigem Homespun streckt sich lauschend. Er rückt den Fez ein wenig aus der feuchten Stirn. Seine Augen stehen auseinander. Sie sind etwas heller, aber um nichts kleiner als Armenieraugen im allgemeinen.

1929, auf einer Recherchereise, trifft der jüdische Autor deutschböhmischer Herkunft Franz Werfel (1890 Prag–1945 Beverly Hills) den armenischen Bischof Jerusalems, der ihm ein antikes Kreuz schenkt. Werfel wird es bei seiner Flucht aus Europa, zu Fuß über die Pyrenäen, ins US-amerikanische Exil mitnehmen. Sein Roman *Die vierzig Tage des Musa Dagh* erzählt vom Widerstand in den Dörfern um den Berg Musa Dagh und dem osmanischen Völkermord an den Armeniern. »Warum schreibt ein Jude über das Schicksal eines Volkes, das nicht das seine ist?«, fragt die jüdische Arbeiterzeitung Palästinas, *Davar*. Anstatt die Antwort auf eine »typisch jüdische Frage […] bei Fremden« zu suchen, könne sich Werfel den »seiner Rasse« näherstehenden Helden widmen, die sich auf dem Gipfelplateau Masada gegen die Römer verteidigten, empfiehlt Dov Kimchi. Im deutsch besetzten Osteuropa wurde der Roman des assimilierten Zionismusgegners anders gelesen. Im Ghetto Białystok spricht sich Herschel Rosenthal dafür aus, »das Ghetto als unseren ›Musa Dagh‹ zu begreifen«. Inka Weisbrot liest den Roman im Ghetto Sosnowiec und schreibt in ihren Memoiren, »ich war eine Armenierin«. Die späte Vereinnahmung Werfels als Prophet des Holocausts holt Werfel heim in »seine Rasse« und lenkt von der Solidarität zwischen Minderheiten ab, die sich von einer Typisierung des Verfolgtseins als »jüdischer Frage« abhebt.

Franz Werfel   Die vierzig Tage des Musa Dagh   1933

מי צריך בכלל להיות בן יקיר לאלוהים. הבורא. כולנו נכנעים לו. ולא מספיק לו. הוא רוצה תשלום על כך שאהבנו את החיים. שהיינו תמימים. שסגדנו לבריאה. שנטמענו בצנעה בתוך פרחי היקום. מה עשינו? אהבנו אפילו את האוהלים. סגדנו לטבע. כל פרח וכלנית שהוא הצמיח היה לנו כמו בן אלוהים. אז מה הוא רוצה? שנלמד לכבד אותו? שנלמד שאהבה היא דבר שורף? שאהבה היא דרך שכולה יגונים? שאסור להאמין באלוהים? שאם מאמינים בו באמונה שלמה, אז הוא מקרקף לנו את השמחה.
מה בכלל התכלית של עלייתנו לארץ הזאת שבלעה אותנו ומחצה את הורינו. אכלה בלשדנו. כמה אהבנו אותה. ואהבנו את הבוץ והביצות של המעברה. הסכמנו ללכת עניים, כמעט בלי נעליים. הסכמנו שהוא יהיה מנתב אותנו בדרכי הגיהינום, שחשבנום לגן עדן. הסכמנו להיות צד שני לטבע הדברים למטבע החקוק בגורל. הוא תיכנן הכל מראש, והיתר כאילו אמר: »ואתם תשברו את הראש«.

Warum muss überhaupt einer Gottes Lieblingssohn sein! Der Schöpfer – wir alle sind ihm ergeben. Und das reicht ihm noch nicht. Er will uns dafür zahlen lassen, dass wir das Leben geliebt haben. Dass wir arglos waren. Dass wir die Schöpfung verehrten. Dass wir genügsam mit den Blumen des Universums verschmolzen. Was haben wir getan?

    Sogar die Zelte haben wir geliebt. Wir haben die Natur verehrt. Jede Blume und jede Anemone, die er wachsen ließ, war für uns wie ein Sohn Gottes. Was will er dann? Dass wir lernen, ihn zu ehren? Sollen wir lernen, dass Liebe einen verbrennt? Dass Liebe ein Weg voller Kummer ist? Dass man nicht an Gott glauben darf? Dass er, wenn man unerschütterlich an ihn glaubt, uns die Freude skalpiert?

    Was ist überhaupt das Ziel unserer Einwanderung in dieses Land, das uns verschlungen und unsere Eltern zerrieben hat! Es hat uns das Mark ausgesaugt. Wie sehr haben wir es geliebt. Auch den Schlamm und den Sumpf der Durchgangslager haben wir geliebt. Wir sind bereit gewesen, arm durchs Leben zu gehen, beinah ohne Schuhe. Wir sind bereit gewesen, dass Gott uns den Weg zeige auf den Wegen der Gehenna, die wir für das Paradies hielten. Wir hatten eingewilligt, die andere Seite der Natur-der-Dinge zu sein, die andere Seite der Münze, die das Schicksal geprägt hat. Er hat alles im Voraus geplant. Und alles Andre sagte: »Darüber zerbrecht euch selbst mal den Kopf.«

»Seltsam, aber an das Durchgangslager erinnere ich mich mit Nostalgie«, sagt Amira Hess (geb. 1943 Bagdad) über ihre Ankunft als Mädchen in Israel. »Ich war wie eine Gepardin, die von Baum zu Baum springt. Jedes Blatt kannte ich, jede Blume.« Die Desinfektion mit einem Insektizid, die Migranten aus arabischen Ländern bei der Ankunft über sich ergehen lassen mussten, erstickte ihr Denken und sie weigerte sich, dabei etwas zu fühlen. Und doch: »Vielleicht fühlte ich mich wie eine bestäubte Blume«, aber »letztendlich machte auch dieses weiße Pulver keine Weiße aus mir«. Eher ließ es die Dissonanz »zwischen dem unglücklichen Migrantenkind und einer tief in einem verborgenen Stammbaum verwurzelten Pflanze« erklingen. Es ist der Stammbaum der Mizrachi-Gemeinschaft, der bei Hess auf die irakische Tradition von Kabbalisten und Mystikern zurückgeht. Mit ihrer pflanzlich wuchernden Sprache codiert die Dichterin die hegemoniale *Eretz-Israel*-Dichtung um, die die Natur im Land nach Melodien europäischer Heimatliteratur besingt. Der Begriff *Eretz-Israel* – Land Israel bzw. Land Israels – wurde im 19. Jahrhundert vom politischen Zionismus geprägt, um das historische Recht des jüdischen Volks auf das Land zu legitimieren, das in der Hebräischen Bibel das Land Kanaan heißt und von mehreren Völkern bewohnt war.

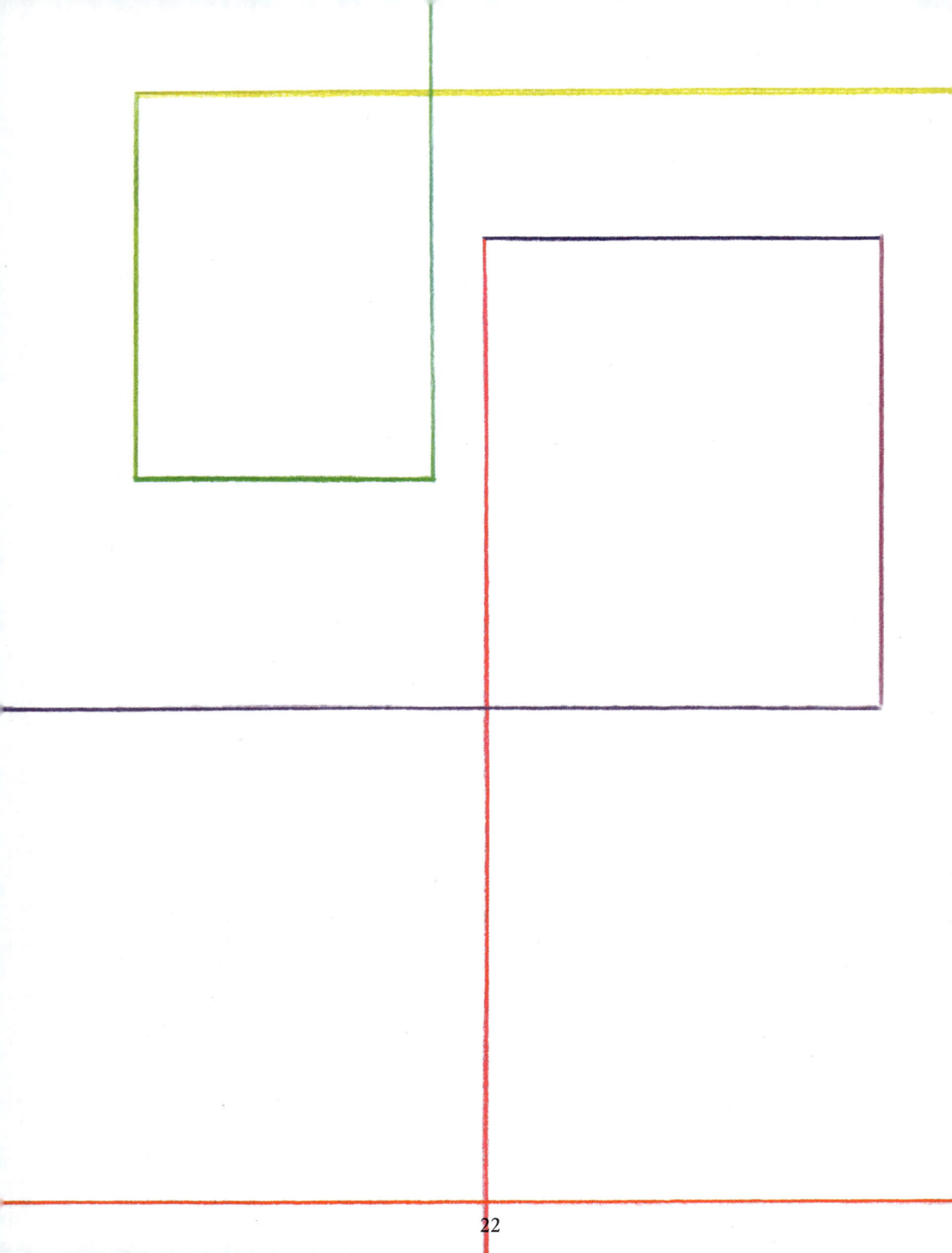

הַיָּרֵחַ מְלַמֵּד תַּנַ"ךְ.
רַקֶּפֶת, כַּלָּנִית וָהָר
מַקְשִׁיבִים בְּשִׂמְחָה.
רַק הַיַּלְדָּה בּוֹכָה.
כַּלָּנִית אֶת בִּכְיָהּ לֹא תִּשְׁמַע,
כַּלָּנִית לוֹהֶטֶת בַּתּוֹרָה,
כַּלָּנִית בּוֹעֶרֶת כַּפָּסוּק.
רַקֶּפֶת לַבְּכִי לֹא תַּקְשִׁיב
רַקֶּפֶת מִתְעַלֶּפֶת
מִמְּתִיקוּת הַסּוֹד.
הָהָר אֶת בִּכְיָהּ לֹא יִשְׁמַע
הָהָר שָׁקַע
בְּמַחֲשָׁבוֹת.

Der Mond unterrichtet Tanach.
Alpenveilchen, Anemone und Berg
lauschen mit Freuden.
Nur das Mädchen weint.
Anemone wird ihr Weinen nicht hören,
Anemone glüht in der Lehre,
Anemone brennt, dem Lehrsatz gleich.
Alpenveilchen wird nicht lauschen,
Alpenveilchen fällt in Ohnmacht
vor der Süße des Geheimnisses.
Der Berg wird ihr Weinen nicht hören,
der Berg versank
in Gedanken.

Zuhause bekommt Zelda Schneersohn Mishkovsky (1914 Tschernigow –1984 Jerusalem) sowohl chassidische Erzählungen als auch Krimis von Arthur Conan Doyle vorgelesen. Weltoffenheit charakterisiert die Dichtung der passionierten Lehrerin, die zwar seit ihrer Jugend schreibt, doch erst mit 53 ihren ersten Gedichtband פנאי (Freizeit, 1967) unter ihrem Vornamen veröffentlicht. »Als Lehrerin kämpfte ich mit der Frage, wie der Holocaust unterrichtet werden soll«, ohne der Jugend die Freude am Leben zu nehmen. Sie findet keine Antwort, doch scheint ihr, dass literarische Selbstzeugnisse wie beispielsweise das von Leyb Rokhman mehr vom »brennenden Geist in den Herzen« mitteilen als Geschichte. Zelda, die Urururenkelin des dritten Chabad-Rabbiners Menachem Mendel Schneersohn, genannt צמח צדק (Pflanze der Gerechtigkeit), unterhält jahrelang einen Briefverkehr mit ihrem Cousin, dem sechsten Rabbiner der neo-chassidischen Bewegung. In David Perlovs Film *In Jerusalem* (1963) sagt die gläubige Frau: »Jeder Bettler ist vielleicht der Messias.«, und stößt auf eine Kritik, die nicht recht weiß, wie sich eine jüdische Ethik der Fürsorge, die hier islamischen und christlichen Konzepten der Barmherzigkeit ähnelt, mit moderner Dichtung verbinden lässt. 1981 sagt Zelda in einem Interview: »Wenn ein hungriger Mensch einen Schriftsteller um eine Scheibe Brot bittet, kann der ihn nicht fortschicken und sagen, er sei gerade mit einem Reim beschäftigt.«

Helen *(sits):* I know that every penny that can be saved or squeezed out of the miserable family exchequer goes to support the Apple, instead of supporting *us!* And I consider it's high time the Apple was self-supporting. He's older than Norah or me – he's a man, a strong healthy male thing. What right has he to everything, while we girls are struggling to – to cover ourselves decently?

Ann: It isn't Cyril's fault, Ellie dear. You know there are things a man must have that girls can do without.

Helen: Clubs, cigarettes, hansoms and so on? Oh yes. Because he's the son, the apple of his parents' eyes, everything has to be sacrificed for him – everything! His own sisters' comfort – more – their very chances in life!

Ann: I never heard you speak like this. Has anything happened?

Helen: Yes. The worst has happened. I've awakened to a sense of the injustice of it all. I'm going to rebel. I'm going to fight for my rights, your rights, equal rights for us all.

Helen *(sitzt)*: Ich weiß, dass jeder Pfennig, der gespart oder aus der armseligen Familienkasse herausgequetscht werden kann, dazu dient, den APFEL zu versorgen, anstatt *uns* zu versorgen! Und ich finde, es ist hohe Zeit, dass der APFEL sich selbst versorgt. Er ist älter als Norah oder ich – er ist ein Mann, ein starkes, gesundes, männliches Ding. Was gibt ihm ein Recht auf alles, während wir Mädchen uns damit abmühen, uns – uns auch nur anständig zu bedecken?

Ann: Das ist nicht Cyrils Fehler, liebe Ellie. Du weißt, dass es Dinge gibt, die ein Mann haben muss und die Mädchen entbehren können.

Helen: Clubs, Zigaretten, Kutschen und so was? Oh ja. Weil er der Sohn ist, der Augapfel seiner Eltern, muss ihm alles geopfert werden – alles! Das Wohlergehen der eigenen Schwestern, mehr noch – ihr ganzes Lebensglück!

Ann: Ich hab dich noch nie so reden hören. Ist was passiert?

Helen: Ja. Das Schlimmste ist passiert. Mir ist die Ungerechtigkeit bewusst geworden, die überall herrscht. Ich werde rebellieren. Ich werde für meine Rechte kämpfen, für deine Rechte, für gleiche Rechte für uns alle.

Das Theaterstück *The Apple* ist nach Cyril benannt, Helens und Anns Bruder und Augapfel ihres Vaters, eines Mr. Payson. Der Familienname wäre auf Deutsch »Zahlsohn« und benennt bereits das Problem: Der Sohn wird von der Familie finanziert, die Töchter müssen unentgeltlich zuhause arbeiten. Anders als in ihrem Stück geht Inez Bensusan (1871 Sydney–1967 London), Tochter eines jüdisch-britischen Siedlers und Bergbauagenten, ihren intellektuellen Interessen nach. Indigene Frauen und Siedlerinnen in Teilen der britischen Kolonien – dem späteren Australien – erhalten um 1900 das Wahlrecht, doch verdient eine Fabrikarbeiterin vierzigmal weniger als ihr männlicher Kollege. Koloniale Widersprüche und der aufkommende australische Nationalismus bewegen die angehende Schauspielerin dazu, das Land ihres Karrierebeginns zu verlassen. Mitte der 1890er Jahre wandert Bensusan nach London aus, wo sie zu schreiben beginnt. 1907 gründet sie die Actresses' Franchise League mit, die mittels Literatur und Theater Frauenrechte propagiert. Unter dem Motto »No vote – No census« protestieren die Suffragetten gegen die Volkszählung von 1911 mit einer Nachtaufführung von *The Apple*. Ab 1912 engagiert sich die Dramatikerin in der Jewish League for Woman Suffrage, der weltweit einzigen Organisation, die den Kampf um die Stellung der Frau im Judentum mit der Forderung nach einem parlamentarischen Wahlrecht für Frauen verknüpft.

IN DER BLAUEN FERNE,
wo die rote Apfelbaumallee wandert
mit himmelbesteigenden Wurzelfüßen,
wird die Sehnsucht destilliert
für Alle die im Tale leben.

Die Sonne, am Wegesrand liegend
mit Zauberstäben,
gebietet Halt den Reisenden.

Die bleiben stehn
im gläsernen Albtraum,
während die Grille fein kratzt
am Unsichtbaren

und der Stein seinen Staub
tanzend in Musik verwandelt.

Am 27. März 1962, zwei Wochen vor Beginn des Gerichtsverfahrens gegen Adolf Eichmann in Jerusalem, schreibt aus Schweden Nelly Sachs (1891 Berlin – 1970 Stockholm) an Israels Premierminister David Ben-Gurion auf Deutsch: »Israel werde geweiht durch Abrahams Wort: und wenn es nur 10 Gerechte wären … und ich selber weiß von solchen Gerechten, die mit dem Leben wagten und oft bezahlten, um zu retten […] Lassen Sie kein Todesurteil gegen Eichmann ergehen – auch in Deutschland gab es die Gerechten – um ihretwillen sei es Gnadenzeit. Ich darf vielleicht ohne anmassend zu scheinen diese Bitte um so eher aussprechen, da ich weiter zu den Verfolgten gehöre und durch die Liebe und Güte von schwedischen und ausländischen Freunden die einzige Möglichkeit sehe, dieses Leben zu ertragen und weiter zu arbeiten.« In dem Brief, der auch ein Gedicht von ihr enthält, appelliert die Dichterin an den Premierminister einmal als den »Hüter der Heimat« und einmal als den »Hüter einer Heimat«.

Le reste de la chambre est presque vide de meubles : une pièce claire, peinte en blanc, avec d'épais rideaux de percale, et un lit de milieu ; c'est un lit anglais, aux montants de cuivre, recouvert d'une indienne à fleurs, flanqué de deux tables de nuit Empire. Sur celle de gauche, une lampe dont le socle affecte la forme d'un artichaut, et une assiette octogonale en étain sur laquelle sont posés deux morceaux de sucre, un verre, une cuiller et une carafe d'eau en cristal avec un bouchon en forme de pomme de pin ; sur celle de droite, une pendulette rectangulaire dont le boîtier en acajou veiné est incrusté d'ébène et de métal doré, un gobelet d'argent à monogramme, et une photographie dans un cadre ovale représentant trois des grands-parents de Bartlebooth, William Sherwood, le frère de James, sa femme Emily, et James Aloysius Bartlebooth, tous trois en vêtements de cérémonie, debout derrière Priscilla et Jonathan, jeunes mariés assis l'un contre l'autre au centre d'une profusion de corbeilles fleuries et enrubannées. Sur la tablette inférieure est posé un agenda de grand format, relié en cuir noir. Sur la couverture les mots DESK DIARY 1952 et ALLIANCE BUILDING SOCIETY, en grandes capitales dorées, surmontent un blason, de gueules aux chevrons, abeilles et besants d'or, accompagné d'un phylactère portant la devise DOMUS ARX CERTISSIMA, dont la traduction anglaise est donnée juste en dessous : *The surest stronghold is the home.*

Das übrige Zimmer ist fast leer und ohne Möbel: ein heller, weißgestrichener Raum mit dicken Perkalvorhängen und einem Bett in der Mitte; es ist ein englisches Bett mit kupfernen Bettpfosten, bedeckt mit einer blumenbedruckten Kattundecke, flankiert von zwei Empire-Nachttischen. Auf dem linken eine Lampe, deren Sockel die Form einer Artischocke hat, sowie ein achteckiger Zinnteller, auf dem zwei Stücke Zucker und ein Löffel liegen, daneben stehen ein Glas und eine Wasserkaraffe aus Kristall mit einem Stöpsel in Form eines Pinienzapfens; auf dem rechten eine kleine, viereckige Pendeluhr, deren gemasertes Mahagonigehäuse mit Ebenholz und Goldmetall inkrustiert ist, ein Silberbecher mit einem Monogramm und eine Fotografie in einem ovalen Rahmen, drei der Großeltern Bartlebooths darstellend, William Sherwood, der Bruder James', seine Frau Emily und James Aloysius Bartlebooth, alle drei in Gesellschaftskleidung, hinter Priscilla und Jonathan, den Jungvermählten, stehend, die aneinandergeschmiegt inmitten einer Überfülle von Blumenkörben mit Schleifen sitzen. Auf dem unteren Fach liegt ein großformatiges, in schwarzes Leder eingebundenes Notizbuch. Auf dem Deckel stehen die Worte DESK DIARY 1952 und ALLIANCE BUILDING SOCIETY, in großen, vergoldeten Lettern, über einem Wappen, rote Sparren, Bienen und Goldbyzantiner, begleitet von einem Spruchband mit der Devise DOMUS ARX CERTISSIMA, dessen englische Übersetzung direkt darunter steht: *The surest stronghold is the home.*

»Meine einzige Tradition, mein einziges Gedächtnis, mein einziger Ort ist rhetorisch«, sagt Georges Perec (1936 Paris–1982 Ivry-sur-Seine). »Ich möchte eine Schublade der Nationalbibliothek füllen [...] alle Wörter der französischen Sprache verwenden [...] ohne jemals das Gefühl zu haben, in meine Fußstapfen zurückzukehren.« Nicht zurückkehren heißt für Perec, sich immer neue Regeln fürs Schreiben aufzuerlegen und zwischen Genres zu wechseln. Dabei entstehen Werke, die gleichermaßen von dem Gedächtnis der Sprache wie von Perec geleitet werden: eine Novelle, in der der einzige verwendete Vokal »e« ist, ein Hörspiel, in dem eine Maschine Gedichte analysiert, ein Palindrom mit etwa zwölfhundert Wörtern, die recherchierte Geschichte eines fiktiven Gemäldes oder ein Memoirenbuch, in dem jeder der vierhundertachtzig Sätze mit »Ich erinnere mich« beginnt. Als Kind wächst der Sohn polnischer Migranten ursprünglich spanischer Herkunft bei Tante und Onkel auf, sein Vater starb »für Frankreich« im Zweiten Weltkrieg, seine Mutter wurde im Konzentrationslager ermordet. In *W oder die Kindheitserinnerung* (2012) sieht er sich in Schreibfallen am Versteck spielen, nicht wissend, was er mehr fürchtet oder was ihn stärker verlockt: versteckt zu bleiben oder entdeckt zu werden.

Artischocke

ארטישוק, ארטישוק, ארטישוק, התחילה המלה לרחף בחלל הבית, חולפת מחדר לחדר, מתדפקת על דלתות החדרים שבהם קיוו בני הבית למצוא מחסה מפני זעמה של היא.
דודתי השנייה התהלכה בבית שכל דלתות חדריו מוגפות ותיק חפציה על כתפה, כמו נווד שיודע שברגע שיזנח את נווה המדבר הזה, כבר לא ימצא מנוחה. לאחר מכן הודיעה שהיא הולכת לסדר את עניין הארטישוק. הבטיחה בהמיית קולה הרך שהיא לא עוזבת ממש. רק תצא ותחזור. תגמע את המרחק בריצה, »כמו שלא רצתי בחיים שלי, לא אגיד שלום לאף־אחד, לא אעצור לא אצל גבריאלה הדוורית, לא אצל מבורך ואשתו, ואפילו לא בצרכנייה«. תגיע בהתנשפות לשדה הארטישוק הפרטי שלה, תעמיס מלוא התיק ותחזור. לא תעצור להאכיל את הפרות הגועות כבר שנים ברפת, את החתולים המשוועים או את הסוסים, לא תשקה את השושנים, ואפילו לקבר אמה, הנמצא רק צעדים אחדים ממנה, לא תעלה כדי להתחנן לשלומה של היא, באלוהים, היא מבטיחה, על ראשי ילדיה היא נשבעת, היא תחזור. שישימו את הסיר על האש, שיגלגלו את הסולת, והיא מצדה תדגור על הארטישוקים כל הדרך חזרה, כדי שיהיו רכים ומוכנים לשליקה. אפילו »היא« לא תבחין. אבל אף־אחד לא יצא מן החדרים, ואף־אחד לא ענה לקולה הרך בקול ניחומים.

Artischocke, Artischocke, Artischocke – das Wort begann durchs Haus zu schweben, zog von einem Raum in den andern, klopfte an die Türen der Zimmer, in denen die Bewohner Zuflucht vor IHREM Zorn zu finden hofften.

    Meine zweite Tante lief durch das Haus, dessen Zimmertüren alle geschlossen waren, eine Tasche mit ihren Habseligkeiten auf der Schulter, wie ein Nomade, der weiß, ab dem Moment, in dem er diese Wüstenoase verlässt, wird er keine Ruhe mehr finden. Danach rief sie, sie werde die Sache mit der Artischocke erledigen, und versprach mit ihrer weichen Stimme, dass sie nicht wirklich weggehe. Sie gehe nur kurz raus und werde gleich wiederkommen. Sie werde das Stück rennen, »so wie ich noch nie im Leben gerannt bin, ich werd niemand grüßen, nicht bei der Briefträgerin Gabriela stehen bleiben, auch nicht bei Mevorach und seiner Frau, noch nicht mal beim Laden«. Außer Atem werde sie bei ihrem Artischockenfeld ankommen, sich die Tasche vollpacken und umkehren. Sie werde nicht anhalten, um die jahrein jahraus im Stall muhenden Kühe, die bettelnden Katzen oder die Pferde zu füttern, sie werde nicht die Rosen gießen und noch nicht einmal zum Grab ihrer Mutter gehen, das nur ein paar Schritte davon entfernt ist, um für den Frieden von IHR zu beten, bei Gott, verspricht sie, schwört bei den Häuptern ihrer Kinder, sie wird zurückkommen. Sie sollen schon mal den

Topf mit Wasser aufstellen und den Gries reiben, und sie selbst werde die Artischocken auf dem ganzen Rückweg bebrüten, damit sie weich werden, bereit zum Kochen. Dass SIE bloß nichts merkt. Doch niemand kam aus den Zimmern heraus, und niemand antwortete ihrer weichen Stimme in tröstendem Ton.

Am 19. September 1982, zwei Tage nachdem Israel seinen libanesischen Verbündeten erlaubt hat, in die umzingelten palästinensischen Flüchtlingslager Sabra und Shatila einzudringen und die Bewohner zu massakrieren, besucht Jean Genet Shatila. Fünfundzwanzig Jahre später hat sich der Geruch, in dem sich Jasminblüten und phosphorverbrannte Leichen mischen, noch nicht verflüchtigt, als Emmanuel Pinto (geb. 1962 Kfar Ata) den Roman *Tinnitus* schreibt, um »der Geschichte näher zu kommen«. Fünfundzwanzig Jahre hat Pini, der israelische Soldat und Erzähler, eine Stimme im Ohr, das unablässige Weinen eines palästinensischen Kindes. »Es ist mein Kind«, sagt Pini, »das Kind meines Kriegs […] das Opfer, mit dem ich zum Mörder wurde.« Allerdings »habe ich weder die Rollenverteilung noch die Bestandteile der Handlung bestimmt« in diesem Theater, in dem Pini sich »nicht nur als Zeuge, sondern auch als Akteur« erkennt. »Wenn du bereit bist, in den Kleidern einer bestimmten Figur auf eine Bühne zu treten, wird dir auf der Stelle die Anwesenheit anderer Figuren aufgezwungen« und die eine Perspektive wird von ihnen durchbrochen: von Pinis Mutter, die ihm Briefe schreibt, obwohl ihr das Schreiben auf Hebräisch schwerfällt, und von Jean Genet, der seinen Besuch im Lager in *4 Stunden in Chatila* (1983) festhält. Ein israelischer Kriegsheld geht aus dieser Erzählung nicht hervor.

אין דער שטאָט פֿון בלאָער גראָקייט מיט פֿינעף מיליאָן פֿיס – פֿאראַנען אויך
געוועלבער מיט ריזיקע, פֿלאַכע, קויליקע בלומען.
די אַזאַליעס פֿון דעם בלומען-געשעפֿט, בולוואַר מאָנטפּאַרנאַס אין פּאַריז,
זענען פֿולקאָמען.
זיי טראָגן דעם קאָליר פֿון אַ לאַקס-פֿיש און דעם קאָליר פֿון מאַראַנצן און
פּרעזענטירן אין הונדערטער ניואַנסן דעם קאָליר פֿון דעם נאָבלען מאַרינירטן
לאַקס-פֿיש און פֿון דער קויליקער אָראַנזש-פֿרוכט.
די אַזאַליעס פֿון בולוואַר מאָנטפּאַרנאַס באַדאַרפֿן נישט מער קיין צעצויגענע,
קאָנטעמפּלאַטיווע אַראָמאַטן, ווי אַלע געוויגלעכע בלומען – זיי קאָנען שוין זײַן
ווי פֿון בלעך אַטלאָסענעט, גערוכלאָזן בלעך : די גאַנצע נשמה זייערע האָבן זיי
אײַנגעלייגט אין דעם קאָליר, וואָס איז פֿול מיט טרויעריקע דערפֿאַרונגען
ווי דער בלעך-מעטאַל.
די זאַך קומט פֿאַר זומער 1933, איינצייטיק מיט די באַשריבענע – פּאַסירונגען.
דורך דעם רוישנדיקן בולוואַר מאָנטפּאַרנאַס גייט מיטאַמאָל אַ ריזיקע
טרויעריקייט – אַ בלעכענער ים מעלאַנכאָליע.
נישט צו וויסן וויאַזוי, שפּאַרט ער אַרויס פֿון דעם אַזאַליע געשעפֿט.

In der Stadt des hellblauen Graus und der fünf Millionen Füße gibt es auch Geschäfte mit riesigen, flachen, kugeligen Blumen.

Azaleen im Blumengeschäft am Boulevard du Montparnasse in Paris sind perfekt. Lachsfarben und orangefarben zeigen sie in hundertfachen Abstufungen die Farbe des marinierten noblen Lachses und die Farbe der kugeligen Orange.

Die Azaleen vom Boulevard du Montparnasse brauchen keine nachhaltigen und kontemplativen Düfte wie andere gewöhnliche Blumen. Sie können aus samtenem Blech sein, aus geruchlosem Blech: ihre ganze Seele steckt in ihrer Farbe, unbegreiflich und voller trauriger Erfahrungen wie das Metall des Blechs.

Folgendes geschieht im Sommer 1933 gleichzeitig mit den oben beschriebenen Ereignissen.

Der rauschende Boulevard du Montparnasse wird plötzlich von einer ungeheuren Traurigkeit – einem blechernen Meer der Melancholie – überschwemmt. Sie drängt, man weiß nicht wie, aus einem Azaleengeschäft heraus.

Mit der Entscheidung, auf Jiddisch zu schreiben, wählt Dwojre Vogel (1900 Bursztyn –1942 Ghetto Lemberg) eine Sprache, die über nationale Grenzen hinweg gesprochen wird. Damit stellt sich die Dichterin und Essayistin außerhalb des polnischen Literaturkanons, obgleich sie zum Kreis der polnischen Avantgarde um Władysław Strzemiński gehört und Jiddisch nicht als an jüdisches Leben gebunden versteht, sondern als Triebkraft der Moderne.
Zu Vogels wenig rezipiertem Werk gehört der Prosaband *Akazies blien* (1935), dessen polnischsprachige Ausgabe von Bruno Schulz rezensiert wird. Beide verbindet noch mehr, wie ihr Briefwechsel zeigt. Von Vogel ermutigt, verarbeitet Schulz einige der Texte, die er seinen Briefen an sie beigelegt hatte, zu einem Prosazyklus, der unter dem Titel *Die Zimtläden* bekannt wird. Vogels Vorstellung von Jiddisch als einer Weltsprache findet in der New Yorker Literaturzeitschrift der introspektiven Bewegung *In zikh* Anklang. Im Mai 1939 schreibt die in Lwów lebende Dichterin dem Redakteur Aaron Glanz Leyeles: »Beiliegend schicke ich Ihnen ein Gedicht, eins von jenen, die man hier in Polen wegen ihrer ›pazifistischen Tendenz‹ Angst hat zu drucken. In der Tat bin ich bekümmert wegen des Schicksals meines geplanten Gedichtbands, der ganz in diese ›gefährliche‹ Richtung geht.«

Birne

Das ist bitter, zu erkennen. Ich weiß es seit 1929 – da habe ich eine Vortragsreise gemacht und »unsere Leute« von Angesicht zu Angesicht gesehen, vor dem Podium, Gegner und Anhänger, und da habe ich es begriffen, und von da an bin ich immer stiller geworden. Mein Leben ist mir zu kostbar, mich unter einen Apfelbaum zu stellen und ihn zu bitten, Birnen zu produzieren. Ich nicht mehr. Ich habe mit diesem Land, dessen Sprache ich so wenig wie möglich spreche, nichts mehr zu schaffen. Möge es verrecken – möge es Rußland erobern – ich bin damit fertig.

Kurt Tucholsky (1890 Berlin –1935 Göteborg) wird als Satiriker, Religionskritiker, Journalist, Essayist, Kabarettautor, Liedtexter, Romanautor, Lyriker, Kritiker und einiges mehr beschrieben. Er selbst verstand sich als linker Demokrat. Und Sozialist. Und Antimilitarist. Und als einer, der immer zu zweit ist, wie er in die Widmung eines Fotos von sich schreibt: »Außen jüdisch und genialisch / innen etwas unmoralisch / nie alleine, stets à deux: – / der neveu! – K.« Und doch schreibt Franz Kafka nach einer Begegnung mit Tucholsky in sein Tagebuch: »ein ganz einheitlicher Mensch [...] Vom gemäßigten und starken Schwingen des Spazierstocks, das die Schulter jugendlich hebt, angefangen bis zum überlegten Vergnügen und Mißachten seiner eigenen schriftstellerischen Arbeiten«. Das Missachten der eigenen schriftstellerischen Arbeit ermöglicht Tucholsky, sie als eine Gemeinschaftsarbeit zu betrachten und mit »vielen Fotografen« zusammen »ein Bilderbuch« wie *Deutschland, Deutschland über alles* (1929) herauszubringen – von John Heartfield montiert. »So kam ich unter die Deutschen«, beginnt es. »Es ist ja nicht wahr, daß jene, die sich ›national‹ nennen und nichts sind als bürgerlich-militaristisch, dieses Land und seine Sprache für sich gepachtet haben. [...] Wir sind auch noch da.« Wir: Tucholsky zu zweit.

In den tiefsten Schichten der Wandlungen, die dieses Heim durchlaufen hatte, lagen Räumlichkeiten, in denen ich aus mythologischem Dunkel zum ersten Bewußtsein erwachte. Ich stand im unteren Flur des Hauses und blickte abwechselnd durch eine der roten und eine der blauen Scheiben der Glastür in den Garten, wobei das Gesträuch, der Birnbaum, der Kiesweg, der Rasenplatz und die Laube einmal in feuriger Glut erschienen und dann wieder in unterseeischer Gedämpftheit. Ich war bei diesem Ausblick in meinen Grundzügen schon fertiggeformt, und nur wenn das Beobachtende und Kontrollierende in mir ermüdet und mein Bewußtsein den Halt verliert, steigen die Impulse aus der frühsten Epoche meines Lebens in mir auf, im Halbschlaf, im Traum, in Perioden des Niedergangs, erlebe ich wieder die Hilflosigkeit, das Ausgeliefertsein und die blinde Auflehnung aus jener Zeit, in der fremde Hände mich bändigten, kneteten und vergewaltigten.

Eher beiläufig durch seinen Halbbruder erfährt Peter Weiss (1916 Nowawes – 1982 Stockholm) von der jüdischen Herkunft seines zum Protestantismus konvertierten Vaters. Reichlich Gelegenheit soll der Vater dem jungen Peter beschert haben, über Widerstand nachzudenken. Einen jüdischen Vatermord begeht er zwar nicht, seine Trauer beim Tod der Eltern gilt jedoch nicht ihnen, sondern »der Erkenntnis eines gänzlich mißglückten Versuchs vom Zusammenleben«. Wenn von Weiss' Rückbesinnung auf das Judentum die Rede sein kann, dann auf ein Judentum als eine Praxis des Widerstands unter anderen, die sich der Welt als einem Ort der Koexistenz zuwendet. In *Die Ästhetik des Widerstands* stellt der Autor die antifaschistische Bewegung zur Zeit des Nationalsozialismus in den Kontext deutsch-kolonialer Beutekunst, die dem Pergamonmuseum seinen Namen gab. Vor den Stufen des kleinasiatischen Altars wurde das Internationale Olympische Komitee zweimal von Deutschland empfangen, 1936 und 2000.

Un soir, maître Isaac, qui venait de contempler la rangée des sillons frais tracés sous le ciel d'automne, dit à Si Mohammed :

– Tout cela est parfait. Je suis content de toi. Demain tu prendras la direction de l'équipe des laboureurs. Je double ton salaire. Et tu n'auras à te préoccuper ni de ton grand ni de ton petit déjeuner. On te servira la soupe de la maison, près du puits où tu aimes t'asseoir.

Une satisfaction malicieuse passa dans les yeux un peu bridés de Si Mohammed. Il dit au patron :

– Qu'Allah te fasse triompher, maître Isaac. Je vois que ta religion n'exclut pas la justice.

Les notables de Haïffa – et pas seulement les vieilles barbes ! – n'avaient point manqué de faire leurs remontrances à Isaac Reboux. Encore un goye qu'il employait ! Et voici qu'il en faisait un chef d'équipe ! Que laissait-il donc pour les enfants d'Israël ? Avait-on jamais vu un juif faire commander ses frères par un ennemi de leur race ?

Maître Isaac mit tout ce monde à la raison avec quelques paroles sans équivoque :

Mes amis, leur dit-il, je n'ai l'intention ni d'allier ce goye à ma famille, ni même de le faire entrer dans ma maison, moins encore de partager sa foi. J'emploie ses bras et son intelligence qui me sont utiles. Et puis, je vous le répète encore : nous devons faire de nos voisins nos amis, si nous voulons pouvoir continuer notre œuvre et réaliser notre idéal. Sans l'union avec les Arabes, vous le savez bien, pas de foyer national juif possible en Palestine, et nous travaillons dans le vide. Nous sommes, nous, juifs, une plante débile, *aâchba dlila* ; nous sommes quelques fèves au milieu d'un champ d'avoine. Rappelez-vous qu'on nous tolère seulement ici. Nous devons nous rapprocher de ceux que vous dites nos ennemis, nous associer à eux, nous faire apprécier d'eux, sinon nous faire aimer. Si nous ne pouvons obtenir leur affection, qu'au moins ils soient obligés de reconnaître notre désir d'entente et notre bonne volonté !

Eines Abends sagte Meister Isaac, nachdem er die Reihe frisch gezogener Furchen unter dem Herbsthimmel betrachtet hatte, zu Si Mohammed:

»Hervorragend. Ich bin mit dir zufrieden. Ab morgen führst du die Feldarbeiter an. Ich verdopple deinen Lohn. Du brauchst dich weder um dein Mittagessen noch um dein Frühstück zu kümmern. Man wird dir unseren Eintopf servieren, am Brunnen, wo du so gerne sitzt.«

In Si Mohammeds etwas schräg stehenden Augen blitzte eine leicht maliziöse Genugtuung auf. Er sagte zu seinem Arbeitgeber:

»Möge Allah dir Erfolg schenken, Meister Isaac. Deine Religion schließt Gerechtigkeit offenbar nicht aus.«

Die Honoratioren von Haifa – und beileibe nicht nur die Ewiggestrigen – hatten es nicht versäumt, Isaac Reboux mit Vorwürfen zu überhäufen. Wieder beschäftigte er einen Goi! Und jetzt machte er ihn auch noch zum Vorarbeiter! Was tat er denn für die Kinder Israels? Hatte man jemals einen Juden erlebt, der seine Brüder von einem Erzfeind befehligen ließ?

Meister Isaac brachte sie mit einigen glasklaren Worten zur Vernunft:

»Meine Freunde, ich habe nicht vor, diesen Goi als Familienmitglied anzusehen oder ihn auch nur mein Haus betreten zu lassen, geschweige denn seinen Glauben anzunehmen. Ich beschäftige seine Arme und seinen Verstand, die mir nützlich sind. Und lasst es euch noch einmal gesagt sein: Wir müssen unsere Nachbarn zu Freunden machen, wenn wir unser Werk fortsetzen und unseren Traum verwirklichen wollen. Ohne Bündnis mit den Arabern ist bekanntlich keine jüdische Nationalheimat in Palästina möglich, und unsere Arbeit läuft ins Leere. Wir Juden sind ein schwaches Gewächs, *aâchba dlila;* wir sind ein paar Bohnen mitten in einem Haferfeld. Denkt daran, dass wir hier nur geduldet werden. Wir müssen mit denen Umgang pflegen, die ihr als unsere Feinde bezeichnet, ihre Wertschätzung gewinnen, wenn nicht ihre Zuneigung. Falls wir diese nicht erringen können, sollen sie wenigstens unseren Wunsch nach Eintracht und unseren guten Willen anerkennen!«

Elissa Rhaïs (1867 al-Bulaida – 1940 al-Bulaida) erhält ihr Pseudonym von ihrem Verleger in Paris, wo sie 1919 als Rosine Boumendil ankommt. Die zweimal jüdisch verheiratete und geschiedene Betreiberin eines literarischen Salons in Algier wird in Frankreich als eine aus einem Harem geflüchtete Muslimin vermarktet. In ihrem Pariser Salon empfängt sie Colette, Sarah Bernhardt und andere in einer Kombination von berberischen und muslimischen Trachten. Anders als es die *Revue des mondes musulmans et de la Méditerranée* 1984 nahelegt, ist das nicht die Ethnomaskerade der »ehemaligen Frau eines Rabbiners«, die mit »falschen« arabischen Geschichten »eine Menge Geld« verdient. Rhaïs ist eine arabische Jüdin, eine Bezeichnung die, wie auch europäische Jüdin, auf einen großen Teil des jüdischen Volkes zutrifft und die Identitätskonstruktion »entweder arabisch oder jüdisch« historisch widerlegt. Ihr Nachname Boumendil wurde in Algerien von Arabern und Juden geteilt. In ihrer Geburtsstadt al-Bulaida haben Juden unter französischer Kolonialherrschaft weitgehend ihre charakteristische Kleidung aufgegeben – nicht als Identitätswechsel, sondern als Assimilation im Sinne einer Performance. Ihr Roman *La riffaine* (1929), der während des Riffkriegs der Berber gegen die spanischen Besatzer spielt, und die Kurzgeschichte *Enfants de Palestine* (1931) handeln von zwei Konflikten im Mittelmeerraum, die bis heute andauern. Mit dieser Wendung zum Politischen begann das Ende der Karriere der arabischen Jüdin.

Bougainvillea

הַתּוֹשָׁבִים גִּלּוּ אֶת הַבּוּגֶנְוִילְיָה: צַוָּארִים דַּקִּים,
שְׂפָתַיִם
רוֹטְטוֹת. גְּבִיעִים
רְקוּעִים רְקוּעִים
נְהָרָה קְשׁוּחָה. הַצְּבָעִים
אִבְּדוּ אֶת שְׁמָם בְּקִלּוּחֵי שֶׁמֶשׁ
בְּמִכְתּוֹת כְּפוֹר מְטֻבָּתוֹת.
צְלוֹת וּבָעוּת
גָּנְבוּ אֶת גְּבוּל הַגַּנָּה.

Die Bewohner entdeckten die Bougainvillea: schmale Hälse
bebende
Lippen. Kelche
gehämmert, gedengelt
hartnäckige Helle. Die Farben
verloren ihre Namen im Schwall der Sonne
bei starrgestanzten Frostsplittern.
Gebet und Entsetzen
durchbrachen die Grenze des Gartens.

Bis die 13-jährige Aviva ihren Bruder und späteren Schriftsteller Shimon Adaf (geb. 1972 Sderot) in die Bücherwelt einführte, »gab es keinen Horizont«, sagt er. Ihr ist das Sehnsuchts- und Klagelied *Aviva-Nein* des Gitarristen und Liedtexters von גן אחר (Ein anderer Garten, 1996) gewidmet. Die Grenze des Gartens in *Aviva-Nein* ist nicht die einzige, die in Adafs Werk durchbrochen wird. In פנים צרובי חמה (Sonnenverbranntes Gesicht, 2008) spricht Gott aus dem Fernseher zur unerklärlich verstummten Flora, die darauf ihre Sprachfähigkeit zurückgewinnt. Ein Link im Roman führt zu einer »Karte zum Verlorengehen« zwischen gesellschaftlichen Grenzen, einem Zwischenraum, der es Flora ermöglicht, der »neuen israelischen Bourgeoisie« standzuhalten. Die Grenzen zwischen Rock, Science-Fiction, Fantasyliteratur und jüdischer Mystik durchwandernd kommt Adaf stets in Peripherien an, seien es die eines Orts, einer Zeit, einer Identität oder eines Geschlechts. Aus seinem E-Mail-Austausch mit Lavie Tidhar entsteht das Buch *Art and War: Poetry, Pulp and Politics in Israeli Fiction* (2016), weil, wie Tidhar sagt, Adaf darauf bestehe, jede Frage mit einer weiteren Frage zu beantworten. »Ein Jude zu sein bedeutet [für Adaf], an der Debatte ums Jüdischsein teilzunehmen, die einsetzte, als die Realität das Licht der Welt erblickte, und ihr Ende findet, wenn die Realität erlöst ist. Alles andere ist bloß Ablenkung, ein Hindernis.«

לחצר יצא הגנן עם צינור ארוך בידיו. הוא שר כמה שירים בצרפתית, אך מרגע שהבחין בהם הפסיק לשיר והשקה את שיחי הבוגנוויליה. הוא הסביר להם מדוע הוא כה נלהב מהמשיח הזה: »אני קורא לו 'השקרן'. למה? כולם חושבים שאלה פרחים מרהיבים, באדום, בורוד, בסגול, בכתום, בלבן, למרבה ההפתעה צבע הפריחה של הבוגנוויליה הוא רק צהוב. אבל מה? למה אני אומר שקרן? קוטר הפריחה הוא חצי סנטימטר, ומה עושה השקרן הזה? הוא ביקש מהעלים הסובבים את התפרחת לצבוע את עצמם בצבעים כדי לפתות את החרקים לבוא אליהם. אבל מה אני אומר לכם? שקרן או לא, זה עובד, אנחנו נהנים וגם החרקים«. אחר כך אמר: »סילחו לי שאני עושה את זה עכשיו, אתם יודעים, בגלל החום הגדול, אני חייב להשקות בחשכה. אתם יכולים להמשיך, התעלמו ממני«.

דוד סיכם: »מה לעשות, לפעמים צריך לשקר, אנחנו נסלח לגברת הצבעונית זאת.«
רשל אמרה:
– מעכשיו לא אוכל להביט בה מבלי לדעת את העובדה המזעזעת הזאת.
– נו, ולכן לא תיהני עוד מהמראה שלה?
– לא, מה פתאום, פשוט אהיה חשדנית יותר.

In den Hof kam der Gärtner, in seinen Händen ein langer Schlauch. Er sang einige Lieder auf Französisch, aber sobald er sie wahrnahm, hörte er mit dem Singen auf und goss die Bougainvilleen. Er erklärte, warum er von diesem Strauch begeistert war: »Ich nenne ihn *Der Lügner*. Weshalb? Alle denken, Bougainvilleen seien wunderbare Blumen, rot, rosa, lila, orange, weiß, doch überraschenderweise ist ihre Blütenfarbe nur Gelb. Der Durchmesser der Blüten ist ein halber Zentimeter, aber was tut *Der Lügner?* Er bittet die Blätter, die die Blüten umgeben, sich in Farbe zu tauchen, um die Insekten anzulocken. Was soll ich euch sagen? Lügner hin, Lügner her, es funktioniert! Die Insekten genießen es und wir genießen es ebenfalls. Aber entschuldigt, wegen der großen Hitze muss ich jetzt die Dunkelheit nutzen und weitergießen. Ihr könnt weitergehen, überseht mich einfach!«

David fasste das so zusammen: »Was soll man machen, manchmal muss man lügen. Dieser bunten Dame verzeihen wir das.« Rachelle sagte: »Ich werde sie nun aber nicht mehr anschauen können, ohne mir dieser erschütternden Tatsache bewusst zu sein.«

»Nu, und deshalb wirst du ihren Anblick nicht mehr genießen?«

»Warum denn das? Nein, ich werde einfach nur misstrauischer sein.«

Vor der israelischen Besetzung Ostjerusalems 1967 war das Mandelbaumtor ein Grenzübergang zwischen Jordanien und Israel. An dieser Schnittstelle zwischen Ost und West beginnt die Dramatikerin und Schriftstellerin Dalia Cohen-Knohl (geb. 1956 Be'er Sheva) ihren Roman מעבר מנדלבאום (Das Mandelbaumtor), eine imaginierte Biografie der levantinischen Schriftstellerin Jacqueline Kahanoff. Durch das Mandelbaumtor gingen Diplomaten, UN-Vertreter, Pilger auf dem Weg vom See Genezareth nach Bethlehem sowie durch die Teilung der Stadt getrennte palästinensische Familien. Die Romanfigur Jacqueline Cohen, eine jüdische Migrantin auf dem Weg zum Collège des Frères im christlichen Viertel, fällt den israelischen Grenzbehörden sofort auf und landet in Untersuchungshaft. »Sie müssen verstehen, dass es zwischen den Bewohnern der christlichen und muslimischen Viertel Ostjerusalems keine Liebe gibt«, sagt sie dem Vernehmungsrichter, der sie der Spionage verdächtigt. Schließlich übernimmt der Sicherheitsdienst und bietet der arabischsprechenden Tochter eines Rabbiners aus Aleppo einen »Handel« an: für den Dienst zu arbeiten. Cohen-Knohl, deren Arbeit mit einer Promotion zur Identitätspolitik im israelischen Theater beginnt, rügt mit dem Roman das, was Yehouda Shenhav-Shahrabani für das identitätspolitische Programm Israels hält: Arabisch ist die Sprache des Feindes und arabischsprechende Juden sind gut beraten, ihre Kultur als Spione und Arabischlehrer für Mitarbeiter des Nachrichtendienstes auszuleben.

When I got home, my mother asked me for the fish I was to have picked up from Mr. Earl, one of our fishermen, on the way home from school. But in my excitement I had completely forgotten. Trying to think quickly, I said that when I got to the market Mr. Earl told me that they hadn't gone to sea that day because the sea was too rough. "Oh?" said my mother, and uncovered a pan in which were lying, flat on their sides and covered with lemon juice and butter and onions, three fish: an angelfish for my father, a kanyafish for my mother, and a lady doctorfish for me—the special kind of fish each of us liked. While I was at the funeral parlor, Mr. Earl had got tired of waiting for me and had brought the fish to our house himself. That night, as a punishment, I ate my supper outside, alone, under the breadfruit tree, and my mother said that she would not be kissing me good night later, but when I climbed into bed she came and kissed me anyway.

Als ich nach Hause kam, fragte meine Mutter nach den Fischen, die ich auf dem Heimweg bei Mr. Earl, einem unserer Fischhändler, hätte abholen sollen. In meiner Aufregung hatte ich es völlig vergessen. Ich dachte blitzschnell nach und sagte, als ich auf den Markt gekommen sei, hätte Mr. Earl gesagt, sie seien heute gar nicht aufs Meer hinausgefahren, weil die See zu rauh gewesen sei. »Ach?« sagte meine Mutter und hob den Deckel von einer Pfanne, in der flach auf der Seite, in Butter und Zitronensaft und mit Zwiebeln bedeckt, drei Fische lagen: ein Meerengel für meinen Vater, ein Kanyafisch für meine Mutter und ein Doktorfisch für mich – für jeden von uns die Fischsorte, die er am liebsten aß. Während ich die Leichenhalle besuchte, war Mr. Earl die Warterei zu dumm geworden, und er hatte die Fische selbst bei uns vorbeigebracht. Zur Strafe mußte ich an diesem Abend allein essen, draußen unterm Brotfruchtbaum, und meine Mutter sagte, sie würde mir danach keinen Gutenachtkuß geben, aber als ich ins Bett stieg, kam sie und gab mir doch einen.

Jamaica Kincaid (geb. 1949 Saint John's) kommt als Elaine Cynthia Potter Richardson auf der britisch kolonisierten Insel Antigua zur Welt. Die »so schützende wie indoktrinierende« imperiale Präsenz wird später ihre Protagonistinnen beschäftigen. Als sie in New York zu schreiben beginnt, ändert sie ihren Namen, um »Dinge zu tun, die sie sonst nicht tun könnte«. Nach der Geburt ihrer Kinder ist sich Kincaid, die in eine jüdische Gemeinde eingeheiratet hat, unsicher, ob sie mit ihrer Familie auf demselben Friedhof begraben werden kann, und konvertiert zum Judentum. »Wenn es ein Leben nach dem Tod gibt«, stellt sie sich vor, »werde ich ihnen sicher Briefe schreiben – aber was ist, wenn diese verloren gehen?« Mit Identität hat das Jüdisch-Sein für die Schriftstellerin und spätere Präsidentin ihrer Synagogengemeinde allerdings nichts zu tun. »Wenn ich über Identität spreche, kann ich über meine Geschichte, meine Herkunft sprechen und dabei erkennen, wie ich über mich selbst denke, aber ich bin dieser Sache, die man Identität nennt, wirklich überdrüssig, denn sie scheint […] einen nur einzuengen.«

Durch den Mord ihres Glaubensgenossen aufs äußerste erbittert, hatten sie weder Mühe noch Geld gespart, dem Täter auf die Spur zu kommen. […] Als dennoch alles nichts half und die gerichtliche Verhandlung für beendet erklärt worden war, erschien am nächsten Morgen eine Anzahl der angesehensten Israeliten im Schlosse, um dem gnädigen Herrn einen Handel anzutragen. Der Gegenstand war die Buche, unter der Aarons Stab gefunden und wo der Mord wahrscheinlich verübt worden war. – »Wollt ihr sie fällen? so mitten im vollen Laube?«, fragte der Gutsherr.

»Nein, Ihro Gnaden, sie muß stehenbleiben im Winter und Sommer, solange ein Span daran ist.« – »Aber, wenn ich nun den Wald hauen lasse, so schadet es dem jungen Aufschlag.« – »Wollen wir sie doch nicht um gewöhnlichen Preis.« Sie boten zweihundert Taler. Der Handel ward geschlossen und allen Förstern streng eingeschärft, die Judenbuche auf keine Weise zu schädigen.

1936 veröffentlicht Walter Benjamin in einem Luzerner Verlag seine Briefsammlung *Deutsche Menschen* unter dem Pseudonym Detlef Holz, um das Buch in den deutschen Buchmarkt einzuschleusen. Die Sammlung aus einer Epoche, »in der das Bürgertum sein geprägtes und gewichtiges Wort in die Waagschale der Geschichte zu legen hatte«, enthält auch einen Brief von Annette von Droste-Hülshoff (1797 bei Münster – 1848 Meersburg). 1970 findet Leah Goldberg, *Die Judenbuche* sei von historischer Bedeutung zum Verständnis jüdischer Geschichte in Deutschland, und übersetzt dieses »Sittengemälde aus dem gebirgigten Westphalen« ins Hebräische. Auch wenn die Forschung gelegentlich ein »Gespenst des Antisemitismus« in *Die Judenbuche* aufspüren will, so bleibt diese Novelle das Dokument einer Schriftstellerin, die eine durch Mythen und Leerstellen gebrochene Realität im Kontext eines Rechtssystems verhandelt, das erst im Entstehen begriffen ist. Die sich widersprechenden Rechtsgedanken schaffen einen Möglichkeitsraum, in dem auch jene ethische Lehre aus der Hebräischen Bibel, die Gleiches mit Gleichem vergelten will und nicht selten Gewaltketten auslöst, eingeschlossen ist: Die in fehlerhaftem Hebräisch in die Buche geritzten Zeilen »wenn du dich diesem Ort nahest, so wird es dir ergehen, wie du mir gethan hast« schreiben den Tatort eines Mordes um in ein prophetisches Mahnmal.

Butterblume

The distance between the men and the errant robot was being cut down momentarily – more by the efforts of Speedy than the slow plodding of the fifty-year-old antique mounts of Donovan and Powell.

They were close enough now to notice that Speedy's gait included a peculiar rolling stagger, a noticeable side-to-side lurch—and then, as Powell waved his hand again and sent maximum juice into his compact headset radio sender, in preparation for another shout, Speedy looked up and saw them.

Speedy hopped to a halt and remained standing for a moment with just a tiny, unsteady weave, as though he were swaying in a light wind.

Powell yelled: "All right, Speedy. Come here, boy."

Whereupon Speedy's robot voice sounded in Powell's earphones for the first time.

It said: "Hot dog, let's play games. You catch me and I catch you; no love can cut our knife in two. For I'm Little Buttercup, sweet Little Buttercup. Whoops!" Turning on his heel, he sped off in the direction from which he had come, with a speed and fury that kicked up gouts of baked dust.

And his last words as he receded into the distance were, "There grew a little flower 'neath a great oak tree," followed by a curious metallic clicking that might have been a robotic equivalent of a hiccup.

Donovan said weakly: "Where did he pick up the Gilbert and Sullivan? Say, Greg, he... he's drunk or something."

Die Entfernung zwischen den Männern und dem herumirrenden Robot verminderte sich augenblicklich – allerdings mehr durch die Bemühungen Speedys als durch das Dahertrotten der fünfzig Jahre alten »Rosinanten« Donovans und Powells.

Nun waren sie nahe genug, um zu erkennen, daß Speedys Gangart eigenartig schwankend war. Es war, als schaukelte er auf eigenartige Weise von Seite zu Seite. Als dann Powell wiederum winkte und die größtmögliche Sendeenergie in seinem kompakten Radiosender, der sich auf seinem Kopfe befand, einschaltete – und zwar als Vorbereitung für ein neues Rufen oder besser Brüllen –, schaute Speedy auf und sah sie.

Mit einem Ruck blieb Speedy stehen und verharrte einen Augenblick in dieser Stellung. Er war nicht völlig regungslos, sondern schwankte ein klein wenig, als würde er von einem leichten Winde bewegt.

Powell brüllte: »Also mach keine Geschichten, Speedy! Komm hierher, mein Junge!«

Worauf zum ersten Male Speedys Robotstimme in Powells Kopfhörern ertönte.

Sie sagte: »Wir wollen Spielchen spielen. Du fängst mich, und ich fange dich. Keine Liebe kann unser Messer in zwei Teile schneiden. Denn ich bin Klein Butterblümchen – das liebe, kleine Butterblümchen. Juchhe!« Und indem er sich auf dem Absatz umdrehte, rannte er in der Richtung davon, aus der er gekommen war, und zwar mit einer Geschwindigkeit und Kraft, daß der von der Hitze festgebackene Boden nur so nach allen Seiten spritzte.

Und seine letzten Worte waren, ehe er immer kleiner und kleiner wurde: »Eine kleine Blume wuchs unterm Eichenbaum«, welcher Äußerung ein metallisches Klirren folgte, was vielleicht das robotische Gegenstück zu einem Schlucker war.

Donovan sagte schwach: »Woher hat er nur die Gilbert- und Sullivanverse? He, Greg – ich glaube, er ist betrunken oder so was Ähnliches.«

Das Werk des Wissenschaftlers und Schriftstellers Isaac Asimov (1920 Petrowitschi – 1992 New York) reicht von Science-Fiction über Lehrbücher der Biochemie bis zum epischen *Asimov's Guide to the Bible* mit einem Leitfaden zum Alten und Neuen Testament. Ob im Bibelführer, der vom politischen und historischen Zusammenhang dieses Werkes erzählt, oder in den Science-Fiction-Romanen, wo mit dem Begriff Psychohistorie eine fiktive Wissenschaft ins Leben gerufen wird – immer geht es um Bewusstseinsgeschichte. Die Logik von »Asimovs Thema« fasst Gotthard Günther in seinem Vorwort zu *Ich, der Roboter*, so zusammen: »[...] eine Maschine, die Bewusstsein hat, braucht einen Moralkodex. Mehr noch: sie kann technisch ohne einen solchen überhaupt nicht konstruiert werden. Denken (auch geborgtes) setzt Spontaneität voraus, und diese braucht ethische Richtlinien. Wenn man aber Ethik in eine Maschine einbaut, dann entstehen allerhand Schwierigkeiten.« Und die wiederum treiben Asimovs Erzählungen voran. Er »weiß sehr genau, dass seine Robots dem, was in den nächsten Jahrhunderten wissenschaftlich möglich sein wird, noch um Erhebliches voraus sind«. Einstweilen singt der Roboter Speedy vom Butterblümchen, das unterm Eichenbaum wuchs.

לִיהְוֶה יָדִיעַ [2] לְמַעֲכ"ת מֵעִנְיָן כְּתָב שֶׁשָּׁלַח לִי כְּבוֹדְךָ עִם אֶתְרוֹגִים; לֹא מָסְרוּ הַכְּתָב לְיָדִי [3] עַד שַׁבָּת »וַיֵּצֵא יַעֲקֹב«. כֵּיוָן שֶׁרָאִיתִי אוֹתוֹ, תָּמַהְתִּי וְשָׁלַחְתִּי אַחַר מ' יְדִידִי וְנִתְקוֹטַטְתִּי[4] עִמּוֹ. אָמַרְתִּי לוֹ: »אֵלּוּ מַה מַּעֲשִׂים הֵם, אֲשֶׁר אַתֶּם תַּעֲשׂוּ בִי?! וּמַה הַמַּעַל הַזֶּה אֲשֶׁר [5] אַתֶּם מְעַלְתֶּם בִּי?! אֵיךְ יִשְׁלְחוּ לִי ק"ק עאנה, יע"א, כְּתָב קוֹדֶם חַג הַסֻּכּוֹת וְאַתֶּם [6] תַּעֲלִימוּהוּ מִמֶּנִּי וְלֹא תַגִּידוּ לִי עַד עַתָּה, לְפִי שֶׁהָיִיתִי שׁוֹלַחַת תְּשׁוּבָתָם. אוֹי לְאוֹתָהּ [7] בּוּשָׁה וְאוֹי לְאוֹתָהּ כְּלִימָה!«
א"ל מ' יְדִידִי: »לֹא הָיָה עֲוֹנִי אֶלָּא עֲוֹן שִׁי 'מוּסָא [ג]לבִּי הָיָה. [8] הוּא לֹא הִנִּיחַ לִמְסוֹר כְּתָב לְיָדִי. צִוַּנִי: אַל תְּגַלֶּה לָהּ, עַד שֶׁנִּרְאֶה אֵיךְ יִהְיֶה דְּמֵי [9] הָאֶתְרוֹגִים וְאח"כ נְגַלֶּה לָהּ וְנִמְסוֹר כְּתָב לְיָדָהּ«. גַּם אֲנִי חָזַרְתִּי לוֹ: »אָז"ל: »לֹא בְסָבֵי [10] עֵצָה וְלֹא בְדַרְדְּקֵי טַעְמָא. וְכִי מוֹשֵׁל הָיִיתִי לֶאֱסֹר אֶתְכֶם וְלָקַחַת מִכֶּם הַמָּעוֹת [11] בְּחוֹזֶק?! זֶה מַה דַּעַת הָיָה?! דַּעַת גְּרוּעִים וְתַעֲתוּעִים! אַתֶּם הָיָה לָכֶם לִמְסֹר כְּתָב [12] בִּלְבַד לְיָדִי; ואח"כ רְצוֹנְכֶם הָיָה כָּל זְמַן שֶׁהָיָה נוֹפֵל הַמָּעוֹת בְּיֶדְכֶם ואח"כ הֱיִיתֶם [13] נוֹתְנִים לִי הַמָּעוֹת«. לְפִי שֶׁשָּׁלַח כְּבוֹדְךָ לִינָתֵן לִי מִדְּמֵי אֶתְרוֹגִים ג' קְרוֹשׁ. וְעַתָּה [14] רְצוֹנִי שְׁאֵלָתִי וּבַקָּשָׁתִי, שֶׁיִּשְׁלַח כְּבוֹדְךָ אֵצֶל מוּסָא גלבי וְלֹמ' יְדִידִי וְתִצְעַם, פַּעַם [15] אַחֶרֶת אַל יַעֲשׂוּ בִי כָּךְ! א<י>ךְ יִשְׁלַח כְּבוֹדְךָ כְּתָב מֵחַג הַסֻּכּוֹת וְהֵם יַעֲלִימוּהוּ מִמֶּנִּי?! [16] זוֹ מִדָּה אֵיזוֹ דֶּרֶךְ אֶרֶץ, אָנָה מִדַּת נִכְבָּדִים! מִזּוֹ הַסִּבָּה נִתְבּוֹשְׁשָׁה תְּשׁוּבָתִי [17] וְלֹא הָיִיתִי יוֹדַעַת, שֶׁשָּׁלַח כְּבוֹדְךָ כְּתָב אוֹ דָּבָר.

Jahwe weiß es. Und in der Angelegenheit des Briefes, den mir der Verehrte zusammen mit den Cedrats sandte, möge es dem hochgeehrten Herrn ein für allemal zur Kenntnis gebracht sein [2], dass man das Schriftstück bis zum »Und Jakob zog aus«–Sabbat nicht in meine Hände [3] gegeben hat. Als ich es nun sah, schickte ich nach meinem Freund M. und stritt [4] mit ihm.

Ich sprach zu ihm: »Was sind das für Taten, die Ihr an mir tut? Was ist das für eine Untreue [5], die Ihr an mir verübt? Wieso sendet mir die Gemeinde Eana vor dem Laubhüttenfest ein Schriftstück und Ihr [6] verbergt es vor mir und sagt mir gar nichts davon. Ich hätte doch längst die gebührende Antwort erteilt! Oh, welche Schande [7], oh, welche Schmach!«

Also sprach zu mir M., mein Freund: »Nicht meine Sünde war es, sondern die Sünde des Musa Galabi war es [8]. Er ließ mich dir das Schriftstück nicht übergeben. Er befahl mir: ›Verrate ihr nichts, bis wir die Zahlung für die Cedrats [9] sehen. Erst dann werden wir es ihr verraten und ihr das Schriftstück aushändigen.‹«

Ich gab ihm zur Antwort: »Nicht bei meinen Großvätern [10] der Rat und nicht bei meinen kleinen Kindern der Sinn.« So sagten die Schriftgelehrten, deren Andenken gesegnet sein möge. Bin ich denn ein Statthalter, Euch festzunehmen und Euch die Münzen [11] abzunehmen mit Gewalt? Was hat das für einen Sinn? Den Sinn schlechter Menschen und Irreführer. Ihr hattet nichts zu tun, als mir das Schriftstück [12] zu übergeben. Euer [13] Wille aber war es, die Münzen die ganze Zeit zu behalten und sie mir später zu geben. Wo doch der Geehrte mir vom Preis der Cedrats drei Krusch geben wollte. Jetzt [14] ist es mein Wille, meine Frage, meine Bitte: Der Geehrte möge sich an Musa Galabi und meinen Freund wenden und ihnen befehlen, ein andermal [15] so nicht an mir zu handeln. Kann es angehen, dass der Geehrte mir zum Laubhüttenfest ein Schriftstück sendet und sie es vor mir verbergen?! [16] Das ist nicht respektvoll, das ist keine Art! So handeln keine Ehrenmänner! Aus diesem Grund ließ meine Antwort [17] auf sich warten: Weil ich nicht wusste, dass der Geehrte mir ein Schriftstück oder sonstwas gesandt hat!

Als der Anthropologe Erich Brauer in den 1940er Jahren sein Buch über kurdische Juden schreibt, geht er davon aus, dass der hier zitierte Brief – seine Rhetorik, das Hebräisch, die rabbinische Gelehrsamkeit – von einem Mann geschrieben sein musste. Doch stammt der Brief von Asenath Barzani (1590 unbekannt – 1670 al-Amadiyya), der Rabbinerin und Vorsteherin einer Gemeinde, die Cedrats gespendet bekommt. Der Erlös dieser Zitrusfrüchte, die für das Ritual des Laubhüttenfests gebraucht werden, sollte der Gemeinde zugutekommen, doch wird die Sendung der Vorsteherin zunächst verheimlicht. Barzani ist die älteste verzeichnete rabbinische Gelehrte und steht in der kurdischen Geschichte für die bis heute praktizierte Gleichberechtigung der Frauen. Obgleich in der jüdischen Tradition das Thorastudium als Männersache galt, hat ihr Vater, wie sie berichtet, sie »nie etwas anderes gelehrt als das Studium der Heiligkeit«. Ihr zukünftiger Ehemann muss dem Vater schwören, ihr »niemals zu erlauben, [Haus-]Arbeit zu verrichten, und so tat er, was ihm befohlen wurde«. Als ihr Ehemann stirbt, übernimmt sie seine von ihrem Vater geerbte Rabbiner-Position und wird zur Gemeindevorsteherin. Einer Volkslegende zufolge betet Barzani zu Gott, dass »die Frauensache« mit der Fruchtbarkeit bei ihr aufhören möge und sie zum Thorastudium mehr Zeit haben könne.

שאלה אותו, מהיכן היו לך מעות ליקח לך אתרוג? אמר לה, מכרתי את תפילי בדינר זהב וקניתי לי את האתרוג. אמרה לו, אם כן תן לי את העודף. אמר לה, לא נתנו לי עודף. כל המעות שנתנו לי בתפילי נתתי באתרוגי. התחיל מונה כל שבחיו של האתרוג והיה מתלהב והולך.
הבליעה הרבנית את דמעתה ואמרה, רוצה אני לראות מה מציאה מצאת. הוציא הצדיק את האתרוג וסילק את עטיפותיו. הבהיק זיו הדרו ועלה ריחו הטוב, תאוה לעינים ונחמד לברכה.
אמרה האישה, תן ואסתכל בו. הושיטה את ידה ונטלה את האתרוג. נזכרה צער ביתה וצער בניה שאין להם מה יאכלו, ועכשיו יום טוב של סוכות בא ואין לה במה לשמחו. נתמוטטו ידיה מחמת צערה ונשמט האתרוג ונפל. וכיון שנפל נשברה פיטמתו. וכיון שנשברה פיטמתו נפסל.
ראה הצדיק שנפסל אתרוגו ואינו ראוי לברכה. שטח את שתי כפיו הקדושות דרך ייאוש ואמר, תפילין אין לי, אתרוג אין לי, לא נשתייר לי אלא כעס. אבל אני לא אכעוס, אבל אני לא אכעוס.

Sie fragte ihn, woher hattest du das Geld, einen Etrog zu kaufen? Er sagte, ich habe meine Gebetsriemen für einen goldenen Dinar verkauft und mir so den Etrog erworben. Sie sagte: Wenn das so ist, dann gib mir das Wechselgeld. Er sagte ihr: Ich habe kein Wechselgeld bekommen. Das ganze Geld, das ich für meine Gebetsriemen bekam, habe ich für meinen Etrog ausgegeben. Und er begann all die Vorzüge des Etrogs aufzuzählen und geriet immer mehr in Begeisterung.

    Die Rebbitzn schluckte ihre Tränen herunter und sagte: Ich möchte sehen, was für ein besonderes Stück du da gefunden hast. So zog der Zaddik den Etrog aus seiner Tasche und wickelte ihn aus seinen Umhüllungen, und er glänzte in seiner ganzen Pracht, ein guter Duft stieg von ihm auf, ein Genuss für die Augen, wie geschaffen, den Segen darüber zu sprechen. Die Frau sagte: Gib ihn mir, ich will ihn mir anschauen. Sie streckte die Hand aus und nahm den Etrog.

    Da musste sie wieder an die Not in ihrem Haus denken und an die Not der Kinder, die nichts zu essen hatten, und jetzt stand das Laubhüttenfest vor der Tür und sie hatte nichts, um es freudig zu machen. Und es wurden ihr vor lauter Kummer die Hände schwach, und der Etrog entglitt ihr und fiel auf den Boden. Und da er auf den Boden fiel, brach seine Spitze ab. Und da seine Spitze abgebrochen war, war er nicht mehr zu gebrauchen.

    Der Zaddik sah, dass sein Etrog untauglich geworden war, nicht würdig, dass man einen Segen über ihn sprach. Da streckte er verzweifelt seine beiden heiligen Hände aus und sagte: Ich habe keine Tefillin, ich habe keinen Etrog, ich habe nichts mehr außer Wut. Aber ich werde nicht wütend sein, ich werde nicht wütend sein.

Vor dem Laubhüttenfest erfreut sich das Etroggeschäft großer Nachfrage. Strenggläubige überqueren Ozeane, um sich ein makelloses Exemplar dieser Zitrusfrucht zu besorgen. Religiöse Traditionen sind die Quelle der modernen Literatur von Schemu'el Josef Agnon (1888 Buczacz–1970 Rechovot), geboren als Samuel Josef Czaczkes. Seinen Namen übernimmt Agnon vom Titel seiner ersten veröffentlichten Geschichte, עגונות (Verlassene, 1908), plural von *aguna* – eine nach dem jüdischen Gesetz verheiratete Frau, deren Ehemann flüchtig oder verschollen ist, ohne ihr einen Scheidungsbrief überreicht zu haben. Sie bleibt an den Mann, den sie womöglich nie wieder sehen wird, gefesselt und darf nicht erneut heiraten. Als seine Quelle nennt Agnon an erster Stelle »die Heilige Schrift, aus der ich gelernt habe, wie man Buchstaben kombiniert. Dann gibt es die *Mischna*, den *Talmud*, die *Midraschim* und Rabbi Schlomo Jizchakis Kommentar zur Thora. Danach kommen die *Poskim* – die späteren Schiedsrichter zwischen talmudischen Gesetzauslegungen – und unsere heiligen Dichter und mittelalterlichen Weisen, angeführt vom Meister Rabbi Moses, Sohn des Maimon, bekannt als Maimonides, seligen Andenkens«. Für die Arbeitsbedingungen des hoch angesehenen Schriftstellers muss gelegentlich die Staatsgewalt sorgen. 1959, nachdem er sich bei der Jerusalemer Polizei beschwert hat, dass der Lärm in seiner Straße ihn daran hindere, sich beim Schreiben zu konzentrieren, wird die Straße jeden Nachmittag für Autos gesperrt.

(כרם אחימן, בבואו ילך מגפן אל גפן)

אחימן

עֲלֵי כַרְמִי כִּי אָשִׂים עַיִן
הֶאָח! אֵיךְ אֶשְׂמַח שָׂמוֹחַ
קוֹץ וְדַרְדַּר אַיִן
סְבִיבַי יִפְרַח פָּרוֹחַ
פֹּה אֵין שָׁמִיר אֵין שָׁיִת
יִפְרַח הַגֶּפֶן יָנֵץ הַזַּיִת
פֹּה הִבְשִׁילוּ פֹּה יִפְרָחוּ
שָׁם יְבַכְּרוּ פֹּה יִצְמָחוּ.

(ילך אל גפן אחר)

פֹּה עֲנָבִים מְלֵאִים יַיִן
זְמוֹרָה לָאָרֶץ תָּשׁוּחַ
הֶאָח! מַה נֶּחְמָד לָעַיִן
תַּאֲוָה לְנֶפֶשׁ וָרוּחַ.
אכן לא לשוא עמלתי, לא לשוא יגעתי, עבדתי בזעת אפי
אולם פרים אוכלה, אמ"ץ יין גפני, ודם ענב אשתה לרויה!

[Der Weinberg Achimans, er tritt auf. Er geht von Weinstock
zu Weinstock]

Achiman
> Wenn mein Auge auf meinem Weinberg ruht
> erfüllt mich Freude, Juchhe!
> Stachel und Distel: keine da.
> Blüten um mich herum, es blüht, es blüht.
> Kein Dornbusch, kein Dill.
> Doch blüht der Rebstock, der Olivenbaum
> schlägt aus. Die Knospen,
> hier sind sie gereift, dort blühen sie,
> die jungen Keime, hier wachsen sie.

[Er geht zu einem anderen Weinstock]

> Hier der Weinstock so voller Trauben,
> dass die Rebe zu Boden sich neigt.
> Juchhe! Wie freut sich mein Auge,
> welch eine Lust für Seele und Geist.

> Wirklich, nicht umsonst habe ich mich abgearbeitet,
> nicht umsonst mich abgemüht im Schweiße meines Angesichts:
> Werd' ich doch essen die Früchte, saugen den Wein
> meines Rebstocks,
> trinken das Blut der Trauben, bis der Durst gestillt ist!

Im Theaterstück *Achiman und Schulamith* weiß Achiman viel über Gartenarbeit und kennt den Unterschied zwischen kultiviertem und wucherndem Garten. Sein Autor Tobias Kohen (1652 Metz –1729 Jerusalem) stellt sich dem jüdischen Konflikt zwischen religiöser und weltlicher Ausbildung in der Frühzeit der Aufklärung. Nach Talmudstudien in Krakau beginnt Kohen ein Medizinstudium, die für ost- und mitteleuropäische Juden übliche Laufbahn einer mit dem Judentum noch zu vereinbarenden weltlichen Bildung. Unterstützt von Kurfürst Friedrich Wilhelm I. wird Kohen von der Universität Frankfurt an der Oder angenommen, doch als Jude von der lutherischen Fakultät nicht zur Doktorprüfung zugelassen und deshalb in Padua promoviert. Der Sohn einer Migrantenfamilie aus Palästina und Italien wird Leibarzt am osmanischen Hof. Mit seinem in Adrianopel geschriebenen und in Venedig verlegten Buch מעשה טוביה (Werk des Tobias, 1707) positioniert er sich gegen das Fehlen der Wissenschaften in der jüdischen Ausbildung. Dieses enzyklopädische Werk des neunsprachigen Autors enthält unter anderem illustrierte Abhandlungen zu Theologie, Astronomie, Geografie, Botanik und Medizin. Die Illustration »Das neue Haus« stellt eine Analogie zwischen dem menschlichen Körper und einem mehrstöckigen Haus her. Etienne Lepicard sieht darin eine mögliche Alternative zu Descartes' Metapher vom Funktionieren des Körpers als Maschine, eine Alternative, die in der jüdischen Kultur sowie in der Mnemotechnik verwurzelt wäre.

סודו הגדול של הירקן הוא שאין לו סחורה לא טובה. מה שלא מתאים למטרה אחת, בוודאי יתאים למטרה אחרת. אם לא טוב לאכילה טוב לבישול, או למיץ, או לריבה, או לחסרי שיניים, או לשם ריכוז זבובים, או להזנת תולעים. הפרי הקשה יהיה רך והרך מדי מתאים בדיוק לאכילה. כל הרקוב מתוק ובננות שחורות זה דבש. מלפפונים צמוקים טובים לכבישה, אבטיח מקולקל או בוסרי לגמרי הוא »זן כזה«, שזיפים ראשונים הם לברכה ותפוחי-זהב קטנים ובלתי-מתקלפים נמכרים תחת שם שצלילו דומה לתפוזינה. פירות שממקומם בפח בלבד נמכרים בעזרת: »קחי את כל מה שנשאר בשני שקלים. איך אני בשבילך?« הירקנים שונאים במיוחד את הקונים שאחרי גמר החשבון וסוף התשלום מבקשים: ...»ותן לי בבקשה קצת שמיר וקצת פטרוזיליה למרק... שכחתי לגמרי.« לא נעים להוסיף את זה לחשבון ולדרוש תוספת קטנה לתשלום, ועוד יותר לא נעים להפסיד איזה שקל או שניים. הם זורקים בפניה של עקרת הבית אגודה זעירה ומצהיבה של שמיר לא שמור ומביטים בפרצוף חרדל.

אני, לצערי הרב, שייך לאלה שקונים לפי העין. כל דבר שנתון בתוך סלסילות נאות ו»חסכוניות« מגיע אל סלי, ומחצית ממנו מגיעה בביתי לפח-האשפה. אשתי מראה לי פרי אחרי פרי, או ירק אחרי ירק, וכל הצבעה כזאת מלווה בהבעת גועל ובדברי האשמה חד-משמעיים: »תראה מה קנית! אם הסלסילה מצאה חן בעיניך קנה סלסילה ריקה, אבל פירות צריך לבחור.«

Das große Geheimnis des Gemüsehändlers ist: Er hat keine schlechte Ware. Was dem einen Zweck nicht dient, taugt eben zu einem anderen. Was roh nicht mehr zu genießen ist, eignet sich bestimmt noch zum Kochen, für Saft oder Marmelade, oder für Zahnlose, zum Fliegenfang oder als Futter für die Würmer. Die harte Frucht wird noch weich werden, und die zu weiche ist genau richtig zum Verzehr. Alles Verfaulte ist süß, schwarze Bananen sind der reine Honig. Verschrumpelte Gurken ganz prima zum Einlegen, verdorbene oder völlig unreife Wassermelonen nennt man »eben so eine besondere Sorte«, erste Pflaumen bringen Glück, und kleine Orangen, die sich nicht schälen lassen, werden unter einem Namen angeboten, der wie »Orangeade« klingt. Früchte, die in den Abfall gehören, verkauft man mit dem Satz: »Nehmen Sie den ganzen Rest für zwei Schekel. Das ist doch mal ein Angebot!« Gemüsehändler hassen besonders jene Kunden, die sich, nachdem sie ihren Einkauf getätigt und bezahlt haben, besinnen: »Ach, geben Sie mir bitte noch etwas Dill und Petersilie für die Suppe … hab ich ganz vergessen.« Es ist ihnen unangenehm, dies auf die Rechnung draufzuschlagen und zusätzliches Geld zu verlangen, aber noch unangenehmer ist es, ein oder zwei Schekel einzubüßen. So werfen sie der Hausfrau einen winzigen, schon gelblichen Bund schlappen Dill hin und machen ein Gesicht wie saurer Senf.

Zu meinem Leidwesen gehöre ich zu jenen Menschen, die mit den Augen einkaufen. Alles, was in hübschen Schälchen oder als Sonderangebot ausliegt, wandert in meinen Korb, und die Hälfte davon wandert zu Hause dann in den Mülleimer. Meine Frau zeigt mir eine Frucht nach der anderen, hält mir ein Gemüse nach dem anderen unter die Nase, jede Bewegung begleitet von Vorwürfen und Ekel: »Sieh doch, was du da gekauft hast! Wenn dir Schälchen so gefallen, dann kauf leere Schälchen, aber Obst muss man aussuchen.«

»Ich bin ein sprechender Maler. Ich male auf Hebräisch«, sagt Yair Garbuz (geb. 1945 Givʻatajim). Wie man verschiedene Instrumente spielt, so spielt er »mit Zitaten«. Worte und Sprüche, die der satirische Publizist auseinandernimmt und neu zusammensetzt, sind in seinen Bildern Dreh- und Angelpunkt für weitere visuelle Zeichen. Der Sohn polnischer Juden wirft dem Zionismus vor, Geschichte durch einen Neustart zu löschen, der zu Diskriminierung führt und nur dem Narrativ des Regimes dient. Der Künstler bearbeitet historische Kontexte und behandelt selbst komplexe Sachverhalte mit Humor, »einem ernst zu nehmenden Instrument, um die Wirklichkeit zu lesen.« Das Risiko, missverstanden zu werden, nimmt er in Kauf. »Kunst birgt Missverständnisse«, die freudiges Nachdenken oder Aggression auslösen. Missverstanden wurde wohl auch die Rede, die der zweimalige linke Parlamentskandidat 2015 auf einer Wahlkundgebung hielt. Er fragte: Wenn der Mörder von Premierminister Yitzchak Rabin zu einer rechtsradikalen Minderheit gehört, die, »wie man uns glauben machen will«, nicht repräsentativ sein soll – wie konnte sie dann an die Macht kommen? Rechtswähler wurden von Garbuz als »Abergläubige und Amulettküsser« bezeichnet und in einem Atemzug mit den radikal religiösen Zionisten genannt, die der rassistischen Lehre des New Yorker Rabbis Meir Kahane folgen.

والنبات على أربعة ضروب: منها ما هو غذاء ودواء كالحنطة والشعير وما يشاكلهما، ومنها ما هو غذاء لا دواء كالسكر والأدهان وما شاكلهما، ومنها ما هو دواء لا غذاء كالهليلج وخيار شنبر وسائر العقاقير التي في الحشائش، ولا دواء ولا غذاء كالأشواك وما يشبهها.

Und die Gewächse sind vier Sorten, darunter Nahrung und Medizin, wie Weizen, Gerste und ähnliche, darunter Nahrung und keine Medizin, wie Zucker und Öle und ähnliche, darunter Medizin und keine Nahrung, wie die Myrobalane und der Vogel-Knöterich, und dann noch alle anderen Ingredienzen aus Gräsern, darunter solche, die weder Nahrung noch Medizin sind, wie alle Arten von Dornen und Disteln und ähnliche.

Seine ausdrückliche Anerkennung der Prophezeiung Mohammeds begründet Natan'el al-Fayyumi (um 1090 Jemen – um 1165 Jemen) mit seiner Koran-Lektüre. Sein Hauptwerk stellt sich der Rabbiner als einen Garten vor und nennt es *Garten der Scharfsinne* bzw. *Urteilskräfte*, vielleicht um zu suggerieren, dass Schöpfungen des Geistes sich stets im Wachstum befinden. Auch der in Spanien arbeitende Philosoph Bachja Ibn Pakuda stützt sich bei seinem Entwurf eines jüdischen Systems der Ethik namens *Pflichten der Herzen* auf nicht-jüdische Quellen, darunter die islamische Mystik. Doch für al-Fayyumi ist die von Ibn Pakuda beschriebene Einheit Gottes nicht weit genug gefasst. Anders als vielerorts angenommen, argumentiert er im *Garten der Scharfsinne*, wolle der Koran nicht die Bibel ersetzen. Beide sind vom selben Gott, der den verschiedenen Völkern der Welt unterschiedliche Propheten gesandt hat. »Keines der Völker blieb ohne Gesetzbuch« und jedes Volk solle seiner eigenen Religion treu bleiben.

Wieder steht Leo Flamm mit seinem Koffer irgendwo am Wege. Er geht von der Landstraße herunter in den Acker. Der Boden ist trocken und steinig. Hohe, weissgraue Disteln stehen darauf. Nutzloses Gewächs. Nutzlos wie er selbst. Mehr noch: er macht eine lächerliche Figur, wie er da geht: ein europäischer Reisender, einen gestrichenen Koffer in der Hand, in der Sonne eines frühen Sommers auf einem Steinacker zu Füßen biblischer Berge. Das Gewicht von so viel Unstimmigkeit lässt ihn nicht weiter gehen. Er hockt sich auf einen großen Stein und öffnet den Koffer. Es ist nur ein wenig Wäsche und ein leichter Sportanzug darin. Er beginnt, sich mitten auf dem Felde umzukleiden. Er hat sich vor niemandem zu schämen, denn eigentlich ist er garnicht vorhanden. Er fühlt sich in den Traum zurückversetzt, den er in der ersten Nacht geträumt hat: irgendwo fallen gelassen und von niemandem wahrgenommen.

Josef Kastein (1890 Bremen – 1946 Haifa) nimmt 1911 am Zionistenkongress in Basel teil und bereist zwei Jahre später Palästina, bevor er ein Jurastudium in Deutschland aufnimmt. Neben seiner Rechtsanwaltstätigkeit schreibt er Gedichte, Novellen und – auf Aufforderung des Ernst Rowohlt Verlags – die *Geschichte der Juden* (1931), die ihm internationale Anerkennung und den Ruf eines »Historikers der jüdischen Seele« verschafft. 1935 geht der inzwischen in Ascona lebende Zionist nach Haifa. »Ich bin am Mittwoch Nachmittag angekommen«, schreibt er seiner Liebsten, »nachdem auf dem Schiff schon die Passformalitäten und die doppelte Impfung erledigt wurden. Da ich, um schneller abfahren zu können, von Berlin aus ein Arbeitszertifikat bekommen habe, musste ich auch einen Arbeiterberuf angeben, und so habe ich denn mit grabernster Miene Orchideenzüchter gesagt. Da aber der Immigrationsbeamte sich darin nicht auskannte, haben wir uns auf die bescheidenere Bezeichnung Gärtner geeinigt.« *Eine palästinensische Novelle* ist das letzte literarische Werk des Gärtners Kastein. Der Hauptprotagonist, ein Berliner Migrant, bleibt in Palästina eher »mitten auf dem Wege stehen«, als irgendwo anzukommen.

Je parle dans le temps et hors du temps.
Je parle pour hier et aujourd'hui;
pour hier qui est une leçon de vie
pour aujourd'hui qui est une leçon de mort.

J'aurais pu être cet homme. J'ai endossé son uniforme.
— Nous avons, tous deux, le numéro de notre déchéance tatoué à l'avant-bras.

A cette époque, les fils barbelés poussaient comme le lierre, mais en rond; en profondeur et en rond.
  Ce cercle mérite qu'on s'y arrête, qu'on l'observe de près.
  On croit être seul en soi, pris dans un engrenage à dents de scie et, bientôt, on s'aperçoit que l'on est une tribu à s'identifier à une roue, à se conformer à l'esprit routinier de la roue.

Yukel, parle-nous de cette ronde absurde et infernale.

Ich spreche in der Zeit und außer der Zeit.
Ich spreche für gestern und für heute;
für gestern, was eine Lebenslehre ist,
für heute, was eine Todeslehre ist.

Ich hätte jener Mann sein können. Ich habe seine Uniform angelegt.
Uns beiden ist die Nummer unserer Erniedrigung in den Unterarm eintätowiert.

Zu jener Zeit sproß der Stacheldraht wie Efeu, aber im Kreis; in die Tiefe und im Kreis.
Dieser Kreis verdient es, daß man bei ihm haltmacht, ihn aus der Nähe betrachtet.
Man glaubt, allein in sich zu sein, in einem Getriebe von Sägezähnen zu stecken, und bald bemerkt man, daß man ein Volksstamm ist, der sich einem Rad gleichmacht, der sich dem Schablonengeist des Rades angleicht.

Yukel, sprich uns von jener absurden und höllischen Rundung.

In einem Gespräch mit Edmond Jabès (1912 Kairo – 1991 Paris) fragt Jacqueline Kahanoff, wie ihm die imaginären Rabbiner eingefallen seien, die *Das Buch der Fragen* bevölkern. »Mir scheint es, dass sie schon immer bei mir waren«, antwortet er, »doch erst als ich erfahren habe, was Exil ist, haben sie zu sprechen begonnen.« Ende der 1980er Jahre, als der Gemeinplatz »der Jude« noch geläufig war, fragt Bracha L. Ettinger den Schriftsteller, wie er den *état du juif*, die Lage der Juden im Zusammenhang mit Exil und Wanderung, sehe. Jabès hört *État du juif*, versteht »der Judenstaat« und sagt: »Nie dachte ich, dass der Weg des Judentums notwendigerweise durch einen Staat läuft. Für mich ist Judentum Text; Ethik, Kultur und Text. Das Judentum kann die Besiedelung von Land ›durchlaufen‹ oder eben nicht […] Ich habe ein Land verlassen, das nicht das meine war, und bin in ein anderes gezogen, das ebenfalls nicht das meine ist. Ich habe mich in eine Vokabel aus Tinte geflüchtet, mit dem Buch als Raum.«

Eiche

אַמאָל איז געוועזן אַ האָלצהעקער,
געוועזן איז ער גראָ און אַלט;
איז ער געגאַנגען פֿון כּמה יאָרן
האַקן האָלץ אין וואַלד —
וואָס איז ער געוועזן, אַ פֿריץ?

אין אַ פֿראָסטיקן ווינטער-אָוונט
גייט ער ווידער אין וואַלד אַרײַן;
ער האָט דען אַן אַנדערע ברירה,
ליבער הער גאָט דו מײַן?
אַז די נויט האָט שאַרפֿע נעגל.

זעט ער אַ סאָסנע אַ יונגע,
וואָס ציטערט אין שאַרפֿן ווינט;
הערט ער אין איר ציטער
דאָס כּליפּען פֿון אַ קינד —
און ער זעט אירע טרויעריקע אויגן.

»דײַן האַק איז שאַרף און מײַן לעבן,
מײַן לעבן איז יונג און דײַן;
האַק נישט איבער דעם פֿאָדים,
דעם גאָלדענעם, וואָס איך שפּין —
וועסט האָבן אַן עבֿירה«.

זעט ער אַ דעמב אַן אַלטן,
בלײַבט ער פֿאַר אים שטיין;
הויבט ער די האַק, דערפֿילט ער,
אַז ער הויבט זי קעגן זיך אַליין —
אַנטקעגן זײַן אייגענער עלטער.

בלײַבט ער אַ טרויעריקער שטיין
מיט אַראָפּגעלאָזטע הענט;
ער זעט די קליינע פֿייערלעך,
וואָס האָבן די גרויסע דעמבעס פֿאַרברענט —
און זײַן גוף נעמט דורך אַ שוידער.

פֿאַר אים שטייען אויף די שאָטנס
פֿון די ביימער, וואָס ער האָט צעשטערט
אין משך פֿון זײַן לעבן;
פֿאַלט ער אַוועק אויף דער ערד,
ווי אַ בוים אַן אָפּגעהאַקטער.

און ער בעט בײַ זיי מחילה
מיט אַ ביטער געוויין.
לאָזן מיך אים דאָרטן ליגן,
וויפֿל ער וויל אַליין —
אַז מען וויינט זיך אויס, ווערט גרינגער.

Es war einmal ein Holzer
eisengrau und alt,
seit vielen Jahren schon
hackt er Holz im Wald.
Schließlich ist er kein Prinz.

In einer eisigen Winternacht
ging er wieder in den Wald hinein.
War denn die Wahl in seiner Macht,
du lieber Herrgott mein?
Die Not hat scharfe Krallen.

Er sah eine junge Tanne
zittern im scharfen Wind
und hörte in ihrem Zittern
das Schluchzen von einem Kind.
Und er sah ihre traurigen Augen.

»Die Axt ist scharf und mein Leben,
mein Leben ist jung und dünn
hacke nicht ab den Faden,
den goldenen ich mir spinn'
Du wirst eine Sünde begehen.«

Er sieht einen alten Eichbaum,
Und bleibt in der Not vor ihm stehen.
Er schwingt die Axt kaum,
schon fühlt er sie gegen sich gehen,
gegen sein eigenes Altern.

Traurig verharrt er,
mit ledigen Händen.
Er sieht, wie die alten Eichen
vergehen in häuslichen Bränden
Schaudern erfasst seinen Leib.
Vor ihm erstehen die Schatten
der Bäume, die er zerstörte
in seiner Lebenszeit.
Hilflos fällt er zur Erde
Wie ein Baum, den er gefällt.

Er bittet sie um Verzeihung
Mit bitterem Gewein.
Lassen wir ihn dort liegen
Solange er will – allein.
Wenn man weint, wird's einem leichter ums Herz.

1958 besucht Itzik Manger (1901 Czernowitz –1969 Gedera) Israel. Er folgt der Einladung des Jubiläumskomitees zum zehnjährigen Bestehen Israels, dessen Zusammenarbeit mit der jüdischen Diaspora den Stellenwert des jungen Staats fördern soll. Die Zeitung *Davar*, die Manger bei seiner Ankunft interviewt, berichtet von »dem großen Dichter der jiddischen Sprache«, der über »einfache Menschen, Tagelöhner, Arme, Schneider, Wanderer und hungrige *Thora*-Schüler« der jüdischen Welt Osteuropas schreibt. Sollte Manger bei seinem Israelbesuch den »neuen Juden« kennenlernen, einen, der durch Arbeit in der Landwirtschaft stark und muskulös, »robust wie eine Eiche« (Theodor Herzl) geworden ist, und den schwachen, melancholischen, weiblichen jüdischen Mann der Diaspora – wie ihn die Zionisten, antisemitischen Stereotypen folgend, charakterisierten – auf der Bühne der Geschichte ablösen soll? Mangers Interesse gilt weniger der neu gebildeten jüdischen Identität im souveränen Staat, er sucht die Diaspora in Israel. Er sei gekommen, sagt er, »um Kontakt mit Juden aus der europäischen Diaspora zu suchen, Überlebenden aus zerstörten Gemeinden, Charakteren von gestern. Ich schreibe gerade meine Memoiren und will meinen Besuch nutzen, um Migranten aus Polen, Litauen, Rumänien und anderen Ländern zu sehen, die mich an eine verschwundene Atmosphäre und an Charaktere erinnern können, die nicht mehr zurückkehren werden.«

Mrs. Reynolds was now nineteen. She was coming nearer to being Mrs. Reynolds, she was not really Mrs. Reynolds until she was twenty-three.

She stayed with a friend who had a whole mile of strawberries, they were all in one row, nice bushy plants that just followed close on one another, the whole mile and under every bit of the mile they had put straw and so even when it rained the strawberries were good, they were a very large variety almost like a small tomato and they were called country strawberries. Mrs. Reynolds she was nineteen then and not yet Mrs. Reynolds liked this mile of strawberries very much. A friend of these friends who was staying with them predicted that some day when Mrs. Reynolds would be Mrs. Reynolds she would have an even longer line of these strawberries than were here and this prediction was highly pleasing.

Frau Reinelt war jetzt neunzehn. Sie kam näher daran Frau Reinelt zu werden, sie war nicht wirklich Frau Reinelt bis sie dreiundzwanzig war.

Sie wohnte bei einer Freundin die eine ganze Meile Erdbeeren hatte, sie waren alle in einer Reihe, schöne buschige Pflanzen die einfach dicht aufeinander folgten, die ganze Meile lang und unter jedes bißchen der Meile hatten sie Stroh gegeben so daß selbst wenn es regnete die Erdbeeren gut waren, es war eine große Sorte fast wie eine kleine Tomate und sie hießen Landerdbeeren. Frau Reinelt sie war damals neunzehn und noch nicht Frau Reinelt mochte diese Meile Erdbeeren sehr gern. Eine Freundin von diesen Freunden die bei ihnen wohnte sagte eines Tages vorher daß Frau Reinelt wenn sie Frau Reinelt sein würde sogar eine noch längere Reihe als hier war von diesen Erdbeeren haben würde und diese Weissagung war höchst erfreulich.

»Das, was man allmählich herausfindet, ist daß man keine Identität hat, das heißt wenn man im Begriff ist irgend etwas zu tun. Identität ist Wiedererkennen, Sie wissen wer Sie sind weil Sie und andere sich an alles erinnern über sich selbst, aber im wesentlichen sind Sie das nicht wenn Sie irgend etwas tun. Ich bin ich weil mein kleiner Hund mich kennt, aber schöpferisch gesprochen, der kleine Hund, wissend daß Sie Sie sind, und Ihr Erkennen daß er es weiß, das ist was Schöpfung zerstört.« Mit diesen anti-identitären Zeilen ihres Essays *Was sind Meisterwerke* bezieht sich Gertrude Stein (1874 Pittsburgh – 1946 Neuilly-sur-Seine) auf eine Bemerkung Pablo Picassos, der sich gerne beeinflussen lässt, nur nicht von sich selbst. Frau Reinelt in Steins gleichnamigem Roman tut nichts anderes, als sich der Zerstörung des Schöpferischen durch identifizierendes Wiedererkennen zu widersetzen. Sie ist im Werden begriffen und das braucht Zeit. Es ist die Zeit des Zweiten Weltkriegs in Vichy-Frankreich und doch auch die Zeit erfreulicher Weissagungen, wie die einer meilenlangen Reihe von Erdbeersträuchern, die Frau Reinelt einmal haben wird.

Eukalyptus

לֹא אַחַת רָאִיתִי: הוּנַף הַקַּרְדֹּם
וְהוּרַד וְנִנְעַץ בַּשְּׁאֵר;
מְעוֹלָל בֶּעָפָר הוּא שָׂרוּעַ דֹם –
זֶה הַנּוֹף הַמַּרְטִיט, הַנּוֹהֵר.

הַשָּׂרִיד הַיָּתוֹם מִזְדַּקֵּר נוּגוֹת
מְיֻתָּר וְעֵירֹם מִכֹּל.
וְתָמִיד נִדְמָה: הַפַּעַם הַזֹּאת
לֹא יִשְׁכַּח הָעֵץ, לֹא יִמְחָל...

תִּפְקְדֶנּוּ שׁוּב, אַךְ שָׁנָה תִּנְקֹף –
תַּעֲמֹד מִשְׁתָּאָה, תַּבִּיט:
לַמָּרוֹם כְּאָז כָּמֵהַּ הַנּוֹף
וְנוֹהֵר כְּאָז, וּמַרְטִיט.

Mehr als einmal sah ich: die Axt geschwungen
hinab und gerammt ins Fleisch;
stumm liegt er in Erde gewälzt
sein Wipfel zittert und leuchtet.

traurig ragt auf der verwaiste Rest
nutzlos und völlig entblößt.
Und immer scheint es: Diesmal
wird der Baum nicht vergessen, nicht vergeben ...

Such ihn wieder auf nach nur einem Jahr –
Staunend wirst du stehen, schauen:
In die Höhe wie einst strebt der Wipfel
leuchtend wie einst und zitternd

Sehnsucht und die Unmöglichkeit, das Ersehnte erreichen zu können, ziehen sich durch das Werk der spätklassischen hebräischen Dichterin Rahel Bluwstein Sela (1890 Saratow – 1931 Tel Aviv), bekannt unter ihrem Schriftstellernamen Rahel. 1911 geht sie nach Palästina an die Frauen-Ausbildungsfarm am See Genezareth und wird später schreiben, dass sie »mein Land« weder besingen noch mit Heldengeschichten verherrlichen will, »nur einen Baum pflanzten meine Hände«. Ist das ein botanischer Zionismus? Eine unerfüllte Liebessehnsucht? »Ein verschlossener Garten. Kein Pfad dorthin, kein Weg. / Ein verschlossener Garten – ein Mensch.« 1913 geht Rahel nach Toulouse, um Agrarwissenschaften zu studieren. Als sie 1919 nach Palästina zurückkehrt, ist die Frauenfarm aufgelöst. Sie stößt zu der auch am See Genezareth angesiedelten Kommune Degania, die sie wegen ihrer Tuberkulose – damals noch unheilbar – bald ausschließen wird. In ihrem letzten Jahr entsteht der Großteil ihrer Gedichte, die wöchentlich in der Zeitung *Davar* erscheinen. Und »wenn ich nicht schreibe«, schreibt sie an die Freundin Shulamit Kalugai, »so steht es mir jedenfalls zu, Gedichte zu lieben und sie mit lauter Stimme in der Wüste meines Zimmers zu deklamieren«. Ihr letztes Gedicht, מֵתַי (Meine Tote), endet mit der Zeile »Nur was mir verloren ging – bleibt für immer mein Eigentum«.

كانت الكلمات تنطلق من حنجرته كالسيل الجارف.. تارة واضحة، وأخرى مبهمة. كانت مزيجًا عجيبًا من الفصحى والدارجة.. وكان صوته يثور ويرتفع أحيانًا كحمى البراكين.. ثم يعود فيهدأ، وينخفض إلى برودة الجليد.. تمامًا كممثل بارع، يؤدي دور البطولة في مسرحية لشكسبير، كان "أبو لحاف" يقول كل شيء.. ولا يقول شيئًا.. فهو يصب جام غضبه على الكفرة، ولاعبي الميسر، والذين يأكلون أموال اليتامى والمساكين، ثم ينتقل فجأة وبلا مقدمات، إلى وصف محاسن المرأة، والتغزل بأردافها، التي هي نعيم الدنيا ومتعة الأرواح، على حد قوله.. ثم يعود إلى حديث الواعظ المرشد، فيبشر الخارجين عن طاعة الله، بعذاب جهنم وبئس المصير، مدعمًا أقواله بنصوص من التوراة، أو بآيات من القرآن.. وقد يلجأ أحيانًا إلى أبيات يحفظها من شعر لأبي العلاء أو المتنبي، يلقيها في حفاوة لفظية بالغة، تبرز موسيقى الوزن والتفاعيل.. ثم يختتم "كرنفاله الخطابي" بمقطوعة زجلية، يرتجلها من وحي الموقف ومقتضياته.. وقد يكون هذا الوحي، رغيفًا من الخبز، أو طبقًا من "الفول المدمس" يمن به عليه و حد من عباد الله.

Die Worte quollen aus seiner Kehle wie ein reißender Strom, zuweilen klar, zuweilen unverständlich, in einer seltsamen Mischung aus Hocharabisch und Umgangssprache. Seine Stimme hob sich und wallte auf wie ein Vulkan, nur um wieder ruhig zu werden und abzukühlen wie Eis. Wie ein exzellenter Schauspieler, der eine Rolle aus einem Stück von Shakespeare probt, sprach Abu Lihaf. Er sprach über alles und sagte nichts. Er schüttete all seinen Zorn auf die Ungläubigen aus, auf Glücksspieler, die Waisen und Armen ihr weniges Geld wegnehmen, nur um plötzlich und ohne Überleitung zur Beschreibung der Reize einer Frau zu wechseln und ihr Gesäß zu loben, das eine irdische Wohltat und ein Genuss der Seele sei. Dann kehrte er wieder zurück zu rechtleitender Predigt und stellte denen, die Gott ungehorsam geworden sind, eine Höllenstrafe und ein schlimmes Schicksal in Aussicht, wobei er aus der Thora und dem Koran zitierte. Auch Verse des Abu l-Ala' al-Ma'arri, die ihm einfielen, trug er in poetischer Vollendung vor, Melodie und Rhythmus betonend. Dann beendete er seinen rhetorischen Karneval mit einem Reimgesang in volkstümlichem »Zajal«-Stil, improvisiert anhand der jeweiligen Situation: Die Inspiration dazu konnte ein Brotfladen oder ein Teller mit gekochten Favabohnen sein, den jemand ihm gnädig gewährt hatte.

Maurice Shammas (1930 Kairo – 2013 Naharia) wird in eine Familie der karaitischen Gemeinschaft geboren, in der die rabbinische Gesetzesauslegung abgelehnt wird, um sich ausschließlich am geschriebenen Gesetz, dem Tanach, zu orientieren. Bekannt unter dem Schriftstellernamen Abu Farid, gehört Shammas zu den wenigen Schriftstellern aus arabischsprachigen Ländern, die in Israel weiter auf Arabisch schreiben. Seine Autobiografie عزة - حفيدة نفرتيتي (Azza, Nofretetes Enkelin, 2003) beschreibt Sasson Somekh als »sehr ägyptisch und absolut israelisch [...] in sanftem Gleichgewicht zwischen Trauer und Witz« gehalten. Shammas' Bücher erfreuen sich in Ägypten »großer Beliebtheit, werden aber in Israel nur von wenigen gelesen, da die meisten arabischsprachigen Migranten sich vom literarischen Arabisch entfernt haben«. Im öffentlichen Radiosender Israels leitet der ehemalige Souffleur eines ägyptischen Theaters das arabischsprachige Hörspielprogramm und hat eine eigene Sendung, *Noahs Arche*. Sie wird gemeinsam mit »einem Dutzend Entertainer aus Nazareth« produziert, »christlichen und muslimischen Arabern«, und »ist vom Leben der Araber in Israel inspiriert«, berichtet die Zeitung *Davar* 1964. Die Popularität der Sendung beunruhigt die Nachbarländer Israels, die sie, nicht ganz zu Unrecht, als Teil eines israelischen Ätherfeldzugs betrachten. Die Jordanier verteidigen sich durch »Übernahme« der Titelmelodie von *Noahs Arche* für ihr Konkurrenzprogramm. »Heute«, fügt Shammas hinzu, »wird diese Melodie in Jordanien auf jeder Hochzeit gespielt.«

Там, на Торговых, попадаются еврейские вывески с быком и коровой, женщины с выбивающимися из-под косынки накладными волосами и семенящие в сюртуках до земли многоопытные и чадолюбивые старики. Синагога с коническими своими шапками и луковичными сферами, как пышная чужая смоковница, теряется среди убогих строений. Бархатные береты с помпонами, изнуренные служки и певчие, гроздья семисвечников, высокие бархатные камилавки. Еврейский корабль, с звонкими альтовыми хорами, с потрясающими детскими голосами, плывет на всех парусах, расколотый какой-то древней бурей на мужскую и женскую половину.

Dort, an der Kleinen und an der Großen Handelsstraße, trifft man auf jüdische Aushängeschilder mit einem Ochsen oder einer Kuh, auf Frauen, denen das Perückenhaar unter dem Kopftuch hervorschaut, und auf lebenserfahrene, kinderliebe Greise, die in ihren bis zur Erde reichenden Gehröcken einhertrippeln. Die Synagoge mit ihren kegelförmigen Hüten und ihren Zwiebelkuppeln steht wie ein prächtiger, fremdländischer Feigenbaum ganz verloren inmitten von ärmlichen Gebäuden. Samtene Barette mit Wollquasten, abgezehrte Synagogendiener und Chorsänger, Trauben von siebenarmigen Leuchtern, hohe Sammethüte. Das jüdische Schiff mit seinen klangvollen Altchören und erschütternden Kinderstimmen schwimmt unter vollen Segeln dahin, von irgendeinem uralten Sturm in eine Männerhälfte und eine Frauenhälfte gespalten.

»Was hat der Staat mit Frauen und Kindern gemein, die rhythmische Übungen ausführen; was haben die strengen Schranken, die das rauhe Leben uns setzt, mit jener Seidenschnur gemein, die während dieser graziösen Übungen straff gespannt ist?« – fragt Ossip Mandelstam (1891 Warschau – 1938 vermutlich im Durchgangslager bei Wladiwostok) zu Beginn seines Essays *Государство и ритм* (Staat und Rhythmus, 1918). Wurde der sowjetische Staat durch solche Fragen auf den Dichter und Essayisten aufmerksam, dessen Spuren sich dann in den stalinistischen Säuberungen der 1930er Jahre verlieren? Im Text *Книжный шкав* (Der Bücherschrank, 1925) kehrt Mandelstam in die Bibliothek seines Petersburger Elternhauses zurück, die den jüdischen Vater und die nicht-jüdische Mutter widerspiegelt. »Das väterliche und das mütterliche Element« hatten sich in dieser kleinen Bibliothek »nicht vermischt, sondern existierten getrennt voneinander, und der kleine Schrank war ein Längsschnitt durch die Geschichte der geistigen Bemühungen eines ganzen Geschlechts und des mit ihm vereinigten fremden Blutes«. Das unterste Fach ist in Mandelstams Erinnerung »das in Staub gestürzte jüdische Chaos. Auch meine althebräische Kinderfibel fiel sehr bald dorthin, da ich ohnehin kein Hebräisch lernen mochte.« Sein Lehrer »sprach von den Juden, wie eine Französin von Hugo oder Napoleon spricht. Doch ich wußte, daß er seinen Stolz verbergen würde, sobald er auf die Straße hinausgeht, und deshalb glaubte ich ihm nicht.«

Des odeurs de grillades et de friture, relents de dîners en terrasse, sortaient des maisons qu'il longeait, simples chalets de plage ou vastes propriétés. Il regagna la demeure qu'il louait chaque été à Agami. Il poussa la porte du jardin et entra. Protégées du vent par les pins et les eucalyptus, tante Allegra, Sultana et Isis disputaient une partie de rami. On entendait les rires et les cris des enfants dans la maison. La brise apporta une bouffée parfumée, Raoul reconnut l'odeur entêtante des narcisses qui recouvraient les dunes. Plutôt que de rejoindre la table des femmes, il alla discrètement s'asseoir sous un figuier. Il n'avait pas envie de parler.

Aus den Häusern, an denen er vorbeikam, einfachen Strandhütten wie prächtigen Anwesen, drang der Gestank von gegrilltem Fleisch und frittiertem Fisch, die abends auf der Terrasse verspeist wurden. Er kehrte zur Villa zurück, die er jeden Sommer in Agami mietete, stieß das Gartentor auf und trat ein. Im Windschatten der Pinien und Eukalyptusbäume spielten Tante Allegra, Sultana und Isis eine Partie Rommé. Man hörte das Lachen und Schreien der Kinder im Haus. Mit der Brise wehte eine Duftwolke heran, Raoul erkannte den betörenden Geruch der Narzissen wieder, die die Dünen bedeckten. Anstatt sich zu den Frauen am Tisch zu gesellen, setzte er sich still und leise unter einen Feigenbaum. Er hatte keine Lust zu reden.

In *Réflexions sur la question juive* (1946) zeichnet Jean-Paul Sartre ein Porträt des Antisemiten und liefert dabei einen Satz, der gern von Philosemiten zitiert wird: »Der Jude ist ein Mensch, den die anderen Menschen für einen Juden halten […] Der Antisemit macht den Juden.« Macht ihn auch der Philosemit? Keiner von beiden, wenn es nach Nine Moati (1937 Paris – 2021 Paris) geht. »Ich bin keine Jüdin im Sinne Sartres. Es ist nicht der Blick der anderen, der mich identifiziert. Ich bin voll und ganz jüdisch – ohne Fanatismus, ohne Glaubensbekenntnis, ohne mit irgendjemandem oder irgendetwas aneinanderzugeraten.« Bis zu ihrem zwanzigsten Lebensjahr lebt die Tochter tunesischer Juden im französisch kolonisierten Tunesien. Wie die Mehrheit der jüdischen Bevölkerung besitzt Moatis Familie die französische Staatsbürgerschaft und verlässt Tunesien, als es unabhängig wird. Sie geht nach Paris, doch bleibt Tunesien für die Schriftstellerin und Drehbuchautorin »mehr als nur ein Land. Wenn ich über Entfernungen spreche, vergleiche ich sie immer mit der Entfernung zwischen Tunis und Hammamet. Aber es sind vor allem die Landschaften, die mir viel sagen. In Frankreich sagen mir die Landschaften nichts, außer wenn sie am Meer liegen.«

72

עץ הפיקוס דגדול שמעבר לרחוב חסם את האור ואת אוויר הים, אך להקות
ציפורים נחתו עליו מדי פעם. זרזירים הומים במערבולות בָּלֶט היו נוחתים עליו
בציוצים עם רדת הלילה. כשהעיניים היו מתרגלות לאפלה הייתי יכולה להבחין
בעטלפי הפירות הניתקים מפארות הפיקוס וטסים כחצים מכוונים להטיל כתמי
רוק וצואה על הקירות הלבנים. בבוקר היו עליו להקות סנוניות, שחרורים
בודדים ונקר עקשן. הצוצלות והדרורים היו מתייצבים עליו או לאורך הכבל
החשמלי בציפייה, נטולת כל סקרנות לחלוקת הגרעינים היומית, ואני הייתי
מפזרת את הגרעינים, מתרחקת, ומשאירה אותם לשבוע.

> Der Ficusbaum auf der anderen Straßenseite versperrte den Weg
> für das Licht und die Meeresluft, doch ab und zu gingen darin ganze
> Vogelschwärme nieder. Wie eine rauschende Wolke kamen die Stare
> und landeten in Ballettstrudeln laut zwitschernd bei Anbruch der
> Nacht. Nachdem sich die Augen ans Dunkel gewöhnt hatten, konnte
> ich auch die Flughunde erkennen, die sich von den Zweigen des
> Ficus lösten und wie abgeschossene Pfeile losflogen, um die weißen
> Mauern mit Speichel und Kot zu bespritzen. Morgens saßen auf
> dem Ficus Schwalbenschwärme, einige Amseln und ein hartnäckiger
> Specht. Die Palmtauben und Sperlinge reihten sich auf seinen
> Zweigen oder dem Stromkabel und erwarteten gespannt und doch
> gleichsam uninteressiert die tägliche Kernchenverteilung, und ich
> streute die Kernchen aus und entfernte mich, damit sie sich satt
> essen konnten.

Als das Buch מנגד ins Englische übersetzt wird, finden Yael Dayan (geb. 1939 Nahalal) und ihre Übersetzerin keine Entsprechung für den Titel. Auf Deutsch könnte dieses Wort aus dem Tanach mit »andererseits«, »entgegengesetzt«, »auf Distanz«, »von Weitem« und einigem anderen mehr übersetzt werden. Ob in einem dieser Worte auch die Gegenposition mitschwingt? Ob einem Hagar in den Sinn kommt, die vertriebene Magd Saras, Nebenfrau Abrahams und Mutter Ismaels, die sich von ihrem Sohn entfernt, um sein Verdursten nicht aus der Nähe ansehen zu müssen? Oder Moses, der das gelobte Land von Weitem sieht, aber nicht betreten darf? Oder die Dichterin Rahel (Bluwstein), die in Moses das Bild eines unerfüllbaren Begehrens sieht und ihm 1930 das Gedicht מנגד widmet, dem Dayans Buchtitel Tribut zollt? 1967 berichtet Dayan als eingebettete Schriftstellerin von den Kämpfen im Sinai, wird jedoch bald in Friedensbewegungen aktiv und demonstriert mit *Women in Black* gegen Menschenrechtsverletzungen in den besetzten Gebieten. Als Parlamentarierin engagiert sie sich seit 1992 für LGBT- und Frauenrechte und initiiert 1998 das Gesetz zur Bekämpfung sexueller Belästigungen. In מנגד erzählt sie aus der Perspektive der Alterseinsamkeit und im Gefühl, zurückgelassen und vergessen zu sein, von einem Leben, das in dem besteht, was noch nicht erreicht wurde.

Flieder

Si la más pequeña muerte exige una canción debo cantar a las que fueron lilas que por acompañarme en mi luz negra silenciaron sus fuegos cuando una sombra configurada por mi lamento se refugió entre sus sombras.

Wenn der allerkleinste Tod nach einem Lied verlangt, muss ich jene besingen, die Flieder waren und ihre Feuer löschten, um mich in meinem schwarzen Licht zu begleiten, als ein von meiner Klage gebildeter Schatten zwischen ihren Schatten Zuflucht suchte.

Als Flora geboren, ändert Alejandra Pizarnik (1936 Buenos Aires – 1972 Buenos Aires) ihren Namen zu Beginn ihrer schriftstellerischen Tätigkeit. Nach ersten Veröffentlichungen wie *La tierra más ajena* (Die fremdeste Erde, 1955) lebt Pizarnik in Paris, wo sie *Árbol de Diana* (1962, Baum der Diana) schreibt. Der Flieder ist eines der wenigen Gewächse, die in ihren Gedichten vorkommen, dafür aber immer wieder. Ihr Stottern, das Pizarnik bis zu ihrem Lebensende nicht ganz verlässt, mag ihr ein Gefühl der Verwandtschaft mit Antonin Artaud gegeben haben, dessen Schriften sie neben Werken von Henri Michaux, Aimé Césaire, Yves Bonnefoy und Marguerite Duras ins Spanische übersetzt. Die Zuflucht, die migrantische Schriftsteller oft im Spruch »Ich lebe in der Sprache« finden, bleibt Pizarnik verwehrt: »Wenn die Dachziegel vom Haus der Sprache wegfliegen und die Worte nicht mehr halten – dann spreche ich […]. Das Gedicht führt mich an die Grenzen, weit weg von den Häusern der Lebenden. Und wohin werde ich wandern, wenn ich fortgehe und nicht wiederkomme?«, fragt sich die Dichterin und Essayistin, die mit 36 Jahren Selbstmord begeht. »Ich schreibe unter anderem, damit mir das, was ich fürchte, nicht widerfährt […]. Ein Gedicht zu schreiben heißt, die grundlegende Wunde, den Bruch, zu reparieren.«

E, pa, evo tajne mirisa ljubičica: gospodica koja prodaje sličice leptirova i divljih zveri, kao i parfeme, od svih mirisa najviše voli miris ljubičica. I stavlja ga svuda štedro: na dlanove, na bujnu riđu kosu (mada bi riđoj kosi, po svoj prilici, bolje pristajao neki drugi miris)…

    Trebalo bi komponovati fugu za orkestar i jorgovan. Iznositi na podijum u mračnoj sali ljubičaste bočice oplemenjenih mirisa.

    One koji bi tiho, bez krika, izgubili svest, iznosili bi u drugu salu, gde bi lebdeo detinjasti, lekoviti miris lipe i kamilice.

Ja, dies ist nun das Geheimnis des Veilchenduftes: das Fräulein, das Bildchen mit Schmetterlingen und Raubtieren verkauft, aber auch Parfums, liebt von allen Düften den Veilchenduft am meisten. Und trägt ihn überall ausgiebig auf: auf den Handflächen, auf ihrem üppigen roten Haar – obwohl wahrscheinlich zu rotem Haar ein anderer Duft besser passen würde …

    Man müßte eine Fuge für Orchester und Flieder komponieren. Auf das Podium im verdunkelten Saal lila Fläschchen mit veredelten Düften tragen.

    Diejenigen, die leise, ohne Aufschrei, das Bewußtsein verlieren würden, würde man in einen anderen Saal bringen, in dem der kindliche, heilende Duft von Linde und Kamille schweben würde.

»Der Rahmen, den das Dokument bietet, verbietet meiner Phantasie, sich Freiheiten herauszunehmen und aus dem Schicksal der mitteleuropäischen Juden eine Art reiner psychologischer Erfindung zu machen.« Aus dieser »Skepsis gegenüber ›reinen Erfindungen‹ in der Literatur« (Ilma Rakusa) werden Listen, Aufzählungen, Register, Kataloge zu Erzählformen, die nicht nur von diesem Schicksal erzählen, sondern auch die bis heute unterschätzte Frage, wie darüber erzählt werden kann, verhandeln: mit sich widerstreitenden Erzählstimmen und mehreren Blickwinkeln, die »manches Mal in einem einzigen Satz« wechseln, wie Jonas Engelmann beobachtet. Für Danilo Kiš (1935 Subotica–1989 Paris) gibt es nicht »den Holocaust« – es gibt die Perspektive des Schriftstellers als Kind, der seinen Vater im Ghetto besucht, bevor er von seiner serbisch-orthodoxen Mutter bei Verwandten in Montenegro untergebracht wird; und es gibt die Perspektive des Vaters, der »meist als deutscher Tourist verkleidet« seinen Sohn im Traum besucht. Zu seiner »ungelösten Mehrfachidentität« schreibt Kiš 1973, dass er ohne »die ›beunruhigende Andersheit‹, die das Judentum mit sich bringt«, zweifellos nicht Schriftsteller geworden wäre. »Das Judentum spielte für Kiš jenseits der Verfolgungserfahrung keine große Rolle«, schreibt Engelmann, »vermutlich ist sein Werk auch aus diesem Grunde nicht in den Kanon jüdisch-europäischer Post-Shoah-Literatur aufgenommen worden.« Wie gut, dass manche Geschichten sich nicht in die ethnische Kanonisierung fügen.

Föhre

כָּאן לֹא אֶשְׁמַע אֶת קוֹל הַקּוּקִיָּה.
כָּאן לֹא יַחְבֹּשׁ הָעֵץ מִצְנֶפֶת שֶׁלֶג,
אֲבָל בְּצֵל הָאֳרָנִים הָאֵלֶּה
כָּל יַלְדוּתִי שֶׁקָּמָה לִתְחִיָּה.

צִלְצוּל הַמְּחָטִים: הָיֹה הָיָה –
אֶקְרָא מוֹלֶדֶת לְמֶרְחַב־הַשֶּׁלֶג,
לְקֶרַח יְרַקְרַק כּוֹבֵל הַפֶּלֶג,
לִלְשׁוֹן הַשִּׁיר בְּאֶרֶץ נָכְרִיָּה.

אוּלַי רַק צִפֳּרֵי־מַסָּע יוֹדְעוֹת –
כְּשֶׁהֵן תְּלוּיוֹת בֵּין אֶרֶץ וְשָׁמַיִם –
אֶת זֶה הַכְּאֵב שֶׁל שְׁתֵּי הַמּוֹלָדוֹת.

אִתְּכֶם אֲנִי נִשְׁתַּלְתִּי פַּעֲמַיִם,
אִתְּכֶם אֲנִי צָמַחְתִּי, אֳרָנִים,
וְשָׁרָשַׁי בִּשְׁנֵי נוֹפִים שׁוֹנִים.

Hier hör ich nicht den Kuckuck rufen.
Hier tragen Bäume keinen Hut aus Schnee,
im Schatten aber dieser Föhren
wacht meine ganze Kindheit in mir auf.
Die Nadeln läuten leis: Es war einmal –
und Heimat nenne ich den weiten Schnee,
das Eis, das grün den Bach gefesselt hält,
die Sprache des Gedichts in fremdem Land.

Zugvögel, sie allein kennen vielleicht –
so zwischen Erde und dem Himmel hin –
den Schmerz von dem, der doppelt Heimat hat.

Zweimalig wurde ich mit euch gepflanzt
und mit euch, Föhren, wuchs ich auf
und meine Wurzeln treiben hier und dort.

Leah Goldberg (1911 Königsberg – 1970 Jerusalem) veröffentlicht ihr erstes Gedicht in der hebräischsprachigen litauischen Zeitung ליטא די (Litauens Echo). Über Kaunas, Bonn und Berlin, wo sie Philosophie und semitische Sprachen studiert, kommt sie 1935 nach Palästina. »Manchmal habe ich eine Zeile oder eine ganze Strophe aus einem litauischen oder russischen Volkslied genommen, ›frei übersetzt‹ und mich im Geist der Dinge von der Melodie tragen lassen.« In Sehnsucht nach der Vegetation der einstigen europäischen Heimat entsteht eine Dichtung, in der Pflanzen, Bäume, ganze Landschaften sich weder geografisch lokalisieren noch national vereinnahmen lassen – ein intimer und zugleich kosmopolitischer Garten. »Ob es Tage der Anmut und Vergebung noch geben wird […] und du wirst über das Feld laufen […] und die Nacktheit deiner Füße wird von den Blättern der Alfalfa gestreichelt«, schreibt Goldberg, kurz nachdem sie ihre Übersetzung von Rosa Luxemburgs *Briefe aus dem Gefängnis* fertiggestellt hat. »Leah Goldberg sagte«, beginnt Hamutal Bar Yosef das Kapitel »Jüdischer Sozialismus« in ihrem Goldberg-Buch, »dass die Kultur bei ihr zuhause ›jüdisch-sozialistisch‹ war. […] Sie äußerte sich unter anderem in Verdammung, ja sogar Hass auf das ›Kleinbürgertum‹ nicht nur als gesellschaftliche Schicht, sondern auch und viel mehr als Spitzname für die konservative, institutionalisierte Mentalität eines kleingeistigen Horizonts.«

Föhre

עשרות מטרים מעליהם, ברכס המזרחי של הנקיק, התרומם אורן גדול. העץ הזדקר כענק בין שאר העצים שהיו נמוכים ממנו, והיה רחוק מכל אש, מתנשא מעל כל סכנה נראית לעין. העץ זהר בשמש ומחטיו הירוקות בהקו כנטיפי פז. יוסף ואלי לא ראו שאש נוגעת בו. אף לא היה עשן בקרבתו. יציב ושאנן עמד מעל לשריפה. והנה החוויר והצהיב בן רגע, כאדם שהחיים אוזלים ממנו בעודו ניצב על רגליו. התייבש כאילו עשרות שנים של שמש צורבת ומדבירה הצטמצמו לכדי שניות ספורות. בזעקה מרה הועלה על המוקד. יד נעלמה הצליפה בו בפרגולי אש. בצעקתו הפך ללפיד ובמותו שפך ברד של גצים נזעמים ומחטים בוערות, והוא כילה את העצים הצעירים הסמוכים לו. כאשר התמוטט העץ על קיר בריכת האגירה, קפצו יוסף ואלי אל נקיבת המעיין. וכבמענה לתפילה החל הסלע מגיר מים זכים וצוננים וזרימת המעיין התחדשה. אלי פילוסוף חזה בשפעת הנוזל המחיה הפורץ מן האבן, וקרא כמי שחייו תלויים בעוצמת קולו, »יותר, עוד, עוד, תן עוד מים.« הוא נחפז אל הג׳יפ ומשך את מֵכָל המד־נפח והיה שואב ממי המעיין ושופך על יוסף, על עצמו ועל הג׳יפ. בהתלהבות העשייה טפח על גבו של רעהו וצעק עם סופת השריפה, »איזה מזל שברחת מהבריכה. תגיד תודה שקראתי לך, תגיד.«

Meterhoch über ihnen am östlichen Bergkamm der Schlucht erhob sich eine große Föhre. Der Baum trat hervor wie ein Riese zwischen den anderen Bäumen, die viel niedriger waren als er, und war fern von jeglichem Feuer, zu hoch für irgendeine sichtbare Gefahr. Der Baum strahlte in der Sonne und seine grünen Nadeln glitzerten wie goldene Tropfen. Josef und Eli sahen nicht, dass Feuer ihn erfasste. Auch gab es keinen Rauch in seiner Nähe. Stabil und ahnungslos stand er über dem Brand. Und da, von einem Augenblick zum nächsten erblasste er und vergilbte wie ein Mensch, dessen Leben schwindet, während er noch auf den Beinen steht. Trocknete aus, als hätten sich Jahrzehnte einer ätzenden und vernichtenden Sonne zu wenigen Sekunden zusammengezogen. Bitter wehklagend kam er auf den Scheiterhaufen. Eine unsichtbare Hand peitschte ihn mit Flammen. Schreiend wurde er zur Fackel. Im Sterben schüttete er einen Hagel wütender Funken und brennender Nadeln aus und vernichtete die jungen Bäume in seiner Nähe. Als der Baum über der Mauer des Wasserreservoirs zusammenbrach, sprangen Josef und Eli in die Höhlung der Quelle. Und wie als Antwort auf ein Gebet begann der Fels, klares kühles Wasser zum Rinnen zu bringen, und das Fließen der Quelle erneuerte sich. Eli Philosoph sah die Fülle der belebenden Flüssigkeit aus dem Stein hervorbrechen und rief wie einer, dessen Leben an der Kraft seiner Stimme hängt: »Mehr! Mehr! Noch mehr! Gib noch mehr Wasser!« Er rannte zum Jeep, zog den Raummaß-Kanister hervor, schöpfte das Wasser der Quelle ab und goss es über Josef, sich selbst und über den Jeep.

Begeistert schlug er seinem Kumpel auf den Rücken und schrie mit dem Tosen des Feuers: »Was für ein Glück, dass du aus dem Reservoir geflohen bist. Sag danke, dass ich dich gerettet habe! Sag es!«

1948 heißt Sami Michael (geb. 1926 Bagdad) noch Saleh Kemal Menashe Eliahu. Als einer der Führer des irakischen kommunistischen Untergrunds flieht er in den Iran und muss seinen Namen ändern. 1949 kommt er nach Israel, »ohne Hebräisch, ohne den zionistischen Traum, sich von der Welt abzugrenzen […] mit der falschen Hautfarbe, mit der Sprache des Feindes«. Bald schickt er zwei Artikel an die in Haifa herausgegebene arabischsprachige Zeitung الاتحاد/ (Die Union) und wird vom palästinensischen Schriftsteller Emil Habibi eingeladen, Redaktionsmitglied zu werden. Mehrere Versuche des Mossad, den Arabisch sprechenden Migranten zu rekrutieren, scheitern. Sein erster auf Hebräisch geschriebener Roman erscheint 1974 auch auf Deutsch, *Gleiche und Gleichere*. Parallel arbeitet er jahrzehntelang in der Hydrologiebehörde des Landwirtschaftsministeriums auf einer Stelle, für die er das Parteibuch der Arbeiterpartei nicht benötigt. Der Roman *Wasser küsst Wasser*, der vieles aus Michaels Leben aufnimmt, erzählt von Migranten, Mizrachim, die dem politischen Geist der herrschenden Schicht europäischer Migranten widersprechen. Das erste Kapitel, *Territorialgewässer*, beginnt mit einem einsamen Baum am Meeresstrand, der nachts in »schwarze Tränen« ausbricht – in schmelzende, von der schmutzigen Luft geschwärzte Salzkristalle, die sich an seinen Nadeln bilden. Seine Wurzeln schlägt der Baum in Meeresrichtung, als würde er sein Durchhaltevermögen in der Nähe des Salzwassers testen.

Ginster trat etwas später als sonst ins Atelier. Schälchen und Gläser blinkten wie immer, er empfand ihre Feinheit als unzart. Sie hätten aus den Zeitschriften stammen können, in denen sie dann wiedergegeben wurden. Zugleich beneidete er sie um ihre Glasur. Herr Allinger stand untätig im weißen Zeichenkittel am Fenster; der Kittel war frisch gewaschen.

»Die Menge hat noch am späten Abend gestern die Scheiben im Café Imperial eingeschlagen«, sagte er, »eine ausländische Kapelle konzertierte im Café. Es waren schöne große Scheiben.«

»Gerade eben ließ ich mich rasieren«, erzählte Ginster. »Der Gehilfe fragte mich, ob ich ein Fremder sei. Ich mußte meinen Stammbaum entwickeln, sonst hätte er mich vielleicht geschnitten. Die Leute hängen jetzt alle miteinander zusammen, und jeder weiß etwas Neues.«

»Schon im Frühmittelalter«, schreibt Peter C. A. Schels, »führten Hochgeborene ihre Abkunft auf prominente Könige, sagenhafte Helden und legendäre Heilige zurück, um die Einmaligkeit und Heiligkeit einer Blutslinie oder die Legitimation von Herrschaftsansprüchen darzustellen.« Sie bemühten dafür das Bild eines Baums, eine Darstellung, die seit der Neuzeit als Stammbaum bezeichnet wird – was sie auch nicht natürlicher klingen lässt als ihre etymologische Herkunft, Baum der Blutsverwandtschaft. Für Ginster, Erzähler und Protagonist des gleichnamigen Romans von Siegfried Kracauer (1889 Frankfurt am Main –1966 New York), muss ein Stammbaum erst entwickelt werden, und zwar besonders dann, wenn er gefragt wird, ob er »ein Fremder sei«. Ginster ist aber auch das Pseudonym, unter dem Kracauer ab dem 8. April 1928 den Roman in Fortsetzungen in der *Frankfurter Zeitung* veröffentlicht. Ein Architekt ist Ginster auch, wie Kracauer, als er zwischen wissenschaftlichen Disziplinen zu fremdeln beginnt. In einem akademischen Stammbaum lässt sich sein vielseitiges Werk schlecht darstellen, gehören dazu doch die sprach- und Buber-Rosenzweig-kritische Studie *Die Bibel auf Deutsch* (1925) sowie die analytisch-dokumentarische Studie *Die Angestellten. Aus dem neuesten Deutschland* (1930), die von Walter Benjamin unter dem Titel »Politisierung der Intelligenz« rezensiert wurde, oder sein Buch *From Caligari to Hitler. A Psychological History of the German Film* (1947). Joseph Roth und Ernst Bloch erkennen in der Figur Ginster chaplineske Züge.

Gladiole

אֲנִי רָץ עַל הַגֶּשֶׁר
וְהַיְלָדִים אַחֲרַי
יוֹנָתָן
יוֹנָתָן הֵם קוֹרְאִים
קְצָת דָּם
רַק קְצָת דָּם לְקִנּוּחַ הַדְּבַשׁ
אֲנִי מַסְכִּים לְחוֹר שֶׁל נַעַץ
אֲבָל הַיְלָדִים רוֹצִים
וְהֵם יְלָדִים
וַאֲנִי יוֹנָתָן
הֵם כּוֹרְתִים אֶת רֹאשִׁי בַּעֲנַף
גְּלַדְיוֹלָה וְאוֹסְפִים אֶת רֹאשִׁי
בִּשְׁנֵי עַנְפֵי גְּלַדְיוֹלָה וְאוֹרְזִים
אֶת רֹאשִׁי בִּנְיָר מְרַשְׁרֵשׁ
יוֹנָתָן
יוֹנָתָן הֵם אוֹמְרִים
בֶּאֱמֶת תִּסְלַח לָנוּ
לֹא תֵּאַרְנוּ לְעַצְמֵנוּ שֶׁאַתָּה כָּזֶה.

Ich renne auf der Brücke,
die Kinder hinter mir her.
Yonatan,
Yonatan, rufen sie
ein wenig Blut
nur ein wenig Blut als Nachspeise zum Honig
ich wäre einverstanden mit einem Loch
wie ein Reißzweckenstich
aber die Kinder wollen mehr
und sie sind Kinder
und ich bin Yonatan
sie enthaupten mich mit dem Zweig
einer Gladiole und sammeln meinen Kopf
mit zwei Gladiolenzweigen ein und verpacken
meinen Kopf in raschelndem Papier
Yonatan
Yonatan sagen sie
Wirklich, verzeih uns
Wir hatten uns nicht vorgestellt, dass du so einer bist.

Yona Wallach (1944 Kfar Ono –1985 Kirjat Ono) findet ihren Namen, der drei verstorbene Verwandte ehrt, »scheußlich«. Doch wird die Androgynität des im Hebräischen für Frauen und Männer gebräuchlichen Namens ihre Dichtung prägen. Ihr erstes Buch beginnt die Zwanzigjährige mit dem Gedicht *Yonatan*, der Halluzination eines Kindes, in der eine Gladiole – im Lateinischen auch Schwertblume genannt – zur Mordwaffe wird. »Ich war nie genügend Frau, war immer ein halber Kerl, ich brauchte es geradezu, mich wie ein Kerl anzuziehen und mich wie ein halber Kerl zu benehmen«, erzählt Wallach Helit Yeshurun in einem Interview kurz vor ihrem Tod. Als Kind »lief ich im Garten schlafwandelnd in eine Nebelwolke und wurde von ihr verschluckt«. Sie sei eine Mystikerin, sagt sie, »jeder von uns lebt das Leben anderer Menschen«, mit den Propheten machte Gott daraus ein System, aber »wer von uns lebt sein Leben?« *Tefillin*, der lederne Gebetsriemen, den der religiöse jüdische Mann beim Beten an Hand und Kopf legt, wird in Wallachs gleichnamigem Gedicht zum Sexspielzeug in einer sadomasochistischen Szene. Als die Dichterin Zelda Wallachs *Tefillin* liest, denkt sie entsetzt: »Wenn ich nur schon gestorben wäre!« Nach Wallach wird sich in der jüdisch-israelischen Gesellschaft mit seiner »männlich übervölkerten Dichtung« kein Geschlecht mehr seiner sicher sein.

La prima a venire, delle feste, fu *Rosh-hasciànah*. Per due giorni Eva non andò in bottega e rimase in cucina a impastare con la farina, lo zucchero, le uova e le mandorle. La vedevano dalla finestra aperta, in vestaglia e spettinata; gridava con Polissena e con la figlia. Polissena sbatteva sul davanzale la polvere dei cuscini e delle coperte, Dinah sbucciava le grandi mele cotogne, verdoline, per farle in conserva. La sera della vigilia andò su tutte le porte, accompagnata da Marco, a offrire alla gente del cortile i dolci di mandorle, gli spicchi di cotognata indurita e rossa, le melagrane e i datteri freschi; spiegava sulla soglia, con un bel sorriso, che si devono mangiare le primizie, i dolciumi "perché l'anno sia dolce" e le melagrane significano l'augurio che "i vostri meriti possano moltiplicarsi quanti sono i chicchi di questo frutto." La gente ringraziava e augurava le nozze entro l'anno. L'indomani Crissanti scomparve al mattino per tempo. Sarebbe tornata la sera, tutta odorosa d'incensi, con le tenere candeline nuove per le madonne. Così Marco si presentò, solo, al pranzo di capodanno; e quando stavano per sedere a tavola, capitò una vecchia parente a rappresentare la famiglia di Clément che, offesa, durava a tenere il broncio, tuttavia mandava gli auguri. Anch'essa recava la primizia, una melagrana, la più bella e la più grossa, che fu posta in mezzo alla tavola; e prima di sedere cavò dalla borsa e gettò sulla tovaglia una manciata di grano rammentando a Eva, con severità, la tradizione: grano sulla tovaglia, pane in abbondanza dentro la casa per tutto l'anno.

Das erste Fest, das an die Reihe kam, war Rosch Haschana, Neujahr. Eva ging zwei Tage lang nicht in die Werkstatt, sondern blieb in ihrer Küche, um einen Teig aus Mehl, Zucker, Eiern und Mandeln zu machen. Durchs offene Fenster sah man sie ungekämmt und im Morgenrock. Sie schrie Polyxena und die Tochter an. Polyxena schlug auf dem Fensterbrett den Staub aus Kissen und Decken. Dinah schälte die grossen grünlichen Quitten, um sie einzumachen. Am Vorabend ging sie, von Marco begleitet, an alle Türen und brachte den Leuten vom Hof Mandelgebäck, Schnitze von harter roter Quittenpaste, Granatäpfel und frische Datteln. Mit reizendem Lächeln erklärte sie an der Schwelle, man müsse die ersten Früchte der Jahreszeit und die Süssigkeiten essen, »damit das Jahr süss werde«, und die Granatäpfel seien ein Zeichen für den Wunsch: »Eure Verdienste mögen so zahlreich sein wie die Kerne dieser Frucht.« Die Leute dankten und wünschten, dass sie in diesem Jahr Hochzeit halten werde.

Am nächsten Tag verschwand Chryssanthis in aller Frühe. Erst am Abend würde sie weihrauchduftend mit den neuen weichen Kerzchen für die Madonnen heimkehren. So erschien Marco allein zum Neujahrsmahl. Als sie sich gerade zu Tisch setzen wollten, stellte sich eine alte Verwandte ein, um Cléments Familie zu vertreten, die zwar immer noch beleidigt schmollte, aber immerhin Glückwünsche schickte. Auch sie brachte eine Erstlingsfrucht mit, einen Granatapfel, den schönsten und grössten, der in die Mitte des Tisches gelegt wurde. Und ehe sie sich setzte, holte sie aus ihrer Handtasche eine Handvoll Weizenkörner, streute sie über das Tischtuch und erinnerte Eva in strengem Ton an die Überlieferung: Korn auf dem Tischtuch bedeute für das ganze Jahr reichlich Brot im Haus.

1942 trifft Fausta Cialente (1898 Cagliari –1994 Pangbourne) in Palästina auf die neu entstandene Gemeinde jüdischer Italiener, die in Folge der Rassengesetze Italien verlassen haben. Knapp ein Zehntel der aus Italien geflohenen Juden geht nach Palästina. Sie schreibt in ihr Tagebuch: »Viele Leute, alle italienische Einwanderer, alte und neue, verschiedene südliche und nördliche Akzente mit mehr oder weniger jüdischem Akzent. Mehrere Rabbiner, darunter der alte Prato, der Ex-Rabbiner von Alexandrien, den ich sehr gut kannte und der mich tatsächlich sofort erkannte und seine Hand ausstreckte, rief aus: ›Ah, Sie sind Frau ... Frau ...‹. ›F.‹, sagte ich so ruhig und beiläufig, wie ich konnte. In seinen Augen blitzte Überraschung auf – aber er verstand sofort.« Cialente ist als Undercover-Agentin in Palästina, um in britischem Auftrag Möglichkeiten eines italienischsprachigen Radioprogramms in Jerusalem zu ermitteln. Die seit 1921 mit ihrem jüdischen Mann in Alexandria lebende Schriftstellerin pausiert während des Zweiten Weltkriegs mit ihrer literarischen Produktion. Sie zieht nach Kairo, wo sie das Radio Unita AntiFascista leitet und jeden Abend für italienische Exilanten, Soldaten und Kriegsgefangene in Nordafrika auf Sendung geht.

עדה

אִם לְבָּךְ חָפֵץ, לְכָה נָבוֹאָה
אֶל־הַמְעָרָה זֹאת אֲשֶׁר סַבּוּהָ
אֵלֶּה בְרוֹשִׁים אֵלֶּה
שִׁטָּה הֲדַס וָאָרֶז;
נִתְעַלְּסָה שָׁם, נִשְׂמְחָה נָגִילָה.

ערי

נֵלֵךְ.

עדה

וְכֹה תַנְחֵנִי
כְּנִחוּת בְּרֶסֶן סוּס?

ערי

לְכִי נֵלֵכָה.
פֹּה נֵשֵׁבָה.

עדה

לֹא, פֹּה בְּתוֹךְ הַחֶדֶר
לֵךְ בַּמְּעָרָה.

ערי

בֹּאִי
(יבוא במערה, ובבואו יפול בבור אשר שם מכוסה בעשב)

עדה

לֵךְ לַחֲרָפוֹת עַד־שְׁאוֹל מִתָּחַת.
אִם חִישׁ מְהֵרָה לֹא בְיָד אֲחַזְתִּי
בַּצֶּאֱלִים הָאֵל, כְּבָר יָרַדְתִּי
שָׁם אַחֲרָיו גַּם־אָנִי.
אַךְ טוֹב אֲשֶׁר מִפֹּה נָדוֹד אַרְחִיקָה,
פֶּן עוֹד בְּרוֹב חַטַּאת קְסָמָיו יָעַל.

Ada
　　Wenn es dein Herzenswunsch ist, dann lass uns ziehen
　　in die Höhle, die umgeben ist
　　von diesen Zypressen, diesen
　　Akazien, Myrten und Zedern.
　　Lass uns dort Liebesspiele treiben, froh sein und jubeln.

Adi
　　Lass uns gehen.

Ada
    Und du wirst mich führen, so
    wie du mit dem Zügel das Pferd führst?

Adi
    Auf, lass uns gehen.
    Hier setzen wir uns.

Ada
    Nein, nicht hier im Zimmer,
    geh in die Höhle.

Adi
    (Also kam er in die Höhle, und als er kam, fiel er in den
    Graben, den es dort gab, abgedeckt mit Gras.)

Ada
    Trag deine Schmach! Geh bis zur Totenwelt da unten.
    Hätte ich nicht schnell mit der Hand gegriffen
    den Feuerbaum, oh Gott, dann wäre ich bereits dort
    hinabgestiegen nach ihm.
    Doch gut ist, dass ich von hier in die Ferne wandere,
    damit er sich nicht noch erhebt mit der Sünde seines Zaubers.

Das Theaterstück *Turm der Macht* schreibt Moshe Chaim Luzzatto (1707 Padua – 1746 Akkon) anlässlich der Hochzeit des Sohns seines Rabbiners. Im selben Jahr erzählt der Zwanzigjährige: »Ich fiel in Trance. Als ich erwachte, hörte ich eine Stimme, die sagte: ›Ich bin herabgestiegen, um die verborgenen Geheimnisse des heiligen Königs zu enthüllen.‹« Den Sprecher sieht Luzzatto nicht, »aber ich hörte seine Stimme aus meinem Mund sprechen«. Von da an »erkannte ich jede meiner Heimsuchungen. Auch Seelen, deren Identität ich nicht kenne, werden mir offenbart. Jeden Tag schreibe ich die neuen Ideen auf, die mir jede von ihnen mitteilt.« Autoritäten der jüdischen Gemeinde bezichtigen Luzzatto magischer Aktivitäten. Für sie ist ein unverheirateter Mann seines Alters nicht der geeignete Empfänger solcher Offenbarungen. Für den Jerusalemer Rabbiner Moses Hagiz, einen Wanderprediger, Assimilationskritiker und Zensor, ist Luzzatto ein selbsterklärter Messias. Luzzatto wird gezwungen, seine Schriften in einen Kasten einzuschließen, einen Schlüssel dazu erhält sein Rabbiner, der andere wird beim Gericht von Venedig verwahrt. »Frömmigkeit ist keine dem Menschen angeborene Eigenschaft«, heißt es im Vorwort, mit dem der Vorbote der modernen hebräischen Literatur sein ethisch-philosophisches Hauptwerk מסירת ישרים (Der Pfad der Aufrechten, 1740) beginnt, das er in Amsterdam schließlich doch drucken darf. Auch in der Hölle von Isaac Bashevis Singers Erzählung »Sabbat in der Hölle« wird ein Theaterstück Luzzattos diskutiert.

כָּתְנוֹת פַּסִּים / לָבַשׁ הַגַּן / וּכְסוּת רִקְמָה / מַדֵּי דְשָׁאוּ
וּמְעִיל תַּשְׁבֵּץ / עָטָה כָל עֵץ / וּלְכָל עַיִן / הֶרְאָה פִלְאוֹ
כָּל צִיץ חָדָשׁ / לִזְמָן חָדַשׁ / יָצָא שֹׂחֵק / לִקְרַאת בּוֹאוֹ
אַךְ לִפְנֵיהֶם / שׁוֹשָׁן עָבַר / מֶלֶךְ כִּי עַל / הוּרַם כִּסְאוֹ
יָצָא מֵבֵּין / מִשְׁמַר עָלָיו / וַיְשַׁנֶּה אֶת / בִּגְדֵי כִלְאוֹ
מִי לֹא יִשְׁתֶּה / יֵינוֹ עָלָיו / הָאִישׁ הַהוּא / יִשָּׂא חֶטְאוֹ.

Ein gestreiftes Hemd / zog der Garten sich an / und ein gesticktes Kleid / war die Tracht seines Rasens
Mit kariertem Mantel / umhüllte sich jeder Baum / und jedem Auge / zeigte er sein Wunder
Jede neue Knospe / erneuert auf Zeit / trat lachend hervor / ihrem Kommen entgegen
Doch ihnen zuvor / zog König Lilie ein / denn in die Höhe / wurde gehoben sein Sitz
Er trat aus seiner Bewachung hervor / und legte ab / die Kleider seines Gefängnisses
Wer nicht trinken wird / auf ihn seinen Wein / wird sein ein Mann / der tragen wird an seiner Sünde

Als die Berberdynastie der Almoraviden den muslimischen Teil Spaniens besetzt, flieht Moses Ibn Esra (ca. 1055 Granada – 1138 Granada) in den christlichen Teil. Der andalusisch-jüdische Schriftsteller, Literaturkritiker und Philosoph schreibt weltliche Gedichte und religiöse Pijjutim, eine Form der Poesie, die seit dem 4. Jahrhundert den Gebetstext auslegt, teilweise ersetzt und später auch unabhängig davon entsteht. Zu Ibn Esras weltlicher Dichtung gehört ספר התרשיש (Das Buch vom sagenhaften Land), dessen 1210 Reime in der Gematrie dem Zahlenwert des hebräischen Worts für *sagenhaftes Land* entsprechen. Im Gedicht *Ein gestreiftes Hemd* preist der junge Dichter die Pracht der Natur und kleidet die Pflanzen in unterschiedliche Gewänder der Tempeldiener, entsprechend der Hierarchien im Garten. Ibn Esras nie gedrucktes Buch الحديقة في معنى المجاز والحقيقة (Das Duftbeet) handelt vom metaphorischen und wörtlichen Sinn in den heiligen Schriften. Metapher ist für ihn ein bekanntes Bild, das ausgeborgt wird, um etwas Unbekanntes in der Vorstellung aufzurufen. *Das Duftbeet* ist eines der wenigen Beispiele judäo-arabischer Literatur, das sich des arabischen Genres der أدب bedient: Wörtlich »Einladung«, »gutes Benehmen«, »Bewunderung und Lob«, steht der Begriff im vorislamischen Arabien für einen Verhaltenskodex, der von Generation zu Generation weitergegeben wird. מה לאהובי (Was bewegt meinen Freund) heißt das Album der israelischen Rockband Traktor's Revenge, das sich 2013 den Gedichten Ibn Esras widmet.

Tymczasem Lejba spędzał czas rozkosznie. W biały dzień, wiedząc, że sam widok jego obecności wystarcza, wyciągał się na trawie i drzemał, lub oddawał się marzeniom. Śniło mu się, że dzierżawi tak wielki ogród, iż żona i wszystkie dzieci muszą mu pomagać... Pali się ognisko, wędzą się śliwki na lasach — a zdrowy owoc, jak złoto, ładuje się na krypy... Płyną po falach lśniącej tam w dole Wisły, hen, aż pod most Warszawy...

Indessen verbrachte Leib eine wonnevolle Zeit. Im Bewußtsein, daß sein Anblick genügte, Diebe abzuschrecken, streckte er sich bei Tage behaglich ins Gras und schlummerte oder gab sich Träumen hin. Und es träumte ihm, daß er einen großen Obstgarten in Pacht hat, und daß seine Frau und alle seine Kinder ihm helfen müssen ... Ein Feuerlein flackert, Pflaumen werden geröstet, die gesunde Frucht wird wie Gold in Barken geladen. Diese gleiten über die schimmernden Wellen der Weichsel, weit, weit, bis unter die Brücken von Warschau ...

Was auch immer sich Artur Landsberger gedacht hat, als er 1914 *Das Ghettobuch* zusammenstellte – er war offensichtlich nicht der Meinung, dass allein jüdische Autoren über jüdisches Leben schreiben dürfen. Sonst hätte er die Erzählung *Am Felsabhang* von Gustaw Daniłowski (1871 Ziwilsk – 1927 Warschau) nicht in die Sammlung der »schönsten Geschichten aus dem Ghetto« aufgenommen. Die Tagebücher von Daniłowskis Vater aus der sibirischen Haftzeit und die Kindheit im russischen Exil, wo die polnische Familie zwangsangesiedelt wurde, werden den Schriftsteller und Kämpfer für die Unabhängigkeit Polens prägen. Daniłowskis ersehnte Verbesserung der Lebensbedingungen der Armen schließt jüdische Polen wie Leib ein, von dem *Am Felsabhang* erzählt. Aus dem Ghetto ist hier außerhalb des Ghettos, wo Leib weder Landbesitzer ist noch sich von einem Bauchladen ernähren wird. Sozialistisch-träumerisch wähnt er seinen ökonomischen Aufstieg durch die Ernte eines gepachteten Obstgartens.

וֹולטֶר חתם את ספרו על קנדיד בהמלצה: »טפחו את גניכם«. לי אין גינה פרטית, ואני מטפחת את הגינות שמשני צדדיו של שביל הכניסה לבניין המשותף. אולי זה נראה תמוה בעיני השכנים, שרגילים שהדיירים דרים והגנן מגנן – אבל אין לי גינה אחרת, וחוץ מזה, הגנן ועובדיו טרודים בשמירה הקדחתנית על כרי הדשא הירוקים המשתרעים בין הבניינים בשכונה, שנועדו להקנות לה צביון אירופי, ומן הדשאים הללו עולים וצומחים עצים גבוהים מאוד, שגם אותם יש לטפח ולגזום ולבדוק מפעם לפעם, שלא יקרסו, אם גם זה קורה לפעמים. לכן מוזנחות לא פעם הכניסות לבניינים עצמם, ורק אם מתגורר בכניסה גנן חובב, יש צורה לגינה.

בשלוש לפנות־בוקר ירדתי להשקות את שתי החלקות שאני מטפחת. בצינור לא התגלה שום קיפול שעוצר את הזרם; הזרם היה אחיד ונחוש.

Voltaire beendet sein Buch über Candide mit der Empfehlung: »Bestellt eure Gärten.« Ich habe keinen eigenen Garten, kümmere mich jedoch um die Gartenstreifen auf beiden Seiten des Weges, der zum Eingang unseres Mietshauses führt. Vielleicht wirkt das befremdlich auf die Nachbarn, die daran gewöhnt sind, dass die Bewohner wohnen und der Gärtner gärtnert – aber ich habe keinen anderen Garten, und außerdem sind der Gärtner und seine Arbeiter ständig mit der Pflege der grünen Rasenstücke zwischen den Häusern des Viertels beschäftigt, die ihm ein europäisches Aussehen verleihen sollen, und aus diesen Rasenstücken wachsen hohe Bäume empor, und auch die müssen gepflegt und beschnitten und gelegentlich auch untersucht werden, damit sie nicht umstürzen, was dennoch ab und zu geschieht. Deshalb sind die Eingänge zu den Häusern selbst manchmal vernachlässigt. Nur wenn ein Hobbygärtner im Haus wohnt, hat der Garten Form.

Gegen drei Uhr früh ging ich hinunter, die beiden Teile, um die ich mich kümmere, zu gießen. Der Schlauch hatte keine Knicke, die das Fließen des Wassers behindern; es floss gleichmäßig und entschlossen.

»Wer zum Teufel hat das geschrieben?«, fragt sich Orly Castel-Bloom (geb. 1960 Tel Aviv-Jaffa), als sie in Wikipedia liest, sie sei eine postmoderne Schriftstellerin »Schriftstellerin reicht, Punkt.« Gershon Shaked nannte sie einmal so, denn sie würde die Verzweiflung einer Generation vermitteln, »die nicht einmal mehr die Träume der zionistischen Geschichte träumt«. Die Tochter von Migranten aus Ägypten wächst mit Französisch auf und behält zum Hebräischen eine beobachtende Distanz. Ihr Debüt לא רחוק ממרכז העיר (Nicht weit vom Zentrum der Stadt, 1987) wütet im israelischen Realismus. In der Erzählung »Winterleben« erforscht eine Israelin auf Besuch in Brookline, Massachusetts, die unterschiedlichen Visa-Typen der dort lebenden Israelis und fragt sich, »ob es ein Israelischsein gibt, das sich nicht abschütteln lässt; das wach wird, wenn die Bürger Israels in der Welt reisen, das sie nervt und zurückkehren will, während sie im Ausland bleiben möchten«. Beim Warten auf das Erscheinen des gleichnamigen Buchs denkt Castel-Bloom, sie müsse noch etwas anderes tun als schreiben, und meldet sich für ein Volontariat im botanischen Garten der Universität. »Uns und den Pflanzen wird es eine Ehre sein«, heißt es im Antwortschreiben, doch weiter hört sie nichts. »Anscheinend legten die Pflanzen ihr Veto ein«, resümiert Castel-Bloom und dass sie nicht die Kraft hätte, »auch noch dem Garten zur Last zu fallen«.

– Tu niedaleko, w Podhajcach, pod zamkiem żyje kozioł – mówi słabym głosem Pesełe. Kobiety uciszają się wzajemnie. – Teraz go nie zobaczycie, bo nie lubi on ludzi i żyje samotnie. Jest to bardzo uczony kozioł, mądre zwierzę, które wiele widziało rzeczy dobrych i strasznych. Ma trzysta lat.

Wszyscy rozglądają się wokół mimowolnie, szukając wzrokiem kozła. Widzą tylko wyschłą, zbrązowiałą trawę, gęsie kupy i wielką bryłę ruin podhajeckiego zamku. Kozioł musi mieć z tym wszystkim coś wspólnego. Pesełe obciąga spódnicę na swoje podróżne skórzane buty z ostrym noskiem. –

– W takich ruinach rośnie dziwna trawa, boża trawa, bo nikt jej nie sieje i nikt nie kosi. Trawa zostawiona w spokoju też nabiera własnej mądrości. Więc tylko taką trawą żywi się ten kozioł, żadną inną. Jest nazirem, który ślubował nieobcinanie włosów i niedotykanie ciał zmarłych, i zna się na tej trawie. Nigdy nie przełknął innej, jak tylko tę spod zamku w Podhajcach, mądrą trawę. Dlatego i on stał się mądry, a jego rogi rosły i rosły. Nie były to jednak zwykłe rogi, takie jakie ma inne bydło. Te były miękkie, wiły się i skręcały, Mądry kozioł ukrywał swoje rogi. Za dnia nosił je skręcone tak, że wyglądały na całkiem zwyczajne. Jednak w nocy wychodził, o tam, na ten szeroki stopień zamku, na ten zawalony dziedziniec i stamtąd sięgał rogami do nieba. Wyciągał je wysoko, wysoko, stawał na tylnych nogach, żeby być jeszcze wyżej, i w końcu zahaczał czubki rogów o kraj młodego, rogatego jak i on księżyca i pytał: „Co tam słychać, księżycu? Czy nie nadszedł jeszcze czas na nadejście Mesjasza?". Księżyc oglądał się wtedy na gwiazdy, a one zatrzymywały się na chwilę w swojej wędrówce. „Mesjasz już nadszedł, jest w Smyrnie, czyżbyś tego nie wiedział, mądry koźle?" „Wiem, miły księżycu. Chciałem się tylko upewnić".

»Nicht weit von hier, beim Schloss in Podhajce, lebt ein Geißbock«, beginnt Pessele mit schwacher Stimme. Die Frauen bedeuten einander, still zu sein. – »Jetzt könnt ihr ihn nicht sehen, denn er mag die Menschen nicht und lebt einsam und abgeschieden. Sehr gelehrt ist dieser Geißbock, ein weises Tier, das viele gute und schlimme Dinge gesehen hat. Er ist dreihundert Jahre alt.«

Unwillkürlich lassen alle den Blick schweifen, suchen mit den Augen den Bock zu entdecken. Doch nur bräunlich verdorrtes Gras ist zu sehen, hier und da ein paar Gänsekleckse, in weiterer Ferne Podhajces beeindruckende Schlossruine. Mit alldem muss der Geißbock im Zusammenhang stehen. Pessele zieht ihren Rock nach unten, dass der Saum die schmal zulaufenden Spitzen ihrer ledernen Reisestiefel bedeckt.

»In solchen Ruinen wächst ein wunderliches, göttliches Gras. Niemand sät es, niemand mäht es, und lässt man es wachsen, wird auch das Gras weise. Nur von diesem Gras und von keinem anderen nährt sich der Geißbock. Er ist ein Nasiräer, der gelobt hat, sich nie das Haar zu schneiden oder einen Verstorbenen zu berühren. Alles weiß er über dieses Gras, andere Gräser hat er nie gekostet. Nur das weise Gras, das beim Podhajcer Schloss wächst. So wurde auch er selbst weise, und seine Hörner wuchsen und wuchsen. Keine gewöhnlichen Hörner waren es wie bei anderem Vieh – seine waren weich, sie wanden und bogen sich. Der weise Geißbock versteckte seine Hörner. Am Tag trug er sie gedreht, damit sie ganz gewöhnlich wirkten. Nachts aber lief er die breiten Stufen hinauf bis in den verfallenen Schlosshof und reckte seine Hörner zum Himmel. Hoch, hoch hinauf streckte er sie, stellte sich auf die Hinterbeine, um noch höher zu gelangen, bis er schließlich mit den Spitzen seiner Hörner den Rand des Neumonds erreichte, und auch der Mond hatte Hörner. Und er fragte den Mond: ›Was gibt es Neues, Mond? Kommt der Messias bald?‹ Da sah der Mond sich nach den Sternen um, und die Sterne hielten an auf ihrer Wanderung. ›Der Messias ist schon da, in Smyrna ist er, hast du das nicht gewusst, du weiser Geißbock?‹ – ›Ich weiß es, lieber Mond. Nur vergewissern wollte ich mich.‹ […]«.

In *Die Jakobsbücher*, einem auf leidenschaftlicher Recherche basierenden Roman, erzählt Olga Tokarczuk (geb. 1962 Sulechów) die Geschichte von Jakob Frank, einem jüdischen Mystiker, der sich als Nachfolger des selbsterklärten Messias Schabbtai Zvi versteht und das osteuropäische Judentum des 18. Jahrhunderts spaltet. Eine Artikelüberschrift des rechten israelischen Online-Magazins *mida.org* suggeriert, dass Tokarczuk sich »die Liebe zu den Juden und den Widerstand gegen polnischen Antisemitismus« zur Hauptbeschäftigung erkoren habe. »Scheinbar liebt sie die Juden zu sehr«, schreibt die Redaktion über die polnische Schriftstellerin, die nach dem Erscheinen von *Die Jakobsbücher* von polnischen Nationalisten Morddrohungen erhalten habe. In Israel wird Tokarczuks »Liebe zu den Juden« selbstverständlich als Liebe zu Israel wahrgenommen. Doch erhält die Rezeption einen Dämpfer, als sich die Schriftstellerin, die sich in ihrem Buch der jüdischen Geschichte, der Kabbala und der Gematrie widmet, als linke Klimaaktivistin und Kritikerin der restriktiven Migrationspolitik des polnischen Nationalstaats herausstellt. Überdies ist sie Mitunterzeichnerin eines Briefs an die Europäische Kommission, der die Verfolgung von LGBT und anderen Minderheiten in Polen kritisiert. Genau das aber sind die Koordinaten, in die Tokarczuk Jakob Frank stellt: Er ist eine polnische Randerscheinung, hybrid, anti-national, auf der Suche nach der verlorenen Plurikulturalität.

She always saw through him, as if he were just another window. She always felt that she knew everything about him that could be known—not that he was simple, but that he was knowable, like a list of errands, like an encyclopedia. He had a birthmark on the third toe of his left foot. He wasn't able to urinate if someone could hear him. He thought cucumbers were good enough, but pickles were delicious—so absolutely delicious, in fact, that he questioned whether they were, indeed, made from cucumbers, which were only good enough. He hadn't heard of Shakespeare, but Hamlet sounded familiar.

Stets durchschaute sie ihn, als wäre auch er ein Fenster. Sie hatte immer das Gefühl, alles über ihn zu wissen, was man wissen konnte – nicht dass er schlicht oder simpel gewesen wäre, aber er war mit dem Verstand erfassbar, wie eine Einkaufsliste, wie eine Enzyklopädie. Er hatte ein Muttermal am mittleren Zeh des linken Fußes. Er war nicht imstande zu pinkeln, wenn ihn jemand hören konnte. Er fand Gurken ganz gut, eingelegte Gurken dagegen absolut köstlich – so köstlich, dass er den Verdacht hatte, es seien gar keine Gurken, weil die ja nur ganz gut waren. Von Shakespeare hatte er noch nie etwas gehört, aber Hamlet kam ihm bekannt vor.

Das Konzept *Tikkun Olam* (Ausbesserung der Welt) ist so alt wie die *Mischna*, die etwa im Jahre 70 niedergeschriebene, bis dahin mündlich überlieferte Thora, und so jung wie queerfeministische und intersektionale Theorien zur gemeinschaftlichen Verantwortung und Fürsorge, in denen es weitergedacht wird. Wie mit vielen anderen jüdischen Konzepten sei er auch mit *Tikkun* auf »Cocktailparty-Vertrautheit«, sagt Jonathan Safran Foer (geb. 1977 Washington, D. C.) im Interview mit Terry Gross, der »das Jüdische« im Roman *Hier bin ich* (2016) aufspüren will. »Eine globale Krise, die zu einem massiven Bruch führt, nicht nur im Nahen Osten, sondern auch zwischen Amerika und Israel, zwischen Europa und Israel, zwischen amerikanischen und israelischen Juden« ist zwar Thema des Romans, doch denkt Safran Foer es sich als eine Geschichte von »Menschen, die versuchen, Dinge zu flicken« und einen Ort der Ruhe zu finden. Unterschiedliche Formen der Korrespondenz beflügeln Safran Foers Schreibprozess. So bittet er Schriftsteller wie Susan Sontag und David Foster Wallace, ihm die nächste, noch unbeschriebene Seite ihres in Arbeit befindlichen Manuskripts zu schicken. Ihn fesselt die »Magie« des Moments, in dem ein wertloses Blatt Papier durch »ein wenig Tinte, die auf eine bestimmte Weise aufgetragen wurde«, etwas Wertvolles wird.

עֶזְרָא שְׁוִיקִי הָפַךְ לְפָלַסְטִינִי אַחֲרֵי שֶׁאִשְׁתּוֹ מֵתָה מִסַּרְטָן/ הוּא בֹּקֶר בְּחֶבְרוֹן בָּהּ
נוֹלְדָה סָבָתוֹ, בְּמִסְגֶּרֶת סִיּוּר לְאֹרֶךְ הַגָּדֵר/ וּמִשֵּׁשׁ אֶת הַגָּדֵר שֶׁנֶּחֱצְתָה בְּתוֹכוֹ/
נִזְכַּר בָּעֲרָבִית הַפָלַסְטִינִית שֶׁיָּדַע עוֹד מֵהַבַּיִת, בְּטַעַם שֶׁל הַמְלָפְפוֹן הַיָּרֹק, בְּרֵיחַ
הָאֲדָמָה וְהַבֻּסְתָּנִים/ שֶׁלֹּא הֶחְלִיפוּ בְּאוֹרְנֵי הַקֶּרֶן הַקַּיֶּמֶת/ עֵינָיו נִפְגְּשׁוּ בְּעֵינֵי יְלָדִים
וּמַעְגָּל נִצְרַב בּוֹ [...]/ עֶזְרָא מֵבִין שֶׁכָּאן צְרִיכִים אוֹתוֹ עוֹד וָעוֹד, יֵשׁ כָּל כָּךְ
הַרְבֵּה פְּצָעִים לְאַחוֹת, כָּל כָּךְ הַרְבֵּה צַלָּקוֹת/ הוּא נִשְׁאָר לָלוּן בְּפַאֲתֵי חֶבְרוֹן,
בְּבֵית אֶבֶן בְּבֻסְתָּנָהּ שֶׁל מִשְׁפָּחָה מַשְׂכִּילָה [..]/ כְּשֶׁהַבֹּקֶר עוֹלֶה הוּא שׁוֹטֵף אֶת פָּנָיו
בַּבְּאֵר, וְיוֹדֵעַ' שֶׁכָּאן הוּא הוֹלֵךְ לְהִשָּׁאֵר.

> Esra Schwicki wurde zum Palästinenser, nachdem seine Frau an Krebs gestorben war / im Rahmen einer Exkursion entlang des Zauns besuchte er Hebron, den Geburtsort seiner Großmutter / und betastete den Zaun mit dem Gefühl, dass er sich halbierte / entsann sich des palästinensischen Arabisch, das er zuhause noch gelernt hatte, mit dem Geschmack der grünen Gurke, dem Geruch der Erde und der Obstgärten / die nicht durch die Kiefern des Jüdischen Nationalfonds ersetzt worden waren, / seine Augen trafen auf Kinderaugen und ein Kreis brannte sich ihm ein [...] / Esra begriff, dass er hier noch und noch gebraucht wurde, da waren so viele Wunden zu schließen, so viele Narben / er blieb über Nacht am Rande Hebrons in einem steinernen Haus im Obsthain einer gebildeten Familie / Wenn der Morgen kommt, wird er sein Gesicht waschen im Brunnen und wissen / hier wird er bleiben.

»In einer Zeit, da der Diskurs über Identitäten zunehmend essenzialistisch geführt wird«, sieht Racheli Said, dass Sigalit Banai (geb. 1968 Jerusalem) zu Jacqueline Kahanoffs Levantinismus zurückkehrt und sich weigert, zwischen kategorialen Identitäten zu entscheiden. Weil sich die Literatur von Migranten einer nationalen Zuordnung entzieht, bringt sie, wie Kahanoff in *Literature of Social Mutation* schreibt, eine »neue Internationalität« hervor. Banai migriert zwischen Identitätsvorstellungen: In eine alteingesessene Familie in Jerusalem geboren, stellt sie sich vor, im »pariserischen Kairo zu einer wohlhabenden jüdischen Familie aus Spanisch-Marokko« zu gehören, »deren ferne Ursprünge im Jemen, im Irak, in der Ukraine und in Litauen in Israel zu etwas vergangenheitslosem und zukunftsversprechendem Neuen verschmolzen sind, das ›ich‹ heißt«. »Ich« kann Mani aus dem Kibbuz sein, der sich als der Mizrachi Mansur herausstellt, wenn die Geschwistersprachen Arabisch und Hebräisch zusammengedacht werden; oder Samira aus Brüssel, die in Belgien als Algerierin identifiziert wird und in Ägypten feststellt, dass Belgien sie »weiß färbte«. »Wen täusche ich / in welchem Film spiele ich / mit welchem Feuer«?, fragt sich Banai selbstkritisch in einem Gedicht, in dem sie einen Hijab trägt und ihren Liebhaber zum Geburtstagsfest des Propheten Mohammed begleitet. Banais Gedichte sind Drehbücher, die sich mit der »Linie des weißen europäischen Universalismus« nicht in Einklang bringen lassen.

Herbstzeitlose

הייתי בת חמש כששאלתי את הורי למה בכלל באו לישראל (ציונים הם לא היו מעולם). את התשובה קיבלתי כאשר חייתי שנתיים באמסטרדם, כרבע מאה לאחר מכן. שם קלטתי בכל חושי עד כמה מכאיב החלל שנוצר באירופה לאחר 1945, עד כמה יבשת זו – מקומם הטבעי של מיליוני יהודים במשך מאות שנים – הקיאה אותם מתוכה. לא רק שיתוף הפעולה של הרוב עם הפסיכוזה האנטי-פלורליסטית שהשליטה גרמניה הנאצית; לא רק חוסר האונים מול מכונת המלחמה הגרמנית, והאדישות שבה נתקבלה הרחקתם ההדרגתית והסופנית של היהודים – אלא בעיקר הטבעיות שבה קיבלה החברה את הריק שנוצר. היום אני יודעת שהריק הזה – רחובות מוכרים הספוגים בכיליונם של משפחה וחברים ושכנים – הוא שדחף את הורי, יחד עם מאות אלפים אחרים ששרדו, לברוח, לבחור מולדת אחרת עם עצי זית ותפוז, דרורים ועצי תות, ואור שמש תקיף כל כך. איני מתגעגעת לנופי ילדותם. אני נולדתי אל סתוווניות בסלע בירושלמי, אל הנחליאלי, החצב והחמסינים. אבל תמיד טמון בזיכרוני סיבוב הראש האחרון של הורי לעבר הבית שאהבו ושגורשו ממנו. משום זיכרון אותו הם מיאנו להתגורר בבתיהם של פליטים אחרים, פלסטינים, כשהגיעו ארצה ב־1949.

Ich war fünf Jahre alt, als ich meine Eltern fragte, was sie überhaupt nach Israel gebracht hatte (Zionisten sind sie nie gewesen). Die Antwort bekam ich etwa ein Vierteljahrhundert später, als ich zwei Jahre in Amsterdam lebte. Dort nahm ich mit allen Sinnen wahr, wie heftig die Leere, die sich nach 1945 aufgetan hatte, schmerzt und wie absolut dieser Kontinent – über viele Jahrhunderte der natürliche Lebensort für Millionen von Juden –, diese Menschen aus seiner Mitte ausgespien hat. Nicht nur die Kollaboration der Mehrheit mit der von Nazideutschland aufgezwungenen antipluralistischen Psychose; nicht nur die Hilflosigkeit gegenüber der deutschen Kriegsmaschine und die Gleichgültigkeit, mit der die schrittweise und endgültige Verdrängung der Juden hingenommen wurde, sondern vor allem, wie selbstverständlich die Gesellschaft die Leere, die da klaffte, hinnahm. Heute weiß ich, es ist diese Leere – vertraute Straßen, vollgesogen mit der Vernichtung von Familie, Freunden und Nachbarn –, die meine Eltern zusammen mit Hunderttausenden anderer, die überlebt hatten, dazu trieb, zu fliehen und sich eine neue Heimat zu wählen, mit Oliven- und Orangenbäumen, mit den Sperlingen, den Maulbeerbäumen und einem so unbeugsamen Licht. Ich sehne mich nicht nach den Landschaften ihrer Kindheit. Ich wurde hineingeboren in eine Landschaft mit Herbstzeitlosen im Jerusalemer Felsgestein, Bachstelzen, weißen Meerzwiebeln und dem Chamssin. Doch für immer ist mir jene Kopfbewegung des Zurückschauens eingeprägt, zu dem Haus, das sie geliebt haben und aus dem sie vertrieben wurden.

Dieser Erinnerung wegen weigerten sie sich, als sie 1949 ins Land kamen, in Häusern anderer Flüchtlinge zu wohnen, in den Häusern von Palästinensern.

In *Trinken aus dem Meer in Gaza* erzählt Amira Hass (geb. 1956 Jerusalem), dass die Geschichte ihrer Mutter Hanna Lévy-Hass als Tito-Partisanin schon früh ihren Entschluss bestimmt hat, keine Zuschauerin von Ungerechtigkeit zu sein. 1991 übernimmt sie für *Haaretz* die Berichterstattung aus den besetzten palästinensischen Gebieten. Sie lernt Arabisch und zieht nach Gaza, um der israelischen Gesellschaft, die Gaza nur aus dem gepanzerten Fahrzeug oder den Ermittlungskellern des Inlandsgeheimdiensts kennt, ein Bild der palästinensischen Gesellschaft zu vermitteln. Hass setzt ihre Arbeit auch dann fort, als das Militär mit Unterstützung des Obersten Gerichts israelischen Bürgern den Zugang zu den besetzten Gebieten verbietet: »Nicht nur unser Recht auf Informationsfreiheit, auch unsere Pflicht als Berichterstatter wiegt stärker als Militärbefehle.« Die von der israelischen Presse bestimmte Nachrichtenwerte-Hierarchie »akzeptiere ich nicht zwingend«, sie habe eine andere Hierarchie, bedingt durch die Lage der Menschen vor Ort. Für Hass ist eine Veranstaltung der linken Volksfront zur Befreiung Palästinas, bei der Männer und Frauen gemeinsam tanzen, ebenso eine Nachricht wert wie die Liste von Kräutern, die nicht mehr in den Gazastreifen eingeführt werden dürfen, oder eine Schulstunde über den Einsatz von Videos zur Dokumentation von Militärgewalt. Denn solange Israel die Palästinenser beherrsche, erzähle jede »lokale Nachricht« aus Gaza auch etwas über Israel.

Hibiskus

il compte six ouvertures
le square et
trente-deux mille huit cent soixante-huit mètres carrés
32868 mètres carrés
de la rue corvisart à la rue croulebarbe
en passant par la rue des cordelières
émile deslandres
berbier-du-mets   c'est dire

32868 mètres carrés

ça me dit rien du tout
moi je compte en arrosoir de six litres
pour le lilas l'hibiscus et les autres
et en cinquante mètres carrés de maison
balcon compris

32868 : 50 = 657,36
j'arrondis à 657

le square est grand comme 657 fois mon logis
ça me dit rien de plus
rien de moins

sechs Ausgänge zählt sie
die grünanlage und
zweiunddreißigtausendachthundertachtundsechzig quadratmeter
32868 quadratmeter
von der rue corvisart bis zur rue croulebarbe
über die rue des cordelières
émile deslandres
berbier-du-mets   das heißt

32868 quadratmeter

für mich heißt das gar nichts
ich zähle sechs liter pro gießkanne
für den flieder den hibiskus und alles andere
und fünfzig quadratmeter wohnfläche
balkon inbegriffen

32868 : 50 = 657,36
abgerundet auf 657

die grünanlage ist 657-mal so groß wie mein zuhause
das heißt für mich nicht mehr
nicht weniger

Schrift ist für Annie Cohen (geb. 1944 Sidi bel Abbès) etwas Grafisches, »ich würde sogar sagen etwas Geografisches«. Schreibend zeichnet sie die imaginäre Geografie eines Exils, das sich von der Nostalgie des Gegensatzpaars Exil/Heimat löst und selbstständig macht, sich eigene Räume schafft, gelegentlich labyrinthisch wird und einen Ariadnefaden bietet, der nicht den Weg hinaus zeigt, sondern Punkte verbindet, um einen unsichtbaren Ort zu markieren, wo auch immer. Exilantin und Exil zeichnen sich gegenseitig, die Exilantin wird Fluss, sich selbst unbekannt, unlesbar und damit fähig zu einer radikalen Solidarität. Wie etwa in Cohens Roman *Le Marabout de Blida* (1996), wo eine Frau, die »den Süden verloren« hat, auf einem Bahnsteig der Pariser Metro einen Marabout aus Algerien trifft. Er, Magier und Philosoph, religiös und ein Lebemann, nach den Heiligenfiguren der islamischen Mystik Westafrikas gezeichnet. Sie, »die verdrehte *Pied Noir*, die Französin von außen, die Algerierin in Schieflage, etwas jüdisch angehaucht, die Afrikanerin von gar nichts, zurzeit Pariserin, eine Algerierin aus Paris, eine Jüdin aus Nordafrika, eine Französin aus Algerien«. Ihnen gemeinsam ist eine Sprache, die Solidarität zu einer versöhnenden Kraft werden lässt.

Himbeere

אִם אַתָּה מַצְלִיחַ לִזְכֹּר אֵיךְ הֶאֱכַלְתָּ אוֹתִי
חֲצָאֵי דֻּבְדְּבָנִים מִפִּיךָ
בְּמִמְחִיּוּת שֶׁל שַׂחְקָן קוֹלְנוֹעַ
וְאֵיךְ לְאַחַר שָׁנָה הִצַּעְתִּי לְךָ לִטְעֹם
מֵהֶחָלָב הַפּוֹשֵׁר שֶׁטִּפְטֵף מִשָּׁדַי הַקָּשִׁים
וּמַה הָיְתָה הַבָּעַת פָּנֶיךָ בִּשְׁעַת מַעֲשֶׂה
וְאֵיךְ אָכַלְתָּ וְשִׁבַּחְתָּ אֶת הָאֹרֶז הָרִאשׁוֹן שֶׁלֹּא בֻּשַּׁל הֵיטֵב
וְאֶת הָעוֹף שֶׁבֻּשַּׁל עַל קְרָבָיו בַּסְּתָו הָרִאשׁוֹן
כְּשֶׁאֲכַלְנוּ אֶת הָאֲרוּחָה הַמַּפְסֶקֶת הָרִאשׁוֹנָה שֶׁלִּי
וְאֵיךְ קָנִיתָ לִי מֵהַתַּמְלוּגִים שְׂמָלָה מְזַמָּשׁ אֵפֶר וּכְפָפוֹת מְזַמָּשׁ סָגֹל
וְאֵיךְ בַּסֵּתֶר וּבְתַשְׁלוּמִים קָנִיתִי לְךָ חָלוּק צֶמֶר עִם צַוָּארוֹן סִינִי
וְאִם אַתָּה מַצְלִיחַ לִזְכֹּר אֶת מְעִיל הָעוֹר שֶׁלִּי
וְאֶת מִכְנְסֵי הַפִּיזָ'מָה שֶׁלְּךָ בְּצֶבַע תְּכֵלֶת
שֶׁפָּרַשְׂנוּ בְּגִנַּת בֵּית הַחוֹלִים בֵּין שִׂיחִים לֹא גְּבוֹהִים
כְּשֶׁהִתְגַּנַּבְתִּי לְבַקֵּר אוֹתְךָ בַּלַּיְלָה כִּי צִלְצַלְתָּ שֶׁאַתָּה צָרִיךְ
וּכְבָר הָיִיתִי אִמָּא שֶׁל אַרְבָּעָה יְלָדִים
וְאֵיךְ חָזַרְתְּ הַבַּיְתָה מֵהַמִּלּוּאִים בְּאֶמְצַע הַלַּיְלָה
וְכַמָּה מְאֻשֶּׁרֶת וְגֵאָה נִהְיֵיתִי מִזֶּה שֶׁאַתָּה שֶׁלִּי
וְאִם אַתָּה מַצְלִיחַ לִזְכֹּר אֵיךְ הִנַּחְתָּ אֶת רֹאשְׁךָ עַל יְרֵכַי
וְעָצַמְתָּ אֶת עֵינֶיךָ כָּלִיל מוּל הָאֲגַם שֶׁהִזְהִיב בֵּין הָעֵצִים
עַל הַסַּפְסָל בַּשְּׂדֵרָה מִיָּד לְאַחַר שֶׁחֲתַמְתָּ עַל הַחוֹזֶה
וַאֲנִי הֵבַנְתִּי שֶׁעַכְשָׁו אַתָּה מְאֻשָּׁר בֶּאֱמֶת
וְאִם אַתָּה מַצְלִיחַ לִזְכֹּר אֵיךְ הֶחֱזַקְתִּי אוֹתְךָ
בְּכָל הַכֹּחַ שֶׁיָּכֹלְתִּי לִמְצֹא אָז בְּמָתְנַי הָרְעוּעִים
כְּשֶׁגָּעִיתָ בָּאַמְבַּטְיָה בִּבְכִיָּה שֶׁל דֹּב פָּצוּעַ
וְאֵיךְ הֶחֱזַקְתִּי אֶת כְּתֵפַי וְאֶת בִּטְנִי הֲרָה בַּהַלְוָיָה שֶׁל אָבִי
כְּשֶׁלָּבַשְׁתִּי אֶת הַשִּׂמְלָה הַפוּכָה וְלֹא יָכֹלְתִּי לְהַפְסִיק לִבְכּוֹת
וְסָלַחְתָּ לִי בִּגְבוּרָה עַל שְׁקָרִים וְעַל נַקְמָנוּת
וְאִם אַתָּה מַצְלִיחַ לִזְכֹּר אֶת שִׂיחַ הַפֶּטֶל הַקּוֹצָנִי
שֶׁהִתְעַקַּשׁ לִצְמֹחַ גַּם אַחֲרֵי שֶׁהַפּוֹעֲלִים שָׁפְכוּ עָלָיו עֶסֶת בָּטוֹן
אָז תְּסַפֵּר לִי עַל זֶה בְּבַקָּשָׁה
כִּי אֲנִי נוֹטָה לִשְׁכֹּחַ דְּבָרִים בַּזְּמַן הָאַחֲרוֹן.

Falls du dich noch erinnerst, wie du mich gefüttert hast
halbe Kirschen aus deinem Mund
professionell wie ein Schauspieler
und wie ich dich ein Jahr später die warme Milch
probieren ließ aus meinen harten Brüsten
an deinen Gesichtsausdruck in dem Moment
und wie du meinen ersten halbgekochten Reis gelobt hast
auch das im ersten Herbst mit allen Innereien gekochte Huhn

als ich mit dir zusammen meine erste Abschlußmahlzeit
    vor dem Fasten aß
und wie du mir von den Tantiemen ein graues Kleid und
    lila Handschuh aus Wildleder kauftest
und wie ich dir heimlich und auf Raten einen wollenen Morgen-
    mantel mit Stehkragen erstand
falls du dich noch erinnerst an meinen Ledermantel
und deine hellblauen Pyjamahosen
die wir im Garten des Krankenhauses zwischen nicht sehr hohen
    Büschen ausbreiteten
als ich mich nachts zu dir schlich, weil du angerufen und
    gesagt hattest, daß du das jetzt brauchst
da war ich schon Mutter von vier Kindern
und wie du vom Reservedienst nach Hause kamst,
    mitten in der Nacht
und wie ich glücklich und stolz war, daß du mein bist
falls du dich noch erinnerst, wie ich deinen Kopf in meinen
    Schoß legte
und dir die Augen ein bißchen zufielen, am schimmernden See
auf einer Bank in der Allee, direkt nachdem du den Vertrag
    unterschrieben hattest
und ich verstand, daß du jetzt wirklich glücklich warst
falls du dich noch erinnerst, wie ich dich festhielt, mit aller Kraft
die damals noch in meinen schwachen Hüften war
als du in der Badewanne schriest wie ein verwundeter Bär
und wie du meine Schultern und meinen schwangeren Bauch
    hieltest bei Vaters Beerdigung
als ich das Kleid falsch herum anhatte und nicht aufhören konnte
    zu weinen
und wie du mir heldenhaft meine Lügen und meine Rachsucht
    verziehst
falls du dich noch erinnerst an den dornigen Himbeerstrauch
der eigenwillig weiter wuchs, nachdem die Arbeiter ihn mit Beton
    zugeschüttet hatten
dann erzähl mir bitte davon
denn in letzter Zeit fang ich an, Dinge zu vergessen.

»Das wichtigste Buch für meine Laufbahn ist der Gedichtband meines Bruders Menachem«, sagt Hamutal Bar Yosef (geb. 1940 Tel Josef). Das Buch enthält auch Briefe, die er der achtjährigen Schwester aus dem Krieg schreibt: »Ich würde Dir gerne die Landschaft beschreiben, so schön ist sie [...] Du musst wissen, schöne Dinge sind schwer zu beschreiben. Doch ich werde es versuchen. Ich halte gerade die Nachtwache [...] um sieben Uhr schau' den Mond an, sag ihm Hallo, und ich werde den Mond gleichzeitig anschauen.« Beim Zoobesuch, vor dem Käfig der Gazellen, erfährt Bar Yosef von ihrer Mutter, dass ihr Bruder nicht aus dem Krieg zurückkehren wird. »Sie gab mir eine Banane, ich schälte sie, begann zu essen und dann sagte sie: ›Warum fragst du mich nicht, weshalb meine Augen rot sind?‹« Bald beginnt Bar Yosef sich mit ihrem verlorenen Bruder über Gedichte zu unterhalten, Verlust und noch mehr die Erholung davon werden ihre Dichtung prägen. »Ich würde gerne die von der Sonne beleuchtete Seite des Mondes zum Vorschein bringen, denn die westliche Dichtung der letzten 150 Jahre zeigte uns seine dunkle Seite. Mehr als genug.« Mit Übersetzungen von Malka Heifetz Tussman und Isaak Babel bringt Bar Yosef den osteuropäischen Kontext in die hebräische Sprache und setzt ihre frühen Untersuchungen zur Sprachheterogenität fort.

בקצה המעבר הגענו לכחולים. מניפה של עשרות גוונים ובני גוונים, מְכֵּהִים
מאוד ועד בדירים מאוד. היו שם כחול דיו וכחול אינדיגו, ותכלת וטורקיז,
כחול צי וכחול תינוקות, כחולים שנשאו שמות פיוטיים כמו כחול חצות,
כחול לגונה, כחול חרסינה. היו גוונים שמבוססים על פיגמנטים מתכתיים –
כחול קובלט, כחול מאנגן וכחול פלואורסצנטי. ואפילו כחולים בני לאומים
שונים, כחול צרפתי וכחול פרוסי וכחול אנגלי. »תראה את זה,« הראיתי
לחילמי את השפופרת והצבעתי על התוית, »כחול קופנהאגן« –
והוא הוריד מן המדפים כחול טווסים, וסחול יקינתון, וכחול ספיר, וחיפש בין
השפופרות להראות לי כחול אחר, »זה צבע יקר מאוד, עושים אותו מסוג
נדיר של חלזונות.«

Am Ende gelangten wir zu den Blautönen, zu einem Fächer mit
Dutzenden von Nuancen und Schattierungen, von sehr dunkel
bis sehr hell. Da gab es Tintenblau, Indigo, Hellblau und Türkis,
Marineblau und Babyblau und Töne mit poetischen Namen wie
Algenblau, Lagunenblau und Porzellanblau. Manche Nuancen
basierten auf metallischen Pigmenten wie Kobaltblau, Manganblau
und Neonblau, andere bekundeten eine nationale Zugehörigkeit,
Preußischblau, Französischblau, Englischblau. »Nun guck dir
das an ...«, ich zeigte Chilmi eine Tube mit der Aufschrift »Kopen-
hagenblau«. Er wählte Pfauenblau, Hyazinthenblau, Saphirblau
und suchte zwischen den Tuben nach einem anderen Blau, das er
mir zeigen wollte. »Das ist eine sehr teure Farbe, die man aus einer
seltenen Schneckenart gewinnt.«

Wörtlich übersetzt heißt der Roman von Dorit Rabinyan (geb. 1972 Kfar Saba) »Lebender
Zaun«, die hebräische Bezeichnung für die Umzäunung von Grundstücken mit Pflanzen.
Auf Deutsch sagt man dazu Hecke, von einhegen. Es geht Rabinyan um Grenzen, die »in uns
leben«, seien es »physische oder eingebildete Grenzen«. Der Roman erzählt von einer Übersetzerin jüdisch-iranischer und einem Maler muslimisch-palästinensischer Herkunft, die
sich in New York verlieben, während in Israel eine Mauer entlang der Waffenstillstandslinie
von 1949 errichtet wird, die in palästinensische Territorien eingreift. Auf die Frage, wie ihre
Eltern auf ihre Liebesbeziehung reagieren würden, sagt die Protagonistin: »Sie würden
mich am höchsten Baum in Tel Aviv aufhängen«, zur »öffentlichen Strafe«, als Zurschau-
stellung. Rabinyan hält Grenzen für »gesund«, wenn sie »lebendig« sind, doch erst müssen
sie festgelegt werden. Die Tatsache, dass die Staatsgrenzen Israels immer noch nicht festgelegt sind, ist für sie ein Zeichen für »die Angst vor Assimilation als einer Verunreinigung,
die zum Verlust der Persönlichkeit und der jüdischen Identität« führt. Dabei sind »Tren-
nung und Unterscheidung maßgebend in unserer Kultur. Wir unterscheiden zwischen heilig
und profan, Milch und Fleisch und noch mehr zwischen uns Juden und Nicht-Juden«.
Nicht zementiert sehen will Rabinyan die Abgrenzungen, damit sie mit uns wachsen und
sich verändern können.

Jasmin

פַיְרוּז מְרִימָה שְׂפָתַיִם
לַשָּׁמַיִם
שֶׁיַּמְטִירוּ יַסְמִין
עַל אֵלֶּה שֶׁפַּעַם נִפְגְּשׁוּ
וְלֹא יָדְעוּ שֶׁהֵם בְּאַהֲבָה.
אֲנִי שׁוֹמֵעַ אוֹתָהּ בַּפִיאַט שֶׁל מוּחַמַד
בְּצָהֳרֵי רְחוֹב אִבְּן גַּבִּירוֹל.
זַמֶּרֶת לְבָנוֹנִית שָׁרָה בִּמְכוֹנִית אִיטַלְקִית
שֶׁל מְשׁוֹרֵר עַרְבִי מִבַּקְעָה אל גַּרְבִּיָּה
בִּרְחוֹב עַל שְׁמוֹ שֶׁל מְשׁוֹרֵר עִבְרִי שֶׁחַי בִּסְפָרַד.
וְהַיַּסְמִין?
אִם יִפֹּל מִשְּׁמֵי אַחֲרִית הַיָּמִים
יִהְיֶה לְרֶגַע
רַמְזוֹר
יָרֹק
בַּצֹּמֶת הַבָּא.

Fairuz hebt ihre Lippen
zum Himmel
Auf dass er Jasmin regne
Auf jene, die einst sich trafen
Und nicht wussten, dass sie in Liebe sind.
Ich höre ihr im Fiat von Muhammed zu
In der Mittagsstunde der Ibn-Gabirol-Straße.
Eine libanesische Sängerin singt im italienischen Auto
Eines arabischen Dichters aus Baqa al Garbiya
Auf einer Straße, benannt
nach einem hebräischen Dichter, der in Spanien lebte.
Und der Jasmin?
Sollte er aus apokalyptischen Himmeln fallen,
so wird nur für einen Augenblick die Ampel
Grün
An der nächsten Kreuzung.

Ronny Someck (geb. 1951 Bagdad) lernt zuhause, »die Menschen in deiner Umgebung mit wohlwollendem Blick anzuschauen«. Im Interview mit Merav Michaeli glaubt er deshalb erklären zu müssen, dass Freundlichkeit auch Kritik enthalten kann. Beim Schreiben seiner Dichtung, »dem fast einzigen Ort, an dem ich das Gefühl habe, dass das weiße Papier zu Schmirgelpapier wird«, ziehe er gelegentlich Boxhandschuhe an, die ihm – innen weich und außen hart – die nötige Durchschlagskraft verschaffen sollen. Auf die Frage nach dem Titel seines Buchs אלג׳יר (Algier, 2009) antwortet der Dichter, der mit zwei Jahren nach Israel gekommen ist, dass er sich fühle wie auf einer Reise und Algier eine ihm unbekannte Hafenstadt sei: »Ein Hafen, in dem du noch nie warst, bewahrt sich eine gewisse Sehnsucht – Algier wie Bagdad, die Stadt, in der ich geboren wurde und noch nicht gewesen bin.« Die Übersetzungen seiner Gedichte führen Somecks Reise in viele Sprachräume fort, unter anderem ins Arabische, übersetzt von Samīh al-Qāsim al Kaissy beziehungsweise von Salman Masalha, ins Katalanische, übersetzt von Manel Forcano i Aparicio, ins Mazedonische, übersetzt von Igor Isakovski, und ins Jiddische, übersetzt von Rivka Basman Ben-Hayim.

Zdarzyło się raz, że widziałam odpływający ogród, był to ogród sąsiadów, podobnie jak nasz piękny i bujny, w którym – podobnie jak w naszym – rosły owocowe drzewa. Widziałam, jak oddalał się powoli i majestatycznie w niedosięzna dal. Popołudnie było łagodne i ciepłe, siedziałam z siostrą na stopniach ganku, a przed nami jak na dłoni oba ogrody, Wojciecha i nasz, spojone ze sobą w jeden, gdyż żaden płot ich nie dzielił (płot – mówiono – obcym byłby elementem), tylko aleja porzeczkowa zszywała je równym ściegiem.

Es war einmal, daß ich einen entgleitenden Garten sah. Es war der Garten unseres Nachbarn, mit Obstbäumen, ähnlich schön und üppig wie unserer. Ich sah ihn langsam und majestätisch in unerreichbare Ferne davongleiten. Es war ein sanfter und warmer Nachmittag, ich saß mit meiner Schwester auf den Stufen der Vorlaube. Vor uns lagen wie auf einer flachen Hand die beiden Gärten, Wojciechs und unserer, miteinander zu einem verbunden, weil kein Zaun sie trennte (ein Zaun, hieß es, wäre ein fremdes Element), die Johannisbeerallee verband beide mit einer gleichmäßigen Naht.

»Gnädige Frau, so schreibt man nicht über die Shoah«, teilt ein israelischer Verleger der auf Polnisch schreibenden Ida Fink (1921 Zbaraż – 2011 Tel Aviv-Jaffa) mit, die ihn Anfang der 1970er Jahre für ihre Erzählungen interessieren will. Ihr Übersetzer David Weinfeld bezieht diese Bemerkung auf das, worauf Fink verzichtet: den Aufschrei, das jüdische Märtyrertum, die historische Abrechnung mit der nichtjüdischen Welt, die nationale Bedeutung der Shoah für Israel. Stattdessen interessieren Fink die Zufälligkeiten der Einzelschicksale, die kleinen täglichen Erfahrungen von Menschen, die nicht zu Helden einer Tragödie bestimmt waren, die Mikrogeschichte. Ida Fink flieht 1942 mit falschen Papieren aus Polen nach Deutschland, wo sie Zwangsarbeit verrichtet. Nach dem Krieg geht sie nach Polen zurück und darf erst 1957 nach Israel auswandern. Bei Prozessen gegen Naziverbrecher übersetzt und protokolliert sie Zeugenverhöre der deutschen Justiz und schreibt danach das Theaterstück השולחן (Der Tisch, Uraufführung 2007). Sie empört sich darüber, wie von den Zeugen Präzision in Bezug auf rein technische Details gefordert wird: »[S]ich an den Namen einer ermordeten Person zu erinnern oder wo genau der schießende Deutsche stand – das sind Details, die gewöhnlich bei einem trivialen Mordprozess, nicht aber bei einem Völkermord verlangt werden. […] Das war absurd, weil es das Geschehen selbst in den Schatten stellte.«

Johannisbrot

סָבְתָא הֵבִינָה וְדִבְּרָה תֵּימָנִית
אִמָּא מְבִינָה אֲבָל לֹא מְדַבֶּרֶת
אֲנִי לֹא מְבִינָה וְלֹא מְדַבֶּרֶת
וְאֶת כֹּל מָה שֶׁלֹּא הֵבַנְתִּי
וְאֶת כֹּל מָה שֶׁלֹּא דִּבַּרְתִּי
אֲנִי כּוֹתֶבֶת
אֶת סָבְתָא בְּתוֹךְ עֵץ חָרוּב
אֶת אִמָּא בֵּין הָעֲנָפִים
אֶת רֵיחַ הַפְּרִיחָה בְּתוֹכִי
אֶת הָרֵיחַ אֶת הָעֲנָפִים אֶת הַסָּבְתָא
שֶׁל מִי אֲנִי כּוֹתֶבֶת
כִּי אֲנִי לֹא מְבִינָה וְלֹא מְדַבֶּרֶת
וַעֲדַיִן לֹא מָצָאתִי אֶת הַמַּפְתֵּחַ
וַעֲדַיִן לֹא מָצָאתִי אֶת הַדֶּלֶת
שֶׁנִּסְגֶּרֶת בְּפָנַי שׁוּב וְשׁוּב
הָלוֹךְ וְחָזוֹר
נִנְעֶלֶת בִּטְרִיקָה
שֶׁל רוּחוֹת רְחוֹקוֹת
מְחַכּוֹת לָרֶגַע
שֶׁאֶפְרֹץ אוֹתָהּ אִלֶּמֶת
בְּכֹחַ פְּעִימוֹת הַלֵּב

Großmutter verstand und sprach Jemenitisch
Mutter versteht, spricht aber nicht
Ich verstehe nicht und spreche nicht
und alles was ich nicht verstand
und alles was ich nicht sprach
schreibe ich nieder
Großmutter in einem Johannisbrotbaum
Mutter zwischen den Zweigen
den Geruch des Blühens in mir
Den Geruch die Zweige die Großmutter
wessen schreibe ich?
da ich nicht verstehe und nicht spreche
und noch immer den Schlüssel nicht fand
und noch immer die Tür nicht fand
die wieder und wieder vor meinem Gesicht zufällt
hin und zurück pendelt
zufällt mit dem Schlag
ferner Winde
die auf den Augenblick warten
an dem ich sie schweigend aufbreche
mit dem Schlag meines Herzens

Der Ursprung des jüdischen Staats liegt nicht im Nahen Osten, sondern am Rheinknie in Basel, wo 1897 der erste Zionistenkongress stattfindet. »In Basel habe ich den Judenstaat gegründet«, hält Theodor Herzl kurz darauf in seinem Tagebuch fest. Wenn er wüsste, dass 2016 an der Basler Uni ein Seminar zur Mizrachi-Dichtung stattfindet, »würde er im Grab einen Bauchtanz aufführen«, sagt Adi Keissar (geb. 1980 Jerusalem) im Interview mit Eyal Sagui Bezawe und lacht. »Eine kurze Geschichte der Liebe« erschien in Keissars Buch מוזיקה גבוהה (2016), was wörtlich übersetzt »hohe Musik« heißt und auf Deutsch als »ernste Musik« gewertet würde. Den literarischen Kanon Israels hält Keissar für ›aschkenasisch-männlich-westlich‹ und gründet 2013 die Reihe »Ars Poetica« für Mizrachi-Dichtung und politischen Diskurs. »Ars Poetica« spielt auf die zwei unterschiedlichen Schreib- und Sprechweisen von »Ars« im Hebräischen an: das lateinische »Kunst« und das arabische »Hirte«, das auch für »Zuhälter« verwendet wird. Letzteres wird im Hebräischen als abwertende Bezeichnung für Mizrachi-Männer gebraucht, die ihnen Gewaltbereitschaft, eine gebrochene Sprache und billigen Schick zuschreibt. Mit »Ars Poetica« eignet sich die Dichterin und Nachkommin jemenitischer Migranten das Wort wieder an und reißt die Dichtung von ihrem »elitären« Podest in ein Ereignis von Spoken Word, Musik, Festessen und Bauchtanz.

אָמַר ר' יוֹחָנָן:
כָּל יָמָיו שֶׁל אוֹתוֹ צַדִּיק הָיָה מִצְטַעֵר עַל הַמִּקְרָא הַזֶּה:
»שִׁיר הַמַּעֲלוֹת בְּשׁוּב ה' אֶת שִׁיבַת צִיּוֹן הָיִינוּ כְּחֹלְמִים« (תהילים קכו, א) –
אָמַר: »וְכִי יֵשׁ מְנַמְנֵם שִׁבְעִים שָׁנָה בַּחֲלוֹם?«
– פַּעַם אַחַת הָיָה מְהַלֵּךְ בַּדֶּרֶךְ, רָאָה אָדָם אֶחָד שֶׁהוּא נוֹטֵעַ חָרוּב.
אָמַר לוֹ: זֶה לְכַמָּה שָׁנִים טוֹעֵן פֵּרוֹת?
אָמַר לוֹ: לְשִׁבְעִים שָׁנָה.
אָמַר לוֹ: כְּלוּם בָּרִי לְךָ שֶׁתִּחְיֶה שִׁבְעִים שָׁנָה, וְתֹאכַל מִמֶּנּוּ?
אָמַר לוֹ: אֲנִי מָצָאתִי אֶת הָעוֹלָם בַּחֲרוּבִים; כְּשֵׁם שֶׁנָּטְעוּ אֲבוֹתַי לִי כָּךְ אֶטַּע אֲנִי לְבָנַי.
יָשַׁב חוֹנִי לֶאֱכֹל, נָפְלָה עָלָיו שֵׁנָה וְנִתְנַמְנֵם.
עָלָה צוּק וְהִקִּיף עָלָיו וְנִתְכַּסָּה מִן הָעַיִן וְיָשֵׁן שִׁבְעִים שָׁנָה.

כְּשֶׁנִּנְעַר רָאָהוּ לְאָדָם אֶחָד שֶׁהוּא מְלַקֵּט מֵאוֹתוֹ חָרוּב.
אָמַר לוֹ: אַתָּה הוּא שֶׁנְּטַעְתּוֹ?
אָמַר לוֹ: אֲבִי אַבָּא.
אָמַר: וַדַּאי מְנַמְנֵם הָיִיתִי שִׁבְעִים שָׁנָה.

R. Jochanan sagt: Alle seine Tage hat sich dieser Fromme (Choni) über folgenden Vers gegrämt; es heisst nämlich Ps. 126,1: »Als der Ewige zurückführte die Weggeführten Zijon's, da waren wir gleich Träumenden.« Wie ist es möglich, fragte er, dass ein Mensch siebenzig Jahre (die Zeit der Dauer des babylonischen Exils) träumen (schlafen) konnte? Einst begab er sich auf eine Reise. Auf dem Wege sah er einen Mann, einen Johannisbrotbaum anzupflanzen beschäftigt. Wann wird der Baum Früchte bringen? fragte Choni. Antwort: Nach siebenzig Jahren. Choni: Wirst du denn siebenzig Jahre leben? Antwort: Ich fand schon Johannisbäume in der Welt; wie meine Väter für mich pflanzten, so will ich für meine Nachkommen pflanzen. Daraufhin setzte sich Choni, verzehrte sein Brot, schlief ein und – schlief siebenzig Jahre, indem Steine um ihn auswuchsen, die ihn ganz von den Augen der Welt verbargen.

Als er aufstand (erwachte), da sah er einen Menschen die Früchte des Johannisbrotbaumes einsammeln. Da fragte ihn Choni: Bist du es, welcher den Baum gepflanzt hat? Nein, war die Antwort, ich bin dessen Enkel. Da dachte Choni: Ich muss siebenzig Jahre geschlafen haben.

Choni HaMe'agel, »dieser Fromme«, wie er in der Passage genannt wird, war ein rätselhafter und geheimnisvoller Weiser und Wundertäter, der im ersten Jahrhundert lebte und nur einmal in der talmudischen Literatur auftaucht – einer Sammlung von Sprüchen, Konzepten, Argumenten und Gegenargumenten, Geschichten über biblische Figuren, nüchternen juristischen Argumenten und fantasievollen Vorstellungen von der alten und der zukünftigen Welt, die zwischen dem 3. und 5. Jahrhundert entstand und seither als Grundlage für alle rabbinischen Gesetzbücher dient. In dieser talmudischen Legende, schreibt Amit Assis, »erhält Choni eine Lebenslektion durch die Begegnung mit einem Johannisbrotpflanzer, der eine Handlung vornimmt, die erst nach seinem Tod irgendwelche Ergebnisse zeitigen wird. Choni erwartet von ihm, dass er sich nur für das einsetzt, was ihm nützt, während der Pflanzer auf die Möglichkeit von Beziehungen zwischen den Generationen hinweist, die das ›Ich‹ über die Lebenszeit des Einzelnen hinaus erweitern«. Aber eines der imaginären Details in dieser Legende, nämlich dass ein Baum erst nach siebzig Jahren Früchte trägt – anstelle von fünf bis sieben Jahren, die ein Johannisbrotbaum tatsächlich braucht, um Früchte zu tragen – kann weder zufällig noch unbeabsichtigt sein. Wie Hyim Shafner in seinem Essay »Der Traum vom Exil: Eine Neulesung von Choni, dem Kreiszeichner« schreibt, wird Choni, der die Beschreibung der Exilanten, die nach siebzig Jahren Exil nach Zion zurückkehren, als »Träumende« hinterfragt, hier eine weitere, wesentliche Lektion erteilt. »Die Reise, wie das Exil selbst, ist ein wertvolles Etwas an sich, nicht nur eine unbedeutende Voraussetzung für ein gewünschtes Ziel. Die Frucht der Erlösung kann nur am Weinstock des Exils reifen.«

Das Dorf war festungsartig von Orgelkakteen umgeben wie von Palisaden. Ich konnte durch die Ritze in die graubraunen Bergabfälle hineinsehen, die kahl und wild wie ein Mondgebirge durch ihren bloßen Anblick jeden Verdacht abwiesen, je etwas mit Leben zu tun gehabt zu haben. Zwei Pfefferbäume glühten am Rand einer völlig öden Schlucht. Auch diese Bäume schienen eher zu brennen als zu blühen.

Bei ihrer Promotion *Jude und Judentum im Werk Rembrandts* stößt Anna Seghers (1900 Mainz – 1983 Ostberlin) auf den niederländischen Maler Hercules Pieterszoon Seghers. Auf ihn geht ihr Pseudonym zurück. Mit 26 tritt sie aus der neo-orthodoxen Israelitischen Religionsgemeinschaft Mainz aus, gründet kurz darauf den Bund proletarisch-revolutionärer Schriftsteller mit und tritt in die Kommunistische Partei Deutschlands ein. 1941, im mexikanischen Exil, ist Seghers Mitbegründerin des antifaschistischen Heinrich-Heine-Klubs für deutschsprachige Emigranten. Bei ihrer Abschiedsrede 1946 bezieht sie sich auf Heines trostspendende »spöttische Trauer« und bekräftigt ihre säkulare Perspektive: »[D]ieselben Sterne werden als Todeslampen über unseren Gräbern schweben, am Rhein oder unter Palmen, auch wenn man kein Requiem betet und kein Kaddisch sagen wird.« *Der Ausflug der toten Mädchen* beginnt in Mexiko und kommt mittels Rückblenden auf die Zeit des Ersten Weltkriegs in Deutschland zurück. Die New Yorker Erstveröffentlichung von 1946 enthält auch *Post ins gelobte Land* – Jakob Levi geht nach Palästina, um dort seinen Lebensabend zu verbringen. Für Seghers selbst bleibt das biblisch gezeichnete Palästina literarischer Stoff, sie remigriert 1947 nach West- und bald darauf nach Ostberlin.

Kaktus

—Madonna… Come here… now tell me a story.—But I've told you all my stories.—Never mind. Tell me anything. I want to hear you talk.—Oh… all right. You'll stop me when you've had enough… once upon a time… a long long time ago…—How long?—Oh… seven-eight years ago… I had a cactus.—Are you sure that you don't mean you <u>were</u> a cactus?—Quite sure. I had him given to me.—Him?… You mean it was a <u>male</u> cactus?—I've no idea. I should say he was bisexual. But Miriam called him Jonathan. So of course we always said "he" when we spoke of him.—I see. Miriam gave you Jonathan. And who is Miriam?—A woman I knew in those days, who went off to South America.—… Are you telling me a white slave traffic story, by any chance?—No such luck. She went to São Paulo, not to Buenos-Ayres. Her husband who taught mathematics had been asked to go there for three years—and they offered the kind of salary that no poor European dares refuse… perhaps it is a kind of white slave traffic after all… Have you noticed how South Americans seem to be worse than the others when it comes to thinking they can buy anything?—Mm… How did Miriam and her mathematician like it?—They liked it so well that they stayed. And so I kept Jonathan. Because I forgot to tell you I had only taken him as a boarder.

– Madonna … Komm … erzähl mir eine Geschichte. – Aber ich hab dir doch schon alle meine Geschichten erzählt. – Egal. Erzähl mir irgendetwas. Ich will dich reden hören. – Oh … na dann. Unterbrich mich einfach, wenn du genug hast … Es war einmal … vor langer, langer Zeit … – Wie lang? – Oh … vor sieben, acht Jahren … da hatte ich einen Kaktus. – Meinst du nicht eher, dass du ein Kaktus warst? – Eigentlich nicht. Man hat ihn mir gegeben. – Ihn? … heißt das, es war ein männlicher Kaktus? – Keine Ahnung. Ich würde sagen, er war bisexuell. Aber Miriam nannte ihn Jonathan. Also haben wir natürlich immer von ihm als Mann gesprochen. – Verstehe. Miriam gab dir Jonathan. Und wer ist Miriam? – Eine Frau, die ich damals kannte … und die nach Südamerika verschwand. – Du willst mir doch nicht etwa eine Geschichte von weißen Sklaven erzählen? – Leider nein, nichts dergleichen. Sie ging nach São Paulo, nicht nach Buenos Aires. Ihr Mann, ein Mathematiklehrer, hatte ein Angebot, für drei Jahre dorthin zu gehen … zu einem Gehalt, das kein armer Europäer ablehnen kann … vielleicht ist es also doch eine Art weiße Sklavengeschichte … Ist dir aufgefallen, dass Südamerikaner mehr als andere glauben, sie könnten alles kaufen? – Hm … Wie hat es denn Miriam und ihrem Mathematiker gefallen? – So sehr, dass sie blieben. Und ich behielt Jonathan. Ich habe nämlich vergessen, dir zu sagen, dass ich ihn nur als Kostgänger aufgenommen hatte.

»Maskulin? Feminin? Das hängt von der jeweiligen Situation ab. Neutrum ist das einzige Geschlecht, das mir immer passend erscheint«, schreibt Claude Cahun (1894 Nantes – 1954 Saint Helier auf Jersey) in *Aveux non avenus* 1930. Den Vornamen wählt sie als geschlechtsneutrales Pseudonym. 1937 flüchtet sie mit ihrer Lebensgefährtin Marcel Moore aus Paris auf die Kanalinsel Jersey. Nach deren Besetzung durch die Wehrmacht widmen sich die beiden Untergrundaktivitäten. In zum Kauf ausliegenden Zeitungen verstecken sie auf Deutsch getippte Flugblätter, unterzeichnet mit »Die Soldaten ohne Namen«. Bei der Geschichte von Jonathan handelt es sich um ein Fragment aus Cahuns unveröffentlichten Nachkriegsschriften. Langsam füllt der in Europa zurückgelassene Kostgänger Jonathan seinen »Lebensraum«. Cahuns Wiederaneignung des Begriffs, der von imperialistischem Kolonialismus und nationalsozialistischer Ideologie gleichermaßen instrumentalisiert wurde, lässt ebenso an spätere postkoloniale Literatur wie an Henri Lefebvres Theorie der Produktion des Raums denken. Lefebvre und Cahun kannten sich aus Pariser marxistischen Kreisen der Vorkriegszeit.

Kaktus

Ever since he was a boy, Josh loved this beach, the wide soft curve of the bay, flanked to the right by the promontory jutting out into the sea. He loved it best in the fall, when the summer vacationers had gone, and there lingered a gentle, reflective luminosity that softened the sharp outlines of this Mediterranean landscape: Asia Minor, really, neither Europe nor the East, but the place where they endlessly confronted one another, repulsion and attraction inextricably mixed. He remembered when the kibbutz children had come down to the beach, how alien they had seemed, those small Arab boys, mending the nets spread among the scraggly palm trees; alien, wild, yet native—native in a way kibbutz youngsters could never be, he had felt, for their parents were pioneers from Russia and Poland who had come to redeem their ancient homeland.

He had wondered at the strangeness of it, that they, the kibbutz-born children, were named after the cactus, *tsabarim*, while it was really the Arabs who were natives in that wild prickly way. He had felt a grudge against the founding generation. As if, having discarded their Eastern European ghetto culture, their children, on this land, were bound to return to the wilderness. "Sweet inside, prickly outside," the parents had defined them, but as a boy, Josh had wondered why the pioneers could not have named their children after some cultivated native fruit—the pomegranate, for instance, juicy, ruby red, full of secret life juices.

Seit er ein Junge war, liebte Josh diesen Strand, die weite, weiche Biegung der Bucht, die rechts von der ins Meer ragenden Landzunge flankiert wurde. Am meisten liebte er ihn im Herbst, wenn die Sommerfrischler abgereist waren und ein sanftes, spiegelndes Leuchten die scharfen Linien dieser mediterranen Landschaft milderte: eigentlich Kleinasien, weder Europa noch der Osten, sondern der Ort, an dem sie einander immer und immer wieder gegenüberstanden, Abstoßung und Anziehung unauflöslich ineinander verwoben. Er erinnerte sich an die Zeit, als die Kibbuzkinder herunter an den Strand gekommen waren, wie fremd da diese kleinen Araberjungen erschienen waren, die die zwischen den rauen Palmen ausgespannten Netze flickten; fremd, wild und doch heimisch – auf eine Art heimisch, wie Jugendliche aus dem Kibbuz es seinem Gefühl nach nie sein konnten, denn ihre Eltern waren Pioniere aus Russland und Polen, die gekommen waren, um ihr altes Heimatland zurückzugewinnen.

Er hatte sich über die Merkwürdigkeit gewundert, dass sie, die im Kibbuz geborenen Kinder, nach dem Kaktus, *tsabarim,* genannt wurden, während es eigentlich die Araber waren, die auf diese wilde, stachlige Art Einheimische waren. Er hatte einen Groll gegen diese Gründergeneration gehegt. Als ob ihre Kinder verpflichtet seien, auf diesem Land zur Wüste zurückzukehren, nachdem sie selbst ihre osteuropäische Ghettokultur abgelegt hatte. »Innen süß, außen stachlig«, so hatten die Eltern sie beschrieben, aber schon als Junge hatte Josh sich gefragt, warum die Pioniere ihre Kinder nicht nach einer heimischen Kulturpflanze benennen konnten, nach dem Granatapfel zum Beispiel, saftig, rubinrot und voller geheimer Lebenssäfte.

»Wann immer ich mich […] in meiner Einsamkeit fragte, warum ich so weit weggegangen war oder warum ich in Israel über den Levantinismus schrieb, war die Antwort: Du gehörst zur Karawane von Großvater Yaakov.« Diese Karawane beginnt für Jacqueline Kahanoff (1917 Kairo –1979 Tel Aviv-Jaffa) bereits mit dem biblischen Yaakov und geht weiter über die USA und Frankreich nach Israel. Sie schreibt auf Englisch und Französisch, wird aber zeit ihres Lebens fast nur in hebräischer Übersetzung veröffentlicht. Als Levantinerin, schreibt sie, »schätze ich das, was ich von meiner orientalischen Herkunft, und das, was ich von der westlichen Kultur geerbt habe, gleichermaßen«. Das Verhältnis zwischen europäischen und orientalischen Juden in der israelischen Migrationsgesellschaft hält die Pionierin postkolonialer Literatur für einen »inneren Kolonialismus«. Sie will die »Zionistische Revolution« mit ihrer homogenisierenden Schmelztiegelpolitik levantinisieren. Das Nationalstaatsmodell erscheint ihr sowohl in Europa mit seinen kulturellen Minderheiten aus den ehemaligen Kolonien wie auch im Hinblick auf das Sammelsurium von Gemeinschaften in der Levante als überholt. In Israel wird Kahanoffs Ansatz als literarische Option bewundert, nicht als politische, da sie auf das politische Potenzial von Minderheiten setzt und die Idee einer jüdischen Nation »elegant ignoriert.«

Kartoffel

איך האָב צעאַקערט מיין מיידלשן גאָרטן,
צעמישט מיט ערד די בלומען אומעטום
נאָר אויפן פעלדמיסט, דא און דאָרטן,
שפראָצט וויינענדיק אַרויס א רויטע בלום.

איך האָב פאַרזייט מיין גאָרטן מיט קאַרטאָפל
און אויסגעריעט די בלומען אומעטום,
נאָר פון די גרינס, ווי אַ קלייניִנקער פאַנטאָפל
שפראָצט דרייסט אַרויס מיין רויטע בלום.

Umgepflügt hab' ich meinen jugendlichen Garten,
Vermengt die Blumen mit der Erdenkrume,
Doch auf dem Mist, da und dort in Scharten
Erblüht weinend eine rote Blume.

Eingesät hab' ich meinen Garten mit Kartoffeln,
Entfernt die Blumen aus der Erdenkrume,
Doch dem Grün, gleich winzigen Pantoffeln
Entspringt mutig meine wilde Blume.

Wenn es nach Celia Dropkin (1887 Bobruisk – 1956 New York) geht, kann sich die Kartoffel, diese Nutzpflanze, gegen das Begehren einer roten Blume nicht durchsetzen. Dropkin kommt 1912 nach New York und beginnt bald darauf, ihre auf Russisch geschriebenen Gedichte zu übersetzen – nicht ins Englische, sondern ins Jiddische, jene Sprache des osteuropäischen Judentums, um die sich in der nord- und südamerikanischen Diaspora Kulturzentren, Zeitschriften und Verlage bilden. Die Rede des früheren israelischen Ministerpräsidenten David Ben-Gurion 1969 in New York wird Dropkin nicht mehr hören. Er plädiert dafür, dass auch in der Diaspora »Hebräisch das Jiddisch als die universelle jüdische Sprache [...] ablösen muss« und bestätigt damit, dass die Sprachkulturen der jüdischen Diaspora der israelischen Schmelztiegelpolitik im Weg stehen. Ein Echo dieser Politik findet sich in der Übersetzungs- und Veröffentlichungsgeschichte von Dropkins Gedicht קוש א (Ein Kuss), das wie viele ihrer Gedichte weibliche Erotik als Widerstand einsetzt: Eine Frau empfängt ihren früheren Liebhaber und lässt ihn bei sich einschlafen, um seine Seele mit einem durstigen Vampirkuss zu töten. Der frühere Liebhaber Dropkins, Uri Nissan Gnessin, übersetzt dieses Gedicht ins Hebräische und übernimmt es, ohne die Autorin zu nennen, in sein Werk, woraus die bekannte Schriftstellerin Leah Goldberg unwissentlich das Gedicht als ein von Gnessin auf Hebräisch geschriebenes zitiert.

Heute vormittag predigte nicht unser Oberrabbiner, sondern ein Feldgeistlicher. Er sagte, vielleicht seien unsere Soldaten zu Hohem ausersehen, vielleicht sollten sie das alte, böswillige Vorurteil beseitigen, das des Juden Treue und Hingabe an sein Vaterland nicht wahr haben wolle. [...]

Von der Gemeinde bekamen wir zwei feldgraue Gäste zugewiesen, der eine, ein Frankfurter Kaufmann, dem es bitter genug war, die Feiertage bei uns, und nicht bei Frau und Kindern verbringen zu müssen, der andere war ein Viehhändler aus Hannover. Viehhändler habe ich mir eigentlich ganz anders vorgestellt, dieser Herr Mai war sehr nett und lustig, nur ein bißchen zu kriegerisch. Er liegt in Waxy in den vordersten Stellungen und war nur zum Synagogenbesuch auf zwei Tage beurlaubt. Seltsam, sein blutiges Handwerk – er hatte viele Nahkämpfe mitgemacht und war bereits zum Unteroffizier befördert – machte keinen besonderen Eindruck auf ihn. Er sei jung, habe nach niemandem zu fragen, draußen das ungebundene Nomadenleben gefalle ihm ganz gut, und er sei außerdem fest überzeugt, er komme gesund und heil zurück. Natürlich spukt ihm auch »zu Hohem ausersehen« im Kopf herum: ich als Jude muß zuerst – ich als Jude darf nie – und so weiter. Ich denke mir, es ist der Unterschied vielleicht nicht so groß, wenn man im Frieden Tiere schlachtet und im Krieg Menschen. – Etwas angewidert sah ich zu, wie Herr Mai, pardon, Unteroffizier Mai, seine Kartoffeln mit dem Messer zerschnitt. Man soll nicht lachen über die tausenderlei ungeschriebenen Tischsittengesetze, man braucht sie ja nicht unbedingt einzuhalten; aber wo und wie man sie übertritt, das ist immer charakteristisch. –

Als 17-Jährige meldet sich die als Hertha Strauch geborene Adrienne Thomas (1897 Sankt Avold –1980 Wien) im Ersten Weltkrieg als Rotkreuzhelferin. Der Antikriegsroman *Die Katrin wird Soldat*, Thomas' erster Roman, basiert auf den Aufzeichnungen der Schriftstellerin aus der Kriegszeit. »Katrin übertreibt« betitelt die *Vossische Zeitung* am 21.9.1930 einen Leserbrief von Dr. W. Klink, der im Krieg ebenso wie die Romanfigur Katrin in einem Metzer Lazarett tätig war. Er bestreitet, dass – wie »Katrin schreibt« – die Kaiserin alle Metzer Lazarette besucht hätte, »ausgenommen das von Juden geleitete, in dem alle Konfessionen gepflegt wurden. [...] Katrin war zweifellos eine tüchtige Person, ehe sie Soldat wurde, und nachher. Aber ihr Gedächtnis hat sie bei dem nachträglichen Niederschreiben ihres Tagebuchs arg im Stich gelassen.« »Hat Katrin übertrieben?«, fragt die Zeitung eine Woche später. »Nein. Das hat sie nicht«, antwortet Thomas und wechselt sogleich in die erste Person: »Ich habe mit voller Absicht alle wahren, halbwahren und falschen Gerüchte aus meinen keineswegs nachträglich konstruierten Kriegsaufzeichnungen übernommen. Grade das unwahre Gerücht ist eine plastische Illustration dieser Zeit. Ich bin glücklich, daß ich aller Besserwisserei eine Gelegenheit zu langersehnter Betätigung gegeben habe.« Dr. Jur. Wera Basse schreibt am selben Tag: »Dank für dieses weibliche *Im Westen nichts Neues!*«

Еще прошло время. В первую зимнюю оттепель, под новый год, под Васильев вечер ливни шли, смыли снег с бугров, до земли протаял. Прибежал Горлан и сём лапами землю разгребать в проталине, где была картошка в ямке. Раскопал, раскидал верх, а из ямы хозяйки ноги в башмаках с перетяжками. Видишь какие страсти!

В Веретенниках все вдову жалели, поминали. На Харлама никто не думал. Да как и думать-то? Мысленное ли дело? Кабы это он, откуда бы у него прыть оставаться в Веретенниках, по деревне гоголем ходить? Ему бы от нас кубарем, наутек куда подальше.

Обрадовались злодейству на хуторе деревенские кулаки заводилы. Давай деревню мутить. Вот, говорят, на что городские изловчаются. Это вам урок, острастка. Не прячь хлеба, картошки не зарывай. А они, дурачье, свое заладили, – лесные разбойники, разбойники им на хуторе привиделись. Простота народ!

Noch eine Zeit verging. Wie es im Winter zum erstenmal taute, Neujahr war's, Silvester, da hat es am Abend geregnet, den Schnee von den Hügeln gespült und die Erde freigelegt. Auf einmal kommt Gorlan angelaufen und scharrt mit den Pfoten in der Erde, die schon aufgetaut war, genau da, wo die Kartoffeln vergraben lagen. Er hat gescharrt und die Erde zurückgeworfen, da gucken aus der Grube die Füße der Witwe in den Schuhen mit Gummisohle. Schrecklich!

In Weretenniki hat die Witwe allen leid getan, und alle haben ihrer gedacht. Auf Charlam hatte niemand einen Verdacht. Woher auch? Wär das denkbar? Wenn er's war, wieso blieb er dann in Weretenniki und stolzierte durchs Dorf? Dann hätt er doch müssen weglaufen von uns, so weit wie möglich.

Die Untat in dem Waldgehöft freute die Kulaken und Anstifter in unserm Dorf. Sie fingen an, das Dorf aufzurühren. Da seht ihr's, haben sie gesagt, wozu die Städtischen imstande sind. Das soll eine Lehre für euch sein, eine Abschreckung. Damit ihr kein Getreide versteckt, keine Kartoffeln vergrabt. Ihr seid ja schön dumm, ihr redet von Räubern aus dem Wald, Räuber wollt ihr gesehen haben in dem Gehöft. Ihr seid doch zu blöd!

»›Da Sie schon einmal hier sind‹«, sagt Boris Pasternak (1890 Moskau –1960 Peredelkino) dem Korrespondenten der *Desert Sun*, »werde ich Sie empfangen, aber definitiv keine politischen Fragen beantworten.« Der ungebetene Besucher versichert Pasternak, sich an seine Wünsche zu halten. »Pasternak vermied jede direkte Antwort auf meine Fragen, warum *Doktor Shiwago* in Russland unterdrückt wurde. Er wiederholte immer wieder ›Shiwago ist stark missverstanden worden.‹« Auf die Frage, ob der Schriftsteller den Nobelpreis aus freien Stücken abgelehnt habe, sagt er, »niemand lehnt eine solche Ehre aus eigenem Antrieb ab […]. In der Presse ist zu viel über diese Angelegenheit geschrieben worden. Meine Gedanken stehen in dem Buch, und dort werden sie auch bleiben«. In der Sowjetunion durfte der Roman nicht erscheinen. »Ich lade Sie schon jetzt zu meiner Erschießung ein«, sagt Pasternak zu Sergio D'Angelo, dem Leiter der Buchhandlung der Partito Comunista Italiano in Rom, dem er das Manuskript übergibt. *Doktor Shiwago* wird zuerst auf Italienisch veröffentlicht. Für den Nobelpreis fehlt deshalb eine Voraussetzung – das Buch müsste in Originalsprache vorliegen. Dafür sorgt die CIA, die den Roman als vielversprechendes Propagandamittel im Kalten Krieg einschätzt und in den Niederlanden eine Tausenderauflage auf Russisch drucken lässt. Die kostbaren Exemplare werden 1958 im Pavillon des Vatikans auf der Weltausstellung in Brüssel verschenkt.

Kartoffel

Penso agli ebrei che mi hanno aiutato a capire qualcosa dell'ebraismo. Poco nell'infanzia e nell'adolescenza, perché c'era in me quasi una volontà di ignoranza; più in gioventù. Non avrei capito nulla non fossi vissuto in mezzo ai fuggitivi d'Europa, negli inverni hitleriani, a zappare o pelar patate o lavar piatti, fra linguaggi di ebrei vecchi e giovani di Galizia e Ungheria, di Polonia e Dobrugia, di Olanda e Slovacchia. Li ho ascoltati, in quei due inverni svizzeri: dai canti rituali che salivano dalle cantine d'un edificio trasformato in sinagoga – e il tabernacolo fatto d'assi inchiodate – ed erano i giorni di Kippur, ottobre 1943, alle urla impazzite quando, il 21 di giugno del 1944 arrivò la falsa notizia della morte di Hitler nell'attentato di Stauffenberg. Ho cantato insieme a loro il giorno della liberazione di Parigi, ho scorso con loro in silenzio gli elenchi troppo brevi degli scampati di Theresienstadt.

Ich denke an die Juden, die mir geholfen haben, etwas vom Judentum zu verstehen. Wenig als Kind und als Heranwachsender, denn es gab in mir fast einen Willen zur Unwissenheit; mehr in der Jugend. Ich hätte nichts verstanden, hätte ich nicht inmitten der Flüchtlinge aus Europa gelebt, in Hitlers Wintern, wie sie hackten, Kartoffeln schälten oder Teller wuschen, inmitten von Sprachen der alten und jungen Juden aus Galizien und Ungarn, aus Polen und der Dobrudscha, aus Holland und der Slowakei. Ich habe sie gehört in diesen zwei Schweizer Wintern: Ihre rituellen Gesänge, die aus den Kellern eines in eine Synagoge verwandelten Gebäudes aufstiegen – und der Tabernakel war aus Brettern zusammengenagelt –, und es waren die Tage des Kippur, Oktober 1943, und dann die verrückten Schreie, als am 21. Juni 1944 die falsche Nachricht vom Tod Hitlers beim Attentat durch Stauffenberg kam. Ich habe mit ihnen zusammen am Tag der Befreiung von Paris gesungen, ich habe mit ihnen schweigend die viel zu kurzen Listen der aus Theresienstadt Entkommenen überflogen.

Franco Fortini (1917 Florenz –1994 Mailand) nimmt den Namen seiner katholischen Mutter an, um Anfeindungen zu entgehen. 1944 schließt er sich den Partisanen Norditaliens an und tritt in die Partito Socialista Italiano ein, die er während des ungarischen Volksaufstandes gegen die Sowjets 1956 wieder verlässt. *I cani del Sinai*, 1967 in Folge des Sechstagekriegs geschrieben, ist die Auseinandersetzung des Marxisten mit Gewalt, Medien, modernem Judentum und linker europäischer Solidarität mit dem Sieger Israel. Der Titel ist eine fingierte Redewendung, »den Hund des Sinai machen«, von Nomaden gebraucht im Sinne von »dem Sieger zu Hilfe eilen« und »edle Gefühle zur Schau stellen«. In Deutschland wurde die poetisch-analytische Klageschrift durch Jean-Marie Straubs und Danièle Huillets Film *Fortini/Cani* (1976) rezipiert: »Die Hunde des Sinai«, schreibt Fortini, »sind die Italiener, die dorthin gerannt sind, um die Sieger zu bejubeln, während der Film eine weitergefasste Bedeutung hat von denen, die Diener des Imperialismus sind.« 1976 schreibt Karsten Witte: »Fortinis Kernthese ist, dass die weltweite Solidarität mit Israel nichts anderes ist als der Philosemitismus der Antisemiten, oder anders gesagt: die ersehnte Taufe der Rassisten.«

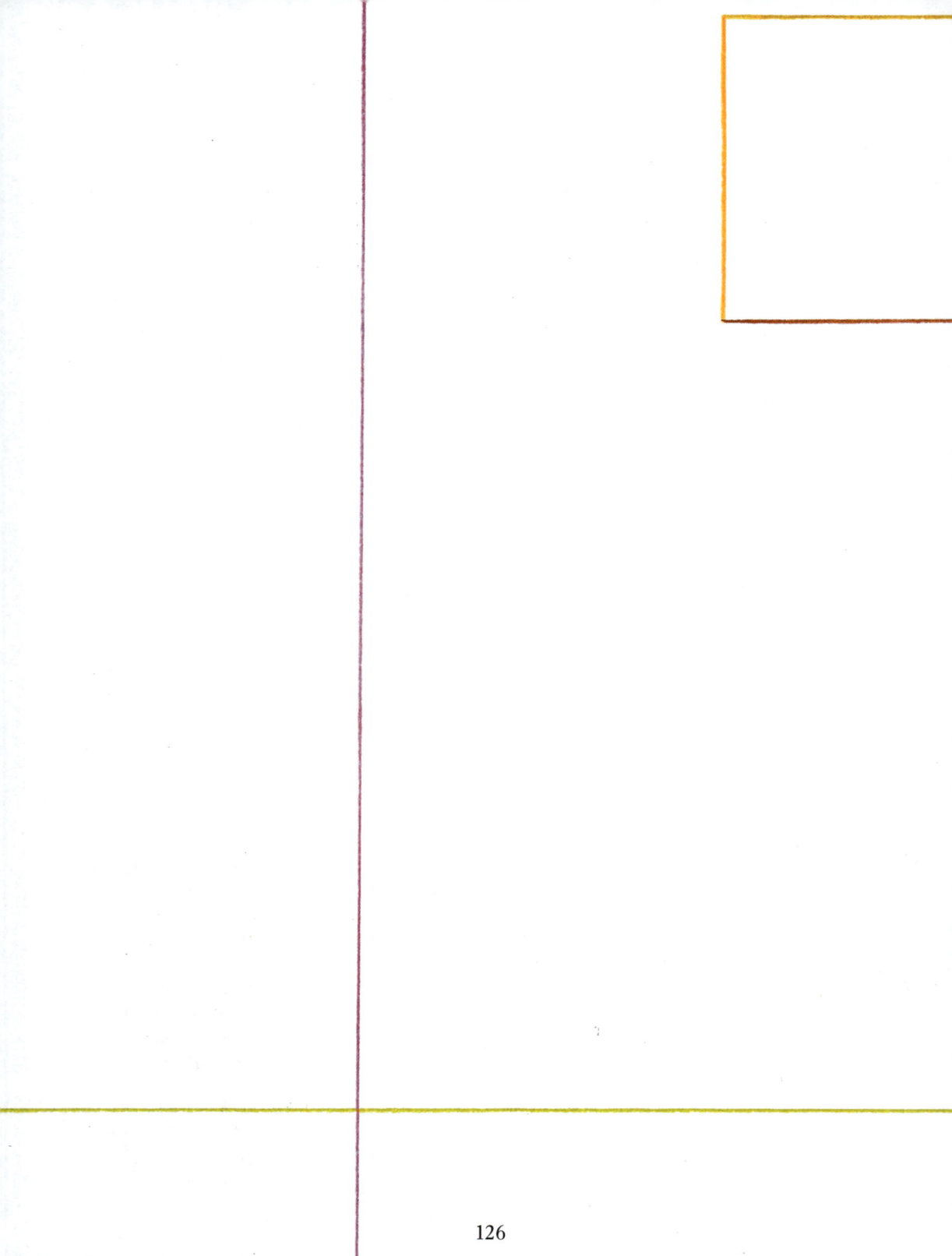

I ask you. Gardening. If I had wanted to become a farmer, I'd have joined that rogue Silverman who is called the Potato King, and who has made millions from the labour of slaves and convicts on his farms in the Eastern Transvaal. He once offered me goodness-knows-how-many morgen or hectares or acres, in return for half a dozen suits. Wear potato sacks like your slaves, I told him. Lola, I hear the noble note creeping into my writing again. What is this craving I have for making a better man of myself?

Also wirklich. Gärtnern. Wenn ich Farmer hätte werden wollen, dann hätte ich mich diesem Gauner Silverman angeschlossen, den man den Kartoffelkönig nennt und der auf seinen Farmen in Ost-Transvaal mit der Arbeit von Sklaven und Sträflingen Millionen gemacht hat. Er bot mir einmal als Gegenleistung für ein halbes Dutzend Anzüge Gott-weiß-wie-viele Morgen oder Acre oder Hektar an. Trag Kartoffelsäcke wie deine Sklaven, sagte ich ihm. Lola, ich höre, wie sich in mein Schreiben wieder dieser vornehme Ton einschleicht. Was für ein Verlangen ist das in mir, das einen besseren Menschen aus mir machen will?

Aufgrund seiner Erfahrung mit Unterdrückung in Osteuropa weiß der alte Zalman, dass kein noch so großes Privileg die Weißen in Südafrika gegen die Welt außerhalb ihrer hohen Mauern isolieren kann. »Schreib!«, drängt er die Erzählerin zu Beginn des Romans *Safe Houses* von Rose Zwi (1928 Oaxaca – 2018 Sydney). »Wofür? Für wen?«, fragt sie. »Wer lernt schon aus der Vergangenheit? Doch was gibt es sonst noch zu schreiben? Über die Gegenwart? Deshalb schreibe ich ja«, sagt die Erzählerin, die vor dem Hintergrund der eskalierenden Gewalt der 1980er Jahre Verbindungen zwischen dem Holocaust und der Apartheid herstellt. Derweil rufen die Schwarznacken-Bartvögel in den Frühlingstamarisken des Gartens abwechselnd »kwa« und »karoo« »in so perfektem Einklang, dass es sich um den Ruf eines einzigen Vogels handeln könnte«. Zwis Eltern fliehen 1926 aus Litauen nach Mexiko, wo Rose geboren wird, ziehen aber bald darauf nach Südafrika. 1949 emigriert sie nach Israel, kehrt drei Jahre später nach Südafrika zurück und schließt sich der Frauenbewegung gegen das Apartheidregime, Black Sash, an. »Black Sash war das Gewissen des weißen Südafrika«, würdigt Nelson Mandela 1990 die Organisation, deren Appell an die damaligen Konfliktparteien schließlich zur Bildung der Wahrheits- und Versöhnungskommissionen führt.

»Der Gelehrte«, sagte Hanna nachdenklich, »steht eigentlich so recht im Mittelpunkt eurer Volksphantasie.«

»Ja«, bestätigte Nju-Lang, »und jeder hochstrebende Vater wünscht sich einen Gelehrten zum Schwiegersohn.«

»Ganz wie bei uns Juden«, freute sich Hanna.

»Das zweite Märchen«, setzte Nju-Lang gewissenhaft fort, »handelt von Schen-I und seiner Gattin Heng-E. Schen-I, der göttliche Bogenschütze, der chinesische Phöbus Apollo, erhielt von der Göttin Tschin-Mu die Pille der Unsterblichkeit. Er verbarg sie unter einem Sparren seines Daches und zog in den Kampf gegen den Riesen Meißelzahn. Indessen ging Heng-E unruhig umher. Die kriegerischen Abenteuer machten ihren Gatten rauh und herrisch, und sie plante heimlich, sein Haus zu verlassen. Da verspürte sie einen köstlichen Duft und sah einen silbernen Schimmer unter einem der Dachsparren hervorleuchten. Sie stieg auf eine Leiter, fand und aß die Pille der Unsterblichkeit. Als sie gegessen hatte, fühlte sie ihren Körper von den Gesetzen der Schwerkraft befreit. Schen-I, der nach siegreich bestandenem Kampf heimkehrte, suchte vergebens die Pille. Heng-E bekam Angst und entschwebte durchs Fenster. Sie schwebte höher und höher und erreichte den Mond, ein rundes Schloß aus leuchtendem Eiskristall. Weiße Vögel flatterten umher, und silberne Fischlein schwammen hinter den durchsichtigen Wänden. Vor dem Tore blühte ein Kassiabaum, und eine kleine silberweiße Häsin sprang ihr freudig entgegen.«

1938 erscheint in der Moskauer Exilzeitschrift *Das Wort* die Reportage »Auf jüdischer Erde« von Klara Blum (1904 Czernowitz –1971 Guangzhou). »Jüdische Erde« ist nicht Palästina, das die Zionistin enttäuscht nach Europa zurückkehren lässt, sondern das sind Formen jüdischer Autonomie in der Sowjetunion unter Stalin. Nicht nur in der fernöstlichen jüdischen autonomen Republik mit der Hauptstadt Birobidschan, sondern auch im Ansiedlungsrayon Kalininskoje beobachtet Blum ein »nationales Leben ukrainischer Juden«, die neben Sinti und Roma, Deutschen, Moldauern und Griechen ihre Kollektivwirtschaften betreiben. »Die Weinstöcke beugen sich unter der Last der Trauben, an den Obstbäumen schimmern Äpfel und Birnen [...]. Jizchak Abramowitsch rezitiert in seinem markigen Jiddisch ein Gedicht von [Lejb] Kwitko, rezitiert es schön und schwungvoll und ganz ohne Rücksicht auf Professor Weizmann, der beim letzten Zionistenkongreß die These aufstellte, die Juden würden in der Sowjetunion ›entnationalisiert‹. Da steht er, ruhig und kraftvoll, auf jüdischer Erde, fest verbunden mit der neuen Zeit, mit Feld und Weide und Baum.« Auf der Suche nach ihrem verschwundenen Liebhaber Zhu Rangcheng, den die überzeugte Kommunistin nicht im sibirischen Lager glauben möchte, geht Blum 1947 nach Shanghai. Dort entsteht der in der DDR veröffentlichte Roman *Der Hirte und die Weberin* (1951), in dem sich eine galizische Schriftstellerin und ein chinesischer Regisseur begegnen und über die Ähnlichkeiten der Märchen in ihren Kulturen staunen.

J'ai demandé à ma sœur ce qu'était devenue notre chambre lorsque je l'ai quittée vers l'âge de quinze ans, je n'ai, lui dis-je, aucun souvenir de ta chambre quand tu l'as habitée seule. Mais, répond-elle, elle n'a pas changé, elle est restée la même. Je pense à notre chambre, toujours infiniment rangée, rangée afin que rien ne traîne, pas un jouet, pas un habit, pas un seul objet qui n'ait son immédiate utilité. Je demande : Le même papier peint ? (colonnes de bouquets de pâquerettes) – Oui. – Le bureau ? – Oui. – Tu as mis des choses au mur ? – Non. – Tu aimais notre chambre ? – Non. Mais j'aimais le marronnier devant la fenêtre. Je lui dis que je ne me souviens pas du marronnier elle s'étonne, mais si le gentil marronnier ! Je pense soudain à *Une désolation* et au personnage de Lionel contemplant chaque jour et en toute saison le marronnier devant sa fenêtre, et me vient l'idée saugrenue, aussitôt rejetée, que ce marronnier inventé du carrefour Laugier-Faraday pourrait n'être qu'une transplantation de notre marronnier de l'enfance dont je n'ai aucun souvenir, mais je rejette cette idée, ce marronnier de l'enfance est effacé, il y en a eu d'autres depuis.

Ich habe meine Schwester gefragt, was eigentlich aus unserem Zimmer wurde, nachdem ich es mit fast fünfzehn verließ, ich kann mich, sagte ich zu ihr, überhaupt nicht daran erinnern, wie es war, als du allein darin gewohnt hast. Aber, antwortete sie, es hat sich überhaupt nicht verändert, es ist gleich geblieben. Ich denke an unser Zimmer, stets äußerst aufgeräumt, aufgeräumt, damit nichts herumlag, nicht ein Spielzeug, nicht ein Kleidungsstück, nicht ein einziger Gegenstand, der nicht unmittelbar gebraucht wurde. Ich frage: Dieselbe Tapete? (Gänseblümchensträuße, senkrecht übereinander.) – Ja. – Der Schreibtisch? – Ja. – Hast du etwas an die Wand gehängt? – Nein. – Mochtest du unser Zimmer? – Nein. Aber ich mochte die Kastanie vorm Fenster. Ich sage zu ihr, dass ich mich an die Kastanie nicht erinnere, sie wundert sich, aber ja doch, die liebe Kastanie! Plötzlich denke ich an *Eine Verzweiflung* und an die Figur des Lionel, der tagtäglich zu allen Jahreszeiten die Kastanie vor seinem Fenster betrachtet, und mir kommt der skurrile Gedanke, den ich sofort verwerfe, dass diese erfundene Kastanie an der Kreuzung Laugier-Faraday womöglich nichts anderes ist als eine Transplantation unserer Kindheitskastanie, an die ich mich überhaupt nicht erinnern kann, aber ich verwerfe diesen Gedanken, diese Kindheitskastanie ist verblasst, es hat seither andere gegeben.

»STANDARD: Wie lebt es sich derzeit [2014] mit jüdischen und iranischen Wurzeln? Reza [geb. 1959 Paris]: Ich habe keine spezielle iranische Ader. Ich habe nach nirgendwo eine Ader. STANDARD: Sagen Sie aus diesem Grund, Ihre einzige Heimat sei die französische Sprache? Reza: Genau. STANDARD: Ihre Eltern sprachen allerdings auch Deutsch.« Ihr Vater, sagt sie im *Zeit*-Interview, »pflegte sich im Morgenmantel vor uns Kinder zu stellen und Beethovens Fünfte zu dirigieren, während dazu die Aufnahme mit den Berliner Philharmonikern lief«. Doch lernt sie weder von ihrer Mutter Geige spielen noch von ihrem Vater Deutsch. »Ich hatte gelernt, mich ohne Eltern zu entwickeln und aufzubauen.« Sie bewahre von ihrer Kindheit keine Spuren, sagt Reza in *Nirgendwo*, keine Überlieferung, kaum Erinnerung – ein Plädoyer für das Vergessen des biografischen Details, um sich »anderen« Einflüssen, später Erlebtem zu öffnen. Aus dem Elternhaus hat Reza vielleicht ein Gefallen an Dingen wie Musik bewahrt, aber abgesehen davon »kann ich nicht sagen, dass ich von irgendwo herkomme. STANDARD: Wirklich nicht? Reza: Nein. Aber ich lebe sehr gut damit. Identitäten, all das – das sagt mir nichts.«

Kastanie

בילדותה היתה מבלה שעות בקריאה תחת עץ ערמון אחד שפרש את צלו משיב הנפש בגינת ביתה. מישהו מקשישי חבריה הפליט שמועה, כי מערמוני נוי אלה אפשר לעשות דיו סגולה, תפארת לכותב בה. אולם למדרגת עושה הדיו לא הגיעה מעולם. היכולה היא בכלל להמציא רעיון אחד משלה, או תמיד חוזרת היא על מחשבות אחרות?

In ihrer Kindheit hatte sie unter einem Kastanienbaum, der im Garten ihres Hauses seinen erfrischenden Schatten verbreitete, viele Stunden mit Lesen verbracht. Einer ihrer älteren Freunde hatte mal die Bemerkung fallen lassen, man könne aus diesen Rosskastanien eine violette Tinte herstellen, zum Lob derer, die damit schreiben. Doch bis zur Kunst der Tintenherstellung hat sie es nie gebracht. Kann sie überhaupt auch nur eine einzige Idee selbst entwickeln? Oder wiederholt sie immerzu die Gedanken anderer?

Mit beiden Beinen auf dem Boden stehen – diese Körperhaltung ist selten im Repertoire von Michal Sapir (geb. 1966 New York). Sie promoviert über das Fallen, schreibt »eine Art Roman« übers Tanzen, ist Musikerin, Übersetzerin und im israelischen *Anarchists Against the Wall* aktiv. Der Erdboden wäre zum Stehen vielleicht stabil genug, doch nachdem »wir die Patronen im Schussfeld der Armee gesammelt haben […], nannten wir ihn ›geschützten Boden‹, bitte nicht betreten, er könnte brechen«. Will man beim Denken nicht zu steif werden, empfiehlt sich auch das lange Stehen auf einem Bein nicht, stellt Sapir mit Wittgenstein fest, dessen *Philosophische Untersuchungen* sie als Musikalbum deklariert. In *Der moderne Tanz* assimiliert sich Sapir an die moderne Literatur und sampelt ihre mögliche Fortsetzung. Daheim ist niemand in diesem Roman. Ihrem modernen Entfremdungsgefühl entrissen, finden sich die Akteure an einem queerfeministischen, exterritorialen Ort wieder, der sich nicht besitzen, in dem es sich aber leben lässt – mit gelegentlichen Besuchen der Tänzerin Valeska Gert.

The following evening, as soon as her work was over, Shenah Pessah scurried through the ghetto streets, seeking in the myriad-colored shop windows the one hat and the one dress that would voice the desire of her innermost self. At last she espied a shining straw with cherries so red, so luscious, that they cried out to her, "Bite me!" That was the hat she bought.

The magic of those cherries on her hat brought back to her the green fields and orchards of her native Russia. Yes, a green dress was what she craved. And she picked out the greenest, crispest organdie.

Am folgenden Abend, sobald ihre Arbeit getan war, hastete Shenah Pessah durch die Straßen des Ghettos und suchte in den in allen Farben schimmernden Schaufenstern den einen Hut und das eine Kleid, die ihre innersten Wünsche zum Ausdruck bringen würden. Endlich erspähte sie einen leuchtenden Strohhut mit Kirschen so rot, so knackig, dass sie ihr zuriefen: »Beiß an!« Diesen Hut kaufte sie.

Der Zauber der Kirschen auf ihrem Hut rief die grünen Felder und die Obstgärten ihrer Heimat Russland in ihr wach. Ja, ein grünes Kleid, das war es, wonach sie sich sehnte. Und sie suchte den grünsten, frischesten Organdy aus.

Anzia Yezierska (1880 Płońsk –1970 Ontario) wächst in einer armen, jüdisch-orthodoxen Migrantenfamilie in der Lower East Side von New York auf, die Anfang des 20. Jahrhunderts »Ghetto« genannt wird. »Was immer ich über Arme las«, stellt Yezierska fest, »ihre Geschichten waren in Romantik gekleidet, in Drama, in bunte Höhepunkte«, die aus ihnen schöne Literatur machen sollte, sie aber »wie die hübschen rosa-weißen Gesichter auf den Titelseiten der Zeitschriften« erscheinen ließ. Überzeugt davon, »dass der wirkliche Kampf der Wäscherin, der Verkäuferin, des Fischweibs, egal wie schmutzig, wie hässlich, von dramatischer Schönheit ist«, erzählt sie in *Hungry Hearts* (1920) von Hannah Levins Bemühungen, ihre Wohnung zu verschönern. Als der Vermieter daraufhin die Miete erhöht, zerstört Hannah die Küche mit einem Fleischerbeil. Als Hollywood die Geschichte dem amerikanischen Traum anpasst, kehrt die Schriftstellerin, von ihrem rasanten Erfolg erdrückt, nach New York und zu ihren Träumen zurück. Wo immer ihr ein Gedanke durch den Kopf schießt, bleibt sie stehen und schreibt ihn »auf alles, was ich finden konnte«. Diese Fetzen wirft sie in eine Seifenkiste und – als diese voll ist – in eine alte braune Tasche, »in der wir unsere Kissen und Federbetten von Polen nach Amerika transportiert hatten. Ich nannte dieses Durcheinander von geschriebenem Müll meinen Lumpensack der Träume«.

דער דריטער טאָג פֿון מײַן געבױרן װערן איז געװאָרן שבת. עפּעס אַ גרױי סע, רױטע גױע האָט מיך דאָס מאָל געפֿירט אין באָד אַרײַן. כ'האָב מיך שױן נישט אַזױ געשראָקן, געװוּסט שױן מיט װאָס עס שמעקט.

כ'ליג שױן װידער אַמאָל בײַ דער מאַמען אין בעט. די מאַמע קוקט אױף מיר מיט מער צערטלעכקייט נאָך װי נעכטן. איך צעעפֿן די אױגן, כ'װיל זיך אַביסל אַרומקוקן אױף דער נײַער װעלט. מיט דער פֿינסטערקייט בין איך שױן געװאױנט, מיט אַמאָל - ס'װערט מיר נאָך פֿינסטערער װי פֿריִער.

עפּעס אַ כאַפּטע װױבער האָבן זיך אַרײַנגעריסן אין אַלקער אַרײַן. איך קוק זײ אָן, עפּעס רעדן זײ, מאַכן מיט די הענט, נעמען מיך אױף די הענט, גיבן מיך איבער פֿון אײנער צו דער אַנדערער, װי אַ טײַערן חפֿץ. קוקן אױף מיר, קוקן אױף דער מאַמען, שמײכלען.

דערװײל קומט אַרײַן די באָבע מיט אַ טאַץ גוטע זאַכן.

די װײַבער לאָזן זיך בעטן, מאַכן אָן אָנשטאַל, װילן נישט פֿאַרזוכן נישט פֿונם לעקעך און בראָנפֿן, נישט פֿונם אײַנגעמאַכטס, װישניק, יאַגעדע זאַפֿט און מעד, נאָר, אַז די באָבע גיט נישט נאָך, מאַכן זײ שנאָבעלעך, װערן לסוף מרוצה און טון אַ טובֿה.

מאַנסביל האָבן אױך אַרײַנגעשטעקט די קעפּ אינס װײַבערשן אַלקער. עפּעס האָבן זײ גערעדט מיט מאָדנע העװיות, געמאַכט מיט די הענט, געשאָקלט מיט בערד, פֿאַרגאַנגען זיך.

הכּלל, דער טאַטע האָט דאָס מאָל אױסגעפֿירט, נישט די באָבע. און איך הײס שױן נאָך זײַנס אַ קרובֿה, שׂרה רבֿקה.

Der dritte Tag nach meiner Geburt war der Sabbath. Diesmal steckte mich eine große, rote Nichtjüdin ins Bad. Ich fürchtete mich nun nicht mehr so sehr, da ich mit der ganzen Prozedur schon vertraut war.

Noch einmal liege ich bei Mama im Bett. Mama sieht mich liebevoller als gestern an. Ich öffne meine Augen, weil ich mich gerne ein wenig in der neuen Welt umsehen würde. Ich bin schon an die Dunkelheit gewöhnt. Doch mit einem Male wird es noch dunkler um mich als zuvor.

Eine Horde Frauen platzt in den Alkoven. Ich sehe sie an. Sie reden, gestikulieren, nehmen mich hoch, reichen mich von einer zur anderen wie einen wertvollen Gegenstand. Sie sehen mich an, sehen Mama an, lächeln.

Inzwischen kommt Großmutter mit einem Tablett voller Köstlichkeiten.

Die Frauen lassen sich von ihr bitten, geben vor, nichts von den Lebkuchen, dem Schnaps, dem Eingemachten, dem Kirschschnaps, dem Beerensaft oder dem Honigwein kosten zu wollen; aber Großmutter gibt nicht auf, und so öffnen sie ihre Schnäbel und erklären sich schließlich bereit, ihr den Gefallen zu tun.

Auch Männer stecken ihre Köpfe in den Frauenalkoven. Sie sprechen mit seltsamen Grimassen, gestikulieren herum, schütteln ihre Bärte und bekommen einen Hustenanfall.

Bei ihnen hat Papa Erfolg, nicht Großmutter. Und ich werde Sore Rivke genannt – nach einer seiner Verwandten.

Esther Kreitman (1891 Biłgoraj – 1954 London) wird als Hinde Ester Singer geboren und für einige Jahre bei einer Pflegerin untergebracht. Wie Kreitmans Bruder Isaac Bashevis Singer später sagt, hielt die Familie ihre älteste Tochter für eine Fantastin, Hysterikerin oder vom Dibbuk besessen. Mit 21 Jahren geht Esther eine arrangierte Ehe mit dem ihr unbekannten Awrom Kreitman in Antwerpen ein. In ihrem autobiografischen Roman דער שדים-טאנץ (Tanz der bösen Geister), 1936 in Warschau veröffentlicht und zuletzt 2004 als *Deborah* von der Feminist Press wieder aufgelegt, schreibt sie: »Ganz sicherlich, tief in seinem Herzen war Reb Avram Ber nicht einverstanden mit der Gelehrsamkeit seiner Frau. Er dachte, es sei falsch für eine Frau, viel zu wissen, und er war entschlossen, dafür zu sorgen, dass dieser Fehler sich bei Deborah nicht wiederhole.« In Antwerpen und später in London thematisiert Kreitman in ihren Schriften auch weiterhin den Status der intellektuellen Frau und übersetzt Werke wie George Bernard Shaws *The Intelligent Woman's Guide to Socialism and Capitalism* (1927) ins Jiddische. Für ihre Schriftstellerbrüder Isaac Bashevis und Joshua Singer bleibt Kreitman lediglich eine Inspiration – für die Figur des Mädchens Yentl, das sich für einen Jungen ausgibt, um studieren zu können, oder für die Figur einer unglücklichen und unberechenbaren Verführerin.

Kirsche

Er hielt vor dem Haus, das seinen Eltern gehört hatte, im Herzogpark, um die Ecke bei Thomas Mann. Ausgebrannt, war es vom Vater noch vor der Währungsreform für beinahe nichts verkauft worden. Der neue Besitzer hatte es modernisiert, es war nicht schöner geworden, man sah ihm trotz allen Bemühungen, es zu vertuschen, die Jugendstilherkunft an.

Eine Weile blieb er im Auto sitzen, dann stieg er aus, trat ans Gitter und schaute in den Garten, der nicht mehr die schöne Wildnis von früher war, sondern die affektierte Nachahmung eines Parks auf viel zu kleinem Raum. Ein japanischer Kirschbaum stand in voller Blüte, Fliederbüsche, aber die hatte es auch zu seiner Zeit gegeben, ein paar exotische Kiefern mit weichen, hängenden Nadeln, Rhododendren und Azaleen; auf dem kurzgeschnittenen Rasen spielten zwei Kinder mit bunten Reifen.

Das kleine, etwa achtjährige Mädchen und der etwas ältere Junge warfen ihm mißtrauische Blicke zu, einen Moment lang sah es so aus, als wolle der Junge zum Gitter kommen, um ihn wegzuweisen, dann aber machte er eine herrische Handbewegung, die das Mädchen zum Weiterspielen zwang. Andreas hätte sich im gleichen Alter über jeden Fremden gefreut, jeder, der kam, war das große Abenteuer, jeder ein Bote der Götter, empfangen mit der ungeheuren Bereitschaft, sich verzaubern zu lassen.

Der Junge hier hatte entschieden, daß ein Mann, der durch Gitter in andere Gärten schaut, nicht beachtenswert ist.

»Ich bin Zeuge, und als Zeuge muss ich aussagen. Und dieser Zwang hat mir Kraft gegeben durchzuhalten. Viele Jahre wollte es niemand hören« – in Westdeutschland. Deshalb erscheint 1949 Grete Weils erster Roman *Ans Ende der Welt* in Ostberlin. Nach dem Exil in den Niederlanden, wo sie schließlich in den Untergrund geht, remigriert Grete Weil (1906 Egern – 1999 Grünwald) nach Deutschland und stellt sich die Aufgabe, »gegen das Vergessen anzuschreiben. Mit aller Liebe, allem Vermögen, in zäher Verbissenheit«. Im Roman *Tramhalte Beethovenstraat* lässt sie Andreas, der seinen Kriegsdienst als Auslandsreporter in Amsterdam leistet und Nacht für Nacht die Deportationen der Juden sieht, nach dem Krieg heimkehren und das KZ Mauthausen besuchen. »Er stieg aus, fand Susannes roten Porsche deplaciert, war aber ehrlich genug, zuzugeben, daß ein Volkswagen es nicht weniger gewesen wäre. Auch zu Fuß zu kommen. Es ging eben nicht an, ein Konzentrationslager zu besichtigen. Und Gedenkstätte war nichts anderes als die kleinbürgerliche Übersetzung von Sightseeing, einem viel präziseren Wort.« Bei Weil meint Gedenken nicht, stumm in sich zu gehen, sondern mit der Sprache bis ans Ende der Welt vorzustoßen, die Grenzen der nationalsozialistisch eingezäunten Sprache zu verlassen und zurückzukommen, um sie als Medium der Zeugenschaft Gegenwart werden zu lassen.

> Ich habe es für ihn gepflückt
>   man sagt
>   es bringe
>   Glück

»So erwachte in einem zugleich leidenden und etwas darüberstehenden Wesen ein Gefühl von der großen Hilflosigkeit aller Menschen, die sich an Strohhalmen festzuhalten versuchen bei schrecklichsten Gewitterstürmen […] und sie sah sich vor die Frage gestellt, sich das Leben zu nehmen oder etwas ganz Verrückt-Besonderes zu unternehmen.« Also komponiert sie, Charlotte Salomon (1917 Berlin – vermutlich 1943 KZ Auschwitz-Birkenau), auf eintausenddreihundertfünfundzwanzig Seiten das »Dreifarben Singespiel« *Leben? Oder Theater?*. »Der Mensch sitzt am Meer. Er malt«, schreibt sie in Südfrankreich, wo sie sich ab 1939 bei den Großeltern aufhalten konnte. »Er« malt Charlotte auf einer Wiese, mit geschlossenen Augen, ein Kleeblatt in der Hand, während der Reim vom Glücksbringer über ihr schwebt. »Bist du denn nur zum Zeichnen auf der Welt?«, fragt die Großmutter, und der Großvater sagt: »Warum soll sie nicht, wie alle anderen, Dienstmädchen werden?« Die Kunstgeschichte wird Jahrzehnte brauchen, um Salomons zwischen Literatur, Comic, Film, Malerei und Musik mäanderndes Werk zu würdigen, so sehr verstellen die Umstände der Ermordung der Autorin den Blick auf ihr Schaffen. Eine theoretische Auseinandersetzung mit diesem – Genre und Disziplin ablehnenden – Werk beginnt Anfang der 1990er Jahre durch Feministinnen wie Gertrud Koch mit *Die Einstellung ist die Einstellung. Zur visuellen Konstruktion des Judentums* und Eva Meyer mit *Faltsache*.

Klee

לֹא סוּבִּין לֹא קָקָאוֹ לֹא קוֹקוּס
אָכְלוּ חִלְבָּה רַבּוֹתַי הוֹקוּס פּוֹקוּס וְתִרְאוּ
שֶׁתִּהְיוּ טוֹבִים כְּמַלְאָכִים וְתִפְתְּחוּ
רְגִישֻׁיוֹת סְמוּיוֹת כִּילָדִים,
דְּבָרִים שֶׁלֹּא רְאִיתֶם עַד כֹּה יִהְיוּ לְפֶתַע
בְּרוּרִים. הַגְּבָעוֹת יֵהָפְכוּ לִהְיוֹת
הָרִים. הֶעָקֹב יִהְיֶה לְמִישׁוֹר וְתוּכְלוּ כְּמַאֲמַר
הַבְּרִיּוֹת לִתְפֹּס אֶת הַשּׁוֹר
בְּקַרְנָיו. יַלְדֵיכֶם יְשַׂחֲקוּ תּוֹפֶסֶת וְיִרְבּוּ
כָּרִמּוֹנִים. תִּרְצוּ לְנַשֵּׁק אֲפִלּוּ לַשְּׁכֵנִים
תּוּכְלוּ לְטַאטֵא מִדְרָכוֹת כְּאִלּוּ הָיָה זֶה
מִשְׂחַק יְלָדִים. מְדִינַתְכֶם תִּשְׂגֶּה. עַצְמוֹתֵיכֶם
כַּדֶּשֶׁא תִּפְרַחְנָה וּמִן הַחוֹחַ
יַעֲלוּ וְרָדִים.

Nicht Kleie, nicht Kokos, nicht Kakao,
Bockshornklee-Samen müsst ihr essen, Leute! Hokuspokus und
    schon seht ihr:
Lieb werdet ihr sein wie Engel, wie Kinder
verborgene Sensibilitäten entwickeln,
Dinge, die ihr bisher nicht gesehen habt, werden plötzlich
klar. Hügel werden zu
Bergen, was uneben war, wird gerade, und ihr könnt,
wie man so sagt, den Stier bei den Hörnern
packen. Eure Kinder werden Fangen spielen und sich mehren
wie die Kerne des Granatapfels. Sogar die Nachbarn werdet ihr
    küssen wollen
und das Trottoir könnt ihr fegen, als sei's
ein Kinderspiel. Euer Staat wird blühen. Euer Gebein
soll grünen wie Gras, und aus den Felsspalten
werden Rosen erstehn.

»Ist Jerusalem in Jerusalem?« fragt in einem Gedicht Almogs ein Kind seinen Vater, nachdem es in Jerusalem einen Mann hört, der nach dem Tischgebet das rituelle »nächstes Jahr in Jerusalem« sagt. Hannan Hever sieht darin die »schüchterne Ironie« Aharon Almogs (1931 Tel Aviv – 2021 Tel Aviv-Jaffa), die einhergeht mit seinem Misstrauen gegenüber jeglicher Identität. Auch wenn seine jemenitische Familie seit drei Generationen in Palästina lebt, kann Almog aus dieser Tatsache keine Besitzansprüche auf das Land ableiten. »Mein Vater«, erzählt seine Tochter Eliana, »änderte seinen Namen in Almog [Koralle], als ob seine Erlösung aus dem Meer kommen könnte. Als ob dieses Meerestier, das weder der aschkenasischen noch der jemenitischen Gemeinschaft angehört, ihn aus dem Dauerkonflikt der gespaltenen Identität befreien könnte.« Almogs Vater ist Kantor einer sephardischen Synagoge und nimmt es schwer, dass sein Sohn im Chor einer aschkenasischen Synagoge singt. Im Gedicht *Nicht Kokos* schlägt sich Almog mit Humor auf die jemenitische Seite und protestiert gegen die Stereotypisierung von Menschen jemenitischer Herkunft und ihre Beschäftigung als Straßenfeger. Wenn ihr, schlägt er seinen Lesern vor, Bockshornklee-Samen zu euch nehmt, werdet ihr das Trottoir fegen können »als sei's ein Kinderspiel [und] euer Staat wird blühen«.

Klementine

הייתי בן עשר כשביקרתי בפעם הראשונה בבית הכנסת שבמורד הרחוב שלנו. אני וסמאהר ישבנו על נדנדת העץ שעמדה באותו קיץ מחוץ לבית, ואמא ישבה על המפתן מולנו וקילפה קלמנטינות מקערת פלסטיק שהניחה בין ירכיה. אבא הביא אותן יום קודם לכן מקלקיליה, בשני שקי קש כרסתניים. הן התפקעו מעסיס, ונמסו בנתחים בשרניים ומתוקים על הלשון. אכלתי פלח אחרי פלח בתיאבון, לשמחתה של אמא, שמיהרה לקלף עוד ועוד מהפירות.

סמאהר הסבה את תשומת לבנו לאיש הצעיר בעל המגבעת השחורה שהתקדם בצעדים מתוחים מדלת לדלת. עיניו היו קרועות לרווחה והוא נראה אובד עצות. הקיץ כבר עמד להסתיים, אבל באותו ערב עדיין היה חם מהרגיל.

»ערב טוב,« הוא פנה בסופו של דבר אל אמא והסיר את מגבעתו, ובתוך כך חשף מתחתיה חישוק של אגלי זיעה.

אמא השיבה לו הנהון מהוסס.

»מצטער להפריע לכם, אבל בבית הכנסת צריכים להדליק אורות עוד מעט.« סמאהר הביטה בי וחייכה כמו כדי להמתיק סוד.

»ועוד לא יצאה השבת,« הוא המשיך, ייבש את פניו בגב כף ידו וחייך לעומת תימהוננו. »אנחנו צריכים מישהו שידליק את האור בבניין.«

»אה... הבנתי,« אמרה אמא בהקלה. »בודאי.« היא הרימה לקראתו את קערת הפירות והפנתה את פניה אלי.

»אני?!«

»כן, אלא מי? אני?« היא צחקה והניחה את הקערה במקומה.

הוא התחיל להתקדם במורד הרחוב. קמתי והלכתי אחריו בעודי נוגס בעצבנות בפלח הקלמנטינה שבידי, והקפדתי לפגר אחריו בכמה צעדים כדי שאוכל להשליך אחורה מבטים זועפים אל אמא. לקראת אמצע הדרך הבחינו בנו כמה מילדי השכונה, שבאותה שעה התאספו בשורה צפופה למשחק מחניים, ונעצרו להעביר עיניים סקרניות ממני אל הדמות השחורה ההולכת לפני ובחזרה.

»מה אתה עושה?« צעק אלי נמרוד, מקמר שתי ידיים מלוכלכות סביב הפה, והעביר מבטו על הילדים שסבבו אותו לוודא שכולם יכולים לראות, »אתה הולך עם הג'וקים?«

Als ich zehn Jahre alt war, setzte ich zum ersten Mal einen Fuß in die Synagoge am Ende unserer Straße. Samaher und ich saßen gerade auf der hölzernen Schaukel, die in jenem Sommer vor unserem Haus stand, und Mutter hockte mit einer Plastikschüssel zwischen den Knien auf der Türschwelle und schälte Klementinen. Vater hatte die Früchte am Vortag in zwei bauchigen Bastsäcken aus Qalqiliya mitgebracht. Sie waren unglaublich saftig, und ihre süßen, fleischigen Schnitze zergingen auf der Zunge. Ich futterte begierig ein Stück nach dem anderen, zur Freude meiner Mutter, die sich beeilte, immer mehr davon zu schälen.

Samaher bemerkte den jungen Mann mit dem schwarzen Hut als Erste. Er lief sichtlich angespannt von Haustür zu Haustür und sah ratlos aus.

»Guten Abend«, wandte er sich schließlich an meine Mutter und nahm den Hut ab, unter dem ein Ring von Schweißperlen zum Vorschein kam. Der Sommer ging dem Ende zu, aber es war ein ungewöhnlich heißer Abend.

Mutter antwortete mit einem zögerlichen Nicken.

»Verzeihen Sie die Störung, aber in der Synagoge muss das Licht angeschaltet werden.«

Samaher sah mich an und grinste verschwörerisch.

»Und der Schabbat ist noch nicht zu Ende«, fuhr er fort, wischte sich mit dem Handrücken den Schweiß ab und lächelte angesichts unserer Verblüffung. »Wir brauchen jemand, der das Licht im Gebäude anschaltet.«

»Ah ... ich verstehe«, sagte Mutter erleichtert. »Gewiss.«

Sie hielt dem Mann die Obstschale hin und sah mich an.

»Ich?!«

»Ja, wer denn sonst? Ich etwa?«, lachte sie und setzte die Schüssel wieder ab.

Der Mann war schon losgegangen. Ich stand auf und trottete ihm nach, kaute unterwegs nervös an dem Stück Klementine herum, das ich noch in der Hand hielt, und warf Mutter von Weitem wütende Blicke zu. Etwa auf halber Strecke bemerkten uns ein paar Kinder aus dem Viertel. Sie unterbrachen ihr Völkerballspiel und blickten neugierig zwischen mir und der schwarzen Gestalt hin und her.

»Was machst du denn da?«, rief mir Nimrod zu, die schmutzigen Hände wie einen Trichter an den Mund gelegt. Er sah sich nach seinen Mitspielern um, ob sie auch alles mitbekamen. »Gehst du mit den Kakerlaken?«

Ayman Sikseck wurde 1984 in Jaffa geboren, das 1948 jüdisch besetzt und 1950 zu Tel Aviv-Jaffa eingemeindet wurde. Aus Sikseck's Buch אל יפו (Nach Jaffa, 2010) wurde auf Deutsch die *Reise nach Jerusalem* (2012). Als Gymnasiast findet Sikseck, der zuhause Arabisch spricht, dass diese Sprache in Israel »dich als Ausnahme markiert und deine Fremdheit« betont, doch auch die Grammatik hält ihn davon ab, Arabisch als Fach zu wählen. Das gibt ihm »ein Schuldgefühl«, doch er ist »in Hebräisch verliebt«. Seinem Buch stellt Sikseck ein Gedicht von Salman Masalha voran: »Ich schreibe in der hebräischen Sprache, / die für mich keine Muttersprache ist, / um in der Welt verloren zu gehen. / Wer nicht verloren geht / wird nicht das Ganze finden [...]« Ein Teil des »Ganzen« ist das jüdisch-religiöse Gesetz, das Juden nicht erlaubt, am Schabbat Arbeit zu verrichten, wozu auch Handlungen wie Licht anmachen gehören. Also wird das muslimische Kind in Sikseck's Erzählung zum *Schabbesgoj*, wie Juden einen Nicht-Juden bezeichnen, der für sie am Schabbat, meist gegen Vergütung, die ihnen verbotenen Handlungen ausführt. Scholem Alejchem listet *Schabbesgoj* in seinem Text als einen der Flüche auf, mit denen seine Stiefmutter ihn beschimpfte.

Оттого ли, что раса его так долго лишена была лучшего из человеческих свойств — дружбы в поле и в бою — Борис испытывал потребность, голод к дружбе и товариществу (к защите и верности в товариществе — так болезненно), что в этом отношении его к (дружбе) можно было заметить болезненную горячность. Но в этой горячности и рыцарственности и самопожертвовании было то (притягательное?) облагораживающее, что делало всегда конуру Бориса клубом «красных маршалов». Клуб этот пышно расцвел, когда к столу вместо колбасы МСПО и водки стала подаваться фаршированная рыба. Вместо жестяного чайника появился самовар, привезенный из Кременца, и чай разливала старушечья успокоительная рука. Много лет Алексей Селиванов и бригадные его командиры не видели старушки за самоваром. Эта перемена была им приятна. Старуха была кротка и боязлива и тиха, как мышь, а в фаршированной ее рыбе (пальцы над самоваром) чувствовалась (история евр[ейского] народа), истинная с большим перцем страсть.

Поначалу, из-за этой рыбы на Эрдихов спустились тучи. Жилица-профессорша сказала в кухне, что благодарение Богу, квартира совершенно провонялась. И действительно — с переездом Эрлихов душок чесноку, жареного луку [чувствовался?] уже в передней...

Vielleicht weil seiner Rasse die beste aller menschlichen Eigenschaften – die Freundschaft in Feld und Schlacht – so lange verwehrt geblieben war, verspürte Boris ein solches Bedürfnis, einen Hunger nach Freundschaft und Kameradschaft – (nach Schutz und Treue in der Kameradschaft – so schmerzlich), dass man in seinem Verhältnis zur (Freundschaft) einen krankhaften Eifer bemerken konnte. Aber in diesem Eifer und der Ritterlichkeit und Aufopferungsbereitschaft war etwas (Anziehendes?) und Erhebendes, das Boris' Höhle stets in einen Klub »der roten Marschalle« verwandelte. Dieser Klub blühte heftig auf, als man statt Wurst aus dem MSPO und Wodka gefilte Fisch zu reichen begann. Anstelle der blechernen Teekanne erschien ein Samowar, den man aus Kremenec mitgebracht hatte, und der Tee wurde von besänftigender Altfrauenhand ausgeschenkt. Viele Jahre lang hatten Aleksej Selivanov und seine Brigadekommandeure kein altes Weiblein am Samowar mehr gesehen. Diese Veränderung war ihnen angenehm. Die alte Frau war sanft und schüchtern und mäuschenstill, und in ihrem gefilte Fisch (Finger überm Samowar) spürte man (die Geschichte des jüd[ischen] Volkes), eine wahrhafte Leidenschaft, in der viel Pfeffer war.

Zunächst hatte sich wegen dieses Fischs über den Erlichs ein Unwetter zusammengebraut. Eine Mieterin, Professorengattin, sagte in der Küche, dass es in der Wohnung, gütiger Gott, überall stinke. Und tatsächlich [roch man?], seit die Erlichs eingezogen waren, schon im Flur einen Anflug von Knoblauch, gebratener Zwiebel …

Spätestens die Erzählsammlung Конармия (Die Reiterarmee, 1926), in der Isaak Babel (1894 Odessa–1940 Moskau) seine Erfahrungen als Journalist im polnisch-sowjetischen Krieg verarbeitet, bringt ihn ins Visier der Militärkommandeure. Bei seiner Verhaftung 1939 protokolliert ein NKWD-Agent die beschlagnahmten Schriften, die bald darauf im Innenministerium der UdSSR spurlos verschwinden werden: »1) verschiedene Manuskripte – 15 Mappen; 2) Notizbücher – 11 Stück; 3) Blöcke mit Notizen – 7 Stück«. Es ist die Arbeit eines Jahrzehnts, in dem der Journalist und Schriftsteller wenig veröffentlicht – er wäre im Begriff, sich in den Künstler eines »neuen literarischen Genres« zu verwandeln, des »Genres des Schweigens«, bemerkt er 1934 auf dem ersten Kongress der sowjetischen Schriftsteller. In seinem Tagebuch aus dem Krieg, das Babel bei einem Freund in Kiew hinterlässt und dadurch rettet, schreibt er am 3. Juni 1920: »Die Küche im Zug, fette Soldaten mit blühenden Gesichtern, graue Seelen, erstickende Hitze in der Küche, Kascha, Mittag, Schweiß, dickbeinige Wäscherinnen, […] schläfrig. / Liebe in der Küche. / Nach dem Abendessen nach Zhitomir. Weiße Stadt, nicht schläfrig, aber ramponiert, still. Ich suche nach Spuren der polnischen Kultur. Gut gekleidete Frauen, weiße Strümpfe. Katholische Kirche. […] Markt in Zhitomir, alter Schuster, Bläuen, Bleichen, Schnürsenkel. / Synagogengebäude, alte Architektur, wie tief mich das alles berührt.«

Kohl

עַרְבִית-חֲשֵׁכִים הִגִּיעָה, מִתְכַּנְּסָה לְבֵין הַחֲצֵרוֹת,
מַעֲטָה אֲבֵלוּת עַל בָּתִּים, מַרְבִּיצָה דּוּמִיָּה בַּסִּמְטָאוֹת.
נִכְנְסָה אַחַת מִזְחֶלֶת בִּשְׁעָרָיו שֶׁל שִׂמְחָה לָאו-דַּוְקָא,
קְבוּעָה עַל אַדְנֵי עֵץ-אַלּוֹן מַכְסִיפִים בְּחִשּׁוּקֵי בַרְזִלָּם.
חָשׂוּ כָל כַּלְבֵי הַשְּׁכוּנָה וְעָרְכוּ קַבָּלַת-הַפָּנִים
לָהּ מְאֹד נֶהְדָּרָה, כְּמִנְהַג כְּלָבִים וָתִיקִים,
אֲשֶׁר יָרִיעוּ עַל נָכְרִי הַבָּא אֶל גְּבוּל מִשְׁכַּן-כְּבוֹדָם.
וְעָמְדוּ הַסּוּסִים הַשְּׂעִירִים וּמַעֲלִים הֶבְלָם בַּשַּׁעַר,
עַד שֶׁפְּתָחָהוּ הָרַכָּב; וּשְׁנַיִם גּוּצִים יְהוּדִים
לוּטִים בְּפַרְווֹת-הַשֵּׂעָר וּמְעִילֵי עוֹר-כְּבָשִׂים וּפְקָרִיס,
סַחְבוֹת-בַּד, מַגָּפַיִם וְגַרְבַּיִם וְנַעֲלֵי-לֶבֶד,
כּוֹבַע וּרְדִיד שֶׁל נָשִׁים וּבַרְדָּס: כְּלִי בְּתוֹךְ כְּלִי,
צְרוּרִים וּכְרוּכִים עֲלֵיהֶם עַד אֵין לְהָנִיעַ כָּל-אֵבָר,
תַּבְנִית קֶלַח-שֶׁל-כְּרוּב בְּעוֹד עָלָיו חִתּוּלָיו, וְנִשְׁאָר
עוֹמֵד תָּקוּעַ עַל תַּלְמוֹ וּפָרְחָה בוֹ שֵׂיבָה שֶׁל שֶׁלֶג,
לוּלֵא שְׂפָמָם הַשּׁוֹמֵר וּטְעוּן-הַחֲנָמַל הַמַּאֲהִיל
עַל שִׂפְתוֹתֵיהֶם כְּשִׂפְמוֹ שֶׁל סוּס-יָם עַל קַרְחֵי הַצָּפוֹן
[...]
אֶפֶס כְּשֶׁנִּפְתַּח הַשַּׁעַר וְנִכְנַס הָאִכָּר לֶחָצֵר,
בָּאוּ הַכְּרוּבִים הַשְּׁנַיִם, תָּאֳמֵי הַכְּרוּב, וְהֵסִירוּ
כָּל חִתּוּלֵיהֶם מֵהֶם, וּפָשְׁטוּ אֶת צוּרַת הַכְּרוּבִים,
לָבְשׁוּ צוּרַת יְהוּדִים גּוּצִים וּבַעֲלֵי בָּשָׂר.
עָמְדוּ בִּפְשׁוּט-יָדַיִם עַל כֹּתֶל הַתַּנּוּר הַגָּדוֹל,
עוֹמְדִים מְשִׂיחִים עִם בַּעַל-הַבַּיִת ר' שִׂמְחָה לָאו-דַּוְקָא,
עַד שֶׁהִזְמִינָם לַשֻּׁלְחָן עִם מֶחָם מֵשִׁיחַ לְפִי-חֻמּוֹ:
"אָנָּא, ר' מֶנְדֶּלִי! אָנָּא, ר' וָוֶה! הִכָּנְסוּ, מְכֻבָּדִים!"
וְרַגְזָהּ שֶׁל מַחֲבַת חֲבוּשָׁה בַּחֲצוּבָה שֶׁל בַּרְזֶל מַשְׁחִירָה
עוֹלָה מֵעַל הַכִּירַיִם בְּרִקְקָה שֶׁמֶן עַל-סְבִיבָהּ,
מַזָּהּ בְּבַעֲלַת-הַבַּיִת שֶׁטָּרְפָה שׁוּמָן עִם בֵּיצָה;
וְרֵיחָהּ שֶׁל סְעֻדָּה עֲרֵבָה בָּא נוֹדֵף מִמֶּנָּה בְּחֶדֶר.

Finster erschien uns der Abend, er trat in die Höfe und deckte
Trübsal über die Häuser, und Stille befiel alle Wege,
aber das Tor von Rav Simcha Law-Dawka erreichte ein Schlitten,
ruhend auf Eichenholzkufen mit eisenbezogenen Schienen.
Eilig, dem Schlitten voraus, rannten sämtliche Hunde der Gegend,
und sie erhielten ihr Lob. So will es der Brauch mit den Hunden:
Naht ein Fremder dem Haus, so schlagen sie an. Und im Hoftor
standen mit wallenden Mähnen und steigendem Atem die Pferde.
Dann aber spannte der Kutscher sie aus. Zwei Zwerge entstiegen,
fest in Pullunder und Pelze und Schafledermäntel gewickelt.
Gröbliche Lumpen aus Stoff und Stiefel und Filzschuhe, Socken,

Hüte und Hauben und Schals ihrer Gattinnen waren gewickelt,
Schale um Schale, bis sich kein Glied unter ihnen bewegte,
ganz wie Weißkohlköpfe (mit weiteren Tüchern darüber),
auf die inmitten der Furche die weißliche Haarpracht des Schnees
    fällt,
wäre da nicht der mit Eis überladene Schnurrbart gewesen,
der ihre Lippen verbarg – wie beim Walross im nördlichen Eismeer.
[…]
Dann ward das Hoftor geöffnet, und als jener Bauer hindurchschritt,
kamen die Kohlköpfe beide (als Kohlkopfzwillinge), legten
mit ihren Decken zugleich den Anblick von Kohlköpfen von sich,
hatten die Form von beleibten und zwergenhaft winzigen Juden,
standen, die Arme gespreizt, an der Wand eines riesigen Ofens
und unterhielten sich mit dem Besitzer – Rav Simcha Law-Dawka,
bis man sie zum Samowar an den Tisch lud. Rav Simcha empfing sie:
»Bitte, Rav Mendel! Und bitte, Rav Owe! Herein, meine Herren!«
Über dem Ofen erhob sich – mit Öldunst vermischt – das Gebrutzel
der auf dem Dreifuß – schwarz und aus Eisen – gelagerten Pfanne,
traf auch die Hausfrau, während sie Salo mit Eiern verzehrte.
Düfte des köstlichen Mahls verteilten sich rasch in dem Zimmer.

Im Namen Simcha Law-Dawka steckt womöglich das Gefühl des Gastgebers beim Empfang der zwei »Weißkohlköpfe«: Simcha ist hebräisch für »Freude«, Law-Dawka aramäisch für »nicht unbedingt«. Shaul Tchernichovsky (1875 Mychajliwka – 1943 Jerusalem) studiert Medizin in Heidelberg, wo er seine zukünftige Frau kennenlernt, die russisch-orthodoxe Anarchistin Melania Karlowna, die Philosophie und Geschichte belegt. In seinem Werk begegnen sich verschiedene Kulturen. Beziehungen zwischen Juden und Nichtjuden sind so sehr wiederkehrendes Thema, dass jüdische Kritiker dem Dichter »Bipolarität« attestieren beziehungsweise ihn als »Symbol der Assimilation« auszugrenzen versuchen. Nach Stationen in Charkiw, Kiew und Berlin geht Tchernichovsky 1931 nach Palästina, wo er ein Latein-Hebräisch-Englisch-Wörterbuch der Medizin und Naturwissenschaft herausgibt. Naturbeschreibungen sind in Tchernichovskys Poesie von wissenschaftlicher Präzision, allerdings nicht als Metapher für menschliche Befindlichkeiten, sondern umgekehrt – die menschliche Perspektive wird zum Mittel, um die Natur kennenzulernen, zum Beispiel das Befruchtungsverhalten der Honigbienen. Als der israelische Verfassungsausschuss 2004 über die kollektiven Rechte der arabischen Bevölkerung im Land tagt, schlägt חד"ש – Die Demokratische Front für Frieden und Gleichberechtigung – im Parlament vor, Tchernichovskys Gedicht אני מאמין (Glaubensbekenntnis, 1898) als Nationalhymne zu adaptieren. Anders als die gegenwärtige Hymne, die eine »jüdische Seele« anspricht, bekennt sich der Sprecher im Gedicht dazu, von Freiheit, Humanismus, Sozialismus und Frieden zu träumen.

Korn

Sie nehmen ihre Kinder an der Hand
Und ziehen fort; es dulde sie kein Land.

Grenzwächter sind auf ihren Weg gestellt,
Wie wenn ein Hund am Tor die Wache hält.

Sind überm Meer noch ein paar Ackerbreit,
Worauf nicht Gras noch Futterkorn gedeiht?

Sanddünen, die kein Sämann noch bewarf.
Dass dort ein Bettelvolk verhungern darf?

Der Bauch der Schiffe nimmt sie endlich auf,
Zum Ballast hingeworfen, Hauf um Hauf.

Und setzt sie an den fernen Küsten aus
Wie Findlingskinder vor ein fremdes Haus.

»Mein Vater kam von ferneher ins Land«, schreibt die Migrantin zweiter Generation Hedwig Lachmann (1865 Stolp –1918 Krumbach) zu Beginn ihres Gedichts *Abstammung*. Schwimmend soll Isaak Lachmann Russland verlassen haben, singen will er, statt zum Militär zu gehen, und wird auch bald Kantor in Baden-Württemberg, wo er als Erster traditionelle Synagogengesänge des süddeutschen und osteuropäischen Ritus in Noten übersetzt. Fromm wie er ist, schickt er seine Tochter dennoch auf eine nichtjüdische Schule, mit Fremdsprachen soll sie besser auf die Ehe vorbereitet sein. Nach Aufenthalten in England und Ungarn zieht Hedwig Lachmann nach Berlin, publiziert Gedichte in Zeitschriften, dichtet nach und übersetzt – Petőfi Sándor aus dem Ungarischen, Edgar Allan Poe aus dem Englischen, Honoré de Balzac aus dem Französischen und gemeinsam mit ihrem »Herzensbündnis« Gustav Landauer Dramen des bengalischen Dichters Rabindranath Tagore sowie Oscar Wildes *Das Bildnis des Dorian Gray*. »Ich soll eine Blume sein, die nicht blühen will. Liebster, was heißt das, das ist in der Natur nicht vorhanden. Alles will blühen, was blühen kann […] Mein Wesen erschließt sich überhaupt nur da, wo ich Gleichheit finde.« Landauer, ein Verfechter des sozialen Anarchismus und Aktivist der Räterepublik, gibt 1919 die gesammelten Gedichte der Antimilitaristin heraus.

חנן.
טראכטנדיג א ווײלע.
די עובדה פון צדיקים באשטײט אין דעם, וואָס זײ רײניגן אַפ מענטשליכע נשמות, רײסן פון זײ אַראָפ די קליפה פון זינד און הײבן זײ אױף צו זײער ליכטיגן מקור. די עובדה איז אַ שווערע, וואָרום »בײן טיר הױערט די זינד«. אָפּגערײניגט אײן נשמה, קומט אױף איר אָרט אײן אַנדערע, אַ באפלעקטע מיט נאָך גרעסערע זינד. געבראַכט צו תשובה אײן דור, קומט אױף זײן אָרט אײן אַנדערער, נאָך אַ מער האַרצנעקיגער... און די דורות ווערן אַלץ שוואַכער און די זינד אַלץ שטאַרקער. און צדיקים – אַלץ ווײניגער.

הענעך.
וואָס-זשע דאַרף מען נאָך דײן שיטה נאָך טאָן?

חנן.
שטיל, נאָר זעער זיכער.
מי דאַרף ניט קײן מלחמה האַלטן מיט דער זינד, נאָר אױסבעסערן זי. ווי אַ גאָלדשמיד לײטערט גאָלד אין אַ שטאַרקן פײער, ווי אַ ערד-אַרבעטער זיפט אָפ פולע קערנער פון פוסטע קאַסטרע, אַזױ דאַרף מען אױסלײטערן די זינד פון אדר טומאָה, אַזױ, אַז אין איר זאָל בלײבן נאָר קדושה...

הענעך.
פאַרוואונדערט.
קדושה אין זינד? פונוואַנען קומט דאָס?

חנן.
אַלץ, וואָך גאָט האָט באַשאַפן, האָט אין זיך אַ פונק פון הײליגקײט...

הענעך.
זינד האָט באַשאַפן ניט גאָט, נאָר די סיטרא אחרא!

חנן.
און ווער האָט די סיטרא אחרא באַשאַפן? אױך גאָט. סיטרא אחרא הײסט די צווײטע זײט פון גאָט. ווי באַלד זי איז אַ זײט פון גאָט, מוז זי האָבן אין זיך קדושה.

הענעך.
דערשיטערט.
קדושה אין דער סיטרא אחרא!! איך קאָן ניט! איך פאַרשטײ ניט! לאָז מיך באַטראַכטן!
לאָזט אַראָפ דעם קאָפ, צוגעדרײקט צו די הענט, אױפן שטענדער, פױזע.

Chanan
(nachdenklich)
> Das ist das Werk der Gerechten, daß sie die Sünden der Menschen läutern. Sie machen frei die Seele von der Schale der Sünde und führen sie zur Quelle des Lichtes. Diese Aufgabe ist schwer: Weil »die Sünde vor der Türe lauert«, wie es in der Bibel heißt. Ist die Seele lauter geworden, schwebt auf ihren Platz eine andere hernieder, mit noch größerer Sünde befleckt. Ist ein Geschlecht bereits zur Buße gelangt, tritt an seine Stelle ein anderes, ein hartnäckigeres ... und die Geschlechter werden alle schwächer und die Sünden alle mächtiger, und die Gerechten – immer weniger.

Henach
> Was soll nun nach deiner Meinung geschehen?

Chanan
(still, aber sehr sicher)
> Man darf keinen Kampf mit der Sünde führen. Nur sie reinigen. Wie der Goldschmied das Gold in starkem Feuer läutert, wie der Landmann die vollen Körner von der Spreu scheidet, so muß man die Sünde von ihrer Unreinheit läutern, so daß nur Heiligkeit in ihr übrig bleibt.

Henach
(verwundert)
> Heiligkeit in der Sünde? Wie ist das nur möglich?

Chanan
> Alles, was Gott geschaffen hat, hat in sich einen Funken der Heiligkeit.

Henach
> Die Sünde hat nicht Gott geschaffen, die »andere Weltordnung« hat sie geschaffen.

Chanan
> Und wer hat die andere Weltordnung geschaffen? Auch Gott! Die andere Weltordnung, das ist die andere Seite von Gott. Sobald sie aus Gott gekommen ist, muß sie in sich auch Heiligkeit einschließen.

Henach
(erschüttert)
> Heiligkeit in der Weltordnung des Bösen!! Ich kann nicht! Ich begreife nicht! Laß mich nachdenken!

(Senkt den Kopf, stützt ihn in die Hände auf dem Lehrpult. Pause.)

Als Schlojme Sanwl Rappoport geboren, gibt sich Salomon An-Ski (1863 Tschaschniki – 1920 Otwock) einen Schriftstellernamen, der den Namen seiner Mutter Anna mit der russischen Familiennamenendung »ski« kombiniert. Mit einem russischen Namen und der russischen Sprache, die er mit 17 zu lernen beginnt, bricht der im chassidischen Milieu mit Jiddisch aufgewachsene An-Ski »in eine neue Kultur« auf, bemerkt Nachum Sokolow. »»Für Juden in Deutschland« ist das nicht zu verstehen, »denn ein noch so frommer deutscher Jude spricht Deutsch wie Goethe [...], aber im osteuropäischen Witebsk von 1879 war das eine entscheidende Wende.« Während der Pogromwelle im Ansiedlungsrayon, dem für jüdisches Wohn- und Arbeitsrecht eingeräumten Gebiet im Westen des russischen Kaiserreichs, kehrt An-Ski 1905 nach einem mehrjährigen Parisaufenthalt nach Russland zurück. Er gründet einen Verein zur Rettung historisch-ethnografischen Materials aus den jüdischen Ortschaften und leitet mehrere Expeditionen, um mündlich überlieferte Legenden, Melodien und Lieder festzuhalten und zu archivieren. Von nun an schreibt An-Ski auf Jiddisch. Mit seinem Theaterstück *Der Dybuk* wendet er sich gegen die kabbalistische Zuschreibung des Dybuk: Er ist nicht mehr die sündige Seele eines Toten, der als böser Geist vom Menschen Besitz ergreift, sondern eine empathische, sich nach Liebe sehnende, verlorene Seele.

Korn

בּוֹאִי הַרְאִי לִי פָּנִים חֲדָשׁוֹת/ תְּנִי אֶת פָּנַי אֶל תּוֹךְ מַסֵּכוֹתַיִךְ/ בָּרְרִי לִי אֶת הָאֲוִירִיּוֹת וְהַשְּׁקוּפוֹת שֶׁבֵּינֵיהֶן/ אַחַר כָּךְ אֶת הַמּוּקְשׁוֹת וְהַשְּׁחוֹרוֹת/ אֵלֶּה שֶׁאַתְּ מַסְתִּירָה בְּתֵבַת פַּנְדּוֹרָה אַרְכָאִית/ מִשֶּׁלָּךְ וּמִשֶּׁל אֲבוֹת אֲבוֹתַיִךְ/ וְאַל תִּהְיִי מִתְעַכֶּבֶת עַל בֶּהָלָתִי הַרְאִי לִי פָּנִים, מַשְׁמָעוּת, וּפְנִים./ אַחַר כָּךְ נְנַתַּח מַצָּבִים נְתוּנִים/ בְּאִזְמֵל מֵאֶבֶן צוּר/ נָבִיא מְצִיאוּת קָשָׁה לַחֲלוֹמוֹת/ נִבְנֶה בָּם חוֹמוֹת וְנִקְבַּע חַלּוֹנוֹת/ אֲנִי אַרְאֶה לָךְ שֶׁהַכֹּל הֲבָלִים/ וְאֶדְאַג מְאֹד שֶׁאֶהְיֶה אֶלַסְטִית/ אֶתְקַפֵּל כְּשֶׁתִּרְצִי/ וְאַכְפִּיל אֶת עַצְמִי כְּשֶׁתִּרְצִי/ וְאָרִיב אִתָּךְ אוּלַי/ וְאֶתְרַצֶּה אִם תִּרְצִי./ וַדַּאי אַרְגִּישׁ כְּמוֹ שִׁבֹּלֶת דַּקָּה, בְּכַד חֶרֶס עַתִּיק/ לְיַד שְׂדוֹת הַהוּרִיקָן הַמְדֻוָּחִים שֶׁלָּךְ./

Komm, zeig mir ein neues Gesicht / verbirg mein Gesicht unter deinen Masken / wähl für mich zuerst luftige und durchsichtige aus / danach verhärtete schwarze / aus der archaischen Pandora-Kiste / deiner und der Väter deiner Väter / halt dich nicht auf mit meinem Erschrecken, zeig mir Gesicht, Bedeutung / und das Innere. / Danach werden wir die gegebenen Umstände sezieren / den Träumen mit einem Skalpell aus Feuerstein harte Realität beibringen / Mauern in ihnen bauen und Fenster einsetzen / Ich werde dir zeigen, dass alles Unsinn ist / und dafür sorgen, elastisch zu sein / Werde mich zusammenfalten, wenn du willst / und mich verdoppeln, wenn du willst / vielleicht mit dir streiten / und mich besänftigen lassen, wenn du willst. / Bestimmt werde ich mich fühlen wie eine schmale Weizenähre / in einem antiken Tontopf / neben deinem Protokoll mit den Wetterlinien des Hurrikans.

Auf dem Weg ihrer Eltern von Marokko nach Israel kommt Miri Ben Simhon (1950 bei Marseille – 1996 bei Jerusalem) im Durchgangslager zur Welt und befindet sich »dort und hier und gleichzeitig weder dort noch hier«. Sie wächst im von Migranten bewohnten Jerusalemer Stadtteil Katamon auf und ist bis ins zehnte Lebensjahr »sicher, dass Gott ein Marokkaner ist«. Als Ben Simhon 1985 שיר ידידות מזרחי ואדיפלי (Mizrachi und ödipales Freundschaftsgedicht) veröffentlicht, kämpft die israelische Schwarze-Panther-Bewegung bereits seit Längerem um soziale Gerechtigkeit für Migranten aus arabischen Ländern, doch ist der Gebrauch des Begriffs Mizrachi im Titel eines Gedichts alles andere als selbstverständlich. An den Konflikt zwischen Mizrachi und Aschkenazi in Israel sieht sich die Dichterin »zwanghaft angeschirrt«. Ihre Kritik am Ost-West-Antagonismus schließt Geschlechter- und Klassenverhältnisse ein und richtet sich nicht zuletzt gegen patriarchale Strukturen. Mit Amira Hess verbindet Ben Simhon eine langjährige und stürmische Korrespondenz in Gedichten. Mit Sylvia Plath, deren Gedichte Ben Simhon übersetzt, verbindet sie eine weibliche Poetik der Selbstbeobachtung, die bei ihr eine affirmative Überidentifikation zwecks Austreibung annehmen kann: Sie wird sich verdoppeln, »wenn du willst«, um sich »wie eine dünne Weizenähre in einem antiken Tongefäß« zu fühlen – wie jene Deko also, die Kzia Alon zufolge israelische Wohnzimmer orientalisiert, an biblische Zeiten anknüpft und die Gegenwart kolonisiert.

Es ist schwer zu erraten, welche Gedanken an diesem Sabbatabende durch den Kopf der alten Frau gehen, sie nickt in einem fort, sie lächelt beständig. Ein hochauf belasteter, von Garben strotzender Wagen fährt vorüber! Oben auf der vollen Frucht sitzt ein Bursche; dem muß in diesem Augenblick ein eigener Gedanke durch den Kopf fliegen, daß er den mächtigen Kranz, aus blauen Kornblumen geflochten, der alten Jüdin zuwirft. Und habt ihr nicht gesehen, wie ein flüchtiges Erröten die Wangen überflogen hat, als wären es die ersten Tage der Liebe und ihr würden die Blumen vor die Füße geschüttet?

Warum hat der Bursche ihr den Kranz nicht in den Schoß, warum hat er ihn zu ihren Füßen geschleudert? Sie muß sich nun bücken und kann es nicht, und möchte doch den frischen Feldduft der blauen Blumen mit allen Sinnen einziehen. Die alte Frau muß ihren Enkel dreimal rufen, ehe ein rotwangiger Junge auf der Türschwelle erscheint, zu dem sie sagen kann:

»Komm her und buck dich und heb mir die Blumen auf. Du kannst mir zehntausend bare Gulden unter meine Füße herlegen, und ich bin nicht imstand', mich drum zu bucken.«

Auch ohne die zehntausend Gulden hätte sich der Knabe um den Strauß gebückt; er legte ihn der alten Frau in den Schoß.

Sie betrachtete ihn mit stillem Entzücken und nickte mit seligem Lächeln auf die blauen Blumen herab. Nach einer Weile sagte sie fast grollend mit sich selber:

»Geh! geh! man vergißt auf sich selber, wenn man alt wird und schwach. Hätt' ich da nicht bald an den Blumen geschmeckt, und weiß doch ganz gut, daß des Bauers Sohn sie am heiligen Schabbes ausgerissen hat auf dem Feld? Werd' einer nur alt und schwach! Mit offenen Augen und offenen Ohren begeht er Sünden auf Sünden, man weiß schier nicht, wie man dazu kommt. Gott aber, der Allmächtige da oben im siebenten Himmel, der hat alleweil sein groß Rechenbuch vor sich liegen und schreibt ein, und wenn einen der *Mallech hamowes* (Todesengel) abholt, hat man eine Rechnung vor sich da, wie ein Trunkenbold, der nicht weiß, wie viel man ihm hat geliehen.«

Während dieses in halb flüsterndem, halb grollendem Tone mit sich geführten Gespräches war ihr der Kranz wieder vom Schoß entglitten. Der Knabe hob ihn auf, aber, anstatt ihn zurückzustellen, führte er die schöne Gottesgabe an seine Nase und zog den frischen Feldduft der Blumen herzhaft ein.

»Was stellst du an, Fischele«, rief erschrocken die Großmutter, indem sie sich umsonst bemühte, sich vom Platz zu erheben und ihrem Enkel den Kranz zu entreißen.

»Babe, was willst du denn?« meinte er verwundert.

In seiner Einleitung zur Erzählung *Christian und Lea* von Leopold Kompert (1822 Mnichovo Hradiště –1886 Wien) schreibt Georg Feldhausen 1902: »Das Lieben und Leiden zweier Kinder, die verschiedenen Glaubensbekenntnissen angehören, wird allerseits liebevolles Verständnis und warme Teilnahme finden, nicht minder die edle Mutter Sarah, die der Dichter mit besonderer Liebe zeichnet und deren Kämpfe zwischen Menschlichkeit und religiösen Bedenken er ergreifend schildert.« Mit seiner Veröffentlichung *Aus dem Ghetto. Geschichten* ist der böhmische Kompert einer der ersten, der aus dem jüdischen Ghetto heraus erzählt. »Ich habe im Ghetto selten ein Kind – mit Blumen in der Hand gesehen. Fehlt es den Juden wirklich an Natursinn? Sogar Kinder können schon die Blumen entbehren! […] Naturgeschichte, besonders Botanik, sollten die ersten Lehrfächer einer jeden jüdischen Schule sein. Wenn man mit keiner Blume spielen will, wenn man das stille Wachstum in Feld und Garten nicht belauschen kann, sollte man es doch aus Büchern lernen. Nicht immer ist das Buch ein welkes Herbarium! Hier würden Blüten, Blätter und Frucht aus dem Papier aufsprossen.« Nicht nur die Blumen werden von Kompert vermisst: »Was unserer Religion fehlt, ist das Weibliche. Streng genommen haben die Frauen gar keine Stellung in ihr!«

Kürbis

»שֶׂה תָמִים זָכָר בֶּן שָׁנָה
יִהְיֶה לָכֶם
מִן הַכְּבָשִׂים וּמִן הָעִזִּים
תִּקָּחוּ...«

כְּנֶגֶד מִי דִּבְּרָה תּוֹרָה?
כְּנֶגֶד שֶׂה תָּמִים?

בְּוַדַּאי שֶׁהוּא הָיָה תָּמִים
אִם הוּא רַק בֶּן שָׁנָה
וְאִם הִסְכִּים לִהְיוֹת
לְזֶבַח פֶּסַח שֶׁל כָּל הַמִּשְׁפָּחָה
וְשֶׁדָּמוֹ יְמָרַח עַל הַמַּשְׁקוֹף
וְעַל שְׁתֵּי הַמְּזוּזוֹת –
כְּדֵי לִשְׁמֹר אֶת בַּעֲלֵי הַבַּיִת מִמַּלְאַךְ הַמָּוֶת.

אֲבָל מָה תַּעֲשֶׂינָה נְשׁוֹתֵינוּ הַצְּעִירוֹת
הַצַּמְחוֹנִיּוֹת וְהָאֶסְטֶטְנִיסִיּוֹת?
מָה תִּשְׁחַטְנָה לְפֶסַח?
אוּלַי דְּלַעַת בַּת שָׁנָה?
וְשֶׁמָּא אֲבַטִּיחַ אָדֹם וּמְדַמֵּם?
וְאוּלַי רֹאשׁ כְּרוּב
אוֹ אֲפִלּוּ רֹאשׁ שֶׁל שׁוּם?
אָז מָה תַּעֲשֶׂינָה
בְּנוֹתֵינוּ הָעֲנֻגּוֹת?
מָה תִּשְׁחַטְנָה?
וּבְכֵן בִּשְׁבִיל זֶה
יֵשׁ גְּבָרִים.

»Ein unschuldiges Böcklein, ein einjähriges, männliches
sollt Ihr haben
von den Ziegen und Schafen
nehmt es ...«

Angesichts wessen sprach die Thora?
Angesichts eines unschuldigen Jungtiers?

Selbstverständlich war es unschuldig
wenn es nur ein Jahr alt war
und wenn es willens war
das Passah-Schlachtofer der ganzen Familie zu sein
wurde sein Blut auf den Türsturz geschmiert
und auf dessen beiderseitige Segensröllchen –
um die Herren des Hauses zu bewahren
vor dem Engel des Todes

Doch was werden unsere jungen Frauen tun
die Vegetarierinnen und feinfühligen?
Was werden sie zum Passah-Fest schlachten?
Vielleicht einen einjährigen Kürbis?
Möglicherweise eine rot blutende Wassermelone?
Vielleicht einen Kopf Weißkohl?
Oder sogar eine Knolle Knoblauch?
Also was werden sie tun
unsere zarten Töchter?
Was werden sie schlachten?
Also, dafür gibt es
Männer.

Die jemenitische Aufklärung, die unter ottomanischer Herrschaft mit der Gründung einer Mädchenschule für weltliche Bildung jenseits von Kabbala-Studien kämpft, und die biblischen Bücher *Esther* und *Ruth* inspirieren Bracha Serri (1940 Sanaa – 2013 Jerusalem) zu ihrer »eigenen Schriftrolle […]. Ich war entzückt von der Form der Schriftrolle, deren Öffnung einer langsamen Enthüllung ähnelt. Gleichzeitig wollte ich einen neuen Talisman schaffen, eine Art Tampon – einen persönlichen Gegenstand, der sich in der Handtasche tragen lässt«. Nicht nur die Form der Papierrollen von Rechenmaschinen als Schriftträger veranlasst Serri dazu, ihre Gedichte im Selbstverlag zu publizieren. Auch die von ihr angesprochenen Schwierigkeiten von Mizrachi- wie Aschkenasi-Männern, eine gebildete Mizrachi-Frau zu akzeptieren, führen zu ihrer Ablehnung bei Verlegern und Presse. Das mag mit Serris erster Veröffentlichung 1980 in der feministischen Zeitschrift נגה (Venus) zusammenhängen, die für großen Aufruhr sorgt: Erzählt aus der Perspektive eines Mädchens, das einen alten Mann heiraten musste, klagt Serri nicht nur die von Gewalt geprägten Hochzeitsbräuche an, sondern auch »die Ordnung des Inzests« (Shira Stav). Bei »Verborgenes Licht«, wie Serri ihren Verlag nennt, pflegt sie ihren Geist des jüdisch-jemenitischen Feminismus. »Meine Weine entstehen / in bescheidenen Pressen / der Weintrauben in Sanaas Weinkelter […] und mit ihrer Sortierung für unterschiedliche Gebräuche.«

Lilie

מְלִיצָתִי בְּדַאֲגָתִי הֲדוּפָה / וְשִׂמְחָתִי בְּאַנְחָתִי דְחוּפָה,
וְאִם אֶרְאֶה שְׂחוֹק – יִבְכֶּה לְבָבִי / לְחַיָּתִי שֶׁהִיא מִנִּי קְטוּפָה.
"יְדִידִי, הֲלְבֶן עֶשֶׂר וְשִׁשָּׁה / סְפֹד וּבְכוֹת עֲלֵי יוֹם הָאֲסִיפָה –
אֲשֶׁר הָיָה לְהַמְשֵׁךְ בְּיַלְדוּת / בִּלְחִי כַּחֲבַצֶּלֶת שְׁזוּפָה?"
שְׁפָטַנִי לְבָבִי מִנְּעוּרַי / וְעַל כֵּן הָיְתָה נַפְשִׁי כְפוּפָה,
וְשָׁם הַבִּין וְהַמּוּסָר מְנָתוֹ / וְנַפְשִׁי הַחֲרוּצָה שָׁם קְצוּפָה.
"וּמָה בֶּצַע בְּהִתְקַצֵּף? אֲבָל דֹּם / וְקַוֵּה, כִּי לְכָל מַכָּה תְּרוּפָה!
וּמַה יּוֹעִיל בְּכוֹת עַל הַמְצוּקִים / וּמַה יּוֹעִיל לְדִמְעָה הָעֲרוּפָה?"
וּמַה אוֹחִיל וְעַד כַּמָּה אֲיַחֵל – / וְהַיּוֹם עוֹד וְלֹא מָלְאָה תְקוּפָה?
וְטֶרֶם בּוֹא צֳרִי גִלְעָד – וְיָמוּת / אֱנוֹשׁ נִכְאָב אֲשֶׁר נַפְשׁוֹ נְגוּפָה.

Mein Lied durch meine Sorge erschüttert / meine Freude durch mein Seufzen bedrückt,
und wenn ich Lachen sehe – weint mein Herz / um mein Leben, das mir weggeschnitten.
»Mein Freund, weint denn der zehn-und-sechs-Jahre-Alte / betrauert den Tag des Ganges zu den Vätern
der, der weiter in der Kindheit sein sollte / mit der Wange einer sonnenbeschienenen Lilie
Seit meiner Jugend setzte mein Herz mir zu / und deshalb war meine Seele gebeugt,
die Vernunft und die Moral legten ihr Teil dazu / deshalb war meine verurteilte Seele in Rage.«
»Und wo ist der Wert darin, in Rage zu sein? Doch halt / und hoffe, denn jeder Schlag hat Heilung!
Und was nützt das Weinen über Bedrängnisse / und was nützt das Vergießen der Träne?«
Und worauf warte ich und wie sehr ich auch hoffe – / ist das Zeitmaß heute noch nicht voll?
Und bevor noch der Balsam aus Gilead kommt – stirbt er / ein weher Mensch mit besiegter Seele.

Auf Hebräisch ist sein Name Solomon ben Jehuda ibn Gabirol, auf Arabisch Abu Ayyub Sulaiman ibn Yahya Ibn Jubayrol, auf Lateinisch Avicebron, Avicembron, Avicenbrol oder Avencebrol (1021/22 Málaga – 1070 Valencia). Die lateinische Verballhornung seines Namens führte außerhalb der jüdischen Gemeinschaft zu der Annahme, dass Ibn Gabirol und Avicebron zwei verschiedene Personen seien – Gabirol der Jude und Avicebron der Muslim. 1846 findet Salomon Munk in der Pariser Nationalbibliothek eine hebräische Teilübersetzung der arabischen Originalfassung von ibn Gabirols *Lebensquelle*. Munk erkennt, dass Ibn Gabirol und Avicebron bzw. Avencebrol, der seit dem Mittelalter als Verfasser des *Fons vitae* bekannt war und für einen christlichen Scholastiker gehalten wurde, ein und dieselbe Person sind. Die geteilte Rezeption ibn Gabirols mag dazu beitragen haben, dass er als mehrere Personen wahrgenommen wurde. Seine philosophischen Schriften wie *Lebensquelle* wurden fast ausschließlich von christlichen Scholastikern rezipiert – ohne Bibelzitate und Bezug auf theologische Autoritäten war der Text für konservative Juden wenig ansprechend. Die hebräische Dichtung Ibn Gabirols hingegen wurde eher von Juden rezipiert. Acht Arten von Menschen zählt Ibn Gabirol, die, wenn sie gedemütigt werden, niemandem außer sich selbst die Schuld geben können. Der achte ist derjenige, der einer Person, die nicht zuhört, Geschichten erzählt.

Lilie

יְקוּל אַלשַּׁבַּזִי / נַאלְנַא אַלעֻוְזִי / מִן אַלזְּמַאן אַלכְּזִי / הַאן אַלפַקִירַא:
סָנַת אָתַתְקְפַט מְצַת / בִּאלְגְלוּל עֻוַצַת / בַּעד מַא אַנקַצַת / כְּלוּקַן כְּתִירַא:
אַלכְּרַאם תְשַׁוְהַת / וְלִצְּיוּף כְּרַהַת / וּמֻן וְפַדְתָּה אַבְּתַּהַת / וְתַבְּקַא חְקִירַא:
לְבֻּס אהל אלכְּרַם / אַלהַם וַאלהַרַם / וַאלגְנִי אחְתּרַם / מא שְׁבֻּעַ פְּטִירַא:
מִן סָנַת אָתַתְקְפַּח / צַּאלוּן אלטפַח / וַינדם מן נפח / בְּקוּתָן יְסִירַא:
יַא אַלַּלָּה בְּאלרְצַא / עֻלֵינַא וַאלחַצַא / עַן כֻּל מַא מְצַא / אַנתַ אַלקְדִירַא:
וְכַּאפִי אַלפְקִרַא / וְמֻטְלִק אַלאַסְרַא / מֻנַטִק אלשְׁעַרַא / בְּעַקְלַן מֻנִירַא:
סִרּ קֻלוּבְּנַא / אַלֵיךְ יַא רַבַּנַא / חַיֵסֵר רזקנא / וְתַשְׁפִי אַלעַתִירַא:
פַצלַךְ אלשַׁאמְל / חַאלְנַא תְגַמֵל / פִי עַקל כַּאמְל / תַזכִּי אַלאַגִירַא:
מַן כַּאף רַבֻּהוּ / סִיבַּלְגְ מֻרַאדְהוּ / בְּעַדְנַאן חַוַזַהוּ / בֵּין אלזְהוּרַא:
שַׁאפִי לְכֻל אַלִים / דַעְנַא בְּתַסלִים / בְּתוֹרַאת אלכַּלִּים / נִם אלבַּשִׁירַא:
תְנַבַּא בְּטוּר סִין / וַאלקוּם נַאכְּסִין / פִי נַטְקַן חַסִין / וְאַחרֻף תְנִירַא:
אָנַאר אַסבַּאטְנַא / פִי תוֹרַאתְנַא / וְאַלנוּר חַאטְנַא / תַם מֻסתַדִירַא:
קַם יַא מֻרסַלִי / בְּאלסַּלַאם כֻּץ לִי / אלשֵׁעב אלאַפצַלִי / כְּבִיר וַאלצַגִירַא:

Also sagt Shabazi / Die Not hat uns ereilt / in der schändlichen Zeit / geschwächt ist der Arme:

Das Jahr 1699 ist vorbei / mit Taten der Macht war es gekommen / nachdem es vernichtete / viele Geschöpfe:

Wohltäter wurden beschämt / und die Gäste verschmäht / der, den du aufsuchtest war überrascht / und wurde geringschätzig:

Es hüllten sich die Herren der Wohltat / in Sorge und Erschöpfung / und der Reiche im Mangel / wurde am Brot nicht satt:

Aus dem Jahr 1698 / erreichte uns die Ungeduld / und bekümmert war der, der nur wenig Nahrung beschaffte:

Oh Gott / möge es der Wille sein / und Du erbarmst Dich unser / für alles, das war / Du, der so vieles kann:

Und der Vergelter für die Armen ist / und Befreier der Gefangenen / der den Dichtern entlockt Worte / von glänzendem Verstand:

Aus dem Verborgenen unseres Herzens / zu Dir, oh unser Herr / gewähre uns unser Auskommen / und heile den Gefallenen:

In Deiner großen Gnade / lass unsere Wege erfolgreich sein / vollendet weise lass den Tätigen belohnt sein:

Der, der seinen Gott fürchtet / wird den eigenen Wunsch erfüllen / im Garten Eden sei sein Anteil / unter den Lilien (die Gerechten):

Als Heilung für jeden Schmerz leidenden / gib uns einen Platz im Frieden / in der Lehre des Moses / der vom Menschen Auserwählte:

Er prophezeite am Berge Sinai / (und das Volk mit verneigten Köpfen) / mit wahren Sprüchen / und leuchtenden Lettern:

Öffne die Augen unserer Stämme / mit unserer Lehre /
und das Feuer umgibt uns / dort rundum:
Steh auf, oh mein Gesandter / und unterbreite meinen Gruß /
der erhabenen Gemeinschaft / Groß und Klein:

»Selbst wenn sie sich schließen werden, die Türen der Großzügigen / werden die Türen des Himmels immer offen bleiben«, beginnt Shalom Shabazi (1619 Najd al-Walid –1720 Ta'izz) das liturgische Gedicht אם ננעלו (Selbst wenn sie sich schließen werden), das zwischen Hebräisch und Jüdisch-Jemenitisch wechselt. Die Vielfalt seines dichterischen Werks, das jeden Festtag sowie den individuellen Lebenszyklus besingt, seine Beherrschung des Hebräischen, Arabischen und Aramäischen, die in der jüdisch-jemenitischen Dichtung verwendet werden, seine Gelehrsamkeit und sein Kenntnisreichtum in jüdischer wie in arabischer Poesie machen aus dem Weber Shabazi bis heute eine verehrte Persönlichkeit der jüdisch-jemenitischen Gemeinde. Von der Kabbala beeinflusst, ist Shabazis Dichtung reich an versteckten und indirekten Hinweisen. Neben Gedichten verfasst er auch kurze Werke wie كتاب الرمل (Das Sandbuch), das von geomantischem Hellsehen handelt. An Shabazis Grab in Ta'izz beten sowohl Juden als auch Muslime um Erlösung von Krankheit und Elend. Das zweisprachige Gedicht אם ננעלו wurde seit den 1950er Jahren mehrmals vertont. Ofra Hazas Version *Im Nin'alu* wurde einer der ersten Welterfolge einer Mischform westlicher und nicht-westlicher Musik.

Lilie

Praksija Dymitruk, Praksija, Praksija
Czemuś zarysowała swym imieniem ściany
Czy i ciebie boli, że się tak przemija
I chcesz żeby został choć ten ślad pisany?

Czy i ty się wzbraniasz minąć tak zupełnie
Bez echa, niepotrzebna, nieważna, niczyja
I chcesz co zostawić po sobie daremnie
Praksija Dymitruk, Praksija, Praksija.

Ja ciebię rozumię dziewoczko rosyjska
O imieniu wonnym, wiotkim jak lilija
Jak bardzo mi jesteś znajoma, jak bliska
Praksija Dymitruk, Praksija, Praksija.

Praksija Dymitruk, Praksija, Praksija
Warum musstest du auf Wände deinen Namen schreiben
Schmerzt es dich auch so, dass wir vergeh'n immerdar
Und du hoffst, wenigstens diese Spur wird bleiben?

Sträubst auch du dich davor, ganz dahinzuschwinden
Ohne Echo, unwichtig, überflüssig gar
Und vergeblich willst du nicht spurlos verschwinden
Praksija Dymitruk, Praksija, Praksija.

Oh russisches Mädchen, ich verstehe dich
Dein Name wie die Lilie, so duftend und rar
Wie nah du mir bist, wie sehr berührst du mich
Praksija Dymitruk, Praksija, Praksija.

Die Schwestern Henia Karmel-Wolfe (1922 Krakau – ca. 1984) und Ilona Karmel Zucker (1925 Krakau – 2000 Cambridge, MA) beginnen zusammen Gedichte zu schreiben, während sie in dem von Nazideutschen errichteten Zwangsarbeitslager Skarżysko-Kamienna des Rüstungskonzerns HASAG interniert sind. Als Schreibpapier dienen ihnen gestohlene Lochkarten und Papierschnipsel, die ihnen ein nicht-jüdischer Arbeiter zusteckt. Formen geistigen Widerstands werden die Schwestern auch in ihrem jeweiligen späteren Schreiben beschäftigen. Noch vor ihrer Ankunft in New York erscheint dort ihr Gedichtband *Śpiew za drutami* (1947, Gesang hinter dem Draht) auf Polnisch. Feministische und Holocaust-Studien bringen die Werke der Schwestern erneut in den Fokus, obgleich sie selbst sich diesen Kategorien nicht zugeordnet haben. In Zuge dieser Entwicklung wird 1993 Karmel Zuckers Roman *An Estate of Memory* (1969) wiederaufgelegt, der vom Überleben im Gemeinschaftsgeist zeugt: Vier Frauen im Lager bilden eine Ersatzfamilie, wobei drei von ihnen die vierte in ihrer heimlichen Schwangerschaft unterstützen. Die *Washington Post* hält es für mutig, wenn Karmel Zucker erklärt, sie würde damit am »nächsten Kapitel der Geschichte der menschlichen Erniedrigung« schreiben, nicht nur der jüdischen. Ihr geht es um »die Sicht einer Frau auf ein Leben jenseits des Punktes, an dem das Leben einen Sinn haben soll«.

Noch verstellten mir ein paar regenschwarze Ahorne und Kastanien die Sicht, da stand ich schon zwischen den Fassaden der ehemaligen Garnisonshäuser, und einige Schritte weiter und ich trat hinaus auf den von einer doppelten Baumreihe gesäumten Paradeplatz. Das Auffälligste und mir bis heute Unbegreifliche an diesem Ort, sagte Austerlitz, war für mich von Anfang an seine Leere. Ich wußte von Věra, daß Terezín seit vielen Jahren wieder eine reguläre Kommune ist, und doch dauerte es nahezu eine Viertelstunde, bis ich drüben auf der anderen Seite des Karrees den ersten Menschen erblickte, eine vornübergebeugte Gestalt, die sich unendlich langsam an einem Stock voranbewegte und doch, als ich einen Moment nur mein Auge von ihr abwandte, auf einmal verschwunden war. Sonst begegnete mir den ganzen Morgen niemand in den schnurgeraden, verlassenen Straßen von Terezín, außer einem Geistesgestörten in einem abgerissenen Anzug, der mir zwischen den Linden des Brunnenparks über den Weg lief und in einer Art von gestammeltem Deutsch wild fuchtelnd ich weiß nicht was für eine Geschichte erzählte, ehe auch er, den Hundertkronenschein, den ich ihm gegeben hatte, noch in der Hand, mitten im Davonspringen, wie man sagt, vom Erdboden verschluckt wurde. War schon die Verlassenheit der gleich dem idealen Sonnenstaatswesen Campanellas nach einem strengen geometrischen Raster angelegten Festungsstadt ungemein niederdrückend, so war es mehr noch das Abweisende der stummen Häuserfronten, hinter deren blinden Fenstern, sooft ich auch an ihnen hinaufblickte, nirgends ein einziger Vorhang sich rührte.

»[W]ahrscheinlich weil mit den überlebenden Juden irgendwie noch schwerer umzugehen war als mit den toten«, ist die deutsche Nachkriegsliteratur Büchern wie denen von Jurek Becker, die mit den Auswirkungen befasst sind, »die die Verfolgung der Juden zeitigte auch noch in denen, die ihr entkamen, beziehungsweise weiterhin zeitigt im Leben der Nachgeborenen [...], mit erstaunlicher Umsichtigkeit ausgewichen«. Beschreibt W. G. Sebald (1944 Wertach – 2001 Norfolk) mit diesen Worten aus seiner Polemik gegen Jurek Becker nicht auch sich selbst? Er wusste, sagt er 2001 im Interview, »dass das Schreiben über dieses Thema, insbesondere für Menschen deutscher Herkunft, mit Gefahren und Schwierigkeiten behaftet ist. Taktlose Entgleisungen, moralische und ästhetische, können leicht begangen werden«. Doch nimmt er es auf sich, »die Verschwörung des Schweigens« der Nachkriegszeit mit einer auf Recherche basierten Literatur zu brechen. Seine Forschungen führen ihn aber nicht zu in Deutschland lebenden Remigranten wie Grete Weil; er »reist« mit seinem Protagonisten Austerlitz nach Terezín, liest Jorge Louis Borges' *Der Garten der Pfade, die sich verzweigen* und schreibt zu Leopold Komperts Geschichten *Aus dem Ghetto*.

Morgens wurden die Latrinen-Behälter abgeholt. An der Außenseite des Lagers, direkt am Drahtverhau, waren Schienen für eine Feldbahn gelegt. Ein kleiner Zug mit offenen Plattform-Wägelchen fuhr, mit einigen Spaniern bemannt, von îlot zu îlot. Wenn der Zug kam, riefen wir den Frauen auf der Latrine zu: »Schnell, beeilt euch, der Gold-Expreß kommt!« Dann hielt der Zug, die Spanier sprangen ab und gingen auf die Latrinen zu. Frauen standen am Stacheldraht, und die Männer lächelten ihnen zu.

An diesem Ende des Zaunes gab es einen schmalen Streifen mit bräunlichem Gras und staubigem Löwenzahn. Manchmal gingen wir hinüber; mit einer Hand mußte man sich die Nase zuhalten wegen des Gestanks von dem offenen Gold-Expreß, und mit der anderen Hand zupfte man den Löwenzahn aus und warf ihn den Spaniern zu. Die Männer lachten und warfen uns Küsse zu. Sie hatten seit über einem Jahr keine Frau gesehen, und jetzt waren da Tausende.

Nach einer antinazistischen Flugblattaktion in Berlin muss Lisa Fittko (1909 Ungvár – 2005 Chicago) 1933 die Flucht ergreifen, zunächst nach Prag, dann über Basel, Apeldoorn, Paris, Pontacq, Lourdes, Marseille, Banyuls-sur-Mer und weitere Stationen nach Havanna. In ihrem Erinnerungsbuch *Mein Weg über die Pyrenäen* erzählt sie von ihrem Aufenthalt im Camp de Gurs, wo sie als »unerwünschte Ausländerin« interniert war, von ihrer Flucht aus dem Lager und ihrer Tätigkeit als Schmugglerin von Geflüchteten über die französische Grenze nach Spanien. In Havanna wird ihr Leben »etwas leichter«, dank der Anstellung in einem Büro kann sie sich »abends einen Cuba Libre oder ein Fruchteis leisten«. Dabei denkt sie, »[m]it diesen tropischen Früchten« sei es »wie mit allem anderen hier: zuerst ist der Geschmack fremd, gar nicht wie Obst, warum können sie denn nicht wie Erdbeeren schmecken, oder wie Kirschen? Eines Tages merkt man dann aber, daß Mango und Fruta Bomba zu unserem täglichen Leben gehören; man kann sich gar nicht vorstellen, wie man ohne sie gelebt hat, und es gelingt mir nicht mehr recht, mich an den Geschmack von Pflaumen oder Birnen zu erinnern«.

Magnolie

Un enfant avec une histoire pleine de trous, ne peut que se réinventer une mémoire. De ça, je suis certaine.
Alors l'autobiographie dans tout ça ne peut être que réinventée.
Elle est toujours réinventée, mais là, avec cette histoire pleine de trous, c'est comme s'il n'y avait même plus d'histoire. Que fait-on alors ? On essaie de remplir ces trous, et je dirais même ce trou, par un imaginaire nourri de tout ce qu'on peut trouver, à gauche, à droite et au milieu du trou. On essaie de se créer une vérité imaginaire à soi. C'est pour ça, on ressasse. On ressasse et on ressasse. Et parfois on tombe dans le trou. Dis-moi la vérité. Raconte-moi ton histoire. Je ne peux pas.

Southern trees bear a strange fruit.
Blood on the leaves and blood at the root.
Black body swinging in the Southern breeze.
Strange fruit hanging from the poplar trees.

Pastoral scene of the gallant South.
The bulging eyes and the twisted mouth
Scent of magnolia sweet and fresh
And the sudden smell of burning flesh!

Here is the fruit for the crows to pluck,
For the rain to gather, for the wind to suck
For the sun to rot, for a tree to drop
Here is a strange and bitter crop.

Ein Kind mit lauter Löchern
in der Geschichte kann sich nur
eine Vergangenheit erfinden.
Da bin ich ganz sicher.
Deshalb können diese autobiografischen Sachen
nur erfunden sein.
Das ist ja immer erfunden, aber mit
dieser löchrigen Geschichte ist es, als ob es
überhaupt keine Geschichte mehr gäbe. Was

macht man da also? Man versucht die Löcher,
ich würde sagen, das Loch, mit allem Möglichen zu stopfen,
was man so rechts und links und in der Mitte des
Lochs findet. Man versucht, sich seine eigene imaginäre
Wahrheit zu schaffen. Und deshalb käut man immer wieder.
Man käut wieder und käut wieder. Und manchmal
fällt man in das Loch. Sag mir die Wahrheit.
Erzähl mir deine Geschichte. Ich kann's nicht.

Southern trees bear a strange fruit.
Blood on the leaves and blood at the root.
Back body swinging in the Southern breeze.
Strange fruit hanging from the poplar trees.

Pastoral scene of the gallant South,
The bulging eyes and the twisted mouth
Scent of magnolia sweet and fresh
And the sudden smell of burning flesh!

Here is the fruit for the crows to pluck,
For the rain to gather, for the wind to suck,
For the sun to rot, for a tree to drop,
Here is a strange and bitter crop.

Einige ihrer Filme schreibt Chantal Akerman (Brüssel 1950 – Paris 2015) anfangs als Novellen. Zu Drehbüchern sieht sie sich eher »verpflichtet« – »weil man mir sonst sagt, das ist literarisch«. Es ist ein Kino, in dem »du siehst, wie die Zeit vergeht [..] Du spürst auch, dass dies die Zeit ist, die zum Tod führt«. Deine wie die der anderen. Im Film *Sud* (1999) »ruft ein Baum einen schwarzen Mann wach, der gehängt worden sein könnte. Wenn du einen Baum zwei Sekunden lang zeigst, wird diese Schicht nicht präsent – es wird nur noch ein Baum sein. Es ist die Zeit, die sie entstehen lässt.« In *Neben seinen Schnürsenkeln in einem leeren Kühlschrank laufen* zitiert Akerman den Songtext *Strange Fruit*, den der amerikanische Kommunist Abel Meeropol 1937 unter dem Eindruck des Lynchmords an zwei afroamerikanischen Männern verfasste. Die Musikalität ihrer Filme führt Akerman auf das Sprachgemisch ihrer Kindheit zurück – das Jiddisch des Großvaters, das Hebräisch der Synagoge und das Französisch der Mutter, in dem sich »eine gewisse Melodie des Polnischen herumschleicht«. Gefragt, ob sie einmal einen Film über die Résistance machen möchte, sagt die Tochter von Holocaustüberlebenden: »Ich möchte weg von den Lagern [...] Inzwischen singe ich lieber.«

Maiglöckchen

Płacze pani Słowikowa w gniazdku na akacji,
Bo pan Słowik przed dziewiątą miał być na kolacji,
Tak się godzin wyznaczonych pilnie zawsze trzyma,
A już jest po jedenastej – i Słowika nie ma!

Wszystko stygnie: zupka z muszek na wieczornej rosie,
Sześć komarów nadziewanych w konwaliowym sosie,
Motyl z rożna, przyprawiony gęstym cieniem z lasku,
A na deser – tort z wietrzyka w księżycowym blasku.

Może mu się co zdarzyło? może go napadli?
Szare piórka oskubali, srebrny głosik skradli?
To przez zazdrość! To skowronek z bandą skowroniątek!
Piórka – głupstwo, bo odrosną, ale głos – majątek!

Nagle zjawia się pan Słowik, poświstuje, skacze...
Gdzieś ty latał? Gdzieś ty fruwał? Przecież ja tu płaczę!
A pan Słowik słodko ćwierka: „Wybacz, moje złoto,
Ale wieczór taki piękny, że szedłem piechotą!"

Frau Nachtigall weint bitterlich auf ihrem Baum im Nestlein,
Um neun sollte Herr Nachtigall zum Abendbrot zurück sein.
Sonst sieht man ihn gewissenhaft auf Pünktlichkeit bestehen,
Doch nun ist es schon kurz nach elf – und nichts von ihm zu sehen!

Die Suppe steht längst auf dem Tisch, garniert mit Fliegenbröckchen,
Sechs krosse Stechmücken am Spieß im Sud von Maienglöckchen,
Und Schmetterling vom Grill, gewürzt mit dichtem Waldesschatten,
Und als Dessert mit Mondscheinguss – die Windhauchtortenplatte.

Was wohl geschah? Ein Überfall? Tat man ihm etwas Schlimmes?
Riss ihm die grauen Federn aus? Stahl ihm die Silberstimme?
Aus Neid! Gewiss, die Lerche war's mit ihrer frechen Bande!
Die Federn wachsen nach, doch ach – die Stimme, welche Schande!

Da plötzlich kommt Herr Nachtigall, fröhlich hüpfend, pfeifend ...
»Wo warst du? Wo flogst du herum? Ich bin hier fast verzweifelt!«
»Verzeih«, flötet Herr Nachtigall, »du brauchtest nicht zu bangen,
Weißt du, der Abend war so schön – ich bin zu Fuß gegangen!«

1944, ein Jahr nach dem Warschauer Ghettoaufstand, schreibt der im Exil lebende Lyriker Julian Tuwim (1894 Łódź –1953 Zakopane) ein Klagelied und zugleich ein Manifest zu inklusiven und exklusiven Identitätszuschreibungen: *My, Żydzi Polscy – Wir polnische Juden.* »[U]nd gleich höre ich diese Frage: ›Woher dieses WIR?‹ Eine Frage, die gewissermaßen begründet ist. Diese Frage stellen mir die Juden, denen ich immer erklärt habe, dass ich Pole bin, und jetzt stellen sie mir die Polen, für die ich – in ihrer Mehrheit – Jude bin und bleibe. [...] Ich unterteile die Polen nicht in ›gebürtig‹ und ›nicht gebürtig‹; das überlasse ich den gebürtigen und nicht gebürtigen Rassisten.« In mehrere Sprachen übersetzt zirkuliert die Schrift durch die Welt, in der Sowjetunion von Tausenden handkopiert, wie Ilja Ehrenburg berichtet. Tuwims Kollege Stanisław Wygodzki, der nach seiner Befreiung aus dem KZ Dachau im Krankenhaus bei München lag, erinnert sich an einen Jungen, der dort auftauchte. Neben einem kleinen Bündel Unterwäsche trug er ein zerknittertes Papier bei sich, auf das Tuwims Manifest mit einer Schreibmaschine getippt war. »Dieser Brief, den ein kleiner Junge durch mehrere europäischen Länder trug, war seine Urkunde, sein Ausweis.« Für den zionistisch geprägten Diskurs zu jüdischer Identität galt dieser Ausweis nicht.

Mais

Im Tiergarten blühten die Rhododendren nicht mehr, die Bäume waren abgehackt, die Wege, auf denen Annettes Kinder gespielt hatten, waren aufgerissen und mit Kohl bepflanzt. Auf dem Brandenburger Tor wehte die russische Fahne und auf der Siegessäule die französische.

Die ganze Tiergartenstraße lag in Schutt und Asche. Nur der alte Fontane aus weißem Stein, den Mantel über der Schulter, der war stehengeblieben und sah mit weisen Augen auf die Trümmer. Überall wuchs Unkraut und viel Mohn.

Auch die Einfahrt zu Ludwig und Eugenies Haus konnte man nicht mehr erkennen. Der Vorder- und der Hintergarten waren mit Gemüse bepflanzt. Die Ramblerrosen wuchsen wie eh und je, der Flieder blühte, der Goldregen und die Schneeballen.

[…]

Die alte Frieda arbeitete im Garten. Sie war es, die Pauls Brief 1946 im April, als die erste Post wieder ging, an Marianne geschickt hatte. Sie hatte alle gesehen, bis sie weggebracht worden waren. »Wer das mitangesehen hat, Fräulein Marianne, der wundert sich nicht, daß es so kommen mußte, wie es gekommen ist. Sie werden ja wissen, wie unser schönes Berlin aussieht«, schrieb sie.

Das mit dem Gemüse hatte sie erst 1945 angefangen. Jedesmal, wenn sie ein Samenkörnchen in die Erde steckte, hatte sie Zweifel, daß dies wirklich einmal etwas werden könne. Aber es wurde. Und jetzt versuchte sie es sogar mit Mais. »Mit Mais, sagen die Leute, ist es am einfachsten«, sagte sie.

Was für ein Frühlingstag, dieser Sonnabend im Mai des Jahres 1948! Was für eine Süße, nachmittags gegen sechs Uhr!

Gabriele Tergit   Effingers   1951

»Sehen Sie, mein Leben ist ja mehr von meinem Antizionismus beschattet worden als von dem Rassismus aus Deutschland.« Das zionistische Ideal, »dass die Juden ein bodenständiges Volk in Palästina werden, kraftvolle Menschen, die in Luft und Sonne den Acker bebauen«, scheint Gabriele Tergit (1894 Berlin – 1982 London) eine zu harte Umschichtung. »Die geistigen Kräfte von jungen Menschen, die in dritter Generation Ärzte sind, brachliegen zu lassen und als Traktorenführer zu verwenden, ist ein Raub.« Und angesichts der Maschinenproduktion, die die menschliche Hand ablöst, nicht mehr zeitgemäß. Auch fällt ihr in Palästina auf: »Die jüdische Siedlung umgibt der Drahtzaun«; dabei hat sie längst das Wort Gitter anagrammatisch zerschnitten und zu ihrem Pseudonym gemacht. 1938, nach fünf Jahren in Palästina, kehrt die erste Gerichtsreporterin, die in der Weimarer Republik über Frauen vor Gericht schrieb, nach Europa zurück. Ihre ideengeschichtlichen Schriften zu den »geistigen Grundlagen Palästinas« versieht sie vorerst mit der Anmerkung: »Wer druckt schon Dynamit?« 1958 erscheint in München ihr *Kaiserkron und Päonien rot. Kleine Kulturgeschichte der Blumen*, das Weltkulturen nach der Zukunft des Gartens befragt – auch ein Anfang.

"Let him stay, papa," said Maurie. "He's only a bird."

"So stay the night," Cohen said, "but no longer."

In the morning Cohen ordered the bird out of the house but Maurie cried, so Schwartz stayed for a while. Maurie was still on vacation from school and his friends were away. He was lonely and Edie enjoyed the fun he had, playing with the bird.

"He's no trouble at all," she told Cohen, "and besides his appetite is very small."

"What'll you do when he makes dirty?"

"He flies across the street in a tree when he makes dirty, and if nobody passes below, who notices?"

"So all right," said Cohen, »but I'm dead set against it. I warn you he ain't gonna stay here long."

"What have you got against the poor bird?"

"Poor bird, my ass. He's a foxy bastard. He thinks he's a Jew."

"What difference does it make what he thinks?"

"A Jewbird, what a chuzpah. One false move and he's out on his drumsticks."

At Cohen's insistence Schwartz lived out on the balcony in a new wooden birdhouse Edie had bought him.

"With many thanks," said Schwartz, »though I would rather have a human roof over my head. You know how it is at my age. I like the warm, the windows, the smell of cooking. I would also be glad to see once in a while the Jewish Morning Journal and have now and then a schnapps because it helps my breathing, thanks God. But whatever you give me, you won't hear complaints."

However, when Cohen brought home a bird feeder full of dried corn, Schwartz said, "Impossible."

Cohen was annoyed. "What's the matter, crosseyes, is your life getting too good for you? Are you forgetting what it means to be migratory? I'll bet a helluva lot of crows you happen to be acquainted with, Jews or otherwise, would give their eyeteeth to eat this corn."

»Laß ihn hierbleiben, Papa, es ist doch nur ein Vogel«, sagte Maurie.

»Also meinetwegen, bleib über Nacht«, sagte Cohen, »aber nicht länger.«

Am Morgen wollte Cohen den Vogel hinauswerfen, aber Maurie weinte, so blieb Schwartz noch ein wenig. Maurie hatte noch Ferien, und seine Freunde waren nicht zu Hause. Er war einsam, und Edie war froh, daß er mit dem Vogel spielen konnte.

»Er macht überhaupt keine Mühe«, sagte sie zu Cohen. »Und er frißt auch nur ganz wenig.«

»Aber was willst du tun, wenn er etwas voll macht?«

»Er fliegt in einen Baum auf der anderen Straßenseite und verrichtet dort sein Geschäft, und wen soll es da stören, wenn nicht gerade jemand unten vorbeigeht.«

»Also gut«, sagte Cohen, »aber es paßt mir ganz und gar nicht. Und merk dir, lange kann er nicht hier bleiben.«

»Was hast du gegen den armen Vogel?«

»Armer Vogel! Du meine Fresse. Das ist ein ganz durchtriebenes Biest. Er bildet sich ein, er wäre ein Jude.«

»Es ist doch gleich, was er sich einbildet.«

»Ein Judenvogel, was für eine Chuzpe. Eine falsche Bewegung und er fliegt raus!«

Weil Cohen darauf bestand, wohnte Schwartz draußen auf dem Balkon in einem neuen hölzernen Vogelhäuschen, das Edie für ihn gekauft hatte.

»Vielen Dank«, sagte Schwartz, »wenn ich auch lieber ein menschliches Dach über dem Kopf gehabt hätte. Sie wissen, wie das in meinem Alter ist. Ich liebe die Wärme, die Fenster, den Küchengeruch. Ich würde auch gern gelegentlich einen Blick in das Jüdische Morgenblatt werfen, auch ein Schnäpschen würde mir ab und zu gut tun, es erleichtert mir das Atmen, Gott sei gedankt. Aber was immer Sie mir geben, Sie werden keine Klagen von mir hören.«

Als Cohen aber einen Futternapf mit Maiskörnern brachte, sagte Schwartz: »Unmöglich.«

Cohen war ärgerlich. »Was soll das, Schielauge? Dir geht es wohl zu gut! Du hast wohl vergessen, daß du ein Flüchtling bist. Ich wette, die meisten Krähen, die du gut kennst, ob sie nun jüdisch sind oder nicht, würden sich die Beine ausreißen, um die Maiskörner hier zu kriegen.«

»Nenn mich Schwartz«, sagt der Vogel in der Erzählung *The Jewbird* von Bernard Malamud (1914 New York City – 1986 New York City). Als Edie mutmaßt, Schwartz könnte ein alter Jude sein, der in einen Vogel verwandelt wurde, fragt Harry: »Bist du es?«, worauf Schwartz antwortet: »Wer weiß? [...] Sagt uns Gott alles?« Malamud kann viel von Verwandlungen und Ähnlichkeiten zwischen jüdischen und afroamerikanischen Minoritäten erzählen, sei es durch den Namen des Vogels oder durch Angel Levine in der gleichnamigen Erzählung, der sowohl afroamerikanisch als auch jüdisch ist. Die Frage, ob Malamud sich als jüdischer Schriftsteller neben Saul Bellow und Philip Roth sieht, bleibt ihm jedenfalls in keinem Interview erspart. »Jüdisch sein ist wichtig für mich«, aber »ich habe Interessen, die darüber hinausgehen«, sagt er im *New York Times*-Interview von 1979, das wieder einmal mit einer Standardfrage endet: ob Literatur etwas Gutes mit sich bringe? Malamud antwortet mehrmals und mit Pausen: »In manchen Fällen bringt sie einen dazu, sein Leben zu ändern [...] Ich möchte diese Frage lieber nicht beantworten. In gewisser Weise hat sich die Literatur meiner Meinung nach selbst bewiesen; sie braucht mich nicht, um ihren Wert nachzuweisen. [...] Außerdem macht sie Spaß.«

Quand, au moment de quitter l'église, je m'agenouillai devant l'autel, je sentis tout d'un coup, en me relevant, s'échapper des aubépines une odeur amère et douce d'amandes, et je remarquai alors sur les fleurs de petites places plus blondes, sous lesquelles je me figurai que devait être cachée cette odeur comme sous les parties gratinées le goût d'une frangipane, ou sous leurs taches de rousseur celui des joues de Mlle Vinteuil. Malgré la silencieuse immobilité des aubépines, cette intermittente ardeur était comme le murmure de leur vie intense dont l'autel vibrait ainsi qu'une haie agreste visitée par de vivantes antennes, auxquelles on pensait en voyant certaines étamines presque rousses qui semblaient avoir gardé la virulence printanière, le pouvoir irritant, d'insectes aujourd'hui métamorphosés en fleurs.

Als ich beim Verlassen der Kirche vor dem Altar niederkniete, spürte ich, während ich mich wieder erhob, wie einen Schlag einen bitteren und süßen Mandelgeruch vom Weißdorn ausströmen und bemerkte auf den Blüten kleine blöndliche Flecken, von denen ich mir vorstellte, dass unter ihnen dieser Geruch verborgen sei wie der Geschmack eines Mandelkuchens unter den krustigen Stellen, oder wie der Geschmack der Wangen von Mademoiselle Vinteuil unter ihren Sommersprossen. Trotz der schweigsamen Reglosigkeit des Weißdorns war dieser wechselvolle Geruch wie das Plätschern pulsierenden Lebens, von dem der Altar bebte wie eine wilde Hecke, die von lebhaften Fühlern durchsucht wird, an die man auch bei manchen der fast rotblonden Staubfäden denken musste, in denen die frühlingshafte Aufgeregtheit, die erregende Lebensfülle von Insekten aufbewahrt zu sein schien, die sich erst heute in Blüten metamorphosiert hatten.

Kurz vor der Veröffentlichung des ersten Teils von *À la recherche du temps perdu* spricht Marcel Proust (1871 Paris–1922 Paris) mit *Le Temps* von den Umständen, die Erinnerungen wachrufen, und skizziert eine unberechenbare Gedächtnisarbeit. »Meiner Meinung nach gibt uns das willentliche Gedächtnis, das vor allem ein Gedächtnis des Verstandes und der Augen ist, von der Vergangenheit nur Gesichter ohne Wahrheit; aber wenn ein Geruch, ein Geschmack, der unter ganz anderen Umständen wiedergefunden wird, in uns gegen unseren Willen die Vergangenheit erweckt, spüren wir, wie sehr sich diese Vergangenheit von dem unterscheidet, was wir glaubten, uns zu erinnern, und dass unser willentliches Gedächtnis wie die schlechten Maler mit Farben ohne Wahrheit malt. Bereits in diesem ersten Band sehen Sie, wie die erzählende Person, im Geschmack eines Schlucks Tee, in den sie ein Stück Madeleine getaucht hat, plötzlich vergessene Jahre, Gärten und Menschen wiederfindet.« 2019 stellt sich ein Berliner Proust-Symposion hinter das religiöse jüdische Gesetz, demzufolge das Kind einer jüdischen Mutter Jude ist, um das »Jüdischsein« des katholisch getauften Schriftstellers herauszustellen. Wäre es nicht weit interessanter, Prousts Arbeit am unwillentlichen Gedächtnis im Kontext einer multidirektionalen Erinnerungskultur weiterzudenken?

Mandel

Im Spalt des kaum geöffneten Speiseschranks drang meine Hand wie ein Liebender durch die Nacht vor. War sie dann in der Finsternis zu Hause, tastete sie nach Zucker oder Mandeln, nach Sultaninen oder Eingemachtem. Und wie der Liebhaber, ehe er's küßt, sein Mädchen umarmt, hatte der Tastsinn mit ihnen ein Stelldichein, ehe der Mund ihre Süßigkeit kostete. Wie gab der Honig, gaben Haufen von Korinthen, gab sogar Reis sich schmeichelnd in die Hand. Wie leidenschaftlich dies Begegnen beider, die endlich nun dem Löffel entronnen waren. Dankbar und wild wie eine, die man aus dem Elternhause sich geraubt hat, gab hier die Erdbeermarmelade ohne Semmel und gleichsam unter Gottes freiem Himmel sich zu schmecken, und selbst die Butter erwiderte mit Zärtlichkeit die Kühnheit eines Werbers, der in ihre Mägdekammer vorstieß. Die Hand, der jugendliche Don Juan, war bald in alle Zellen und Gelasse eingedrungen, hinter sich rinnende Schichten und strömende Mengen: Jungfräulichkeit, die ohne Klagen sich erneuerte.

Eines Nachts steht Walter Benjamin (1892 Berlin – 1940 Portbou) vor der Tür von Lisa Fittko im französischen Banyuls-sur-Mer, entschuldigt sich für die Störung bei der »gnädigen Frau«, aber ihr Mann habe ihm gesagt, »Sie würden mich über die Grenze nach Spanien bringen«. »Die Welt gerät aus den Fugen«, denkt sie, »aber Benjamins Höflichkeit ist unerschütterlich.« Sie kenne den Weg eigentlich gar nicht, ob er sich auf das Risiko einlassen wolle? »›Ja, sicher‹, sagte er, ohne zu zögern, ›nicht zu gehen, das wäre das eigentliche Risiko‹.« Es gab keinen Pfad, wie sich Fittko erinnert: »Wir kletterten zwischen den Rebstöcken hindurch, die voll von beinah reifen, dunklen, süßen Banyuls-Trauben hingen. Ich meine, daß es ein fast senkrechter Hang war, aber in der Erinnerung verzerrt sich wohl manchmal das Bild. Im Weinberg war das erste und einzige Mal, daß Benjamin schlappmachte. Genauer gesagt, er versuchte die Steigung zu nehmen, schaffte es nicht und erklärte dann in gesetzten Worten, daß dies seine Kräfte übersteige. José und ich nahmen ihn zwischen uns, er legte die Arme um unsere Schultern, und wir schleppten ihn samt der Tasche den Weinberg hinauf. Sein Atem ging schwer, doch er klagte nicht – nicht einmal ein Seufzer –, aber immer wieder schielte er nach der Aktentasche« mit seinen Manuskripten.

Es kommt der Abend und ich tauche in die Sterne,
Daß ich den Weg zur Heimat im Gemüte nicht verlerne
Umflorte sich auch längst mein armes Land.

Es ruhen unsere Herzen liebverwandt,
Gepaart in einer Schale:
Weiße Mandelkerne –

..... Ich weiß, du hältst wie früher meine Hand
Verwunschen in der Ewigkeit der Ferne .....
Ach meine Seele rauschte, als dein Mund es mir gestand.

»Ich war verkleidet als Poet, ich bin Poetin.« Ein Foto von 1912 zeigt Else Lasker-Schüler (1869 Elberfeld–1945 Jerusalem) in ihrem Prinz-Jussuf-Kostüm, einer Geschlechtsmaskerade, mit der die Dichterin die patriarchalisch-wilhelminische Gesellschaft öfters konfrontiert. »Neben orientalischen, vor allem arabisierenden Szenerien bilden biblische Denkbilder und Sprachlandschaften den wichtigsten Hintergrund von Lasker-Schülers Dichtung«, schreibt Vivian Liska in *Die »wilden Jüdinnen«* (2002). »Nicht Sarah, Rebekka, Rachel und Leah, diese Urmütter der orthodoxen Überlieferung, sind Lasker-Schülers Leitbilder, sondern die sinnlichen und dichtenden, die wilden und freien, die fremden Völkern entstammenden Bibelfrauen Ruth und Abigail, Hagar« und die hinzugedichtete »himmlische Fremde«, Rebekkas Magd. Der Ausbruch des Zweiten Weltkriegs verhindert die Rückkehr der ausgebürgerten, »größten Lyrikerin, die Deutschland je hatte« (Gottfried Benn) aus Palästina. Ihr letztes Stück *Ichundich* (1980) endet mit einem Gespräch zwischen u. a. Dichterin und Vogelscheuche im Garten eines Augenarztes in Jerusalem. »Man wird müde auf dem Kies. Mich hungert ausserdem auf english und hebrit [Mischwort aus Hebräisch und *Ivrit*]. In anderen Gärten wachsen Früchte und Gemüs. / Ich hab noch eine Schachtel Katzenzungen – / Die schenke Strassenjungen. Mir munden Rüben, Blattsalate und Radies und überdies bin ich versessen auf alle Arten Kressen. Was denkt sich blos die Frau des grossen Augenarzts, die Vogelscheuch braucht nichts zu essen?«

»בתל־אביב,« הוסיף ואמר, »יש ים גדול ורחב־ידיים, שנמשך מסוף העולם ועד סופו. ויכול אדם לעמוד בחופו ולראות את קצה העולם משלוש רוחותיו. בני תל־אביב נוהגים לרכב על סירות ולשוט עד קצה העולם. ואומרים, שאין רואים שם אלא תוהו־ובוהו. תל־אביב עצמה היא כרך גדול. הרבה רחובות יש בה, שהם מיועדים רק להילוך הטרומבילים, ואילו בני האדם אינם מהלכים אלא בצדיהם על גבי רחובות צרים הקרויים מדרכות. תל־אביב זו יש בה בתים שגובהם מגיע עד־לב השמים, והרבה חנויות יש בה וסינימות. ועוד יש בה, בתל־אביב זו, מקום אחד שקורין לו כרם־התימנים. לאמיתו של דבר אין בכרם זה לא ענבים ולא שקדים, אלא שנקרא כך על שום שהתימנים דרין בו. וכרם־התימנים - מעלותיו מרובות משל תל־אביב עצמה. ראשית: רחובותיו צרים, ואין בה מקום להילוך טרומבילים ודומיהם, שפגיעתם רעה, ולפיכך אין הבריות מהלכות שם בצדי־דרכים, ככלבים שוטים, אלא באמצעיתם. שנית: שלא כרחובות תל־אביב, שהם כבושים ונוקשים, – הרחובות בכרם־התימנים: הללו כדרך הטבע הם עשויים, שלידתם בחול ועד היום עשויים כך. ולא עוד, אלא שבכל ימות השנה מרובצים במים: בחורף – ממי־הגשמים; בקיץ – מביבי־השופכין, שכל פתחיהם פונים לאמצעיתם של הרחובות. אמנם, עתים נקווים מי־השופכין במקום אחד ומעלים צחנה, אלא שהללו לא נוצרו אלא להנאתם של תינוקות דבית־רבן. וכי ראיתם מימיכם, כמה גדולה הנאתם של תינוקות, שעה שמזדמן להם לשחק בבוץ? קיצור הדברים, ידידי ורעי: הרבה מעלות טובות יש לו לכרם־התימנים, ואילו באתי למנות את כולן, יכולתי לספר עמכם לא יום אחד בלבד. הנה, דרך משל: העירייה של האשכנזים - כך אומרים הבריות – אוהבת היא את התימנים. מה עשתה? עמדה וקבעה להם שוק, – לרווחתם של התימנים בפתח כרם. ואל יהא הדבר קל בעיניכם: לפי שלא נקבע השוק במקום זה דוקא אלא לרווחתם של נערי־התימנים, שאין האשכנזיה מספיקה למלא סלה, וכבר הנער התימני עומד מאחוריה, כשסלו צמוד לו לגבו ואומר לה: ›טרוגגען, מאדאם?‹ אמנם מטבעו של שוק זה, שכל סחי ומאוס, כגון שיירי דגים, פירות וירקות מבאישים, מסתחפים והולכים לרחובותיהם של התימנים, אלא שכבר אמרו רז"ל: איזהו עשיר? כל מי שבית־הכיסא סמוך לשולחנו.«

»In Tel Aviv«, fügte er hinzu und sagte, »gibt es ein großes, weites Meer, das reicht von einem Ende der Welt bis zum andern. Die Menschen können dort am Strand stehen und das Ende der Welt in drei Himmelsrichtungen sehen. Die Einwohner von Tel Aviv fahren auf Booten, und sie segeln bis ans Ende der Welt. Sie erzählen, man sehe dort nur ein einziges Tohuwabohu. Tel Aviv selbst ist eine Großstadt. Es gibt viele Straßen, die allein zur Fortbewegung von Trombilen dienen, während die Menschen dort nur an ihren Rändern auf schmalen Wegen gehen, die man Trottoir nennt. Dieses Tel Aviv hat Häuser, deren Spitze bis in den Himmel reicht, es gibt viele Geschäfte und Cinémas, und außerdem gibt es in diesem Tel Aviv ein Viertel, das heißt Kerem HaTejmanim, Baumgarten der Jemeniten. Ehrlich gesagt, gibt es in diesem Garten weder Trauben noch Mandeln; er heißt vielmehr so, weil dort die Jemeniten wohnen. Dieses Viertel hat nun weitaus mehr Vorzüge als Tel Aviv selbst. Erstens sind seine Straßen eng und bieten keinen Platz für Trombile und ähnliches Gefährt, mit dem man besser nicht zusammenstößt; deshalb laufen die Menschenkinder dort nicht wie streunende Hunde am Straßenrand, sondern in der Mitte. Und zweitens sind die Straßen von Tel Aviv asphaltiert und hart, während die Straßen im Kerem HaTejmanim so sind, wie die Natur sie schuf: Sie waren aus Sand und sind bis heute aus Sand. Und nicht nur das, alle Tage des Jahres werden sie mit Wasser gespült: Im Winter mit Regenwasser, im Sommer mit dem Abwasser, dessen Rohre in die Straße münden. Allerdings sammeln sich die Abwässer manchmal an einer Stelle und beginnen zu stinken, doch sie wurden allein zum Amüsement der kleinen Kinder geschaffen. Ihr wisst doch bestimmt, wie sehr die Kinder sich freuen, wenn sie die Gelegenheit bekommen, im Schlamm zu spielen. Kurz gesagt, Freunde, der Kerem HaTejmanim hat viele Vorzüge; wollte ich sie alle aufzählen, ich würde mehr als einen Tag damit zubringen. Zum Beispiel: Die Stadtverwaltung der Aschkenasen – so sagen die Menschenkinder – liebt die Jemeniten. Was hat sie gemacht? Sie hat einen Markt für sie errichtet – zum Wohlergehen der Jemeniten, direkt am Eingang zu ihrem Viertel, und das dürft ihr nicht unterschätzen: Der Markt wurde speziell zum Wohlergehen der jemenitischen Jugend an diesem Ort errichtet, denn die aschkenasische Frau hat ihren Korb noch nicht vollgepackt, da steht bereits ein jemenitischer Knabe mit dem Korb auf dem Rücken bei ihr und fragt sie: ›Trogen, Madame?‹ Und auch wenn es zum Wesen dieses Marktes gehört, dass aller Kehricht und Unrat wie Fischreste, vergammeltes Obst und

Gemüse in die Straßen der Jemeniten geschwemmt werden, sagten schon unsre Rabbinen seligen Andenkens: Wer ist reich? Wer den Abort nahe seinem Tische hat.«

Mordechai Tabib (1910 Rischon LeZion –1979 Rischon LeZion) ist für Yaffah Berlovitz ein postkolonialer Vorbote, der am Vorabend der israelischen Staatsgründung auf Plurikulturalität besteht – und zwar nicht aus einer benachteiligten Position heraus, sondern aus Wertschätzung der eigenen Kultur. Mit intergenerationeller Sensibilität erzählt Tabib von seiner Elterngeneration, jemenitischen Siedlern, die von den Gründern der jüdischen Siedlungen in Palästina ausgebeutet und misshandelt werden. Während Schriftsteller seiner Zeit ein heldenhaftes »Wir« in den Schlachtfeldern etablieren, erzählt Tabib in hybridem Hebräisch von einem »Ich« im Hinterland: eine alleinerziehende Mutter, die ihren Sohn im Krieg verloren hat und seine Geige repariert, damit ihre Klänge im Kiez-Klub weiter hörbar sind. »Wer kann mir sagen«, fragt Tabib 1957 Rivka Katzenelson im Interview, »dass die Trauer und die Trostsuche« dieser Mutter »anders sind als ähnliche Gefühle anderer Frauen in der Welt?« Er beabsichtigt, weder seine jemenitische Herkunft hervorzuheben noch sie zu vertuschen. Er sagt, »ich bin kein jemenitischer Schriftsteller«, und besteht gegen Ben-Gurions Schmelztiegelpolitik auf einer jüdisch-jemenitischen Kultur, die der Premierminister »an die israelische Folklore, Freiheit, Gleichheit, Heldenmut und Kultur« anzupassen trachtet: »Wir wollen jeden überflüssigen Unterschied zwischen jemenitischen und anderen Juden ausradieren […] schnellstmöglich den Jemeniten in einen Juden verwandeln, der vergisst, wo er herkommt.«

Mandragora

Jaakob Polykarp Schober, wie er die Bibelverse hörte, fühlte sich sogleich wohler und gefaßter. Jetzt konnte er sich auch ihre Verstörtheit zusammenreimen. Aha! Dies war eine von denen, die der Jude mit seiner Zauberei und Hexenkunst verführt hatte. Gegen die Mandragorawurzel hatte kein noch so weißes Herz eine Wehr, da hätte er für sich selber nicht einstehen können. Der Jude war arg aus auf Weiber. Und diese, die Prinzessin aus dem Himmlischen Jerusalem, war sicherlich ein Opfer von ihm. Wie rein und lauter sie war, erhellte daraus, daß sie jetzt noch in ihrer Verstrickung und tiefem Fall die Bibel zitierte. Bestimmt war Beelzebub ihr in heiliger, englischer Vermummung genaht, als er sie verlockte.

Lion Feuchtwanger — Jud Süß — 1925

»Seien Sie human! Aber schaffen Sie Geld!«, verlangt ein Brief aus London vom Generalgouverneur Britisch-Indiens in Lion Feuchtwangers Theaterstück, das nach der gemeinsamen Bearbeitung mit Bertolt Brecht *Kalkutta, 4. Mai* heißt. Kolonialismus in Britisch-Indien, Antisemitismus in Württemberg, McCarthyismus in den USA, Reconquista in al-Andalus – Lion Feuchtwanger (1884 München–1958 Los Angeles) schreibt »historische Romane für die Vernunft […] gegen das, was Marx das Versinken in die Geschichtslosigkeit nennt«. Der Roman *Jud Süß*, Feuchtwangers Auseinandersetzung mit dem christlichen Hirngespinst von den Zauberkräften der Juden, wird nach seinem Erscheinen 1925 ein Weltbestseller, in Nazideutschland dann verboten, sein Titel jedoch bald für einen Propagandafilm enteignet. Wie eine Freud'sche Deckerinnerung legt sich der Film über den Roman, und Nachkriegsdeutschland weiß nicht mehr, welcher von beiden die befürchtete »antisemitische Wirkung« ausstrahlt. »Wie will nun jemand die Wahrheit über den Faschismus sagen, gegen den er ist, wenn er nichts gegen den Kapitalismus sagen will, der ihn hervorbringt?«, fragt Brecht.

Mango

Zwar, der Apfelbaum und die Olive
sind überall dein,
und in fernen Ländern
schiebt man dir einen Stuhl an den Tisch
an der Seite der Hausfrau,
und jedes gibt dir von seinem Teller
wenn die Schüssel schon leer ist,
als habe ein Kind sich verspätet,
nicht als kämest du eben vom Flugplatz.
Und die dunkeln Mangobäume
und die Kastanien
wachsen Seite bei Seite
in deinem Herzen.

Du weißt, wie die hohen Gräser
an den Rändern der Inseln rascheln
in allen südlichen Meeren,
wie staubig die Kaktuswege sind,
und du gehst durch die schaumigen Wiesen und kennst
ihren bunten Kalender.
Du spielst mit dem Wind
und bläst die hellen Kugeln
des Löwenzahns in die Luft
und siehst dem Schweben
der kleinen weißen Schirme mit zu
– so leicht, so widerstandslos vor dem Wehn
wie du selbst.

Sie wehrt sich mit Brecht dagegen, Emigrantin genannt zu werden, das sei eine Sprachverfälschung, da wurde eine »Freiwilligkeit hineingeheimnisst«. »Ich habe zu einem Entschluss gemacht, was hinterher Zwang gewesen wäre.« 1932 geht Hildegard Dina Löwenstein (1909 Köln – 2006 Heidelberg) – wie sie damals noch hieß – mit ihrem Freund nach Italien. Damit begann »nicht ein Exil, das war eine weltweite Flucht«. Sie nähert sich jeder neuen Station durch Gedichtbände in der Landessprache. »Je mehr Fremdsprachen man wirklich kann, um so mehr weiß man, was in einem Wort drin ist, also die Bedeutungshöfe in der Tiefe und in der Breite, [...] dadurch lernt man auch sehr viel über die eigene Sprache.« In der wiederum kann sie Worte neu bilden, »wie man [sie] in einer fremden Sprache nicht akzeptiert bekommt«, so zum Beispiel Mitschmerz. »Dieses etwas Jammervolle, was Mitleid bekommen hat, eben auch schon durch Nietzsche usw., das hat es nicht mehr. Mitschmerz ist ein geschwisterliches Wort [...] nicht von oben nach unten, sondern mit, auf einer Ebene.« Angenommen, »ich sei eine hier geborene Türkin. Dann würde man sagen, Mitschmerz – rotes Ding dran, ist verkehrt, weil Hass / Mitleid bei uns«. Domin nannte sich die Remigrantin nach dem Land, das sie aufgenommen hat, die Dominikanische Republik.

Hilde Domin   aus: Apfelbaum und Olive   1959

היא עוקרת צמחים ועצים בלי הרף, מעבירה ממקום למקום: מזימות השינוי מתרקמות אצלה בשעות המוקדמות של הבוקר, עם הקפה הראשון. היא עוד בכתונת לילה בהירה, שמגלה את ירכיה העבות והחזקות, סוקרת את הגינה בקפדנות של גנרל, תרה אחר סימנים של הפרות משמעת. לאט מתפשטת העכרוריות בפניה, רעל אטי של מורת רוח: עשבים שוטים, אבן גדולה בסלעייה המפוארת שהתגלגלה הצדה, שיח שנבל. »דבר גורר דבר,« היא מסבירה כעבור שעתיים, כשהמלאכה נשלמת: הסלעייה נגררה במריצה לאחורי הבית, חלקת הוורדים נעקרה, עץ המנגו מתערטל מענפיו, כחוש. היא מסתערת על כל אלה בנקמנות משונה, קהה, קנאית כמו נזיר פרנציסקני, הקוצים העבים של הקקטוס נתקעים בכפות ידיה או רגליה כשהיא קושרת אותו בחבל ומושכת, מושכת, עד שיוצאות נשמותיהם ביחד. ידיה שחורות עד המרפקים, הכותונת הלבנה ששוליה הופשלו ונקשרו בצד מוכתמת מלפנים ומאחור כמו אחרי ליל כלולות, עור הרגליים הקשיח פצוע, מדמם: היא נוגעת בהן אחר כך בהערכה מזולזלת, שוטפת בצינור מים. עשיתי עבודה היום, היא אומרת.

Sie reißt dauernd Pflanzen und Bäume aus, versetzt sie von hier nach dort: Veränderungspläne heckt sie frühmorgens beim ersten Kaffee aus. Noch im hellen Nachthemd, das ihre dicken, kräftigen Schenkel offenbart, mustert sie den Garten mit der Sorgfalt eines Generals, fahndet nach Indizien für Disziplinverstöße. Langsam breitet sich Trübsal auf ihren Zügen aus, das schleichende Gift der Unzufriedenheit: Unkraut sprießt, ein großer Stein in dem prächtigen Steingarten ist zur Seite gerollt, ein Strauch ist verdorrt. »Eins führt zum andern«, erklärt sie zwei Stunden später nach vollendeter Tat: Der Steingarten ist mit der Schubkarre hinters Haus verfrachtet worden, das Rosenbeet ist abgeholzt, der Mangobaum steht, seiner Äste entkleidet, mager und dürr. Sie geht dies alles mit eigenartiger, dumpfer Rachsucht an, fanatisch wie ein Franziskanermönch. Die dicken Stacheln des Kaktus bohren sich ihr in Hände und Füße, während sie ihm einen Strick umlegt und zieht und zieht, bis sie beide auf dem letzten Loch pfeifen. Ihre Arme sind bis zu den Ellbogen schwarz, das weiße Nachthemd, geschürzt und seitlich hochgebunden, ist vorn und hinten befleckt wie nach einer Hochzeitsnacht, die spröde Haut an den Füßen blutig geschürft: Sie betastet sie nachher abfällig, spritzt sie mit dem Gartenschlauch ab. »Heut hab ich was geschafft«, sagt sie.

Mango

In *Was die Bilder nicht erzählen* erkundet Ronit Matalon (1959 Gane Tikwa – 2017 Haifa) die Geschichte eines israelischen Mädchens ägyptischer Herkunft, das zu Verwandten in Kamerun geschickt wird. »Ich bin in einer Familie aufgewachsen, in der man ständig umzog: von Land zu Land, von Stadt zu Stadt, von Wohnung zu Wohnung, von Zimmer zu Zimmer, von Sprache zu Sprache, von einem Familienstand zum anderen«, schreibt Matalon in קרוא וכתוב (Lesen und Schreiben, 2001). »Wenn sie nicht in der Praxis umzogen [...], sprachen sie unermüdlich vom Umzug. Wenn sie nicht davon sprachen, dann zogen sie innerhalb des Hauses um – brachen Wände auf, bauten Korridore, entledigten sich der Möbel, mindestens einmal im Jahr [...]. Dieser energische Tritt in den Hintern des Lebens« verlangte Matalons Elterngeneration, die Jacqueline Kahanoff als Levantiner beschreibt, »offenbar keinerlei Anstrengung ab. Im Gegenteil, jede Konsolidierung wurde von ihnen als eine nicht zu ertragende Anstrengung empfunden.« Deshalb lehnt Matalon den Begriff Einwanderer ab, der suggeriert, Migration sei eine Phase auf dem Weg »jemand anders zu werden, nämlich ein absoluter Einheimischer«. Als Geisteszustand endet Migration nicht mit der Ankunft und verwandelt sich nicht in einen »Migrationshintergrund«. Die Migration verwirklicht sich in einer nicht essenzialistischen Identität, die eine plurikulturelle Seinsweise impliziert.

Mango

I have not come
to Edinburgh
to remember
Bombay mangoes,
but I remember them,
even as I look
at the monument
to Sir Walter Scott,
or stroll along
in the Hermitage of Braid.
Perhaps, it is not the mangoes
that my eyes and tongue long for,
but Bombay as the fruit
on which I've lived,
winning and losing
my little life.

Ich bin nicht nach
Edinburgh gekommen,
um an Bombays Mangos
zu denken,
doch ich denke an sie,
selbst beim Anblick
des Denkmals
von Sir Walter Scott,
beim Herumwandern
in der Hermitage of Braid.
Vielleicht sind es nicht die Mangos,
nach denen Auge und Gaumen lechzen,
sondern Bombay als die Frucht,
von der ich gezehrt habe
beim Gewinnen und Verspielen
meines kleinen Lebens.

Nissim Ezekiel   aus: Edinburgh Interlude   1989

A Time to Change (1952), der erste Gedichtband von Nissim Ezekiel (1924 Bombay – 2004 Mumbai) ist ein Wendepunkt in der postkolonialen indischen Literatur hin zur Moderne. »Es ist vielleicht auch kein Zufall«, schreibt Vinay Lal 1991, »dass die ersten Blüten der […] modernen indischen Poesie in englischer Sprache aus der Feder eines Dichters stammen, der zwar ein Inder ist, aber einer Gemeinschaft [wie Bene Israel] angehört«, der marathisprachigen jüdischen Gemeinde in Mumbai, die ein »Tropfen im Ozean der indischen Bevölkerung« ist. Auf die Kritik, dass er aufgrund seiner jüdischen Herkunft und urbanen Einstellung nicht authentisch indisch sei, reagiert der Dichter in seinem Essay *Naipaul's India and Mine* (1976): »Obwohl ich kein Hindu bin und mein Hintergrund mich zu einem schlichten Außenseiter macht, bin ich durch Umstände und Entscheidungen mit Indien verbunden […] Als ich achtzehn Jahre alt war, fragte mich ein Freund, was mein Ziel sei. Ich antwortete mit der naiven Bescheidenheit der Jugend: ›etwas für Indien zu tun‹.« Als die Patres seiner römisch-katholischen Schule behaupteten, dass am Hinduismus nichts dran sei, begannen alle Schüler – Juden, Hindus, Parsen und Muslime –, die Bhagavad Gita und die Upanishaden zu lesen. Das erzählt Ezekiel 1986 und fügt hinzu, dass sie das unter anderen Umständen vielleicht nicht getan hätten.

על הנדנדה הרחבה, המקושטת בעיטורי ברזל מסולסלים, לבנים, שכב שכוח הספר שסיימה לקרוא בצהרי יום האתמול, מותירה אותו הפוך על פניו כשרצה פנימה, אל הבית, לקול קריאתה של אמה.

אסתר ניערה מדפיו הלחים את עלי התות, שכבר החלו להתייבש. העלים הרחבים, דמויי הלב הנפרש לרווחה, שימשו לה סימניות לספרים שקראה בצל העץ העצום, העתיק. אילן שציצתו חרש, משתנה משנה לשנה, מעונה לעונה, תות עתיר פארות, נעמס בקיץ שפע פרי, הָלֵךְ נטוע במקומו לעד, עמוד עולם שגיא שנותר מהבוסתן הערבי שבו טבל פעם הבית.

תושביו הערבים של הכפר גורשו ממנו ערב מלחמת העצמאות והשאירו אותו מאחור, עָשֵׁן, חרב. בין עיי העפר שנבקע בהפגזות נותרו עצי לימון עמוסי פרי הדור, צהוב כשמש בציורי ילדים, עצי שזיף ארגמני, הסנטה רוזה, והאלה הגדולה, היא הדום.

בקצה השביל הנמשך מהבית, על מפתן העפר שבין השביל ובין הכביש הראשי של היישוב, צימחו זוג איקליפטוסים כבירים. משתרגים זה בזה כשער ענקמוני. פעם התפתלו מאחורי ביתם, התפתלו ונקטעו, משוכות המגן של הסברס. השיח המאוגרף, הסבלני, המתין כשומר נטוש לאויב שכבר בא, פוסח על המשוכה הסמורה קוצים, המעוטרת פריחה, נמשכת ומתפתלת כאורנמנט צבעוני, פוסח באבחה האויב הבא, כובש ובא. רינה דרשה מבנימין שיעקור את הסברס, הילדים משחקים שם, הנחשים רוחשים כארס בקיץ. ולא הועילו לו בקשותיו. הוא אהב את הפרי הכתום והפליא לקוטפו, כמו בילדותו בזליתן. אהב להגיש בערב קיץ נרגע מגש עמוס בפרי הכתום הצונן. הפרי המתגלה כסוד מתוק מבין חופני קליפתו הלחה. יום אחד חזר הביתה מהעבודה והסברס לא היה שם. על הקרקע המגולחת, העירומה, ניצבה גדר לוחות לבנים. בשני קצותיה נשתלו שיחי בוגנווילאה. »סגולה כמו משי, ככה היא תהיה. תראה איזה יופי היא תגדל«, אמרה לו אשתו, »מה אני צריכה פה את כל הלכלוך והקוצים האלה? מה אני, בלוב?«

Auf der breiten, mit verschnörkelten, weißen Eisenornamenten verzierten Schaukel lag vergessen das Buch, dass sie gestern Mittag zu Ende gelesen hatte. Sie hatte es aufgeklappt und mit den Seiten nach unten liegen lassen, bevor sie dem Ruf ihrer Mutter ins Innere des Hauses folgte.

Esther schüttelte von seinen feuchten Seiten die Maulbeerblätter, die bereits zu trocknen begonnen hatten. Die breiten Blätter, die einem breiten, sich weit öffnenden Herzen ähnelten, dienten ihr als Lesezeichen in den Büchern, die sie im Schatten des mächtigen, uralten Baums las. Ein Baum, der leise eine Fülle von Zweigen wachsen ließ, sich veränderte von Jahr zu Jahr, von Jahreszeit zu Jahreszeit, sich sommers mit einer reichen Menge Obst belud, ein auf ewig eingepflanzter Wanderer, eine erhabene Stützsäule der Welt, ein Überbleibsel des arabischen Obstgartens, in dem einst das Haus wie eingetaucht stand.

Die arabischen Bewohner des Dorfes waren am Vorabend des Unabhängigkeitskrieges vertrieben worden und hatten eine rauchende Ruine hinterlassen. Zwischen den Erd- und Trümmerhaufen, die beim Bombardement aufgebrochen worden waren, blieben Zitronenbäume, beladen mit prächtigen Früchten, gelb wie die Sonne in Kinderzeichnungen, weinrote Pflaumenbäume, die »Santa-Rosa«, und die große Pistacia, der »Dom«.

Am Ende des Pfads, der vom Haus wegführte, auf dem unbefestigten Streifen zwischen der Hauptstraße des Ortes und dem Pfad, wuchs ein Paar gewaltiger Eukalyptusbäume, ineinander verschlungen wie ein riesenhaftes Tor. Ineinander schlangen sich einst auch die Feigen-Kakteen zu einer Schutzhecke hinter dem Haus. Das geduldige, mit Fäusten versehene Gewächs wartete wie ein im Stich gelassener Wächter auf den Feind, der schon längst gekommen war. Die von Stacheln strotzenden, mit Blüten geschmückten Hecken, die sich schlängelten wie ein buntes Ornament, hatte der Feind mit Schwung überwunden, er nahm sie ein und war da. Rina verlangte von Benjamin, die Kakteen auszureißen, denn die Kinder spielten im Sommer dort, wo Schlangen wimmelten wie Gift. All seine Bitten halfen nicht. Denn er liebte das orangene Obst, und wirkte wahre Wunder beim Pflücken, wie in seiner Kindheit in Zliten. Er liebte es, an Sommerabenden, wenn Ruhe eingekehrt war, ein schwer beladenes Tablett mit den kühlen, orangenen Früchten zu servieren. Früchte, die sich als süßes Geheimnis zwischen dem Haufen ihrer feuchten Schalen offenbarten. Eines Tages kehrte er zurück von der Arbeit und die Kakteen waren weg. Auf dem rasierten Erdboden stand eine Mauer aus weißen Platten. An ihren beiden

Enden waren Bougainvilleen gepflanzt worden. »Violett wie Seide, so werden sie sein«, sagte seine Frau. »Du wirst sehen, wie schön sie wachsen werden. Wozu brauche ich diesen Dreck und all diese Stacheln? Wo bin ich, etwa in Libyen?«

Im Gespräch nennt Shva Salhoov (geb. 1963) Akir als ihren Geburtsort, das 1948 entvölkerte palästinensische Dorf, dessen Häuser mit Migranten wie Salhoovs Eltern besiedelt und später in den Lokalverband Kirjat Ekron übernommen wurden. »Einige kleine Häuser sind erhalten geblieben«, schreibt Walid Khalidi in *All That Remains: The Palestinian Villages Occupied and Depopulated by Israel in 1948* (1992), »auf dem Gelände wachsen Zypressen, Sykomoren und Kakteen.« In einem Briefgedicht an Zion greift Salhoov eine Zeile des Philosophendichters Jehuda Ha-Levi aus dem 11. Jahrhundert auf und fragt: Zion, wie geht es deinen Gefangenen, deinen Palästinensern, deinen Juden, deinen Zerstörern? Zion, wirst du nicht fragen, wie es mir geht? Im Roman *Was hast du, Esther* beschreibt Salhoov Venedig so, wie ihr der Vater seinen libyschen Geburtsort Zliten beschrieben hat. Aufgeladen mit Salhoovs Sprachbegehren, wird der Unterschied zu einer Ähnlichkeit und schafft einen Ort, der eigene Erinnerungen und die Erzählungen von anderen gleichermaßen aufnimmt. Gefragt von Maya Feldman, ob »der Mizrachi« sich mehr anstrengen muss, um seinen Ort zu finden, antwortet die Schriftstellerin und Essayistin: »Wer hat schon einen Ort? Und wer ist Mizrachi?« Ihr zufolge ist man mit Judäo-Arabisch so wenig Mizrachi wie mit Deutsch ein Deutscher, zwei Sprachen, die von Juden als »Sprachen des Außen« geborgt wurden.

אלזו בין איך עם אמי תי׳ תוך מקום גאנגין וויא מיר בלדי בייא דען אטפיקאט
זיין בית קומין קיגן איבר וואונט איין פרויא האט ווישפלין צו קאף איך האב
דיא ווישפלין אלי צייט גאר גערין גיסין אלזו זאג איך צו אמי תי׳ מעמה פאר
געס דאך ניט וון מיך ווידר צו רוק גין, וויל איך וועלכי פון דיא ווישפלין
קאפין נון מיר גינגין פארט בייא דען אטפיקאט און׳ פאר ריכטין וואש מיר
האבין צו טון גיהאבט, וויא מיר אביר פערטיג זיין איזט עש זער שפעט גיוועזין
און׳ שיר נאכט גיוועזין דאש מיר אלזו אונזיר וועגיש זיינין פאר זיך גנגין און׳
ביידי אן דיא ווישפלין פאר געסין האבין יי״א איך נון לביתי קום פאנג איך
אן צו גידענקדן אן דיא ווישפילין און׳ דענק אין מיר זעלבירט און׳ טוט מיר בנג
דאש איך האב פר געסין אן דיא ווישפלי׳ צו קאפין דאך האב איך עש עבין ניט
גרויש גיאכט ניקש מער אליש וון איינר עטוואז גערין עסט דאז ער ניט האט,
צו אובינדיש האב איך מיך גוט און׳ וואול מוטיש גיליגט אביר נאך חצות
האב איך חבלי לידה ביקומין און׳ דיא מילדות מוזין הולין לאזין און׳ איין יונגין
זון ביקומין

Also bin ich mit meiner Mutter in die Stadt gegangen. Wie wir bald zu dem Advokaten seinem Haus kommen, gegenüber da wohnt eine Frau, die hat Mispeln zu verkaufen. Ich hab die Mispeln allezeit gar gern gegessen. Also sag ich zu meiner Mutter: »Mutter, vergiß doch nicht, wenn wir wieder zurückgehen, will ich welche von den Mispeln kaufen.«

Nun, wir gingen fort zu dem Advokaten und verrichten, was wir zu tun gehabt haben. Wie wir aber fertig sind, ist es sehr spät gewesen und schier Nacht gewesen, daß wir also unseres Weges sind vor uns gegangen und beide an die Mispeln vergessen haben. Wie ich nun nach Hause komme, fange ich an, an die Mispeln zu denken, und denk in mir selber, und es tut mir bang, daß ich vergessen habe, die Mispeln zu kaufen. Doch hab ich es eben nicht groß geachtet, nicht mehr, als wenn einer etwas gerne ißt, das er nicht hat. Abends hab ich mich gut und wohlgemut gelegt. Aber nach Mitternacht hab ich Wehen bekommen und die Hebamme holen lassen müssen und einen jungen Sohn bekommen.

Glikl bas Judah Leib (1645 Hamburg –1724 Metz) beginnt *Die Memoiren der Glückel von Hameln* zu schreiben, als ihr Ehemann unerwartet stirbt. Acht von ihren 14 Kindern leben noch zuhause und um das Familiengeschäft, in dem sie schon zuvor mitarbeitete, muss sie sich nun allein kümmern: Kreditvermittlung, Handel mit Perlen und Edelmetallen, Börsengeschäfte in Hamburg und Teilnahme an Messen in Leipzig und Frankfurt. Ihre erwachsenen Kinder sind an entfernte Orte zerstreut, eine zu der Zeit übliche jüdische Überlebensstrategie, da man nie wusste, wie lange man in bestimmten Städten bleiben konnte. Glikls über dreißig Jahre hinweg geschriebenen *Memoiren* in Berichtform beginnen mit einem »ethischen Testament«. Auf die Feststellung ihrer geistigen und moralischen Grundlagen folgt die Dokumentation ihres Lebens mit scharfsinnigen Kommentaren zu gesellschaftlichen und wirtschaftlichen Angelegenheiten. Stirbt eine Person im Laufe der dreißig Jahre, fügt sie deren Namen eine Gedenkformel wie »von gesegnetem Andenken« hinzu. Die Memoiren enden mit einer Abendszene am Ufer der Mosel in Metz, wo Glikl steht und, da ihre Hände nie untätig sind, Geschirr wäscht. Das plötzliche Leuchten am Himmel deutet Glikl als eine religiöse Erleuchtung. Das vom englischen Astronomen Edmond Halley beschriebene Phänomen des Falls und Zerfalls eines großen Meteors war der europäischen Bevölkerung der Zeit noch weitgehend unbekannt.

Nach dem Nachsitzen traute ich mich nicht nach Hause; ich grübelte, da ich langsam die Dorfstraße hinaufging, nach einer glaubwürdigen Ausrede und kam schließlich auf den Gedanken, zu Haus zu erzählen, ich hätte dem Judenauto nachgeforscht, und so bog ich, um nicht von der Hauptstraße, sondern von den Feldern aus nach Haus zu kommen, von der Straße ab und ging einen Feldweg hinauf, den Bergen zu: Kornfelder rechts und Wiesen links, und Korn und Gras wogten mir übers Haupt. Ich dachte nicht mehr ans Nachsitzen und nicht mehr an das Judenauto; ich sah das Gesicht des Mädchens in den Wellen der Gräser und im Korn sah ich ihr helles Haar. Die Wiesen dufteten sinnverwirrend, das pralle Fleisch der Glockenblumen schwang blau in der Höh meiner Brust; der Thymian sandte wilde Wellen betäubenden Duftes; Wespenschwärme brausten bös, und der Mohn neben den blauen Raden glühte, ein sengendes Gift, in hitzigstem Rot. Die Wespen schwirrten wild um mein Gesicht; die Sonne dünstete; die Grillen schrien mir eine irre Botschaft zu, große Vögel schossen jäh aus dem Korn auf; der Mohn neben den Raden lohte drohend, und ich war verwirrt; ich war bisher arglos in der Natur gestanden wie eins ihrer Geschöpfe, eine Libelle oder ein wandernder Halm, doch nun war mir, als ob sie mich von sich stieße und ein Riß aufbräche zwischen meiner Umwelt und mir. Ich war nicht mehr Erde und nicht mehr Gras und Baum und Tier […].

Mit der Erzählung »Das Judenauto« nimmt Franz Fühmann (1922 Rochlitz – 1984 Ost-Berlin) ein stereotypisierendes Sprachbild zum Titel einer Geschichte, die von der Machtergreifung durch Hörensagen handelt. In einer Schulpause erzählt das »Klatschmaul der Klasse« von einem Judenauto, das alle möglichen antisemitischen Attribute vereint und auf »wenig begangenen Wegen« fährt, um Mädchen einzufangen. Fühmann, der Ich-Erzähler, steigt in die Tiefen seiner Erinnerung, um sich in das neunjährige Kind zurückzuverwandeln, aus dessen Perspektive er den Nationalsozialismus, dem er in frühen Jahren selbst anhing, reflektiert. Fühmann inszeniert seine eigene »Vertreibung aus dem Paradies« (Helmuth Mojem) als fast ekstatische Ernüchterung. Im Unterricht denkt das Kind die Pausenerzählung weiter und fantasiert, dass das von den Juden gefangene Mädchen ihn zu Hilfe ruft. Das Kind, das Fühmann war, überwältigt die Juden einen nach dem anderen, sieht das Mädchen reglos im Kornfeld liegen und streichelt seine Wange. Für seine Versunkenheit in diese Gedanken wird er mit Nachsitzen bestraft und traut sich anschließend nicht nach Hause. Da fällt ihm eine Begegnung mit dem Judenauto als Grund für seine Verspätung ein. Damit die Ausrede plausibel erscheint, geht das Kind heim über die Felder, wo es »drohend lodernden Mohn« sieht und sich fühlt, als ob die Natur ihn »von sich stieße«.

Mohn

כּתבֿ-ידן פֿון חבֿרים, דער נשמהס טינט און פֿראַצע.
קאָנווערטן. בריוו. צוריקאַדרעסן בלויז אויף די קאָנווערטן.
און בריוו געבאַקענע אין פֿייער, קרישלדיק ווי מצה,
און זײדפּאַפּיר ווי גלאַטיק לײַב צום אײנציקן, באַשערטן —

בײַם צערטלען אײַך, בײַם לייענען ווערט יעדער בלעטל עגלעך
צום פּנים דעם געוועזענעם געבויגן איבער טישן.
און אויך דאָס וואָלקנדל אין טרער איז אייגן און דערקענלעך
און אויך די האַנט בײַם זײַען שוואַרץ-און-ווײַס, ווי אויף קלאַווישן.

אַ שורה זיגלט זיך פֿונאַנדער און עס בליט אַ זומער,
אַ נאָמען, ווי אין ווינט אַ מאָנבלום, רײַטלט זיך מיט יונגשאַפֿט.
כ'קאָן ענטפֿערן. ס'איז דאָ די גאַס, פֿאַראַן איז אויך דער נומער,
און צווישן ווערט און ווערט אַ שווײַגן, וואָס די האַנט און צונג שאַפֿט.

אַזוי זעט אויס אַ בראַנפֿנדיקער נעפּל, העל און כּמאַראַנע,
באַגינען אין אַ סאָד, אַז גאָרניט זעט'ן גאָרניט הערט'ן;
ביז נאַסע קרוינדלעך נעמען פֿינקלען איבער קאַרש און באַרנע
און איך דערקען די נאַסע שמייכלען איבער די קאָנווערטן.

Handschriftliches von Freunden, Tinte der Seele und Pein
Kuverts und Briefe. Rückadressen nur auf dem Kuvert
Feuer gebackene Briefe, die knistern wie Matzen so fein
Seidenpapier wie glatter Leib am Einzigen, der beschert.

Beim Streicheln, Lesen eurer Zeilen wird jedes Blättchen endlich
zum Gesicht, das einmal war, und über Tische beugen sich Figuren,
selbst das Wölkchen in der Träne wird eigen und erkenntlich,
und auch die Hand, die schwarz-weiß aussät wie auf Tastaturen.

Das Siegel einer Zeile bricht und es erblüht ein Sommer,
ein Name, eine Mohnblume im Wind errötet wie als Junge.
Ich kann erwidern: Da ist die Straße, dort ist auch die Nummer
Und zwischen Wort und Wort ein Schweigen, geschaffen von der
Hand und Zunge.

Die Empfindung ist wie alkoholvernebelt, bewölkt und licht.
Man beginnt in einem Garten, in dem man weder sieht noch hört,
bis nasse Krönchen funkeln über Birn und Kirschen im Gedicht
und ich erkenn das nasse Lächeln über dem Kurvert.

1946 wird Abraham Sutzkever (1913 Smarhon – 2010 Tel Aviv-Jaffa) als einziger jüdischer Zeuge von der Sowjetunion zum Kriegsverbrecherprozess nach Nürnberg entsandt, einem Prozess, der für die Geschichte des Völkerrechts und des Gerichtsdolmetschens bedeutend wird, aber auch die Marginalisierung der jiddischen Sprache institutionalisiert. »Ich möchte in der Sprache des Volkes aussagen, das mitsamt seiner Sprache von der Angeklagten vernichtet werden sollte«, schreibt Sutzkever in sein Tagebuch. Doch auf Jiddisch ist das Gericht nicht vorbereitet und der Dichter muss auf Russisch aussagen. Dass ihm dabei kein Wort fehlt, hält er für ein Wunder. Die *Papierbrigade*, die Sutzkever im Ghetto Wilna führt, schafft es, Schriften aus dem jüdischen Archiv Vilnius zu schmuggeln, sie zu verstecken und so zu retten. Sutzkevers Dichtung wurzelt im Papier, sie verwandelt Papier in Bäume zurück – bis ein Vogelgesang im Baum ausbricht, wie er schreibt. Im Glauben, dass die jiddische Kultur im jüdischen Leben Palästinas eine Zukunft hat, geht er 1947 dorthin und gründet die Zeitschrift די גאָלדענע קייט (Die goldene Kette), die er fast fünf Jahrzehnte lang herausgeben wird. Während der sechzig Jahre, die Sutzkever in Israel lebt, schreibt er ausschließlich auf Jiddisch. Beni Mar scheint es, dass dieses Beharren und Sutzkevers Weigerung, sich ins Hebräische zu fügen, »ihn in der Landschaft *Eretz-Israels* zu einem Fremden, einem Wahl-Exilanten macht«.

את השם נרקיס לא בדיוק בחרנו, אפילו שבסופו של יום הצבענו בעדו פה אחד, בכיתה א'. שם הקבוצה ליווה את כל חיינו, התנוסס על לוח המודעות ועל תג הבגדים בקומונה. לכל כיתה היו הצבע שלה והספרה הרומית שלה. אנחנו היינו חום והספרה שלנו הייתה X.

כשבחרנו את השם עוד לא היינו אמונים על החוקיות. עד רגע הבחירה לא הבנו בעצם שאנחנו תחומים בשמות של פרחים, או של משהו אחר מהטבע. כשנולדנו, היו כבר כמאה ועשרים ילדים בקיבוץ, מחולקים לפי קבוצות גיל. וכך קראו לכיתות שלפנינו: סלע, חורש, רקפת, רימון, אורן, אלון ואלה – ובכל זאת לא הבנו. לא שמנו לב.

השמות שהצענו היו רבים ומגוונים ורובם התחילו ב״חבורה״. ״חבורת הנפץ״, ״חבורת הילדים מהיער״ ושאר הרפתקאות. המטפלות כיוונו אותנו בעדינות ואחר כך בעניינות לעולם הפרחים, עד שהתיישרנו ובחרנו ״נרקיס״. אני לא זוכרת מה היה שם הפרח השני שעמד לבחירה, אני חושבת שהסבנו שזה כבר לא משנה אם נהיה ״נרקיס״, ״כלנית״ או ״חצב״ – השמות שבהם נקראו הכיתות שבאו אחרינו. הבנו שזה כמו לבחור לבן או כתום-גזר בצבע הסנדלים שצורתם אותה צורה.

בקיבוצים אחרים נבחרו במקביל אלינו אותם שמות, בכל הארץ, בגליל ובנגב. כולנו חלמנו על נוריקו סאן, הילדה מיפן.

Den Namen »Narzisse« haben wir nicht wirklich gewählt, auch wenn wir uns bei der Abstimmung in der ersten Klasse eindeutig für ihn entschieden. Dieser Gruppenname begleitete uns dann unser Leben lang, er prangte auf dem Schwarzen Brett, stand auf den Namensschildchen in unseren Kleidern und in der Kleiderkammer. Jede Gruppe besaß ihre eigene Farbe und ihre eigene römische Ziffer. Wir waren braun, und unsere Ziffer war die X.

Als wir den Namen wählten, kannten wir uns mit diesen Gesetzmäßigkeiten noch nicht aus. Bis zum Moment der Entscheidung begriffen wir nicht, dass wir nach Pflanzennamen eingeteilt wurden, oder nach irgend etwas anderem aus der Natur. Als wir geboren wurden, lebten im Kibbuz schon etwa hundertzwanzig Kinder, aufgeteilt nach Altersgruppen, und entsprechend hießen die Klassen vor uns: Felsen, Wald, Alpenveilchen, Granatapfel, Kiefer, Eiche, Pistazie – aber das war uns nicht klar. Es ist uns nicht aufgefallen.

Wir selbst hatten viele, ganz verschiedene Namen vorgeschlagen, die meisten endeten mit »Bande«. »Dynamitbande«, »Waldkinderbande«, aus Abenteuergeschichten eben. Die Erzieherinnen brachten uns zuerst sanft davon ab und dann sehr sachlich zur Welt der Blumen, bis wir einlenkten und »Narzisse« wählten. Den anderen Namen, der noch zur Wahl stand, habe ich vergessen, aber ich glaube, wir hatten schon verstanden, dass es keine Rolle mehr spielte, ob wir nun »Narzisse«, »Anemone« oder »Meerzwiebel« hießen, wie die Klassen nach uns. Wir hatten begriffen, diese Entscheidung war wie die zwischen weißen oder karottengelben Sandalen, die ohnehin alle dieselbe Form hatten.

Parallel zu uns wurden in anderen Kibbuzim dieselben Namen gewählt, überall im Land, in den Bergen von Galiläa und in der Negevwüste. Wir alle träumten von Noriko-San, dem Mädchen aus Japan.

In נתיבות באוטופיה (Pfade in Utopia. Über Gemeinschaft und deren Verwirklichung, 1950) sieht Martin Buber in der Kibbuzbewegung das Beispiel eines nicht-autoritären, libertären Sozialismus, der nicht gescheitert sei. Denkt man an Bubers frühere Bemerkung, »die jüdische Kibbuzjugend glaubt, ihre Siedlungen liegen in Utopia, aber sie liegen in Arabien«, wird das verdrängte Außen dieser Utopie sichtbar. In *Wir waren die Zukunft* erzählt Yael Neeman (geb. 1960 Yechiam) vom Innenleben der Kibbuzgemeinschaft, die ein »abstraktes und gegenwärtiges Wesen zugleich« sei, ein Experiment, »nach philosophischem oder literarischem Skript zu leben«. Mit Liebe, Sehnsucht und Ironie erinnert sich Neeman, dass es kaum möglich war, »unsere Geschichte Städtern zu vermitteln«. Um das Gemeinschaftliche samt seinem abwesenden »Ich« zu konkretisieren, das den Kibbuz ihrer Kindheit charakterisiert, spricht die Erzählerin in der ersten Person Plural. Der Handlungsträger in dieser Erzählung ist »das System« Kibbuz, sagt Neeman, »das nicht zum Wohnen eines Menschen bestimmt war, sondern für seine Zielsetzungen und Träume«. Sie »haben gesungen, getanzt, Flöte, Zimbel und Mandoline gespielt« und wenn das Abendprogramm zu Ende war, »ging jeder an seinen Platz«: Die »Narzisse«-Gruppe ging zu ihrer kleinen Welt des Kinderhauses zum Schlafen, »die Anemone-Gruppe über uns und die Pistacia unter uns«, manchmal mit Ängsten vor »Terroristen, Schakalen oder den Pistacia-Kindern«.

Narzisse

הִשָּׁאֲרִי אִתִּי
כְּשֶׁפַּעֲמוֹן גוּפִי מְצַלְצֵל.
הִשָּׁאֲרִי אִתִּי
כְּשֶׁגּוּף הָאִשָּׁה שֶׁלִּי גָּדֵל,
כְּשֶׁעוֹד אֵין לִי יָדַיִם לֶאֱחֹז בָּךְ.
הִשָּׁאֲרִי כְּשֶׁאֲנִי לְבַדִּי,
גַּם כְּשֶׁאֲנִי הַיָּפָה בְּיוֹתֵר,
כְּשֶׁאֲנִי נַרְקִיס צוֹמֵחַ.
בְּעֵינֵי הַבִּצָּה שֶׁלָּךְ
הַבִּיטִי בִּי,
הַנִּיחִי לִי לִהְיוֹת פֶּרַח.

Bleib bei mir,
wenn die Glocke meines Körpers klingt.
Bleib bei mir
wenn mein Frauenkörper wächst,
wenn ich noch keine Hände habe, dich zu fassen.
Bleib bei mir, wenn ich allein bin,
auch wenn ich die Schönste bin,
wenn ich eine wachsende Narzisse bin.
Mit deinen Sumpfaugen
schau mich an,
lass mich eine Blume sein.

Orin Rosner (1991 Tel Aviv-Jaffa) stellt sich in ihrem Buch *גורי רוח* (Tierjungen des Windes, 2019) als Subjekt in Beziehungen dar – mit der Mutter, mit der Psychologin Yael, mit dem Partner Evyatar. »Es ist ein Buch über das Erwachsenwerden, über Variabilität und Fluidität«, sagt Rosner, und es betrifft nicht nur die beteiligten Personen: »der Wind stillt seine Jungtiere«, »die Zeit legt ihren Kopf auf dich«, »die Seele kann in der Hand gehalten werden« und »am Ende des Körpers gibt es einen Treppenraum«. »Auch wenn alle Dinge noch saugen / und alle Dinge in Milch schweben / ohne Schwerkraft, eher hinein / in den Körper, schweben alle Dinge / und klopfen an, um einzutreten / nass von Milch / Überlebende ihrer Muttermilch«. Das Geheimnis der Geburt zieht sich durch Rosners Buch: »Wie viele Tage dachtest du nach, Mutter / bis du dich entschieden hast, mich zu behalten?« Diese Entscheidung ist für Yotam Reuveny Liebe, und »das Staunen der Tochter über die Tatsache ihrer Existenz« ist »fast surrealistisch«, denn sie könnte auch genauso gut von der Mutter nicht behalten worden sein.

Aus der Hand frißt der Herbst mir sein Blatt: wir sind Freunde.
Wir schälen die Zeit aus den Nüssen und lehren sie gehn:
die Zeit kehrt zurück in die Schale.

Im Spiegel ist Sonntag,
im Traum wird geschlafen,
der Mund redet wahr.

Mein Aug steigt hinab zum Geschlecht der Geliebten:
wir sehen uns an,
wir sagen uns Dunkles,
wir lieben einander wie Mohn und Gedächtnis,
wir schlafen wie Wein in den Muscheln,
wie das Meer im Blutstrahl des Mondes.

Wir stehen umschlungen im Fenster, sie sehen uns zu von der Straße:
es ist Zeit, daß man weiß!
Es ist Zeit, daß der Stein sich zu blühen bequemt,
daß der Unrast ein Herz schlägt.
Es ist Zeit, daß es Zeit wird.

Es ist Zeit.

Die Sprache von Paul Celan (1920 Czernowitz –1970 Paris) bewegt sich für Edmond Jabès »an den Rändern zweier Sprachen von gleicher Statur: an der Sprache des Verzichts und an der Sprache der Hoffnung«. Im Gleichklang beider Sprachen öffnet sich ein »unbegrenzter Raum, leer vom Zurückweichen der enteigneten Sprache, im Schoß der wiedergefundenen Sprache«. In diesem Raum pflegt Celan einen lyrischen Garten, der von Heilpflanzen, die auch Gift enthalten, bis zu Blumen wie der »Niemandsrose« reicht, die man in botanischen Bestimmungsbüchern vergeblich suchen würde. »Im Krieg, in der Moldau, war ich, mit zwei Eimern beladen, die ich, vor Mittag, in die kleine Stadt holen gehen sollte, um sie zur ›Baustelle‹ zu bringen, diesem Augen-Trost begegnet«, schreibt der Dichter 1962 an seine Frau Gisèle Lestrange. Pflanzen, denen er vielleicht nicht begegnete, nahm er in Rudolf Kochs *Das kleine Blumenbuch* (1933) in Augenschein. Mit den englischen, französischen, russischen und rumänischen Pflanzennamen, die er den deutschen im Buch hinzufügte, schaffte sich Celan ein kleines Wörterbuch des mehrsprachigen Gartens.

אוּם־נַאסֶר, שבאה אל הכפר מַאל־בַּסָה, זו שתהיה לימים למושב בֶּצֶת על פי ההגיון של ארבעים ושמונה, היתה מספרת על קורות אותו הלילה שהועמדה גברוּתוֹ של סבא ג'וּבּראן במבחן, בשביל לדעת מה סברו ומה סיכויו אצל בת מעבידו, שאליה יצאה נפשו של הָ»אַגִ'יר« האביון. חמישים אגוזים הונחו בשורה לאורך האצטבה, וסבא ג'וּבּראן, במקום עמדוֹ במפלס התחתון, היה צריך לפצחם במכות מצחו. הנשימות נעצרו והעיניים נקרעו לרווחה למראה האגוזים המתפצחים בזה אחר זה. אלא שלבה של בת המעביד קשה היה לפיצוח מזה האגוז, ובידה שלה לא זכה.

Um Nasser, die aus dem Dorf Al Bassah kam, nach der Logik von achtundvierzig zum Moschav Bezet geworden, erzählte oft von den Vorfällen jener Nacht, in der man Großvater Jubrans Männlichkeit auf die Probe stellte. Man wollte herausfinden, welche Chancen er bei der Tochter seines Arbeitgebers hätte, in die der arme Adjir sich verliebt hatte. Fünfzig Walnüsse wurden der Reihe nach auf die Bank gelegt, und Großvater Jubran mußte sie, mit den Füßen auf der Erde stehend, mit den Schlägen seiner Stirn aufbrechen. Man hielt den Atem an und riß die Augen auf – die Nüsse wurden eine nach der anderen geknackt. Aber das Herz der Tochter des Arbeitgebers war schwerer zu knacken, und er bekam sie nicht.

Gilles Deleuze und Félix Guattari beschreiben in *Kafka. Pour une littérature mineure* (1975) »die Deterritorialisierung der Sprache« als Merkmal einer minoritären Literatur: Kafka hätte sich dafür entschieden, die hegemoniale Sprache seiner Zeit und seines Ortes – das Deutsche – zu deterritorialisieren, statt andere Sprachen zu territorialisieren und auf Tschechisch oder Jiddisch zu schreiben. Was sagt uns das im Hinblick auf die Entscheidung des christlich-israelisch-palästinensischen Autors Anton Shammas (geb. 1950 Fassuta), auf Hebräisch zu schreiben? Shammas wächst mit einem Hebräisch auf, das durch Israel territorialisiert wurde und einen doppelten Status einnimmt: den einer modernen Nationalsprache, die zugleich einen ethnisch-religiösen Charakter bewahrt. Mit Gedichten und Artikeln plädiert der junge Autor bereits in den 1970er Jahren für einen Staat, der für Israelis – Juden und Nicht-Juden – wäre und nicht »das Jüdische« über »das Demokratische« stellt. Shammas' Roman ערבסקות (Arabesken, 1989) ist für Amos Oz »ein Sieg« der hebräischen Sprache. Ein Sieg über wen? Avraham B. Yehoshua rät Shammas, sich nach außerhalb der israelischen Staatsgrenze »zu verziehen«, und Cynthia Ozick findet Shammas' Aneignung in ihrem Essay in der *Jewish Frontier* »Unforgivable, Indefensible, Uninnocent« (1989). Amos Elon wird sie daran erinnern, dass Heinrich Heine einmal der Besudelung der deutschen Sprache beschuldigt wurde.

דע לך בני כי סוד הכול הוא סוד האגוז. התבונן בפריו הטרי המוקף קליפותיו וידעת את סוד הנפש, את סוד היקום ואת סוד האלוהות. ארבע קליפות לאגוז הטרי והלח. הראשונה החיצונה ירוקה ומרה היא, ואחר עוד שתי קליפות הדבוקות זו בזו, ואחר המעטפת הפנימית אשר בה נתון האגוז. נתון האגוז כגרעין לבן וזוהר, וקו חוצה אותו להורות שדו-פרצופין הוא. זכר ונקבה. ורווח יש בין הגרעין מלמטה אל הקליפה וזו התיבה היא הריק המוחלט. הריק המלא בעצמו. מעטפת ארוגה שְׁתִי וָעֵרֶב של שכחה וזיכרון העוטפת את העולם. זוהי המעטפת הראשונה של היקום; אחריה באות עוד שלוש מעטפות של שכחה מוחלטת ושל רוע גמור. תמיד קרוב אל הגרעין נמצאת הקליפה המתווכת, הערוגה שכחה וזיכרון. טוב ורע. ומהי שכחה המיוצרת טוב ומהי שכחה המיוצרת רוע? ומהי זיכרון המייצר טוב ומהו זיכרון המייצר רוע? שם בקליפה המתווכת אנו חיים. זוהי כל מהותנו, ארוגים ברשת החודרת כול כקורי עכביש מדובקים. ואנו חותרים להתמרכז מחדש, לא מול העכביש כנקודת אמצע, אלא להשכיל ולשים את עצמנו באמצע הבוער של הדברים. גרעין הנפש או גרעין העולם. הבנת הזמן היא קילוף. סוד האגוז הוא כי לא בקו אדוני, כי לא ברעש אדוני, כי לא ברוח סערת שְׁתִי וָעֵרֶב אדוני, כי אם בסוד המעגל. סוד הדממה. סוד האגוז הוא סוד היישות. עיגול נח דומם. רגע מקולף, עירום. בשפה ובזמן לא, אין הדברים מונחים יחדיו על פני השטח, כי אם חתך זהב יש והוא מדמם. תוך לתוך ועומק לעומק. וגרעין הדברים הוא דו-פרצופין. אדם וחוה טרם הנסירה. היש השלם. אותו רגע שבו חדרי הלב נפתחים ומפסיק האדם להיות כמו בית שבו כל חדר נעול מפני חדריו האחרים. לפעמים אני בוכה על החיתוך הכואב בקליפות עצמי, על פציעתי בדרך לגרעיני. לפעמים אני נמהר ומחיש במו ידי את פציעתי. לפעמים אטום ועבה, אינני זוכר במה מדובר. לפעמים אני מתפלל, אלוהי עֲשֵׂה שלא אכאב כל כך, עשה שבלי ייסורים וחולאים רעים. מיד אני חושב שזו תפילת הבל, אבל שב ומייחל – עֲשֵׂה שלא אהיה כולי שקר, שלא ארוץ קדימה מוטרף בלחץ הקו, עֲשֵׂה שאזכור את סוד המעגל, את החיים הקשים בתוך התערובת.

Wisse, mein Sohn, in allem steckt das Geheimnis der Nuss. Betrachtest du ihre frische Frucht, umgeben von ihren Schalen, dann erkennst du das Geheimnis der Seele, das Geheimnis des Universums und das Geheimnis der Gottheit. Vier Schalen besitzt die frische, feuchte Nuss. Die erste, die äußere, ist grün und bitter, dann noch zwei Schalen, die zusammenkleben, und dann die innere Hülle, in der die Nuss liegt. Da liegt sie wie ein weißer, strahlender Kern, geteilt durch eine Linie, um zu zeigen, dass sie zweigesichtig ist. Männlich und weiblich. Und unten, zwischen Kern und Schale, gibt es einen Hohlraum, der ist die absolute Leere. Die Leere voll von sich selbst. Eine Hülle, die die Welt umhüllt, kreuz und quer gewebt aus Vergessen und Erinnern. Dies ist die erste Hülle des Universums. Nach ihr kommen noch drei Hüllen von vollständigem Vergessen und absolut Bösem. Immer dicht am Kern befindet sich die vermittelnde Schale, gewebt aus Vergessen und Erinnern. Gut und Böse. Was für ein Vergessen aber bringt Gutes hervor, und was für ein Vergessen bringt Böses hervor? Und was für ein Erinnern bringt Gutes hervor, und was für ein Erinnern bringt Böses hervor?

Dort, in dieser vermittelnden Schale leben wir. Es ist unsere Essenz, eingewebt zu sein in das alles durchdringende Netz, das wie klebrige Spinnweber ist. Wir streben nun danach, uns neu zu zentrieren, nicht gegenüber der Spinne als Mittelpunkt, sondern uns klug selbst zum brennenden Mittelpunkt der Dinge zu machen. Kern der Seele oder Kern der Welt. Das Verstehen der Zeit ist ein Prozess des Schälens. Dies ist das Geheimnis der Nuss: Nicht in der Linie ist der Ewige, nicht im Beben ist der Ewige, nicht im Sturm von kreuz und quer ist der Ewige, sondern im Geheimnis des Kreises. Im Geheimnis des leise verklingenden Halls. Das Geheimnis der Nuss ist das Geheimnis des Seins. Ein still ruhender Kreis. Ausgeschälter, nackter Moment. In der Sprache und in der Zeit. Nein, die Dinge liegen nicht zusammen an der Oberfläche, vielmehr gibt es einen goldenen Schnitt und der blutet. Innen zu innen, Tiefe zu Tiefe. Und der Kern der Dinge ist zweigesichtig. Adam und Eva, bevor sie auseinandergeschnitten wurden. Das umfassende Sein. Eben jener Moment, da die Herzkammern sich öffnen und der Mensch aufhört, wie ein Haus zu sein, mit lauter voreinander verschlossenen Zimmern. Manchmal weine ich über den schmerzenden Schnitt in den Schalen meiner selbst, darüber, dass ich mich auf dem Weg zu meinem Kern verletze. Manchmal bin ich voreilig und treibe meine Verletzung selbst voran. Manchmal bin ich feist und verschlossen, erinnere mich nicht, worum es geht. Manchmal bete ich, mein Gott, mach, dass es mir nicht so wehtut, mach, dass es ohne Qual und schlimme Krankheiten geht. Sofort denke ich, was für ein dummes Gebet, aber ich hoffe weiter – mach, dass ich nicht ganz und gar dummes Geschwätz bin, dass ich unter dem Druck der Linie nicht wahnsinnig vorausrenne, mach, dass ich mich ans Geheimnis des Kreises erinnere, an das schwierige Leben in der Vermischung.

Am Anfang steht die Mauernische im *Machane Yehuda* Markt, wo der Großvater von Haviva Pedaya (geb. 1957 Jerusalem) Bücher verkauft und für die Enkelin zum Lehrer wird. Lehrer und Schüler sowie die Spannungen zwischen schriftlichen und mündlichen Überlieferungen der Thora werden die Schriftstellerin und Kabbala-Forscherin weiter beschäftigen. Für Pedaya gehört zur mystischen Typologie auch die Ekstase, die mit dem Anschauen eines Bildes einhergeht. *Im Auge der Katze* enthält unter anderem die Erzählung von einem Luzerner Rabbiner, den das Katzenbild eines Grabsteins auf dem Friedhof von Padua in helle Aufregung versetzt. Zwar vermutet er, dass das Bild mit dem Namen des dort ruhenden Rabbi Katzenelbogen zu tun hat, doch besagt das Gebot, man solle sich kein Bildnis machen. Der Austausch des Rabbiners mit Kollegen entfaltet sich zu einer Erzählung über die Vielfalt kontroverser Auslegungen aus sephardischen und aschkenasischen Perspektiven, darunter Asher ben Jechiels Deutung. Sie verbietet lediglich das Bildnis einer Form in ihrer Ganzheit, nicht aber das Bildnis eines Fragments, wie etwa eines Kopfs ohne Körper. »Fast schmerzhaft erlebe ich Sprache als ein Werkzeug, das nicht auf alles, was du sagen willst, abgestimmt ist«, sagt Pedaya. »Diese Stummheit verlangt von dir, die Existenz einer Quelle anzuerkennen, ungeachtet, ob du sie ›Gott‹ nennst oder ›das, was jenseits der Wirklichkeit‹ liegt.«

Oleander

In the meantime.

    Waiting generates a pace of its own; routine, that is supposed to belong to permanence, forms out of the fact that in the meantime there is nothing else to be done. Ibrahim takes the old car the Uncle has lent—given—them and goes to the Uncle's vehicle workshop in the morning, Julie has classes in English at Maryam's employer's house and at a school—word-of-mouth makes more claims on an apparent skill or gift she didn't know she had. In the family house Maryam has gathered her sister Amina, who has just given birth, and Khadija, wife of the son missing at the oil fields; they and others come unobtrusively to join the exchange, picking up Julie's language, Julie picking up theirs, under a torn awning at the back of the house that stretches to an oleander whose pink flowers are thick with dust, like a woman who uses too much powder. There is no palm tree. The shade is thin and the shifting of light across the faces, Julie's and theirs, is a play upon what each does not know, in unfamiliarity, and is beginning to have revealed, in glances of intuition about the other.

In der Zwischenzeit.

    Warten erzeugt ein eigenes Tempo. Ein fester Tagesablauf, der eigentlich zur Dauerhaftigkeit gehört, entsteht aus der Tatsache, dass es in der Zwischenzeit nichts anderes zu tun gibt. Ibrahim nimmt das alte Auto, das der Onkel ihnen geliehen – geschenkt – hat, und fährt morgens zur Werkstatt des Onkels, Julie gibt Englischunterricht, im Haus von Maryams Arbeitgeberin und in einer Schule – ihr Talent oder ihre Gabe, der sie sich vorher gar nicht bewusst war, hatte sich herumgesprochen. Im Familienhaus hat Maryam ihre Schwester Amina, die gerade entbunden hat, und Chadija, die Frau des auf den Ölfeldern verschwundenen Sohnes, dazugeholt; sie und andere kommen unaufdringlich, um an der Unterhaltung teilzunehmen, lernen Julies Sprache, wie Julie die ihre, unter einer zerrissenen Plane hinter dem Haus, die bis zu einem Oleanderbusch reicht, dessen rosa Blüten dick mit Staub bedeckt sind, wie eine Frau, die zu viel Puder benutzt. Eine Palme steht nicht da. Der Schatten ist dünn, und die Lichtflecken auf den Gesichtern, auf Julies und denen der anderen, sind ein Spiel mit dem, was jede nicht weiß, mit der Fremdheit, und mit dem, was sie allmählich, in intuitiven Einblicken, über die andere erfahren.

Die erste Reise, die Nadine Gordimer (1923 Springs – 2014 Johannesburg) aus Südafrika hinausführt, geht nach England. Die Reise »brachte mir ein Verständnis für das, was ich war, und half mir, die letzten Überreste des Kolonialismus abzulegen. Ich wusste nicht, dass ich eine Kolonialistin war, musste aber erkennen, dass ich eben doch eine war. Obwohl meine Mutter erst sechs Jahre alt war, als sie aus England nach Südafrika kam, sprach sie immer noch vom ›nach Hause gehen‹. Aber nach meiner ersten Reise wurde mir klar, dass ›zuhause‹ ganz sicher und ausschließlich Afrika ist«, erzählt Gordimer Jannika Hurwitt 1979. »Es konnte nirgendwo anders sein«, obwohl sie sich in Südafrika gelegentlich doppelt ausgegrenzt fühlt – vom Apartheidregime als Kämpferin für das Recht auf freie Meinungsäußerung und von den Schwarzen als Weiße. In dieses hochexplosive Schwarz-Weiß-Konstrukt führt Gordimer ein, »was jeder nicht weiß«: Schattierungen, die Fremdheit erfahren lassen. Als Claudia Dreifus ihr 1992 sagt, dass nur wenige Schriftsteller die Politik des Landes so sehr beeinflusst hätten wie sie, bleibt Gordimer skeptisch: Wenn wir Schriftsteller »überhaupt dazu beigetragen haben, dort Veränderungen herbeizuführen, dann durch unseren Einfluss auf die Außenwelt. In welchen Ländern haben Schriftsteller Einfluss ausgeübt? […] Früher war das so, aber jetzt nicht mehr – absolut nicht«.

אף כי היה ג'ומעה מטבעו כבד-תנועה ככבש מפוטם, קשה-עורף ורפה-תפיסה כתיש, וחשדן ומתרחק מן הבריות כצבוע שנמלט מן הפח, נטפל אל הרועה הזקן, מחנכו, נפשו דבקה בו לאהבה, וידו לא זזה מתוך ידו; באשר הלך הלך, ובאשר לן לן; הזקן היטה אליו חסד, הורהו את שירי הרועים ושיחותיהם וילמדהו לחלל בחליל ולפרוט על הראבאבה (נבל עממי.) משמצא אותו כשר לפניו, מסר לו את שמות העשבים והשורשים, לפי מסורת קדמונים, סגולותיהם ותרופותיהם, וגם את לחשייו וקסמיו הנסתרים. מפיו למד לרפא את בהמותיו – את הגרדת במריחת זפת, את החרחור בתערובת שמן זית, עטרן, וגללים של עַיר, שנאספו באביב בשעה שהלבנה במלואה, את השילשול והסחרחורת בתמצית עשבים ובמשחק סממנים חריפים ועזים העשויים ממיצי פרחים, גבעולים ולשד חרקים וצרעין, שסוד הבנתם אינו נמסר אלא בלחישה מפה לאוזן, לאור הירח, מדור דור, מרועה זקן למשנהו ולנער היוצק מים על ידו.

Obwohl Dschumah von Natur aus schwerfällig war wie ein gemästetes Schaf, halsstarrig und begriffsstutzig wie ein Ziegenbock, misstrauisch und menschenscheu wie eine aus der Falle entkommene Hyäne, klammerte er sich an den alten Hirten, seinen Lehrmeister. Liebend hing er ihm an und ließ nicht von ihm; wo sein Meister hinging, da ging auch er hin, wo der sich niederlegte, da legte auch er sich nieder, und der Alte besaß die Güte, ihn die Lieder der Hirten zu lehren, und ihm die Themen zu erklären, über die sie sprachen. Er brachte ihm bei, Flöte zu spielen und die Rabab zu streichen. Als er ihn für reif genug hielt, gab er an ihn die Namen der Kräuter und Wurzeln weiter, mit den Überlieferungen seiner Vorfahren, wofür sie heilend und nützlich waren, und verriet ihm auch seine eigenen geheimen Flüstersprüche und Zauberformeln. Von ihm lernte der Knabe, das Vieh zu heilen: Krätzmilben durch Aufstreichen von Pech, Wundbrand durch eine Mischung aus Olivenöl, Teer und dem Mist junger Esel, gesammelt im Frühjahr bei Vollmond, Durchfall und Schwindel mit Kräuterextrakten und einer Mischung scharfer Ingredienzien aus Blütensaft, aus Stengeln, aus dem Mark von Insekten und Wespen. Diese geheimen Kenntnisse wurden von Generation zu Generation nur in mondhellen Nächten weitergegeben, von Mund zu Ohr fortgeflüstert, von einem alten Hirten zum nächsten und zu dem Knaben, der bei ihm diente.

Der als Itzchak Sarwi geborene Jizchak Shami (1888 Hebron – 1949 Haifa) übernimmt sein Pseudonym von seinem aus Syrien stammenden Vater, der in Hebron als al-Shami, der Damaszener, bekannt war. Der junge Shami spricht mit seinem Vater Arabisch und mit seiner Mutter Judäo-Spanisch und schreibt, je nachdem, wer ihn liest, moderne hebräische Literatur eines arabischen Juden oder arabische Literatur auf Hebräisch – Kategorien, die letztlich die Trennungen reproduzieren, die Shami in seinen Schriften gerade vermeidet. Sein Roman נקמת האבות (Die Rache der Väter, 1927), eine Kritik an der Stammesmentalität der Rache, ist für Anton Shammas »der einzige Roman der modernen hebräischen Literatur, dessen Figuren, Landschaften und Erzählstimme ganz palästinensisch sind«. Als Kind begleitet Shami seinen Vater, einen Textilhändler, bei seinen Geschäftsreisen zu den Bauern in der Gegend von Hebron. Wie sich in seinen Schriften erweisen wird, betreibt das Kind dabei ethnografische Studien der eigenen Kultur. So beschreibt die Erzählung ג׳ומעה אלאהבל (Dschumah der Einfältige) die Aufteilung von Land um Hebron unter den Bauern und wie sie ihre Streitereien beilegen: Sollte ein Schaf, das als Bezahlung vorgesehen ist, in der Zwischenzeit einem Raubtier zum Opfer fallen, wird sein vierfacher Wert als Kompensation fällig – zuzüglich Richterhonorar.

Olive

Je suis de retour
Fini les vendanges
Les oreilles jaunes du matin
Se dressent contre la porte
Irritants problèmes
De patine
Fini la cueillette des olives
Sur les collines de l'adultère
Fini les jouissances passives
Je ne saurai combattre la narcose
Endormie comme la boue des jardins emmurés
Mon sexe resplendit de la grande soif amère
L'exquis bâillement de la mort
Pourquoi suis-je triste sans le savoir
Sans noyau de nèfle gonflé de sang rustique
A tenir ainsi qu'un denier de veuve
Entre mes doigts abreuvés de lumière
Comment satisfaire ma manie de fraîcheur
Aucune passion
Aucun vieux châtiment
Qui ne porte l'uniforme du vice
Je tombe sur le sol aux grands mouvements marins
Et tourbillons de pavés aux sonores accents
De tambour
Je tombe et je remonte et la surface de la ville
Ne peut être loin dans la misère et dans le temps
Je suis revenue trop tôt
O fils de ma maternelle flamme
Salut

Ich bin wieder da
Vorbei ist die Weinlese
Des Morgens gelbe Ohren
Pressen sich an die Tür
Lästiges Jucken
Der Patina
Vorbei ist die Olivenernte
Auf den Hügeln des Ehebruchs
Vorbei sind die passiven Sinnenfreuden
Gegen die Betäubung komme ich nicht an
Schlummernd wie der Schlamm in ummauerten Gärten
Mein Geschlecht strotzt vor bitterem maßlosem Durst

Das herrliche Gähnen des Todes
Warum bin ich traurig, ohne es zu wissen
Ohne Mispelkern voll erdigen Bluts
Den ich wie ein Witwenmünzlein
Zwischen lichtgetränkten Fingern halten könnte
Wie soll ich meine Sucht nach Frischem befriedigen
Keine Leidenschaft
Keine Strafe aus alten Zeiten
Die nicht die Einheitskluft des Lasters trüge
Ich sinke auf den Boden mit dem starken Wellengang
Und wirbelnden Pflastersteinen, klangvoll
Wie Trommeln
Ich versinke und steige wieder auf und die Stadtoberfläche
kann nicht fern sein im Elend und in der Zeit
Ich bin zu früh zurückgekehrt
O Sohn meiner mütterlichen Glut
Sei gegrüßt

»Selbst im Tod werde ich in diese Welt zurückkehren, um Unzucht zu treiben«, heißt es in der Kurzgeschichtensammlung *Les Giants Satisfaits* (Die befriedigten Statuen, 1958) von Joyce Mansour (1928 Bowden–1986 Paris). Ist »Ich« eine Figur aus einer alten Religion? Maria, Lilith, Miriam oder Hathor aus der ägyptischen Mythologie, wo der Tod keineswegs das Ende des Lebens bedeutet? Ein weiblicher, »ambivalenter poetischer Körper«, vermutet Katharine Conley. Gefragt, warum sie nicht den gewalttätigen Charakter ihrer Gedichte habe, antwortet Mansour: »Wenn ich nicht schreiben würde, würde ich vielleicht meine Worte verkörpern. Es ist eine Art Beschwörung.« Die Tochter einer jüdisch-syrischen Familie wächst mit Englisch als Muttersprache im kosmopolitischen Kairo auf und schreibt nach ihrer Heirat mit dem französisch-ägyptischen Staatsbürger Samir Mansour auf Französisch. Aus Nassers Ägypten verbannt, geht das Paar 1953 nach Paris. Ihre Wohnung wird zum Treffpunkt für Surrealisten der Nachkriegsgeneration, wo Jean Benoît 1959 die Performance *L'exécution du testament du Marquis de Sade* aufführt. Beschwört Mansour einen plurikulturellen Feminismus? »Ich weiß nicht, wovon Sie reden«, antwortet sie auf die Anfrage einer feministischen Zeitschrift. Mansours Mischung aus Wut, Ironie und Verletzlichkeit, die sich über das Ideal der Frau als unschuldiges, unterwürfiges, zartes Objekt der Begierde lustig macht, verführt den Feminismus in einen kosmopolitischen Garten der intersektionalen Gelüste.

Olive

אֵין עוֹד כָּמוֹךָ בָּאֵלִים, אֲדוֹנִי
הַמּוֹלֵךְ עַל כָּל הַיְקוּם
עַל הַדּוֹמֵם, הַצּוֹמֵחַ וְהַחַי
וְלָכֵן
זֶה מוּזָר וַאֲפִלּוּ מַפְלִיא,
שֶׁאֵין לְךָ כָּל שְׁלִיטָה, אֲפִלּוּ כַּזַּיִת –
עַל הָעָם שֶׁבָּחַרְתָּ,
הַיּוֹשֵׁב, סוֹף סוֹף, בַּבַּיִת.

הָעָם הַזֶּה, הָעָם הַנִּבְחָר,
שֶׁסָּבַל הָמוֹן צָרוֹת,
בַּבַּיִת וּבְאַרְצוֹת נֵכָר –
הָעָם הַזֶּה,
כְּשֶׁהִרְגִּישׁ רְוָחָה וְשֶׁיֵּשׁ לוֹ גַּם קְצָת כֹּחַ
מִיָּד שָׁכַח אֶת כֹּל מַה שֶׁסָּבַל
וְהִתְחִיל בְּעַצְמוֹ לִשְׁדֹּד וְלִרְצֹחַ.

Es gibt keinen wie Dich unter den Göttern, Mein Gott
Herrscher des Universums,
Herr über die leblose Materie, die Flora und Fauna
Ist es da nicht seltsam, ja sogar verwunderlich,
dass du für keine Olive Herrschaft hast
über dein auserwähltes Volk,
das endlich, endlich, zuhause wohnt.

Dieses Volk, das auserwählte Volk,
hat große Bedrängnis gelitten
daheim und in fremden Ländern –
dieses Volk,
als es Erleichterung spürte und auch ein wenig Kraft,
vergaß sofort, was es erlitten,
und begann selbst zu rauben und zu morden.

Am 22.9.1967 erscheint in *Haaretz* eine von Shimon Tzabar (1926 Tel Aviv – 2007 London) initiierte und von weiteren zwölf Personen unterzeichnete Anzeige: »Unser Recht, uns gegen die Ausrottung zu verteidigen, gibt uns nicht das Recht, andere zu unterdrücken / Besatzung bedeutet Fremdherrschaft / Fremdherrschaft bringt Widerstand mit sich / Widerstand bringt Unterdrückung mit sich / Unterdrückung bedeutet Terror und Gegenterror / Die Opfer des Terrors sind meist unschuldige Menschen / Das Festhalten an den besetzten Gebieten macht uns zu einer Nation von Mördern und Mordopfern / Lasst uns die besetzten Gebiete sofort verlassen!« Dieser erste breit angelegte Protest auf Hebräisch gegen die Besatzung wurde mit chauvinistischem Gejohle beantwortet, erinnert sich Moshé Machover, »heute erscheint es prophetisch, aber es bedurfte nur des gesunden Menschenverstandes, um vorauszusehen, was geschehen würde«. Kurz danach, auf einer Schiffsreise nach Marseille, kommt der Dichter und Maler Tzabar auf eine Idee, wie er ›den Kampf gegen die Besatzung im Ausland fortsetzen« würde, und er beschließt, in London eine satirische Zeitschrift herauszugeben. »Satire ist eine gute Waffe, mit der ich vertraut war. Sie könnte es mit allen Waffen aufnehmen, die die israelische Armee in ihrem Arsenal hat, einschließlich ihrer Atombomben.« Die erste Nummer von *Israel Imperial News* erscheint 1968.

Ce jour-là, je ne fis pas de nouvelles remarques ; je traînai seul à table, désœuvré, découpant les écorces d'orange en figures géométriques, carrés, losanges, rectangles construisant des ensembles architecturaux, orange sur fond blanc. Les enfants serraient mon père dans un coin, comparant leurs âges et leurs mérites respectifs, criant toujours à l'injustice de la répartition. M'apercevant à l'écart, sans doute frappé visuellement de mon exclusion, n'ayant pas encore le cœur serein, mon père lança sournoisement :

– Tout le monde réclame son cadeau sabbatique ; sauf Mordekhaï. Cela lui est égal, il n'est pas juif.

Ce refus me fit mal. Il déclencha mes tumultes. Je voulais bien partir, mais n'aurais pas supporté d'être chassé. Être juif consistait-il en ces rites stupides ? Je me sentais plus juif qu'eux, plus conscient de l'être, historiquement et socialement. Leur judaïsme signifiait faire éteindre par Boubaker, manger du couscous le vendredi ! Encore si la Bible prescrivait le couscous !

An diesem Tag machte ich keine solchen Bemerkungen mehr; unlustig blieb ich allein am Tisch sitzen und schnitt Apfelsinenschalen zu geometrischen Figuren, zu Quadraten, Rauten, Rechtecken, aus denen ich Häuschen baute, orangegelb auf weißem Grund. Die Kinder drängten meinen Vater in eine Ecke, stellten Vergleiche zwischen ihrem Alter und ihren jeweiligen Verdiensten an und machten immer ein Geschrei wegen der ungerechten Verteilung: Mein Vater bemerkte, daß ich abseits saß, erregte sich vermutlich beim Anblick meiner Absonderung und warf, da der Stachel ihm noch im Herzen saß, die boshafte Bemerkung hin:

»Jeder bittet um sein Sabbatgeschenk, nur Mordechai nicht. Ihm ist es egal, er ist kein Jude.«

Daß er mich von sich stieß, tat mir weh. Es entfesselte meinen inneren Aufruhr. Ich wollte gern gehen, aber ich hätte es nicht ertragen, verjagt zu werden. Erschöpfte sich das Judesein in diesen blödsinnigen Riten? Ich fühlte, daß ich ein besserer Jude war als sie, daß ich es mit größerem Bewußtsein, sowohl historischem als auch sozialem, war. Ihr Judentum bestand darin, das Licht durch Bubaker löschen zu lassen und freitags Couscous zu essen! Wenn wenigstens die Bibel Couscous vorgeschrieben hätte!

»Eines Abends in einem gespenstischen Berlin« – so erinnert sich der Schriftsteller und Soziologe Albert Memmi (1920 Tunis – 2020 Paris) – fragte ihn eine junge Frau, warum er keine deutsche Übersetzung seines *Portrait du colonisé, précédé du portrait du colonisateur* (1957) veröffentlichen würde. Das würde von den deutschen Verlagen abhängen, antwortete der Autor, vor allem aber sei es ihm eigentlich unklar, was für Deutschland, das seit Langem keine Kolonien mehr hat, an diesem Buch interessant sein könnte. Die Hälfte des Landes sei von den Russen kolonisiert, erklärte ihm die junge Frau geduldig, ihre Familie lebe auf der anderen Seite der Mauer. 1980, nachdem Memmis Buch in Minderheitensprachen wie Baskisch und Okzitanisch erscheint, folgt auch die deutsche Übersetzung. Als der Autor das Nachwort für diese Ausgabe schreibt, bringt ihn die Erinnerung an das Gespräch mit der jungen Frau auf die »aktuelle Nützlichkeit« seines alten Werks. »Und sei es auch nur, um sich darüber zu wundern, daß das Kolonialverhältnis, die Mechanismen, die es beherrschen, und deren Rückwirkungen auf die Strukturen unserer Gesellschaften ihre Wirkung immer noch nicht verloren haben.«

La bottega di Girò era proprio davanti a casa nostra. Girò se ne stava sulla porta come un vecchio gufo, e i suoi occhi rotondi e indifferenti fissavano la strada. Vendeva un po' di tutto: generi alimentari e candele, cartoline, scarpe e aranci. Quando arrivava la roba e Girò scaricava le casse, i ragazzi correvano a mangiare gli aranci marci che buttava via. […] La fine dell'inverno svegliava in noi come un'irrequietudine. Forse qualcuno sarebbe venuto a trovarci: forse sarebbe finalmente accaduto qualcosa. Il nostro esilio doveva pur avere una fine. Le vie che ci dividevano dal mondo parevano più brevi: la posta arrivava più spesso. Tutti i nostri geloni guarivano lentamente. […] Mio marito morì a Roma nelle carceri di Regina Coeli, pochi mesi dopo che avevamo lasciato il paese. Davanti all'orrore della sua morte solitaria, davanti alle angosciose alternative che precedettero la sua morte, io mi chiedo se questo è accaduto a noi, a noi che compravamo gli aranci da Girò e andavamo a passeggio nella neve. Allora io avevo fede in un avvenire facile e lieto, ricco di desideri appagati, di esperienze e di comuni imprese. Ma era quello il tempo migliore della mia vita e solo adesso che m'è sfuggito per sempre, solo adesso lo so.

Der Laden von Girò befand sich gerade vor unserem Hause. Girò stand unter der Tür wie eine alte Eule und starrte mit runden, gleichgültigen Augen auf die Straße. Fast alles konnte man bei ihm kaufen: Lebensmittel, Kerzen, Karten, Schuhe und Orangen. Wenn die Ware eintraf und Girò die Kisten leerte, eilten die Kinder herbei, um die faulen Orangen zu essen, die er wegwarf. […] Als der Winter zu Ende ging, regte sich in uns eine leise Unruhe. Vielleicht würde uns irgendwer besuchen. Vielleicht war doch endlich irgend etwas geschehen. Einmal mußte unsere Verbannung doch ein Ende haben … Die Straßen, die uns von der Welt trennten, erschienen uns jetzt kürzer; die Post kam häufiger. Langsam heilten auch unsere Frostbeulen. […] Einige Monate nachdem wir das Dorf verlassen hatten, starb mein Mann im Gefängnis von Regina Coeli. Beim Gedanken an diesen grauenvollen, einsamen Tod, an die Ängste, die ihm vorangingen, frage ich mich, ob dies wirklich uns passiert ist, uns, die wir Orangen bei Girò kauften und im Schnee spazierengingen. Damals glaubte ich an eine glückliche und frohe Zukunft, reich an erfüllten Wünschen, an gemeinsamen Erfahrungen und Unternehmungen. Und doch war jene Zeit die beste meines Lebens, und erst jetzt, da sie mir für immer entschwunden ist, erst jetzt weiß ich es.

»Menschen sind angehalten, sich von der Begrenztheit ihrer Herkunft zu befreien«, sagt Natalia Ginzburg (1916 Palermo–1991 Rom) in *È difficile parlare di sé* (1991). Die Empathie, die sich einer gemeinsamen jüdischen Herkunft verdankt, kommt ihr wie eine perverse Komplizenschaft vor. Auch ihre Schreibposition entsteht nicht unangefochten: »Als ich jung war und zu schreiben begann, wollte ich unbedingt für einen Mann gehalten werden, d. h. ich fürchtete in mir die Fehler der Frauen, die ich alle habe: Mangel an Objektivität, Sentimentalität usw. Im Laufe der Jahre würde mir allmählich klar, dass das Frausein beim Schreiben akzeptiert werden muss. Man kann nicht schreiben und so tun, als wäre man anders, als man ist. Und ich kenne die Geschichten von Frauen, ich kann nur die Geschichten von Frauen erzählen.« Das bedeutet bei Ginzburg auch ihre Geschichte einer Frau, die ein Pseudonym annimmt, um unter dem faschistischen Regime einen Roman zu veröffentlichen, die 1948 Teil der italienischen Delegation des Weltfriedenskongresses in Wrocław ist und die in den 1980er Jahren als unabhängige Kandidatin ins Parlament gewählt wird.

הם מפרטים: «דבר לא נעלם מעיני הבוזזים או מידיהם: שטיח, מקרר, מכשיר רדיו, מכונת כתיבה, מכונת תפירה, אפילו פסנתר, טלפון וכספת. מערכות שולחן וסכו"ם מכל סוג ומין וגם קישוטים, תכשיטים, שעונים, טבעות, מזומנים ושטרות, מסמכים נלקחו היכן שאפשר והוחרמו. מזון, כלי מיטה, שמלות, בגדים ומגפיים לא נשמרו למען האלפים הרבים שיחזרו ליפו עם תום מצב האיבה. מוצרי טקסטיל וצבעים, עץ ומתכת, ברזל וכל מיני טובין הועמסו ונלקחו. מכוניות וצמיגים נלקחו גם הם בתירוץ של סיוע למאמץ המלחמתי היהודי, ריהוט כבד נופץ לרסיסים כתחליף לביזה. חלונות ודלתות ניזוקו או נשברו בלא רחמים וברשעות. תרופות וסמי מרפא ומכשור רפואי נבזזו והוחרמו. מכונות ומכשירים ששימשו לפרנסה פורקו ונלקחו ובכך נמנעה מאומנים ומעובדים מיומנים האפשרות לחדש את עבודתם. מנועים ומשאבות נלקחו מפרדסים ערביים ובכך חיסלו את תעשיית התפוזים הערבית. גם חיות משק שיכלו לקיים את אוכלוסיית יפו במשך ששה שבועות הוחרמו בידי יחידות יהודיות. חיילים שנראו בוזזים ונעצרו, שוחררו ושבו לבזוז. אנשים נעצרו ברחובות, העליבו אותם והחרימו להם שעונים, טבעות, מזומן וכו'». האם נכלל בין אלה הסלון של חינאווי, וחדר האוכל המרוהט ריהוט גרמני כבד, כולל כיסאות עץ מגולפים, שקנו מרופא יקה בתל-אביב תמורת אלף ל"י, כל אותו ריהוט בורגני אירופי שהותאם לדוגמאות הצבע על הקירות?

Sie zählen auf: »Nichts ist den Augen und Händen der Plünderer entgangen: ein Teppich, ein Kühlschrank, ein Radiogerät, eine Schreibmaschine, eine Nähmaschine, sogar ein Klavier, ein Telefon und ein Tresor. Essgeschirr und Besteck aller Art und Sorte, und auch Dekorationsgegenstände, Schmuck, Uhren, Ringe, Bargeld und Geldscheine, Dokumente wurden, wo es ging, mitgenommen und konfisziert. Zum Leidwesen der Tausenden, die nach den Feindseligkeiten nach Jaffa zurückkehren würden, blieben auch Lebensmittel, Bettwäsche, Damenkleider, andere Kleidungstücke und Stiefel nicht verschont. Textilien und Farben, Holz und Metall, Eisen und allerlei andere Güter wurden verladen und fortgebracht. Autos und Reifen wurden ebenfalls genommen unter dem Vorwand, sie dienten der Unterstützung für den jüdischen Kriegsaufwand. Schwere Möbel, die man nicht plündern konnte, wurden in Stücke gehauen. Fenster und Türen wurden beschädigt oder boshaft und ohne Erbarmen zerstört. Medikamente, Heilmittel und medizinisches Gerät wurden geraubt und konfisziert. Maschinen und Werkzeug, die dem Lebensunterhalt dienten, wurden zerlegt und weggenommen, damit wurde Handwerkern und Facharbeitern die Möglichkeit genommen, ihre Arbeit wieder aufzunehmen. Motoren und Pumpen wurden von den arabischen Zitrusplantagen geholt. Damit wurde die arabische Orangenindustrie eliminiert. Auch Haustiere, die sechs Wochen die Bevölkerung Jaffas hätten ernähren können, wurden von jüdischen

Einheiten konfisziert. Jüdische Soldaten, die beim Plündern gesichtet und festgenommen wurden, wurden freigelassen und plünderten weiter. Menschen wurden in den Straßen aufgehalten und beleidigt. Ihre Uhren, Münzen, Ringe, Bargeld und Ähnliches wurden konfisziert.«

War denn unter diesen Dingen das Wohnzimmer der Hinnawis mit der Esszimmereinrichtung aus massiven deutschen Möbeln mit geschnitzten Holzstühlen, die sie für tausend israelische Pfund von einem jekkischen Arzt in Tel Aviv gekauft hatten? Das ganze bürgerliche Meublement, das zu den farbigen Mustern an den Wänden passte?

Die hier beschriebene Plünderung führt nicht zuletzt dazu, dass es dem in Jaffa eingesetzten Militärgouverneur nicht gelingt, in der besetzten Stadt für Recht und Ordnung zu sorgen, und er im Gefühl der »Machtlosigkeit« zurücktritt. Tamar Berger (geb. 1957 Tel Aviv-Jaffa) zitiert dieses Dokument aus dem israelischen Regierungsarchiv in *Dionysus im Dizengof-Center*, einem Buch, dessen Titel auf den griechischen Gott des Weins ebenso anspielt wie auf den Weingarten von Adib Hinnawi, auf dem heute das Tel Aviver Einkaufszentrum gleichen Namens steht. »Um was geht es also in dieser Erzählung?«, fragt Berger, bevor sie auf die Familiengeschichte der Hinnawis aus Jaffa eingeht, auf die jüdischen Bewohner der auf dem Weingarten errichteten Barackensiedlung und auf die Flaneure in den inneren Straßen des Einkaufszentrums, das 1994 zum Ziel eines Selbstmordattentats wird. Es geht um einen Ort, der viele Orte enthält. Es geht um Multi-Temporalität als gegenwärtiges Prisma. Es ist, als würde Walter Benjamins Flaneur durch gebaute Umgebungen, durch Archive und literarische Werke streifen, auf jeweilige Zeitgenossen treffen, seinen Blick auf verschiedene Perspektiven verteilen, Stimmen aus verschiedenen Zeiten hören und protokollieren, wie gegenwärtige Politik klingen könnte, wenn allen Akteuren zugehört würde.

وعندما بدأت رأس الناقورة تلوح من بعيد، غائمة في الأفق الأزرق وقفت السيارة ... ونزلت النسوة من بين الأمتعة وتوجهن إلى فلاح كان يجلس القرفصاء واضعاً سلة برتقال أمامه مباشرة .. وحملن البرتقال ... ووصلنا صوت بكائهن ... وبدا لي ساعتذاك أن البرتقال شيء حبيب ... وأن هذه الحبات الكبيرة النظيفة هي شيء عزيز علينا ... كانت النساء قد اشترين برتقالات حملنها معهن إلى السيارة، ونزل أبوك من جانب السائق، ومدّ كفّه فحمل برتقالة منها.. أخذ ينظر إليها بصمت.. ثم انفجر يبكي كطفل بائس...

في رأس الناقورة.. وقفت سيارتنا بجانب سيارات كثيرة... وبدأ الرجال يسلمون أسلحتهم إلى رجال الشرطة الواقفين لهذا الغرض... وعندما أتى دورنا، ورأيت البنادق والرشاشات ملقاة على الطاولة... ورأيت صف السيارات الكبيرة يدخل لبنان طاوياً معارج طرقاتها ممعناً في البعد عن أرض البرتقال... أخذت أنا الآخر، أبكي بنشيج حاد... كانت أمك ما زالت تنظر إلى البرتقالة بصمت... وكانت تلتمع في عيني أبيك كل أشجار البرتقال التي تركها لليهود... كل أشجار البرتقال النظيف التي اشتراها شجرة شجرة، كلها كانت ترتسم في وجهه... وترتسم لمّاعة في دموع لم يتمالكها أمام ضابط المخفر...

وعندما وصلنا صيدا، في العصر، صرنا لاجئين...

216

Als Kap Nakura in der Ferne auftauchte, wie eine Wolke am blauen Horizont, hielt der Wagen an. Die Frauen stiegen ab und gingen zu einem Bauern, der hinter einem Korb voller Orangen an der Straße hockte ... Sie nahmen einige Orangen, und wir hörten sie weinen ... Damals wurde mir klar, dass Orangen etwas Liebenswertes, dass diese großen blanken Kugeln etwas Teures sind. Die Frauen kauften einige Orangen und brachten sie uns zum Auto. Dein Vater stieg vom Beifahrersitz, nahm eine Orange und betrachtete sie schweigend. Dann brach er in Tränen aus wie ein verzweifeltes Kind.

Bei Kap Nakura kam der Wagen in einer langen Autoschlange zum Stehen. Die Männer begannen, den wartenden Polizisten ihre Waffen auszuhändigen. Als wir an die Reihe kamen, sah ich auf dem Tisch Gewehre und Munition liegen; ich sah auch die lange Schlange von Autos, die das Land der Orangen verließen und sich in den Libanon hineinschoben. Da begann auch ich bitterlich zu weinen. Deine Mutter betrachtete noch immer schweigend die Orange, und aus den Augen deines Vaters blickten alle Orangenbäume, die er den Juden zurückgelassen hatte, all die Orangenbäume, die er Stück um Stück erworben hatte; sie alle standen ihm ins Gesicht gezeichnet, und vor dem Grenzposten konnte er seine Tränen nicht mehr zurückhalten.

Als wir dann am Nachmittag in Saida ankamen, waren wir Flüchtlinge geworden.

1948 aus Palästina in den Libanon vertrieben, zieht die Familie von Ghassan Kanafani (1936 Akkon – 1972 Beirut) nach Damaskus weiter, wo er seine Schulausbildung in einer UNRWA-Schule beendet und ein Studium der Arabischen Literatur beginnt, das er wegen seiner pan-arabischen Aktivität nicht beenden darf. Nach mehreren Jahren in Kuwait kehrt Kanafani 1961 in den Libanon zurück. Er wird Sprecher der marxistischen Volksfront für die Befreiung Palästinas und Redakteur ihrer Zeitschrift. 1970 erscheint seine Erzählung »Im Land der traurigen Orangen« auf Hebräisch in der von Shimon Ballas herausgegebenen Sammlung *Palästinensische Erzählungen*. Kanafani stirbt durch eine Autobombe, sein Nachfolger wird durch eine Buchbombensendung verletzt. Kanafanis Erzählung wird ins israelische Schulcurriculum aufgenommen, doch sein Denkmal auf dem Friedhof von Akkon auf Anordnung des Innenministeriums entfernt. Die israelische Zensur verweigert 1977 einer Theatergruppe in Nazareth die Bühnenadaption seines Romans رجال في الشمس (Männer in der Sonne, 1962), erlaubt sie 1982 jedoch der Tel Aviv University. In Kanafanis letztem Roman, عائد إلى حيفا (Rückkehr nach Haifa, 1969) kehren palästinensische Flüchtlinge zu ihrem Haus zurück, das inzwischen von Holocaust-Überlebenden bewohnt wird. Sami Michael erzählt diese Geschichte in יונים בטרפלגר (Tauben in Trafalgar, 2005) fort, wobei sich der Adoptivsohn der Überlebenden-Familie als palästinensischer Vertriebener erweist.

وهمهمت أحرق الأرم على ألد أعدائي. كم عركت أذني يا زمن لكنك لم تقهر عزيمتي، وشحنت هذه الأعوام المئة بالأهوال، وكان دأبك أن تسرق مني همّتي فأبقيتُ همّتي بيدي وأعدتك، يا زمن، خالي الوفاض.

ما زلت حتى هذه اللحظة شلومو الكردي كما عهدته، وسأنتقم منك، إذا سأسلم لبارئي أمانته التي أودعها بي. سأقدمها له مع خالص الحمد والامتنان، في وقت لا يبدو ببعيد!

خاتمة مطافي هنا في رامات كان! تذكر يا فتاي، تذكر! وكل موزة أخرى أو تفاحة. هذه، ما زالت بلد البرتقال. في صبلاخ لم يكن بهذه الكثرة. صبلاخ، جبال ووديان. وتنبت اللوز والبلوط والصنوبر. لن أنسى صبلاخ الحبيبة الملعونة، كلا، رغم بغداد العز وبومباي مصدر النعمة وطهران المأوى. هنا، توقف الحصان عن المسيرة، ولاح شفق المغيب، وتهادى وئيدًا انتقامي العذب الجبار.

Zähneknirschend brummte ich voller Wut über meinen schlimmsten Feind. So oft hast du mich auf die Probe gestellt, oh Zeit, aber du konntest meiner Entschlossenheit nichts anhaben. Diese hundert Jahre hast du mit Schrecken erfüllt, hast alles darangesetzt, mir meine Entschlusskraft zu rauben, doch ich habe sie mir erhalten und dich, oh Zeit, mit leeren Händen stehen lassen.

Ich bin noch immer Shlomo al-Kurdi, den du kanntest, und ich werde mich an dir rächen und dem Herrn aushändigen, was er mir anvertraut hat. Ich werde es ihm überreichen in höchstem Lob und Dankbarkeit, und nicht mehr lange wird es bis dahin sein!

Mein Umherwandern endet hier in Ramat Gan. Gedenke dessen, mein Junge, gedenke! Und bediene dich mit einer weiteren Banane und einem Apfel. Dies ist noch immer das Land der Orangen. Sablakh wurde nicht mit solchen Mengen gesegnet. Sablakh, reich an Bergen und Tälern, lässt Mandeln, Eichen und Pinien wachsen. Das gute, verdammte Sablakh werde ich nicht vergessen, nein, trotz des stolzen Bagdads, das mir meine Würde zurückgab, trotz Bombays, das mir Quelle des Wohlbefindens war, und trotz Teherans, das mir Obdach bot. Hier hat mein Pferd angehalten, hier schimmert die Abenddämmerung, und hier wartet meine große, süße Rache.

Mit fünfzehn Jahren unternimmt der Migrant Samir Naqqash (1938 Bagdad – 2004 Petach Tikwa) mit seinem älteren Cousin den ersten Versuch, Israel über den Libanon zu verlassen. Ein zweiter Versuch mit dem Ziel Bagdad führt ihn 1958 über die Türkei nach Teheran und Indien. Die Situation seiner Familie, die nicht nachziehen kann, bewegt Naqqash dazu, nach Israel zurückzukehren. 1971 stellt er eine Sammlung seiner Erzählungen aus den 1960er Jahren zusammen, hat aber »nicht die geringste Chance, dass jemand [arabischsprachige Literatur in Israel] veröffentlichen würde, also habe ich es selbst gemacht«. Die Kosten entsprechen dem Preis der Wohnung, die der Familie zum Kauf angeboten wird. »Alle in der Familie hielten das Buch für wichtiger«, erzählt Naqqash Ammiel Alcalay im Interview. »Viele israelische Schriftsteller sind fast ausschließlich mit dem aufgewachsen, was ich als ›zionistische‹ Literatur bezeichnen würde, d. h. mit moderner hebräischer Literatur«, doch Naqqash ist gegen »ein parteiisches Schreiben« und unterminiert monolinguale Kulturen durch Übersetzungsfragen, die in seinen Romanen Teil der Handlung werden. Das Leben ist komplex und »das Schreiben muss diese Realität widerspiegeln. Die Wirklichkeit ist nicht etwas mit einem Anfang und einem Ende, mit einer festen Sichtweise. [...] All die realistische Literatur mit ihren Anfängen und Enden und ihren Beschreibungen der Dinge stellt nichts dar – der Begriff selbst ist absolut unlogisch.«

Palme

Ein Fichtenbaum steht einsam
Im Norden auf kahler Höh'.
Ihn schläfert; mit weißer Decke
Umhüllen ihn Eis und Schnee.

Er träumt von einer Palme,
Die, fern im Morgenland,
Einsam und schweigend trauert
Auf brennender Felsenwand.

Heinrich Heine (1797 Düsseldorf–1856 Paris) konvertiert zum Christentum, um der Position des (jüdischen) Anderen zu entfliehen, und übersiedelt 1831 nach Paris, wo er zum (deutschen) Anderen wird. Unterdessen werden seine Schriften im Deutschland der Restaurationszeit zensiert. Zwanzig Jahre später spottet Heine über deutsche Ikonen und ihre romantischen Oden in seinem Lobgedicht *Prinzessin Sabbat* (1851), das dem jüdischen Schabbatgericht Schalet (Tscholent) gewidmet ist. »Schalet, schöner Götterfunken / Tochter aus Elysium! / Also klänge Schillers Hochlied / Hätt er Schalet je gekostet. / Schalet ist die Himmelspeise / Die der liebe Herrgott selber / Einst den Moses kochen lehrte / Auf dem Berge Sinai, / Wo der Allerhöchste gleichfalls / All die guten Glaubenslehren / Und die heil'gen Zehn Gebote / Wetterleuchtend offenbarte. / Schalet ist des wahren Gottes / Koscheres Ambrosia / Wonnebrot des Paradieses / Und mit solcher Kost verglichen.« Auf die Migrationsgeschichte und Verwandlung des Tscholent verweisen Spuren von Babel und Äthiopien über den Maghreb und Andalusien bis Osteuropa. Gemeinsam ist aschkenasischem Tscholent und sephardischer Adafina die lange Kochzeit. Dem Gebot folgend, dass am Ruhetag keine Arbeit verrichtet werden soll, wird das Gericht am Freitagnachmittag in den Ofen geschoben, um am Schabbat warm gegessen zu werden. Säkular heißt das Slow Cooking.

כשאני שומע את נאזִם אל־ע'אזאלי שר את שיר »גֶּשֶׁר מוּסַיָּב«, מהדהד בראשי קולה הצלול של אום פ'רחאן שהתגוררה בחורבה סמוכה לשכונת היהודים. בעלת גוף כבד ועטופה שחורים, נוהגת היתה לשבת בחצר החורבה הזרועה אבנים ולְשַׁלְשֶׁת יונים, ומבעירה אש תחת סיר מפויח. פנים עגולים ומקועקעים היו לה ועיניים גדולות ומכוחלות בכחל שחור ועבה. מעולם לא ראיתיה מחוץ לביתה, שלא היה אלא גל אבנים המתרומם לגובה ניכר, ובו פֶּתַח מְחוּפֶּה יריעת בד דהויה. מאחורי יריעה זו שָׂרַד חדר זעיר מהבית שחרב ושם התגוררה עם בנה פ'רחאן מפריח היונים, כפי שנקרא בפי כל. להקת יונים בשלל צבעים דרה עימם בין חַגְוֵי האבנים, ופ'רחאן עולה היה אל ראש התל ומעיף אותן עם מקל ארוך בידו. מקל זה לא היה אלא כַּפַּת תמרים מרוטת ציצים וסמרטוט קשור לראשה. להקת היונים היתה מתעופפת מעל לחורבה, ועל־פי תנודות מקלו של פ'רחאן מרחיקה אל השדות שמעבר לנהר ופונה אל השער הקטן שבקצה העיר, משם מרחפת היתה מעל שכונות אל־היתאווין ואל־תעיס ואל־מַהֲדִיה ואל־ג'בארין, ובכל פעם שהיתה מתקרבת אל החורבה, מטלטל היה פ'רחאן את מקלו והיא היתה ממשיכה את מעופה בשמי התכלת, וקרני השמש השוקעת נותנות בחיבוטי הכנפיים ניצוצות מרהיבים. מדי יום בשעה קבועה, שהקדימה אך במעט את קריאת המוּאַזִן לתפילת מעריב, עולה היה פ'רחאן אל ראש תל האבנים והיוֹנים נענות לצקצוקי לשונו ומזנקות אל־על במהומה רבה. מעוף היונים נמשך כל עוד ניצב פ'רחאן בראש התל, אך משהיה משליך את המקל על הארץ, ידעו היונים שניתן האות לסוף המסע והן היו נוחתות באחת לחצר, שם מפזרת להן אִם אִם פ'רחאן גרעיני תבואה.

Wenn ich Nasem Al Adjali höre, wie er das Lied »Mussajab Brücke« singt, klingt in meinem Kopf das klare Stimmecho der Um Farchan, die in einer Ruine nah dem jüdischen Viertel wohnte. Körperschwer und schwarz eingehüllt sah man sie stets im Hof der Ruine sitzen, der von Steinen und Taubenkot übersät war, und Feuer unter einem verrußten Topf entfachen. Rund und tätowiert war ihr Gesicht und groß und dick blauschwarz geschminkt die Augen. Niemals habe ich sie außerhalb ihres Hauses gesehen, das nichts anderes als ein beträchtlich hoch aufgehäufter Steinhaufen war, der Eingang war mit einer ausgeblichenen Stoffbahn verhängt. Hinter dieser Stoffbahn hatte noch ein winziges Zimmer des Hauses, das zerstört worden war, überlebt. Dort wohnte sie mit ihrem Sohn Farchan, dem, »der die Tauben fliegen lässt«, wie er von jedermann genannt wurde. Ein Schwarm vielfarbiger Tauben wohnte mit ihnen in den Steinspalten und Farchan pflegte auf den Steinhaufen zu steigen, um sie mittels eines langen Stocks zum Fliegen zu bringen. Dieser Stock war nichts anderes als ein Palmenzweig mit zerrupften Blattspitzen und einem Lumpen, festgebunden am oberen Ende. Der Taubenschwarm flog über die Ruine, gehorchte den Bewegungen von Farchans Stock und entfernte sich zu den Feldern jenseits des Flusses. Wendete sich dann zum kleinen Tor am Rand der Stadt. Von dort schwebte er über den Al Hitawin und Al-Ta'is und Al-Mah'dia und Al-Djabarin Vierteln, und jedes Mal, wenn er sich der Ruine näherte, schwenkte Farchan seinen Stock. Die Tauben setzten nun ihren Flug im blauen Himmel fort und die Strahlen der untergehenden Sonne verliehen ihrem Flügelschlag prächtige Funken. Täglich zur festen Uhrzeit, nur kurz vor dem Ruf des Muezzins zum Abendgebet, stieg Farchan auf den Steinhaufen und die Tauben beantworteten das Schnalzen seiner Zunge und schossen in die Höhe mit großem Tumult. Der Flug der Tauben dauerte, solange Farchan auf dem Gipfel des Steinhaufens stand, doch wenn er den Stock zu Boden warf, wussten die Tauben, dass das Zeichen zum Ende der Reise gegeben war. Sie landeten schlagartig im Hof, dort streute ihnen Um Farchan Getreidekörner.

Jüdisch-irakische Schriftsteller wie Shimon Ballas (1930 Bagdad – 2019 Tel Aviv-Jaffa) waren in Israel damit konfrontiert, in einer Sprache zu schreiben, die von der Politik zur Sprache des Feindes erklärt worden war. Was es bedeutet, ein Feind der eigenen Vergangenheit zu werden, erkundet der Filmemacher Samir in seinem Film *Forget Baghdad* (2002), der Ballas und vier weitere Protagonisten der irakischen Gemeinschaft zu Wort kommen lässt. »Der Film erzählt die grenzüberschreitende Geschichte einer religiösen Minderheit im Irak, die zu einer ethnischen Minderheit in Israel wird: Juden im Irak und Iraker in Israel«, schreibt Ella Shohat in ihrem Essay *The Question of Judeo-Arabic* (2015). Ab 1964 verfasst Ballas, der erste selbstbestimmte arabische Jude, Romane auf Hebräisch und wissenschaftliche Werke auf Arabisch. Die Figur des Soussan im Roman *Und er ist ein Ausgestoßener* ist an Nissim Susa angelehnt, einen jüdisch-irakischen Historiker, der in den 1930er Jahren zum Islam konvertiert. In חורף אחרון (Letzter Winter, 1984) erzählt Ballas von André Sorrell, der Henri Curiel nachempfunden ist, einem Gründungsmitglied der Kommunistischen Partei Ägyptens. In Frankreich macht sich der aus Ägypten geflohene Sorrell wegen »Einmischung in Frankreichs Politik im Nahostkonflikt« strafbar. Zeit, um dem Gericht von seinem Engagement für den Unabhängigkeitskampf Algeriens zu erzählen, bekommt er nicht. »Und noch etwas: Ich bin Jude […] und teile das Schicksal von Verfolgten überall.«

Summer is a time for mischief. I do everything I'm told not to do. I stay in the bunk during swim hours and hide in the bathroom when they come check the bunks for stragglers. I hate swimming in my long blue swimdress with the palm tree emblazoned on it to remind me that I am a Satmar girl. That is the meaning of the rabbi's last name: *Teitelbaum* is German for "palm tree," and the symbol is everywhere — on the cabins, the buses, the stationery, and the swimclothes. The minute my swimdress gets wet, it bags heavily around my knees, slapping my calves with each step.

Sommer ist die Zeit des Unfugs. Ich tue alles, was mir zu tun untersagt ist. Ich bleibe während des Schwimmunterrichts im Bett und verstecke mich im Badezimmer, wenn sie kommen, um im Schlafsaal nach Nachzüglern zu fahnden. Ich hasse es, in meinem langen blauen Schwimmkleid zu schwimmen, auf dem eine Palme prangt, die mich daran erinnern soll, dass ich ein Satmarer Mädchen bin. Das ist die Bedeutung des Nachnamens des Rabbiners: *Teitelbaum* ist mittelhochdeutsch und bedeutet »Dattelbaum, Dattelpalme«, und das Symbol ist überall zu sehen – an den Hütten, den Bussen, auf dem Briefpapier und den Schwimmsachen. Sobald mein Schwimmkleid nass wird, klebt es schwer an meinen Knien, klatscht mit jedem Schritt gegen meine Waden.

Der chassidische Hof der Satmar gründet sich 1905 im ungarischen Satu Mare und nach der Shoah ein zweites Mal in New York. Die streng orthodoxe Gemeinde lehnt den Zionismus ab, da nur der von Gott gesandte Messias das Recht habe, einen jüdischen Staat zu errichten. 2006 verlässt Deborah Feldman (geb. 1986 New York City) mit ihrem Neugeborenen die Gemeinschaft. Vier Jahre später berichtet sie in *The Guardian*: »Ich bin im schwarz-weißen Teil von Brooklyn, New York, aufgewachsen. Die Männer in meiner Familie trugen schwarze Hüte, schwarze Mäntel und weiße Hemden, sie studierten schwarz-weiße Bücher und sagten, bunte Farben seien das Werk des Teufels. [...] Weil ich Bücher auf Englisch las, wusste ich, dass ich ein böses Mädchen war. In einer schwarz-weißen Welt kann man entweder gut oder böse sein. Ein Jude oder kein Jude. Es gibt kein Dazwischen [...] Brich eine Regel und du landest automatisch auf Gottes schwarzer Liste. Mein Großvater pflegte zu sagen, Englisch sei eine unreine Sprache, und sie in irgendeiner Weise zu verwenden, würde bedeuten, Satan selbst als Kommandanten meines Herzens einzusetzen.« Feldman vermutet ihr »Herz bereits im Alter von 10 Jahren gründlich geschwärzt«. Mit ihrem Weggang glaubte sie Nicht-Jüdin zu werden. Sie wurde aber Ex-Chassidin.

Palme

Ich sitze in der Krone
einer Palme
hoch über dem Meer
steige langsam hinunter
kauf dir Gözleme
ich kämme meine Haare
bis sie in rotem Glanz
und du mich riechst
ich rieche dich noch immer
deine Haut, deine Füße
du hattest kleine Füße
für einen Mann und Hände
wie ein Heranwachsender
damit hast du am Tag
als wir heirateten
waren meine Hände rot von Henna
die Gäste warfen Geld in die Luft
das Orchester spielte
und weißt du für mich
spielt es auf und spielt
noch jede Nacht
sie wollen nicht aufhören
am Morgen bin ich
schweißnass
und tanze seitdem nicht
ich wollte, das Orchester
würde die Instrumente ablegen
ich würde mich verbeugen
die Musiker sollen gehen
ich kann ihre Töne nicht hören
nur sehen kann ich
wie sie spielen
kannst du sie sehen?

Wir sollten schlafen gehen.
Bald, sagst du, bald.
Ich schließe die Augen
will sie nicht sehen
nicht diese Nacht
nimm sie mit dir
ich bitte dich
du antwortest nicht
nie antwortest du

antworte mir
ich frage dich
ich frage dich dauernd
und du antwortest nicht
verzeih, mein Lieber,
wie kann ich auf dich zornig sein
bitte – sie sollen ihre Instrumente
mitnehmen und die Lieder,
besonders diese wunderbaren
die von Zülfü Livaneli
weißt du das eine
das wir
nehmt eure Instrumente mit
nehmt sie doch endlich mit

Wie gedenkt man Ermordeter, ohne sie auf ihren Tod zu reduzieren, ohne sie ein weiteres Mal zu Opfern zu machen, ihnen die Stimme zu entziehen?, fragt sich die Schriftstellerin und Beobachterin des NSU-Untersuchungsausschusses des Deutschen Bundestags Esther Dischereit (geb. 1952 Heppenheim). Sie stellt diese Fragen sowohl in Bezug auf die Toten des Holocaust als auch die des Rechtsextremismus im heutigen Deutschland. »Eine Frau spricht mit ihrem toten Mann« ist ein Klagelied aus dem zweisprachigen, auf Deutsch und Türkisch erschienenen Band *Blumen für Otello. Über die Verbrechen von Jena. Klagelieder / Otello için Çiçekler. Jena Cinayetlerine Dair. Ağıtlar.* Es ist den durch den NSU ermordeten Migranten ebenso gewidmet wie der Kritik der Methoden der deutschen Justiz- und Polizeibehörden. *Blumen für Otello* kann in der Tradition der Memorbücher gesehen werden, die von jüdischen Gemeinden mit Lebensdaten der Mitglieder sowie die Gemeinde betreffenden Ereignissen gefüllt wurden. Mit Verweis darauf skizziert Dischereit in *Das Gedächtnis der Vielen. Erinnerung und Solidarität* (2021) ein inklusives Gedächtnis der »antirassistischen Bewegung der Diversität«, gebildet aus Kampagnen wie *#SayHerName* der Black Women and Girls Matter, *Say Their Names* der Überlebenden und Angehörigen aus Hanau und *Every Name Counts* der Arolsen Archives – International Center on Nazi Persecution.

Pappel

Strâns saltimbanc, fiecare genunchi un clavir,
Plop trecut ca o zi prin calendar
Ținutul are un singur ochi lângă trotuar
Ca jurnale vitrinele s-au deschis în cartier.

Acesta e gândul instalat aerian,
Vocale prin trup ca prepelițe înaintând
Pupila ca o panoplie alunecând,
Cerul pântec de capră maximum un an.

Pneumatic orașul cu cicatrice în surâs,
Cât de brusc cerul osificat în saltar,
Tapetat peisaj, ultimul amurg în dicționar,
Prin coridoarele veacului glasul tău sacâs.

Stelele scârțâie ca ușile la interval,
Și virează foileton acest concert urban,
În coaste inima ca un gang subteran
Pomii îți dăruie cărți poștale automnal.

Seiltänzer, zusammengerollt, ein Klavier jedes Knie,
Pappel, vergangen wie ein Tag im Kalender,
Bloß ein Auge, neben dem Gehsteig, hat das Gelände,
Es öffnen sich die Schaufenster im Wohnviertel wie

Zeitschriften. Der Gedanke, aus der Luft kommt er schnell,
Wie Wachteln schreiten durch den Körper Vokale,
Die Pupille regt sich wie ein Waffengestell,
Der Himmel: ein Ziegenbauch für ein Jahr maximal.

Pneumatisch die Stadt, das Lächeln voll Narben,
Plötzlich verknöchert der Himmel in Fächern,
Tapezierte Landschaft, im Wörterbuch letztes Verdämmern,
In den Gängen des Jahrhunderts deiner Stimme harzige Farben.

Wie Türen in Intervallen die Sterne knarrten,
Es kurvt feuilletonistisch dies städtische Konzert,
Hinter den Rippen wie unterirdische Stollen das Herz,
Es schenken dir die Bäume Herbstansichtskarten.

»Das Wort in der Literatur hat, ähnlich wie die Farbe oder die Linie in der Malerei, eine abstrakte Rolle, die wichtiger ist als die grammatikalische oder logische Bedeutung«, schreibt 1925 Ilarie Voronca (1903 Brăila–1946 Paris) in der Zeitschrift der konstruktivistischen Avantgarde *Punct*. »Es gibt eine Chemie der Wörter, und aus ihrer Wechselwirkung ergeben sich interessante Bilder. Das Verb, wenn es pur verwendet wird, erhält ebenso wie die Materialien, die in visuellen Strukturen verwendet werden, eine Bedeutung, die nicht im Wörterbuch steht«, und der Satz ist keine »Fiktion, die an Wahlreden oder an die mondbeschienenen Liebeserklärungen eines Kuchenbäckers erinnert, der plötzlich zum Dichter wurde«. Für Voronca ist der Dichter ein »Wanderjude ohne Schatten« und ein »Peter Schlemihl ohne Heimat«, der sich nur der universellen Ungewissheit sicher sein kann. Anfang der 1930er Jahre verlässt der Mann »von hier, dort und überall«, wie seine Frau Colomba ihn beschreibt, Bukarest Richtung Paris. Bereits davor gestaltet Sonia Delaunay ein Buch des Avantgardisten, für ein anderes porträtiert ihn Marc Chagall. Eine »slawische Seele, vom Winde verweht wie die Samen des Löwenzahns«, beschreibt ihn Eugen Lovinescu 1929, »mit starker Bindung an das Land« – aber an welches? 1940 flüchtet Voronca nach Südfrankreich und schließt sich dem Maquis an.

Pappel

איך בין די עקזאָלטירטע רחל וועמעס ליבע האָט באַלויכטן דעם וועג פון די רבי עקיבאס.

איך בין דאָס קלײנע, שעמעוודיקע דאָרף-מײדל וואָס איז צווישן הויכע טאָפּלען געוואָקסן און זיך גערויטלט בײם »גוט מאָרגן« פון ברודערס מלמד.

איך בין דאָס פרומע מײדל וואָס האָט זיך געבליקט בײ דער מאַמעס ציטערדיקע פינגער אױף די אױגן אָנטקעגן די בענטשליכט.

איך בין דאָס געהאָרכזאַם כלה-מײדל וואָס האָט הכנעהדיק דאָס קעפּל אונטערגעטראָגן צום שער ערב חופה.

איך בין די אסתּר-חיל וואָס האָט זיך אונטערגענומען געבערן און שפּײזן פאר אַביסעלע צוגעזאָגט גן עדן-ליכט.

איך בין די אױסגעאײַדלטע בת תּלמיד חכם וואָס האָט מיט איר אָפגעהיט לײב אַ שטאָט אַ ייִדישע מציל געוועזן און נאָכדעם מיט אײגענע הענט זיך אונטערגעצונדן.

איך בין די מאַמע וואָס האָט אונטער עניוים קשים ביז אין דער אַרײן, בנים מגדל געוועזן צו מעשים טובים.

איך בין די חסידישע טאָכטער וואָס האָט מיטן טאַטנס התלהבות געטראָגן דאָס געשױרן קעפּל אין פאלק אַרײן.

איך בין דאָם צױמען-ברעכערן וואָס האָט »ברױט און פרײַהײט« געטײלט און די ליבע באַפרײַט פון אונטער חופה-שטאַנגען.

איך בין דאָס פאַרצערטלט מײדל וואָס האָט זיך הינטערן אַקער געשטעלט גרױון מדבר צו גרין לעבן באַצווינגען.

איך בין דאָס מײדל וואָס האָט אירע ווײסע הענט באַפעלן ציגל און שטײנער צו טראָגן צום אױפקום פון לעבן באַנײטן.

איך בין די וועמעס פינגער שטײפן אַרום רידל אין לויער פון טריט פון פאַרװײסטער.

איך בין די וואָס טראָגט פאַרעקשנט אַרום אַן אלף-בית אַ מאָדנעם און רויס אים אין קינדערשע אױערלעך אַרײן.

איך בין אָט די אלע און נאָך אַ סך, אַ סך ניט דערמאָנטע.
און אומעטום,
און אלעמאָל
בין איך
פרוי.

Malka Heifetz Tussman | Ich bin Frau 1949

Ich bin die vielgepriesene Rachel, deren Liebe die Wege der Rabbi-Akibas erhellte.

Ich bin das kleine schüchterne Dorfmädchen, das zwischen den hohen Pappeln wuchs und errötete beim »Guten Morgen« vom Lehrer des Bruders.

Ich bin das fromme Mädchen, das erbleichte beim Anblick der zitternden Finger der Mutter vor ihren Augen beim Lichtersegen.

Ich bin die gehorsame Braut, die devot ihren Kopf dem Schermesser hinhielt am Abend vor der Chuppe.

Ich bin die ejshes chajil, die tapfere Frau, die es auf sich nahm zu gebären und zu nähren für ein klein wenig vom versprochenen Licht des Paradieses.

Ich bin die feinsinnige Gelehrtentochter, die mit ihrem wohlbehüteten Körper eine jüdische Stadt beschützte und sich danach mit eigenen Händen in Flammen setzte.

Ich bin die Mutter, die unter schweren Qualen bis zur Auszehrung Söhne zu guten Werken erzog.

Ich bin die chassidische Tochter, die mit der Verzückung des Vaters ihren geschorenen Kopf unter die Leute trug.

Ich bin die Fesselsprengerin, die Brot und Freiheit verteilte und die Liebe aus der Deichsel der Chuppe-Stangen befreite.

Ich bin das verzärtelte Mädchen, das sich hinter den Pflug stellte, um die graue Wüste zum Grünen zu zwingen.

Ich bin das Mädchen, das ihren weißen Händen befahl, Ziegel und Steine zu schleppen für den Aufbau erneuten Lebens.

Ich bin die, deren Finger sich um die Schaufel versteifen, lauernd auf den Tritt der Zerstörer.

Ich bin die, die ein seltsames Alphabet stur mit sich trägt und es raunt in kindliche Ohren.

Ich bin all jene und viele andere, viele Ungenannte.

Und überall
und immer
bin ich
Frau.

Malka Heifetz Tussman (1893 Bolshava-Chaitcha –1987 Berkeley) stellt zwei Bedingungen, als sie mit 18 Jahren den Kantor Schlojme Tussman heiratet: erstens, dass sie sich nicht an seinen religiösen und gemeinschaftlichen Aktivitäten beteiligen muss, und zweitens, dass sie ihr eigenes Zimmer hat, wo auch immer sie leben würden. Ihre Distanzierung von der Religion gründet nicht in ihrer Abneigung gegen die individuelle religiöse Erfahrung, sondern gegen die Institutionalisierung von Tradition. In den Vereinigten Staaten angekommen, notiert Heifetz Tussman in ihr Tagebuch: »Edgar Allan Poe. Ich liebe den Rhythmus seiner Gedichte, ich gehe auf dem Bürgersteig im Rhythmus seiner Gedichte. Ich kaue mein Frühstück im Rhythmus seiner Gedichte. Englisch beginnt in meinen Knochen zu singen.« Heifetz Tussman wird in den Staaten zum Bindeglied zwischen Generationen, erzählt Kathryn Hellerstein, zwischen den Migranten aus Osteuropa und jungen Schriftstellern, die es sich zur Aufgabe machen, Lesern von jiddischer Literatur mit geringen Sprachkenntnissen diese Werke zugänglich zu machen. In einem Gedicht, das sie ihrer Studentin und Übersetzerin Marcia Falk widmet, schreibt Heifetz Tussman: »Scheu' dich nicht / über die kleinen Dinge zu schreiben. / Große Dinge überlassen sich / den kleinen Dingen in Maßeinheiten. / Die kleinen Dinge / stacheln die großen Dinge an.«

Passionsblume

كان اللوز والجوز والبرتقال، إلخ إلخ.. وقبل عشرين عامًا تحديدًا، يحفّزني على سرقة كرم أبو يوسف نديم، بيد أنّ الحياة تكبر (مثلي) سريعًا، وتتغيّر. لتصير الباسيفلورا بديلًا للبرتقال الكلاسيكي. بل ضيفًا على بلدتي التي تدعى البقيعة الغربية أو قرية مخّول (لا فرق) ما دامت هذه النبتة الفذّة أشدّ اكتشاف يعاصرني، ويجعلني أمميًا في المحليّات.

وحدها الريح من أكّدت لي بأنّ الباسيفلورا تستطيع فكّ ضفائرها الورقيّة كأنثى بخصيتين.

وحدها صارت وطني الجميل مؤقّتًا، ربّما لأنها فاتت توفيق زياد وطه محمد علي في معاصرة استعارات واقع عام 2009 في الدّاخل.

لا!

يبدو أنني وصفتها أكثر من اللزوم، ربما لأنني كنت جائعًا، أو لأنني بكامل هبلي أكتب عن أي شيء يسلّيني في هذا المساء الفارغ.

فليمدّني أحدكم إذًا، بكأسين من كونياك xo، لأتذكر من شدة اللاوعي، بأن عاطفتي بنت الذكريات، تختبئ فيها شجرة برتقال غسان كنفاني التي أحببتها على مدار طفولتي الرومانسية.

لا تزال حيّة هذه البرتقالة، بيد أنها مغمورة خلف الباسيفلورا حديثة الواقع، والتي تعربشتها في الحديقة، أو تعرّبشتني أنا، على غفلةٍ من والديّ!

Mandel-, Nuss- und Orangenbäume brachten mich vor zwanzig Jahren dazu, in den Weingarten des Abu Yussuf Nadim einzusteigen. Aber das Leben wird (wie ich) älter und verändert sich. Und so wurde mir die Passionsblume zur Erbin für klassische Orangen und hält sich in meinem Dorf namens El Boquai'a West oder Mukhawwal (es ist ja gleich) als Gast, da diese großartige Pflanze die größte Entdeckung meiner Zeit war und mich zu einem Kosmopoliten auf lokaler Ebene machte.

Einzig der Wind war es, der mir bestätigte, dass die Passionsblume ihre Zöpfe aus Blättern lösen kann wie eine Frau mit Hoden. Sie allein wurde mir vorübergehend zu einer schönen Heimstatt, vielleicht weil sie Taufiq Ziad und Taha Muhammad Ali in einer Zeitgemäßheit übertraf, die sich an die Wirklichkeit arabischer Israelis im Jahr 2009 anlehnte.

Nein!

Es scheint, ich habe sie mehr als nötig beschrieben, vielleicht weil ich hungrig war, oder weil ich in all meiner Dummheit über alles schreibe, was mich an diesem öden Abend unterhält.

Möge mir also einer von euch zwei Gläser Kognak der Marke XO reichen, auf dass ich mich aus meinem Unbewussten erinnere, dass meine Emotionen sich aus Erinnerungen speisen, in denen sich der Orangenbaum von Ghassan Kanafani versteckt, den ich meine ganze romantische Kindheit lang liebte.

Er lebt noch immer, dieser Orangenbaum, wird aber von der neuen Passionsblume verdeckt, auf die ich im Garten geklettert bin, oder die auf mich geklettert ist – mein Vater sah nicht hin.

»Das Herzstück« der Erzählung von Ghassan Kanafani *Das Land der traurigen Orangen* »ist die Sehnsucht des Flüchtlings nach Palästina, aus dem er vertrieben wurde. Die traurige Orange [...], die ihren Besitzer verloren hat«, ist in Palästina heimisch und »wird hier, auf den Flüchtling wartend, weiterleben«, erzählt Marwan Makhoul (geb. 1979 in El Boquai'a oder Peqi'in – je nachdem, wen man in welcher Sprache fragt) Almog Behar im Gespräch. Makhoul pflanzt diesen lokalen Orangenbaum in seinen Garten, »ein Grundstück, das mir meine Großväter vor 1948 gekauft haben und ich 2004 ›erneut‹ kaufen musste«. Auf den Baum, der an der Grenze zum Nachbargrundstück steht, »begann die ›Goj-Pflanze‹ meines Nachbarn Albert zu klettern, ein Passionsblumengewächs. Dieser ›Neueinwanderer‹ klettert erst auf den Zaun und überdeckt schließlich sogar meinen traurigen Orangenbaum‹. Zuversichtlich, dass der Baum trotzdem weiterwachsen und Früchte tragen wird, pflegt ihn Makhoul weiter. Obwohl die Passionsblume ihn stört, möchte er sie nicht ausreißen. Denn »solange die Orange lebt und wächst und ich daran glaube, dass der Baum weiter Früchte tragen wird, wachse ich mit ihm und mit der Passionsblume an seiner Seite«. Für jüdische Israelis ist Makhoul ein »arabischer Israeli«, für Palästinenser ein »Araber des Inneren« der Staatsgrenze. Die Passionsblume macht ihn »zu einem Kosmopoliten auf lokaler Ebene«.

Petersilie

Der Rübenkoh
Wächst nirgendwo.

Den Radilauch
    – Den such ich auch.

Und grüne Petersellerie
Blüht nur in meiner Phantasie.

Siebenjährig kommt Mascha Kaléko (1907 Chrzanów –1975 Zürich) mit ihrer Mutter in Frankfurt am Main an, auf der Suche nach Schutz vor Pogromen in Galizien. Mit sechsundzwanzig publiziert sie 1933 ihren ersten Gedichtband *Das lyrische Stenogrammheft. Verse vom Alltag*. Als das Buch 1956 in Hamburg neu aufgelegt und ein Bestseller wird, kehrt sie, inzwischen US-Bürgerin, aus dem Exil nach Deutschland zurück. »Wenn den Emigranten nicht gefällt, wie wir die Dinge hier handhaben, dann sollen sie doch fortbleiben«, verkündet der Generalsekretär der Westberliner Akademie der Künste, nachdem Kaléko die Nominierung zum Fontane-Preis ablehnt, weil ein ehemaliges SS-Mitglied in der Jury sitzt. Das weiß sie noch und sicher einiges mehr, »alles [...], was Sterblichen zu wissen gegeben«, wie Martin Heidegger nach seiner *Stenogrammheft*-Lektüre meint. »Ihr lobt mich mehr als ich verdiene. / Doch eine Tugend, die mich ziert, / Die habt ihr alle ignoriert«, sagt das bescheidene Veilchen im gleichnamigen Gedicht Kalékos und »[v]erbeugte sich nach edlem Brauch«.

Die Haitianer sagen deutlich »Jean-Claude Duvalier«; sie sagen »raimer« für »lieben« und setzen sogar vor das afrikanische Wort »Hounsi« ein »R«, das da gar nicht hingehört: »Rounsi«.

Alle Dominikaner, die weissen und die schwarzen, sagen »Amol« statt »Amor«, »pol favol« für »por favor« und »Nova Yoll« für »New York« und einige schreiben in der Eile sogar »L« für »R« – wie schon die Spanier statt »Katharina« »Catalina« schrieben.

[...]

Um jedoch vorgeblich die Neger dominikanischer Nationalität zu schützen, hatte Trujillo den Auftrag erteilt, die Schwarzen, die in Haufen zusammengetrieben, Männer, Frauen, Kinder, Vaudou-priester, Spiegelmänner, ihre Enthauptung erwarteten, das Wort »Petersilie« – »Perejil« aussprechen zu lassen.

Sagten sie »Pelejil«, wurden sie als »Haitianer« mit den Macheten zerhauen. Alle sagten »Pelejil«, wie sie es als Kinder oder als Einwanderer gelernt hatten.

[...]

Alfred, der deutsche Agronom:
– Trujillo hat die Rassepolitik Hitlers auf seine Weise interpretiert. Um das Blut der Dominikaner zu verbessern, siedelte er Japaner und Juden an und bot nach dem Kriege flüchtigen SS-Leuten Asyl.

[...]

Herr R., der Ex-SS-Mann, interessiert sich für Mischreligionen, wie ich, der Mischling ersten Grades.

Wir treffen Herrn R. beim Baden.

R. mag das Alter meines Vaters haben, wenn der damals die Flucht nach Schweden überlebte.

In *Das Waisenhaus,* einem autobiografischen Roman von Hubert Fichte (1935 Perleberg – 1986 Hamburg), hört Detlev, dass er »Judenohren« hat, noch bevor seine Mutter ihm erzählt, dass er einen jüdischen Vater hat. Mit ihrer Auszeichnung des Romans als »Parabel einer vaterlosen Generation« hebt die Jury des Hermann-Hesse-Literaturpreises 1965 die Gemeinsamkeit von jüdischen und nichtjüdischen Kindern in der Nachkriegszeit hervor. Als »ein Kind im Spannungsfeld der starren Ideologien« sieht Harun Farocki Detlev in seiner Romanbesprechung im *Spandauer Volksblatt.* Für Fichte ist es »unfasslich, dass ein so unneugieriges Europa entstand, für das Wissen selten etwas anderes war als Macht. Die Kolonialgeschichte Europas bleibt die Geschichte der Unempfindlichkeit«. Ihr entgegen hält der teilnehmende Beobachter afrodiasporischer kultureller Praktiken Bilder wie die des Papisto Boy in Dakar, in denen Fichte einen »ultimativen schöpferischen Ausdruck eines Palimpsests der Intertextualität« sieht. 2019 wird Fichte in der *Welt* mit zahllosen Adjektiven außer jüdisch beschrieben. Mit dieser Unterlassung wird indirekt das Narrativ des orthodoxen Ghettojuden propagiert, der nicht mehr als Jude anzusehen ist, sobald er das Ghetto verlässt und sich selbst – wie Fichte – als jüdisch, schwul, Ethnopoet und einiges andere mehr bezeichnet.

ומפסח ועד ראש השנה כל ימי הקיץ אין אדם יוצא מביתו מפני החמה לפי
שיש בארץ ההיא חום גדול ומשלש שעות מהיום והלאה מתחבאים כולם בבתיהם
עד הערב ויוצאין אחר כן. ומדליקין נרות בכל השוקים ובכל החוצות ועושין
מלאכת' וסחורתן בלילה כי לילה ליום ישימו מפני רוב חמימות החמה.
ושם נמצא הפלפל כי הם נוטעי' האילנות שלו על פני השדה וכל בני העיר יודע
כל אחד ואחד פרדסו. והאילנות הם קטנים והפלפל הוא לבן כשלג אבל כשהם
לוקטין אותו משימין אותו בגיגיות ונותנין עליו מים רותחין בשביל שיתחזק
ואחר כך מוציאין אותו מן המים ומיבשים אותו לשמש והוא חוזר שחור.
ושם ימצא קנה וזנגביל ומיני בשמים הרבה.

Von Pessach bis Rosch ha-Schana, den ganzen Sommer über, verläßt niemand sein Haus wegen der Sonnenhitze, weil die Hitze dann in jenem Lande zu groß ist. Von der dritten Stunde des Tages an verkriechen sich alle Leute in ihren Häusern bis zum Abend. Erst danach kommen sie wieder heraus. Dann zünden sie auf allen Märkten und in allen Straßen Lichter an, verrichten ihre Arbeit und betreiben ihre Geschäfte in der Nacht; denn infolge der übergroßen Hitze machen sie die Nacht zum Tage.

Dort findet man Pfeffer, denn die Leute pflanzen Pfefferstauden auf ihren Feldern. Von den Bewohnern der Stadt kennt jeder ganz genau sein bepflanztes Stückchen Land. Die Pfefferstauden sind niedrig, der Pfeffer selbst ist weiß wie Schnee. Wenn sie ihn aber geerntet haben, schütten sie ihn in Schüsseln und gießen kochendes Wasser darüber, damit er richtig scharf wird. Danach nehmen sie ihn aus dem Wasser heraus und lassen ihn an der Sonne trocknen. Dabei wird der Pfeffer dann schwarz. Zimt, Ingwer und viele andere Gewürzarten gibt es ebenfalls in diesem Lande.

Benjamin de Tudela (1130 Tudela–1173 Kastilien) berichtet hier aus der Gegend um Bagdad. Mindestens zehn Jahre ist er unterwegs – davon zeugt sein Reisebericht ספר מסעות (Die Reisen des Rabbi Benjamin dar Jona von Tudela, 1543) mit Details wie Entfernungen zwischen Orten, Namen von Gemeindevorstehern, Einwohnerzahlen und Gebräuche von jüdischen wie nichtjüdischen Gemeinden. De Tudela scheint an religiösen Minderheiten interessiert zu sein. Er besucht eine häretische Sekte auf Zypern, die den Sabbat von Sonnenaufgang bis Sonnenuntergang feiert, die Karäer in Konstantinopel, die schiitische Religionsgemeinschaft der Ismaeliten in Latakia und die Tempelritter sowie die Samariter in Palästina. Ungewiss ist, ob de Tudela aus Bagdad tatsächlich nach Persien, China, Kochi und Ceylon reist, bevor er über Alexandria und Palermo nach Spanien zurückkehrt, denn von diesen Orten berichtet er überwiegend anhand lokaler Legenden. Die Mischung von Legenden und eigenen Beobachtungen macht diesen Reisebericht zu einer historischen Quelle, zugleich aber auch zur literarischen Erzählung einer zumindest teilweise imaginierten Reise.

א – אביון, אומגליק, אידיאָט, אייזל, אײַנגעזעסענע בריאה, אָפּגע־ריסענער נאַר, אשמדאי.

ב – באַלװאַן, באַדיונג, בטלן, בײַטלשנײַדער, בלינדערהאַץ, בעדער, בעזעם, בעטלער, בערנטרײַבער, בעל־עגלה, באַשעפעניש.

ג – גױ, גולם, גדלן, גזלן, גנב, געשלײַערטע האָנזי.

ד – דאַנאַשטשיק, דבר־אַחר, דלות, דערקאַטש.

ה – האָלעדראַנצעס, האָצמאַך, האַצעקלאָץ, האָלטײ, הינט־שלעגער, הינקעדיקער שנײַדער, המן, הפקר־יונג.

ו – װאָנץ, װיסטע קאָליקע, װעװוריק, װערעמיקער, וצדקתך.

ז – זאַיקע, זאַק פֿאַלאָװע, זױערע קיסליצע, זומערפֿױגל, זױפֿער, זיצפלײש.

ט – טאַטער, טאַרבע, טױגעניכטס, טפש, טערקישער פעפער, טריפה קישקע.

י – יאַטקעהונט, יונגאַטש, יורקע, ימח־שמוניק, ים־קאָטער.

כ – כּזבן, כּל־בוניק, כלב שבכלבים.

ל – לאָבוס, לאַבאַזניק, לאַדער, לא־יוצלח, לאַטערנשיסער, ליגנער, למד־װאָװניק, לײדיקגײער.

מ – מאַלפע, מאַמעטליװע בחור, מאָנדריש, נגיד, מלמד, משומד.

נ – נאַריש פּנים, נאַפּודעלע, נאַשער, נודניק, נכּפּהניק.

ס – סאָװולע, סװאָלעטש, סװישטשון, סמאַרקאַטש.

ע – עזות־פּנים, עני ואביון, עפּוש, קדיש, עקשן.

פּ – פאַסקודניאַק, פאַציריאַנג, פאַרטאַטס, פֿאַרך, פּאָסטעפאַסניק, פּופיק פיפערנאָטער, פלעצל, פעטעלעלע, פעמפיק, פֿרא־אדם, פריטשעפע.

פֿ – פֿאַנפאַטש, פֿאַלשער מענטש, פֿאַרשלעפטע קרענק, פױלאַק, פֿײ־פֿער, פליאַסקעדריגע, פלאַכט, פלאָנקנישיסער, פערדאַטש, פרעסער.

צ – צבוִעק, צדיק־אין פעלץ, צורה־מלוכה, צלם־קאָפּ, צעבראָכענער שאַרבן, צרעת.

ק – קאַטאַרזשניק, קאַכלעפל, קאַליקע, קאַרטאָפלשלינגער, קאָרטן־שפּילער, קאַפּעלושמאַכער, קבצן, קױמענקערער, קישקע אָן אַ־דנאָ, קלעק, קריכער, קשקשת.

ר – רױטער, רוצח, רכילותניק, רעטעך, רשע מרושע.

ש – שאַרלאַטאַן, שבת־גױ, שוטה בן פֿיקהאָלץ, שוסטער, שײגעץ, שליאַטעענטש, שיקסע, שלאַנג, שלים־מזל, שמאַטע, שמד־קאָפּ, שמינדער־בעגעץ, שמענדריק, שנויץ מיט ברויט, שקראַב.

ת – תרח.

A – Ausgeleierter Besen, Aprilnarr, Abenteurer, Affe, Abtrünniger, Aussätziger;
B – Bluthund, Bandit, Bummler, Bärenführer, Bärenhäuter, bodenloser Magen, Bösewicht, Beutelschneider, Bettler, Bengel, Barfüsser;
C – Chaim-Jankel, Clown;
D – Dickwanst, Dickkopf, Dieb, Doppelzüngler, Duckmäuser, Dusel, Dummkopf;
E – Ekel, Esel;
F – Frechdachs, Feigling, Faulpelz, Faulenzer, Flegel, Ferkel. Fatzke, Fresser, Figur;
G – Gauner, Gespenst, Geck, Goj, Grobian, Gaffer;
H – Hundequäler, Haman, Heuchler, Heide, Hundsfott;
I – Idiot, Irrsinniger, Igel;
K – Kamel, Knauser, Kreatur, Kriecher, Komödiant, Kartoffelschlucker, Kartenspieler, Ketzer, Krüppel, Karnickel, Kauz, Krokodil, Kaskette;
L – Laffe, Lotterbube, lahmer Schneider, Lausbub, Luder, Lümmel, Lump, Lulatsch;
M – Meerkatze, Mogler, Mucker, Mörder, Medusenhaupt, Memme, Mustopf, Marodeur;
N – Natter, Nachteule, Null, Naschkatze, Nichtstuer, Nichtsnutz, Nulpe, Nabel;
O – Ochse, Otter;
P – Pfuscher, Plünderer, Plappermaul, Pfeifer, Plage, Pest, Pechvogel, Prahlhans, Plagegeist;
Q – Quälgeist, Quatschkopf;
R – Rüpel, Räuber, Renegat, Rotkopf, Rindvieh, Racker, räudiger Hund, Raufbold;
S – Schlemmer, Strolch, Schnorrer, Scheusal, Schwein, Seuche, Scheinheiliger, Satan, Schornsteinfeger, Stänker, Scharlatan, Schabbesgoj, Schlemihl, Schurke, Schlamassel, Schuft, Spitzbube, Schlingel, Stotterer, Schelm, Schmeichler, Schweinehund, Schwätzer;
T – Tölpel, Taugenichts, Trottel, türkischer Pfeffer, Trotzkopf, Teufel, Taschendieb, Tolpatsch, Tellerlecker;
U – Unmensch, Unhold, Ungeziefer;
V – Vagabund, Vielfrass, Vampir, Vogelscheuche, Verleumder;
W – Wanze, Wildfang, Wegelagerer, Waschlappen, Wüstling;
Z – Zyniker, Zuchthäusler.

»Heute wirst du mir Glück wünschen, mein lesender Freund! Zwillinge sind in meinem Bauch. Diese Zwillinge, mit denen ich schwanger wurde, sind zweifellos unsere zwei Sprachen, das Hebräische und das Jiddische«, schreibt Scholem Alejchem (1859 Perejaslaw–1916 New York) im Vorwort zu der in Warschau erscheinenden Ausgabe seiner Schriften. Seine Schriftstellerfreunde kämpfen miteinander, »verschütten Tinte wie Wasser und verschwenden viel Papier, stellen sich wiederholt die schwerwiegende Frage: welche unserer zwei Sprachen würdiger wäre für die als ›nationale Sprache‹ bezeichnete Verkleidung? [...] Bei mir leben beide Sprachen in Ruhe und Frieden, in Liebe, in Bruderschaft und in Freundschaft, kein Neid und kein Hass. Das soll Dich nicht wundern: unsere Nation, die merkwürdigste von allen, die Jahrtausende im Exil lebt, vom Boden losgelöst, von Land zu Land und von Staat zu Staat wandernd und eine lange, verwandlungsreiche Leidensgeschichte auf den Schultern tragend – sie sollte zwei Sprachen gleichzeitig haben. Und nicht nur zwei, mehrere Sprachen. Deshalb, denke ich, müssen wir beide mit Liebe annehmen.« Scholem Alejchem adressiert hier die Maskilim (Gebildete), die Vertreter der jüdischen Aufklärung, für die Hebräisch die Sprache der jüdischen Hochkultur und Jiddisch die Sprache des Volkes ist. In seinem Buch *Vom Jahrmarkt* alphabetisiert der Schriftsteller die jiddischen Flüche, mit denen seine Stiefmutter ihn beschimpfte.

אין נעכט ווען איך בין וואַך,
און ס'קומען צו מיר טעג מיינע פאַרגאַנגענע
זיך פאַר די אויגן שטעלן,
קומט פאַר מיר מיין מאמעס לעבן.
און אירע אויסגעדאַרטע הענט
אין צניעותדיקע אַרבל פון נאַכט העמד איינגעהילט
ווי אַ גאָטס פאַרכטיקע שריפט אין ווייסע גווילים
און ס'בייזערן זיך ווערטער פון המפיל,
ווי פייערדיקע קוילן געלאָשן פון איר שטיל געבעט
און אויסגעטריקנט איר דאָס מויל
ווי אַ פאַרדאַרטע פלוים.
און ס'קומען אירע טרערן ווי אַ קאַרגער־איינציקרטראָפנדיקער רעגן,
און ערשט, אַז כ'בין אַליין אַ פרוי
און גיי אין ברוינעם זיין געקליידט
מיט בלויזן קאָפּ
און נאַקעטן האַלז,
און ס'האָט דער אומגליק פון מיין אייגן לעבן מיך דעריאַגט
און ווי אַ קרץ,
אויף אַ קליין הינדעלע אַרויפגעפאַלן,
איז אָפּט באַלייכטן העל מיין צימער אין ד' נעכט,
און כ'האַלט ד' הענט איבער מיין קאָפּ פאַרוואָרפן
און ס'זאָגן מיינע ליפן אַ שטילן איינפאַכן
געבעט צו גאָט
און ס'קומען טרערן, ווי אַ קאַרגער־איינציקטראָפנדיקער רעגן.

In Nächten, wenn ich wach bin
und meine abgelaufnen Tage zu mir kommen,
sich vor meine Augen stellen,
da ersteht vor mir das Leben meiner Mutter.
Und ihre dürren Hände,
voll Demut in die Ärmel ihres Nachthemdes gehüllt,
sind eine fromme Schrift auf weißem Pergament,
und es erzürnen sich die Worte des Hamapil
wie Kohlenglut, gelöscht von ihrem stillen Beten,
und sie trocknen ihr den Mund
zu einer ausgedörrten Pflaume.
Und Tränen kommen ihr wie einzelne und karge Regentropfen.
Und jetzt, wo ich ja selber eine Frau bin
und in braune Seide eingekleidet geh
und bloßen Hauptes
und mit nacktem Hals
und das Unglück meines eignen Lebens mich ereilt hat

wie eine Krähe,
die sich auf ein Hündchen stürzt,
ist oft mein Zimmer hell erleuchtet in der Nacht
und ich halt meine Hände über meinen Kopf
und meine Lippen sagen still ein einfaches
Gebet zu Gott
und Tränen kommen mir wie einzelne und karge Regentropfen.

Frauen wie Kadia Molodowsky (1894 Bereza Kartuska–1975 Philadelphia), »die auf Jiddisch geschrieben haben, sind fast immer als Dichterinnen und nicht als Prosaautorinnen bekannt«, schreibt Anita Norich in ihrem Essay zu Molodowsky in *PaknTreger,* dem online erscheinenden *Magazine of the Yiddish Book Center* in Massachusetts. »Romane galten in der jiddischen Belletristik lange Zeit als eine Männergattung.« Doch haben jiddische Autorinnen auch Romane geschrieben, und nicht einmal wenige und nicht in erster Linie über so genannte Frauenbelange. Ein solcher Roman ist Molodowskys פון לובלין ביז ניו יארק : טאג-בוך פון רבקה זילבערג (Von Lublin nach New York. Tagebuch von Rivke Silberg, 1942). Eines seiner Hauptmotive ist Rivkes langsame Aneignung der englischen Sprache. Im *YIVO Institute for Jewish Research* stößt Norich auf Molodowskys eigenes Englisch-Lehrbuch, in dem sie sich Aussprachehilfen wie »mouse/mouth« und »thrill-frill« notierte. Die Romanfigur Rivke Silberg hat auch ein Leben außerhalb des Romans. Molodowsky zeichnet mit diesem Namen die Frauenporträts, die sie für die jiddische Zeitung פֿאָרווערטס (Vorwärts) schreibt. In ihnen entfaltet sie Möglichkeiten, »was aus der zwanzigjährigen Geflüchteten nach fünfzehn oder zwanzig Jahren in Amerika geworden sein könnte: eine Schriftstellerin und eine Intellektuelle, die sich für feministische Fragen interessiert« – Molodowsky nicht unähnlich.

J'ai rencontré le Juif errant. Il marchait dans les Carpathes, peu après le village de Volchovetz. Ses bottes étant trouées, on voyait que ses chaussettes l'étaient aussi. Un caftan bien pris à la taille l'habillait du cou aux chevilles. Sur sa chevelure noire, un chapeau large et plat d'où s'échappaient deux papillotes soignées achevait la silhouette légendaire. Une étoffe à carreaux formant double besace, dont l'une battait son ventre, l'autre son dos, pendait de son épaule gauche. Il allait à grandes enjambées, marquant son chemin dans la neige.

On fit arrêter la voiture. Puis on approcha de lui. Devant notre menace, il allongea le pas. Ben l'appela. Il ne voulut pas entendre. On le rattrapa. Un regard effarouché anima son visage. C'était lui, Ahasvérus. Ses chaussures n'étaient pas encore trop usées depuis dix-neuf cents ans ! L'émotion me transportait.

– Dis-moi où tu vas, d'où tu viens. Es-tu fatigué ? Montre tes cinq sous !
– Il dit qu'il va à Novo-Seltza, fit Salomon. – Et après ? – Qu'il ira à Ganitz. – Et après ? – Il ira en Roumanie – Et après ? – Il dit que chaque année il passe Yom-Kipour (les jours de pénitence) chez le zadick (le rabbin miraculeux) de Vichnitz. – Il est tout seul ? – Non, il est marié, il a cinq enfants. – Ses enfants sont-ils de petits juifs errants ? – Ils sont avec leur mère, dans sa cabane, à la frontière tchéco-roumaine. – Dites-lui qu'il monte dans la voiture. Nous le conduirons à Novo-Selitza. – Il ne veut pas. – Pourquoi ? – Il a peur. – Il n'est jamais monté dans une auto ? – Non !

– Viens avec nous, Juif errant, nous n'irons pas vite. Tu me raconteras ton histoire. Je suis si content de t'avoir rencontré. Tu as une belle tête, l'intelligence vit dans tes yeux, enfin, c'est toi ! Viens, je te donnerai des chaussettes !

On l'embarqua. Nous filions maintenant, tous quatre, dans les Marmaroches. On inventoria ses besaces. L'une des poches était son magasin, l'autre son garde-manger. Dans la première, une vingtaine de crayons, trois douzaines de chandelles, deux paires de ciseaux, un calendrier et du tabac de mégots. Dans la seconde, dix oignons, deux harengs frigorifiés, un morceau de pain blanc plié dans du papier (le pain du sabbat), un petit tas de prunes sauvages.

Ich bin dem Ewig Wandernden Juden begegnet. Er ging zu Fuß durch die Karpaten, kurz hinter dem Dorf Wolchowetz. Seine Stiefel waren löchrig, man sah, daß seine Socken es auch waren. Ein um die Taille zusammengeraffter Kaftan kleidete ihn von oben bis unten. Auf seinem schwarzen Haar saß ein breiter flacher Hut, unter dem zwei gepflegte Schläfenlocken hervorschauten, was seine legendäre Erscheinung vervollständigte. Ein Stück karierter Stoff, das einen doppelten Quersack bildete, dessen einer Teil gegen seinen Bauch und dessen anderer Teil gegen seinen Rücken schlug, hing ihm über die linke Schulter. Seine großen Schritte hinterließen eine Spur im Schnee.

Wir hielten das Auto an. Wir gingen auf ihn zu. Als wir näher kamen, schritt er noch schneller aus. Ben rief ihm etwas zu. Er wollte es nicht verstehen. Wir holten ihn ein. Ein scheuer Blick belebte sein Gesicht. Er war es, Ahasver. Seine Schuhe hatten sich seit neunzehnhundert Jahren noch immer nicht abgenutzt! Voller Erregung wandte ich mich an ihn.

– Sag mir, wohin du gehst und woher du kommst. Bist du erschöpft? Hast du ein bißchen Geld bei dir?
– Er sagt, daß er nach Novo Selitza will, übersetzte Ben Salomon.
– Und danach?
– Weiter nach Rumänien.
– Und danach?
– Er sagt, daß er jedes Jahr Jom Kippur, das Versöhnungsfest, beim Zaddik, dem Wunderrabbi in Wischnitz, verbringt.
– Er lebt ganz allein?
– Nein, er ist verheiratet und hat fünf Kinder.
– Sind seine Kinder kleine ewig wandernde Juden?
– Sie leben mit ihrer Mutter in einer Hütte an der tschechisch-rumänischen Grenze.
– Sagen Sie ihm, er soll zu uns ins Auto steigen, wir werden ihn nach Novo Selitza bringen.
– Er will nicht.
– Warum?
– Er hat Angst.
– Er ist noch nie in ein Auto gestiegen?
– Nein!
– Komm mit uns, wandernder Jude, wir fahren auch nicht schnell. Du erzählst mir unterwegs deine Geschichte. Ich bin so froh, dich getroffen zu haben. Du hast einen schönen Kopf, die Intelligenz spricht dir aus den Augen, du bist es also wirklich. Komm mit, ich gebe dir auch ein Paar Socken.

Wir stiegen wieder ein und fuhren nun zu viert durch die Marmarosch. Wir begutachteten seinen Quersack. Die eine Taschenseite war sein Handelsgeschäft, die andere sein Proviantbehältnis. In der ersten befanden sich etwa zwanzig Stück Kreide, drei Dutzend Kerzen, zwei Scheren, ein Kalender und Tabak von Zigarettenstummeln. In der zweiten zehn Zwiebeln, zwei gefrorene Heringe, ein Stück in Papier eingeschlagenes weißes Brot, das Brot für den Schabbat, eine Handvoll wilder Pflaumen.

Die literarischen Reiseberichte von Albert Londres (1884 Vichy – 1932 Golf von Aden) verbinden investigativen Journalismus mit Auslandsreportage. Obwohl der Berichterstatter einmal auf Intervention des französischen Ministerpräsidenten seine Anstellung verliert, schreibt er weiter über Rassismus in der Strafkolonie Französisch-Guayana, über Zwangsarbeit in Nordafrika oder über Bahnbauarbeiter und Sklavenhandel in Französisch-Kongo. »Ich bin nach wie vor davon überzeugt, dass ein Journalist kein Chorknabe ist und dass seine Rolle nicht darin besteht, Prozessionen voranzugehen, die Hand in einen Korb voller Rosenblätter getaucht. Unser Beruf ist es nicht zu gefallen oder zu schaden, sondern die Feder in die Wunde zu legen.« 1929 reist Londres nach Osteuropa, England und Palästina, diesmal auf der Suche nach einer imaginären Figur – dem wandernden Juden. Sein Reisebericht erscheint in deutscher Übersetzung erst als *Der ewige Jude am Ziel* (1930), dann mit etwas offenerem Ziel als *Jude wohin?* (1931). In einer weiteren Übersetzung ist der Wanderer wieder am Ziel – *Ahasver ist angekommen* (1998). In christlichen Volkssagen aus dem 13. Jahrhundert findet sich eine Figur, die Jesus auf seinem Weg zur Kreuzigung verspottete und dafür von ihm verflucht wurde, unsterblich durch die Welt zu wandern. Erst 1602 wird diese Figur »jüdisch getauft«, in dem anonymen deutschsprachigen Volksbuch vom *Ewigen Juden*.

[15] בַּמִּטְבָּח עוֹמֵד עָצִיץ וּבְתוֹכוֹ צֶמַח הַפִּילוֹדֶנְדְרוֹם.
אַף אֶחָד אֵינוֹ יוֹדֵעַ אֶת שְׁמוֹ הַפְּרָטִי אֲבָל יֵשׁ לוֹ חִתּוּךְ בָּרוּר: עָלֶה. עָלֶה. עָלֶה. עָלֶה. וְהוּא מַמְשִׁיךְ הַיּוֹם מַה שֶׁהִתְחִיל אֶתְמוֹל.

הוֹ הַשֶּׁמֶשׁ [וְהוֹאָחִים חוֹשֵׁב], le soleil, the sun, רוֹפֵא הָעוֹר!

[46] קָשֶׁה מְאֹד לָדַעַת אֵיךְ הַתָּא נִפְצָל. צֶמַח הַפִּילוֹדֶנְדְרוֹם הוּא הַצִּיר שֶׁל הָעֲלִילָה הַזֹּאת מִפְּנֵי שֶׁהוּא עוֹמֵד בְּכָל מָקוֹם כְּמִין מַרְאָה גְדוֹלָה אוֹ חַלּוֹנוֹת שֶׁל בַּיִת רַב־קוֹמוֹת שֶׁמַּשְׁקִיפִים אֶת הַתְּנוּעָה שֶׁבָּרְחוֹב. שׁוּם סִפּוּר חַיִּים אֵינוֹ יָכוֹל לְהַטּוֹת פִּילוֹדֶנְדְרוֹם שְׂמֹאלָה אוֹ יָמִינָה.

יְהוֹאָחִים מַחֲזִיר אֶת הַשְׁפּוֹפֶרֶת אֶל הַכַּן. וּמָה?

[15] In der Küche steht ein Blumentopf und in ihm der Philodendrum.
Keiner kennt seinen Vornamen, doch
er hat einen klaren Schnitt: Blatt. Blatt. Blatt.
Blatt. Heute setzt er fort, was er gestern
begann.

Oh, Sonne [denkt Jehoachim] le soleil,
the sun, der Hautarzt!

[46] Schwer zu wissen, wie die Zelle sich teilt.
Der Philodendrum ist die Stätte dieser
Handlung, denn er steht überall, gleich einem
großen Spiegel oder den Fenstern eines mehrstöckigen Hauses, welche die Bewegung auf der Straße spiegeln.
Keine Lebensgeschichte kann
den Philodendrum neigen, nach links oder rechts.

Jehoachim legt die Tube zurück auf die Staffelei.
Und jetzt?

Mitten in einer Vorlesung, so erzählt ein Student, könnte Yoel Hoffmann (geb. 1937 Braşov) etwa Folgendes sagen: »Wir sprechen hier an der Universität und schaut, was geschieht, unsere Nägel und Haare wachsen.« Interviews, so heißt es, gibt Hoffmann nicht. Über das Leben des Schriftstellers und Übersetzers von Zen-Gedichten, der in Kyoto zum Theravada-Buddhismus und zu David Hume promovierte, kann man in seinem Buch *Curriculum Vitae* (2007) lesen: »Im Oktober fragte mich Pima der Schuster: Schreibst du? Ich habe keine Inspiration, sagte ich, ich warte auf den Regen. Ich auch, sagte er, wenn der Regen kommt, gehen die Schuhsohlen kaputt.« Bei Hoffmann hat auch ein auf Hebräisch geschriebenes Buch nicht unbedingt einen hebräischen Titel. Und wenn doch, wie ספר יוסף (Das Buch von Josef, 1988, dt. 1993), wandern auch dort die Protagonisten zwischen den Sprachen. Mitten in einem auf Hebräisch begonnenen Satz wechseln sie ins Deutsche, Ungarische, Arabische oder Jiddische. Sicher könnten sie »Margarita liebt den Arthur« auch auf Hebräisch sagen, ob aber Margarita den Arthur auf Hebräisch so lieben würde wie auf Deutsch? Deshalb schließen Hoffmanns Protagonisten die Sprachen, durch die sie zeitlebens wandern, aus ihrer hebräischen Unterhaltung nicht aus. Schließlich ist eine Sprache ein Wanderungsgebiet, kein abgrenzbares Territorium.

"What do you call this wadi?"
"Wadi Dolev."
"And the spring?"
"A'yn Dolev."
"After the plane tree. You pronounce it Dolev, we say Dalb."
"Isn't it glorious in spring?"
"This one in particular."
"Yes. There was more water this year than ever."
"So unusual for this part of the country."
"It's very peaceful here."
"This too is unusual."
"Where're you heading?"

"No particular place. I came to see what is happening to the valley. It's been a while since I walked."

"I too love walking. I do a lot of it around these hills."

I held my breath. I wanted to blurt out all the curses I had ever learned: You … you … who've taken my land and now walk it as master, leaving me to walk as a criminal on a few restricted paths. But this time I held my tongue.

»Wie nennen Sie dieses Wadi?«
»Wadi Dolev.«
»Und die Quelle?«
»A'yn Dolev.«
»Benannt nach dem Platanenbaum. In Ihrer Sprache heißt die Platane Dolev, wir nennen sie Dalb.«
»Ist es nicht herrlich im Frühling?«
»In diesem ganz besonders.«
»Ja, in diesem Jahr gab es mehr Wasser als in jedem anderen.«
»Sehr ungewöhnlich für diese Gegend.«
»Es ist sehr friedlich hier.«
»Ja, das ist auch ungewöhnlich.«
»Wohin gehen Sie jetzt?«
»Kein besonderes Ziel. Wollte einfach sehen, was im Tal los ist. Es ist schon eine Weile her, seit ich die letzte Wanderung gemacht habe.«
»Ich liebe es auch, zu wandern. Ich mache das ganz oft hier in den Hügeln.«

Ich hielt den Atem an. Ich hätte am liebsten alle Flüche herausgeschrien, die ich kannte: Du ... du ... der mir mein Land genommen hat und sich jetzt hier als sein Besitzer aufspielt und mich zwingt, wie ein Verbrecher auf heimlichen Wegen herumzuschleichen! Aber ich behielt es für mich.

Jura studiert Raja Shehadeh (geb. 1951 Ramallah), um sich »in der Gesellschaft zu engagieren«, Philosophie und Literatur, weil »man selbst in einer politischen Situation offen sein und von anderen lernen, Schönheit schätzen sollte und so weiter«. 1979 gründet der Sohn einer 1948 aus Jaffa vertriebenen Familie die erste palästinensische Menschenrechtsorganisation, الحق (Das Recht), die anfangs »Gesetz im Dienst des Menschen« heißt. Der Schriftsteller Shehadeh dokumentiert in *Wanderungen in Palästina. Notizen zu einer verschwindenden Landschaft*, wie die besetzten Gebiete durch neue Pfade, Bepflanzung und Sprache zu einer jüdischen Landschaft werden beziehungsweise zum Zuhause der militant-jüdischen Hügeljugend, die ein göttliches Recht auf das Land geltend macht. Ihr Weg, der palästinensische Dörfer umgeht, der Pfad der palästinensischen Tagelöhner zu ihrer illegalen Arbeit in Israel, der durch die Trennmauer unterbrochene Pfad, oder jener, den Palästinenser zur Olivenernte nehmen, um Siedleranschlägen auszuweichen – »keiner dieser Pfade ist ein Wanderweg«, so Zvi Bar'el. Und doch wandert Shehadeh in dieser Landschaft, in der »selbst Bäume eine Nationalität haben, ›jüdische‹ Bäume« wie die Kiefer. Es genügt, schreibt er, »dass eine einzige Kiefer Wurzeln schlägt«. Wenn die Zeit der Befruchtung kommt, streuen ihre Zapfen Samen von Terrasse zu Terrasse, vermehren sich und zwingen die »palästinensischen« Olivenbäume, mit der Kraft ihrer alten Wurzeln das Land zu beanspruchen, in dem sie verwurzelt sind.

Platane

»Wir Europäer sehen einen Mandelbaum, und wir sehen einen Menschen, aha, Mensch und Natur, denken wir. So sind wir gepolt. In Shanghai sieht man einen Baum und denkt ›Bambus‹ oder ›Platane‹ oder ›Pflaumenbaum‹ oder ›Baum, den ich nie gesehen habe‹ oder ›Baum, dessen Namen ich gerne wüßte‹, das Wissen macht mich einheimischer. Stumme Bäume, sie sagen mir nichts, und ich sage keinem einzigen Baum etwas. Man sieht Menschen, die sich in seinem Schatten ausruhen, man sieht Rikschen, die vorbeirattern, man sieht sorgfältig polierte schwarze Automobile, die aussehen, als habe nie ein Staubkorn ihre Kotflügel berührt, als sei nie im Herbst eine Platanenfrucht auf eine Motorhaube gefallen und habe eine winzige Delle hinterlassen. Ich und mein Naturerlebnis, so denken und sprechen Europäer, ich sage nicht ›Baum‹, ich könnte ›Naturdenkmal‹ sagen oder ›Nutzholz‹ oder ›Schattenspender‹, ›Vogel auf dem Zweig‹. Ich und mein Naturerlebnis, diese Vorstellung gibt es nicht in Shanghai. Und ich und die anderen Menschen, das gibt es auch nicht. Ich bin entblößt, mir fehlt jeder Begriff, besonders der Begriff ›Einsamkeit‹, wenn Sie verstehen, was ich meine. Ich bin Teil einer Menschenmasse, ich bin ein anderer Mensch in Shanghai als ich es vorher war. Ick«, berlinerte er dann, »ick bin 'n Witz.« Aber er sagte das nicht witzig. Wenn »ich« schon nichts bedeutete, dann waren »wir« und »sie« und »wir, wie wir früher waren«, bevor Buchenwald ein Wort war mit verschiedenen Bedeutungen, dann waren »wir« und »nicht wir« keine brauchbaren Kategorien.

Im fiktiv-dokumentarischen Roman *Shanghai fern von wo* von Ursula Krechel (geb. 1947 Trier) gibt es für Lazarus »nur den Plural«. Aber »als Europäer«, fügt der vor den Nazis nach Shanghai Geflüchtete hinzu, spürt man »den Plural der Menschen und Dinge als einen schmerzlichen Verlust, den Verlust, einzeln zu sein«. Lazarus ist nicht nur ein Geflüchteter, sondern auch ein Remigrant, der nach dem Krieg in die Bundesrepublik Deutschland zurückkehrt. In Hannover erhält er 1951 für siebenunddreißig Monate »Freiheitsberaubung« 5550 D-Mark, kämpft gegen die Wiedergutmachungsbürokratie und gießt die Blumen der Nachbarn, die nach Rimini in den Urlaub gefahren sind. Jüdische Remigranten sind in der BRD und der DDR der Nachkriegszeit eine Minderheit, die ihr Deutschlandbild nicht für immer vom Nationalsozialismus beherrscht sein lassen wollen. Unter ihnen ist auch der Richter Robert Michaelis, auf dessen Geschichte Krechels Roman *Landgericht* (2012) basiert. Werke wie Günther Peter Strascheks *Filmemigration aus Nazideutschland* (1975) und Ulrike Ottingers *Exil Shanghai* (1997) lenken den Blick auf jüdisches Leben in der Diaspora nach dem Holocaust. Die Geschichte der jüdischen Remigration nach Deutschland gehört dazu. Besonders wenn man die Gegenwart jüdischer Kultur im heutigen Deutschland nicht wie Gundula Schiffer und Adrian Kasnitz als »ein Wunder« verstehen will, sondern wie Krechel als politisch verankerte Wirklichkeit.

Quitte

מונ׳יאג׳יקה איסטה אין איל באנייו,
ב׳יסטידה די קולוראדו –
אינ׳ה טו אה לה מאר אי אלקאנסה.

אה לה מאר ייו ב׳ין מי אינ׳יב׳ה,
סי לה סוא׳ינדרה ליסינסייה מי דמב׳ה
אינ׳ה טו אה לה מאר אי אלקאנסה.

ייה סאלייו די לה מאר לה גאלאנה,
קון און ב׳יסטידו אל מי בלאנקו –
ייה סאלייו די לה מאר.

אינטרי לה מאר אי איל ריאו,
מוס קריסייו און ארב׳ול די ב׳יםבריאו –
ייה סאלייו די לה מאר.

לה נוב׳ייה ייה סאלייו דיל באנייו,
אי איל נוב׳ייו ייה איסטה אספיראנדו –
ייה סאלייו די לה מאר.

אינטרי לה מאר אי ל׳ארינה,
מוס קריסייו און ארב׳ול די אלמינדרה –
ייה סאלייו די לה מאר.

Das Mädchen ist schon beim Bad,
In rotem Gewand.
Spring ins Meer und geh hin.

Gern stürzte ich mich ins Meer,
Erlaubte die Brautmutter es.
Spring ins Meer und geh hin.

Die Schöne stieg aus dem Meer,
In rosig-weißem Kleid.
Sie entstieg schon dem Meer.

Zwischen Meer und Fluss
Wächst uns ein Quittenbaum.
Sie entstieg schon dem Meer.

Die Braut kehrte heim vom Bad.
Der Bräutigam wartet bereits.
Sie entstieg schon dem Meer.

Zwischen Meer und Strand
Wächst uns ein Mandelbaum.
Sie entstieg schon dem Meer.

»Sobald ich höre, dass jemand Ladino spricht und etwas zu erzählen hat«, sagt Matilda Koen-Sarano, die 1939 als Tochter jüdischer Migranten aus Izmir und Rhodos in Mailand geboren wurde, »laufe ich mit einem Tonbandgerät hin und nehme alles auf, was sie mir zu sagen haben. Ich habe selbst angefangen, Geschichten in Ladino zu erzählen, um die Sprache zu retten, denn ich hatte das Gefühl, dass sie ausstirbt«. Neben anderen Sprachen und Dialekten, die von Juden seit vielen Jahrhunderten gesprochen wurden, ließen die nationalen Bemühungen, Hebräisch als offizielle und einzige Sprache des jungen Staates Israel zu etablieren, das Judenspanisch – heute auch als Ladino, Djudesmo, Spanjolit und anderes bekannt – fast vollständig verschwinden. Koen-Sarano sammelt seit einigen Jahrzehnten Volksmärchen, Lieder, Redewendungen und Rezepte in Ladino: »Die Geschichten und Lieder, die wir heute kennen, sind Teil jahrhundertealter mündlicher Traditionen, von denen jeder seine eigene Version hat. Wenn sie schließlich aufgeschrieben werden, erstarren sie und werden zu einer dauerhaften Version auf Papier.« Hochzeitslieder – wie der hier abgedruckte Dialog zwischen der Braut und ihren Begleiterinnen – spielen in diesen mündlichen Überlieferungen eine zentrale Rolle. Sie verbinden die auf dem Balkan, rund um die Adria und in Teilen des Nahen Ostens lebenden Juden mit ihren spanisch-jüdischen Ursprüngen, und beschreiben zugleich den Wechsel der Zugehörigkeit der Braut von einer Familie zur anderen. Mit Ausdrücken, die unterschiedlich gedeutet werden können, suggerieren sie, dass Begierde und Bescheidenheit sich nicht ausschließen.

Rose

Prenons une rose : dès la première seconde, une rose nous prend. Il nous semble, dans notre légèreté, que nous la prenons. Parce que c'est nous qui portons la main. En pensant ainsi nous faisons fausse route. C'est cette rose qui, d'un geste infiniment sûr, d'un signe de rose tirant sur le carmin, s'en est remise à nous.

Nehmen wir eine Rose: Sogleich nimmt eine Rose uns. Leichtfertig, wie wir sind, bilden wir uns ein, dass wir sie nehmen. Weil wir die Hand ausstrecken. Aber da gehen wir fehl. Es ist die Rose, die sich – mit unendlich sicherer Geste, mit einem ins Karminrot spielenden Rosenzeichen – in unsere Hand begeben hat.

»Mein Schreiben«, sagt Hélène Cixous (geb. 1937 Oran), »wurde in Algerien geboren, aus einem verlorenen Land des toten Vaters«, der Judäo-Spanisch spricht »und der fremden Mutter«, einer Osnabrückerin, die ihrer Tochter Goethe und Heine vorliest und dank ihrer Elsässer Vorfahren auch die französische Staatsbürgerschaft hat. »Wie könnte ich aus einem Frankreich kommen, das ein algerisches Land kolonisiert hat, wenn ich doch wusste, dass wir selbst, die deutschen, tschechoslowakischen, ungarischen Juden, andere Araber waren«, fragt sie sich. Als sie 1955 nach Frankreich zieht, wird sie nicht, wie in Algerien, als Jüdin beschimpft, denn die Franzosen ihrer Generation »hatten noch nie Juden gesehen. Sie waren alle tot«. Doch an der Universität begegnet ihr »Frauenfeindlichkeit, überall«. Gegen die Logik der Nationalität beginnt sie sich in Begriffen wie multiple Alterität zu begreifen, die zwar durch diese Logik konstituiert werden, aber auch eine »fröhliche Mehrsprachigkeit« beinhalten. Mehrsprachige Differenz wird ihr Weg zu einer weiblichen Schreibpraxis – *écriture féminine*, einem sowohl körperlichen wie auch politischen Akt, der dazwischen stattfindet, in einem abstrakten Raum, der keine Loyalität zu gegensätzlichen Begriffspaaren pflegt und hierarchische Strukturen dekonstruiert. Das betrifft auch das Verhältnis zwischen Rose und Empfängerin in Cixous' *Annäherung an Clarice Lispector*. Noch während wir glauben, uns ihrer bemächtigt zu haben, ist es die Rose, die sich unserer bemächtigt.

Rose

כָּל מַה שֶּׁאֵין לִי
שָׁמוּר בְּמַרְתְּפַי
מְלֵאַי כָּל טוּב אָבוּד.
לָכֵן חוֹגֵג אֲנִי קַלּוּת-הַדַּעַת
עִם שׁוֹשַׁנָּה וְרֻדָּה בַּיָּד.

שָׁעוֹת יָפוֹת. כַּמָּה נוֹתְרוּ לִי
כְּמוֹ הֵן
עַד יִתְרַמֵּז הַבֹּקֶר
מִבֵּין סִדְקֵי תְּרִיסַי?

שָׁעוֹת מֵעֹמֶק יָם. וְעַם
דְּגֵי הָאוֹר וְהַזָּהָב
מִשְׁתּוֹבְבִים כֹּה יַלְדּוּתִית –

לִהְיוֹת קַל-דַּעַת. עִם שׁוֹשַׁנָּה בְּיָד מוּשֶׁטֶת אֵי אֶל מִי.

Alles was ich nicht habe
bewahre ich auf in meinen Kellern.
Sie sind voll mit verlorenem guten Allerlei
deshalb feiere ich den Leichtsinn
in der Hand eine rosa Rose.

Schöne Stunden. Wie viele sind mir geblieben
wie diese
bis sich andeutet der Morgen
in den Ritzen meiner Fensterläden?

Stunden aus der Tiefe des Meeres. Und eines Volkes
von Fischen aus Licht und Gold
das kindlich tobt –

Leichtsinnig sein. Mit einer Rose die Hand ausgestreckt
   wem wohin.

»Wenn du einen Menschen in seinem Zimmer siehst / vor einem Spiegel, der vom Anblicken alt geworden ist. / Wenn du einen grünlichen Papagei hörst, / der sich mit einer rosa Blume unterhält«, bekommst du einen Eindruck von der Einsamkeit Avraham Halfis (ca. 1904 Łódź – 1980 Tel Aviv-Jaffa), in der er nicht allein ist. Wenn er in einem Gedicht schreibt, er beschränke sich »auf einen anonymen Punkt«, ist es die Entscheidung, sich mit leisen Tönen am Rande der Zeit zu verorten. Dieser Ort gilt in Halfis Zeit als »unklar«, obwohl oder weil Halfis »kleine Dichtung« ihrer Zeit voraus ist. Sie öffnet die in Reimen verfangene Poetik durch direkte und dem Anschein nach einfache Rede, was Kritiker späteren Dichtern wie Jehuda Amichai oder Natan Zach zuschreiben werden. Das »Ich« bei Halfi ist ein »Ich-Schauspieler«, bemerkt Dan Miron – wie der Dichter selbst, der kurz nach seiner Ankunft in Palästina zum 1924 als Genossenschaft gegründeten תיאטרון אהל (Zelt-Theater) der jüdischen Gewerkschaft stößt und bis ins hohe Alter knapp sechzig Rollen auf der Bühne spielen wird. Zu großer Popularität als Lyriker gelangt Halfi 1977 mit einem Gedicht, das von Yoni Rechter als Lied komponiert und von Arik Einstein interpretiert wird. Halfi selbst hört es nicht, sagt er Einstein, er habe keinen Plattenspieler.

keine wespen & bienen
kein gekäfer
überhaupt kein getier
    kriecht mich hier an
        fliegt mir in hautnähe

in meinem papierenen garten
    der in meiner wohnung wächst
pflücke ich nach laune
    sätze von wittgenstein
    oder geniesse gedichtzeilen von artmann

oft sind halt kräuter & rüben benachbart
wie ordne ich sie und wozu
ich freu mich ja heimlich
    über meinen verwilderten garten

Seitdem Eva sich am Baum der Erkenntnis bedient hat, weiß man, dass Wissen wachsen kann. Von den Hierarchien, die im Garten Eden herrschten, zeugen Texte, die nicht in den biblischen Kanon aufgenommen wurden und von Lilith erzählen, die Adam gleichursprünglich geschaffen wird, sich einem Platz unter ihm verweigert und ihn verlässt. Vermutlich wusste Lilith, dass ihre Erfahrung ein Wissen produziert, das unter anderen Bedingungen als der Herrschaft Adams besser gedeihen kann. Solche Bedingungen schafft Elfriede Gerstl (1932 Wien – 2009 Wien) mit dem Garten in ihrer Wohnung, wo verwilderte Nachbarschaft als Wohnkonzept erprobt wird. »Das Wohnen habe ich nicht gelernt«, sagt sie einem Interviewer, der sie über ihre Erfahrung im Versteck während des Kriegs zum Sprechen bringen will. »Bei mir bin ich viel mehr, wenn ich draußen bin.«

Salat

Vogerlsalat grüßt

Franz Kafka · Ansichtspostkarte an Ottla, Karlsbad, Hotel Trautwein · 13.5.1916

»Oft standen wir vor Blumenbeeten, er sah auf die Blumen, ich gelangweilt über sie hinweg«, erinnert sich Franz Kafka (1883 Prag –1924 Kierling) an den Jugendfreund Ewald Felix Příbram. Doch bald entdeckt der Schriftsteller die Gartenarbeit als Befreiung »von der Selbstquälerei« und schreibt an seine Verlobte Felice Bauer: »Merkst Du an meiner Schrift, daß ich heute schon schwere Arbeit geleistet habe und der Federhalter für mich schon eine zu leichte Sache ist? Ja, ich habe heute zum erstenmal beim Gärtner draußen in Nusle, einer Vorstadt, gearbeitet, im kühlen Regen nur in Hemd und Hosen. Es hat mir gut getan.« So gut er kann, unterstützt Kafka seine Schwester Ottla, die gegen den Willen des Vaters einen Hof mit Garten bewirtschaftet: »Für den Garten weiß ich nichts neues, nur den beiliegenden Jauchedüngungsratschlag. Seitdem ich heute zufällig in die Schrebergärten hinter Baumgarten gekommen bin, bin ich auf unsern Garten nicht mehr so stolz (ohne ihn deshalb weniger gern zu haben). Was wir dort gemacht haben, kann und tut fast jeder [...] – Ja, der Plan: von den unglücklichen Karotten (1) angefangen, 2: Möhren, 3 Zwiebeln, Salat 4 Spinat Radieschen 5 Pflanzen, 6 Pfl. und Fräulein 6 Erbsen 7 Zwiebeln (1 Reihe Steck- zwei Reihen Samenzwiebeln, dazwischen Knoblauch und Radieschen – nein ich kann nicht weiter, es verwirrt sich mir, aber Du erkennst es ja.«

ויועדו החרב יהעט שניהם, לערוך דין ביניהם. ותען החרב ותאמר:
אני נותנת כח לגבורים, וכידי מחית הנשרים והכפירים, וכל הימים אשר
הנשרים אותי ימצאו, לא ירעבו ולא יצמאו. כי אני אטריפם בשר גבורים,
ואשכירם בדמי אבירים. ואיך יערוך העט אלי, והוא שרפה לגחלי, ומדרך
לרגלי. ואיך יתגאה קנה רצוץ, כסרפד וכעצוץ. אם תגע בו יד תשברנו,
ורוח עברה בו ואיננו.
ויען העט ויאמר: אני נותרתי נביא, באהל התעודה מושבי. כי אני איש תם
וישר, וכל תומכי מאֻשָר. אבאר רזי חכמות, ואגלה סודות המזמות.
ואביעה חידות, ואגיר נכבדות. ובי המלכים ימלוכו, וסופרים שבט סופר
ימשוכו. ובי רוזנים יחוקקו צדק, ויחזקו כל בדק. ולולי עט הסופר אבדו
כל החכמות, וגם נעדרו החידות וכל המזמות.

Und vorgeladen wurden das Schwert und die Feder, diese zwei, dass sie richteten untereinander. Und es antwortete das Schwert und sprach: Ich gebe Kraft den Helden und in meiner Hand liegt der Lebensquell für Adler und junge Löwen. An allen Tagen, da die Adler mich finden, werden sie weder hungern noch dürsten, denn ich gebe ihnen zum Fraß der Helden Fleisch und berausche sie mit dem Blut der Ritter. Wie sollte die Feder sich mit mir messen, setzt meine Glut sie doch in Brand, treten sie doch meine Füße. Wie sollte das zerschmetterte Schilfrohr sich brüsten, wie die Brennnessel, wie Spreu, die verfliegt und verschwindet im Wind, wenn eine Hand sie berührt.

    Und die Feder antwortete und sprach: Prophet bin ich geblieben, mein Platz ist im Zelt der Zeugnisse. Denn ich bin ein redlicher und unbescholtener Mann. Jeder, der mich stützt, ist glücklich. Ich bringe die Lauterkeit der Weisheiten ans Licht und decke die Geheimnisse der Ränke auf. Ich spreche in Rätseln und lasse der Würde ihren Lauf. Durch mich herrschen die Könige und üben die Schriftsteller Strenge. Durch mich erlassen Fürsten Gesetze und stärken die Grundlagen des Rechts. Wäre die Feder des Schriftstellers nicht, wäre alle Weisheit verloren und auch Rätsel und Ränke würden fehlen.

Der spanisch-jüdische Dichter Yahya bin Sulaiman bin Sha'ul abu Zakaria al-Harizi al-Yahudi min ahl Tulaitila ist im deutschsprachigen Raum als Yehuda al-Harisi (ca. 1165 Toledo–ca. 1225 Aleppo) bekannt. Der »große silberhaarige Mann mit ebenmäßigen Zügen«, wie ihn Ibn al-Sha'ar al-Mawsili beschreibt, übersetzt aus dem Arabischen ins Hebräische Maimonides' *Führer der Unschlüssigen* und Ibn al-Hariris *Makamat al-Hariri*, das neben dem Koran als einer der Schätze der arabischen Literatur gilt. Al-Harisis bedeutendstes Werk ספר הנקרא תחכמוני (Ein Buch namens Schlauberger), bekannt als *Tachkemoni*, ist die erste überlieferte hebräische Prosa, die sich die arabische Form der Makame aneignet. Veröffentlicht wird das Buch, an dem der Dichter bis zu seinem Tod arbeitet, erst 1578. Im Vorwort spricht al-Harisi – nicht ohne Humor – von seiner Übersetzungsarbeit als der »unerträglichen Sünde«, einen »fremden Weingarten« gepflegt und Bücher von anderen »abgeschrieben« zu haben, weshalb er nun dieses Buch in der heiligen Sprache (Hebräisch) schreibt. Israel Abrahams zufolge hat der weitreisende Dichter und Literaturkritiker al-Harisi in diesem Werk »die Kunst der Anwendung des Hebräischen auf die weltliche Satire perfektioniert«.

Auf einmal stand Schemarjah vor ihnen.
Alle drei erschraken auf die gleiche Weise.

Sie sahen gleichzeitig ihr altes Häuschen wieder, den alten Schemarjah und den neuen Schemarjah, genannt Sam.

Sie sahen Schemarjah und Sam zugleich, als wenn ein Sam über einen Schemarjah gestülpt worden wäre, ein durchsichtiger Sam.

Es war zwar Schemarjah, aber es war Sam.

Es waren zwei. Der eine trug eine schwarze Mütze, ein schwarzes Gewand und hohe Stiefel, und die ersten flaumigen, schwarzen Härchen sproßten aus den Poren seiner Wangen.

Der zweite trug einen hellgrauen Rock, eine schneeweiße Mütze, wie der Kapitän, breite, gelbe Hosen, ein leuchtendes Hemd aus grüner Seide, und sein Angesicht war glatt, wie ein nobler Grabstein.

Der zweite war beinahe Mac.

Der erste sprach mit seiner alten Stimme – sie hörten nur die Stimme, nicht die Worte.

Der zweite schlug mit einer starken Hand seinem Vater auf die Schulter und sagte, und jetzt erst hörten sie die Worte: »Hallo, old chap!« – und verstanden nichts.

Der erste war Schemarjah. Der zweite aber war Sam.

Zuerst küßte Sam den Vater, dann die Mutter, dann Mirjam. Alle drei rochen an Sams Rasierseife, die nach Schneeglöckchen duftete und auch ein wenig wie Karbol. Er erinnerte sie an einen Garten und gleichzeitig an ein Spital.

»Wandernder Jude« ist der im Englischen und Hebräischen gebräuchliche Name für Zebrakrautgewächse. Liegt es daran, dass sie schnell Wurzeln bilden, wo auch immer, selbst im Schatten? Für den Autor von *Juden auf Wanderschaft*, Joseph Roth (1894 Brody –1939 Paris), impliziert Wanderschaft die Bewegung zwischen Glaubensrichtungen und sozioökonomischen Klassen ebenso wie zwischen Orten. Die Vorstellung, dass das jüdische Volk gezwungen sein würde, an einem einzigen Ort »eine kümmerliche ›Nation‹ mit ›Vaterland‹« zu werden, hält Roth für tragisch. Die österreichisch-ungarische Monarchie erlaube ihm, »ein Patriot und ein Weltbürger zugleich zu sein«. Vaterländer wünsche er »überhaupt keine«. Wenn Schemarjah aus dem galizischen Schtetl nach Amerika auswandert, verwandelt er sich nicht in einen Einwanderer. Er wird zwei, Schemarjah und Sam. Zwischen ihnen bricht ein Erinnerungsraum auf, in den der Schmerz der nachziehenden Familie über den kognitiv verlangsamten Bruder Menuchim, den sie im Schtetl zurückgelassen haben, Eingang findet. Die Frage, warum der monotheistisch aufgefasste Gott – ob christlich oder jüdisch – das Leid in der Welt zulässt, hallt im Verweis auf den biblischen Hiob im Romantitel nach. Gegen alle Erwartungen trifft irgendwann auch Menuchim in Amerika ein, eher von der Russischen Revolution als von Gott aufgehalten.

Perché la ruota giri, perché la vita viva, ci vogliono le impurezze, e le impurezze delle impurezze: anche nel terreno, come è noto, se ha da essere fertile. Ci vuole il dissenso, il diverso, il grano di sale e di senape: il fascismo non li vuole, li vieta, e per questo tu non sei fascista; vuole tutti uguali e tu non sei uguale. Ma neppure la virtù immacolata esiste, o se esiste è detestabile. Prendi dunque la soluzione di solfato di rame che è nel reagentario, aggiungine una goccia al tuo acido solforico, e vedi che la reazione si avvia: lo zinco si risveglia, si ricopre di una bianca pelliccia di bollicine d'idrogeno, ci siamo, l'incantesimo è avvenuto, lo puoi abbandonare al suo destino e fare quattro passi per il laboratorio a vedere che c'è di nuovo e cosa fanno gli altri.

Damit das Rad sich dreht, damit das Leben lebt, dazu bedarf es des Unreinen und des Unreinen vom Unreinen: auch wie man weiß, im Boden, wenn er fruchtbar sein soll. Es muß den Dissens, das Andersartige, das Salz- und das Senfkorn geben; der Faschismus möchte dies nicht, er verbietet es, und deshalb bist du nicht Faschist; er will, daß alle gleich sind, und du bist nicht gleich. Aber auch die makellose Tugend gibt es nicht, oder wenn es sie gibt, so ist sie widerwärtig. Nimm also die Kupfersulfatlösung, die im Reagenzglas ist, tu einen Tropfen davon an deine Schwefelsäure und sieh, wie die Reaktion beginnt: das Zink wird rege, bedeckt sich mit einem weißen Mantel aus Wasserstoffbläschen, da haben wir's, der Zauber ist vollbracht, du kannst es seinem Schicksal überlassen, ein wenig durch das Labor spazieren und schauen, was es Neues gibt und was die anderen machen.

»[D]as Schreiben ist ein öffentlicher Dienst und der geneigte Leser darf nicht enttäuscht werden«, schreibt Primo Levi (1919 Turin – 1987 Turin) 1976 in einer Art Manifest gegen obskures Schreiben. »Meiner Meinung nach sollte man nicht undeutlich schreiben, denn eine Schrift ist umso wertvoller und hat umso mehr Aussicht auf Verbreitung und Beständigkeit, je besser sie verstanden wird und je weniger sie sich für zweideutige Interpretationen eignet.« Wenn der Chemiker und Schriftsteller seine Erfahrung aus dem Konzentrationslager literarisch verarbeitet, heißt sein Anspruch auf Eindeutigkeit, die eigene Perspektive klarzustellen, um der Interpretation seines Zeugnisses als repräsentativ vorzubeugen. Deshalb besteht Levi auf der Lücke, die »in jedem Zeugnis« aus den Lagern vorhanden ist: »Die Zeugen sind per Definition Überlebende und ihnen allen ist somit in gewissem Maße ein Privileg zuteil geworden [...] Das Schicksal des gewöhnlichen Häftlings hat niemand erzählt, weil es für ihn nicht möglich war, körperlich zu überleben.« In der Wissenschaft werden Wissenslücken oft als noch zu füllende Leerstellen behandelt. Für den Schriftsteller Levi werden Wissenslücken zur treibenden Kraft einer Literatur, die für das, was unmöglich zu wissen ist, im Wissensgefüge einen Platz einräumt und angestrebte Vollständigkeit in Frage stellt.

Hätten Gewächse der Erde Sprache, so lobten sich die niedrigeren und ärmeren auch; und wer weiß, ob nicht Todtenblumen sich mit Gewalt in köstliche Vasen stellten, und in prächtigen Zimmern und Lauben stänken! Solchen Wirrwarr möchte ich sehen! Wie Pferde Rebellion! Alles möchte ich deutlicher und härter! Beichten, durch Zauber veranstaltet, auch; wie käme da ein jeder zu dem Seinigen: das Gold schrollte in die Erde zurück.

»Was so lange Zeit meines Lebens mir die größte Schmach, das herbste Leid und Unglück war, eine Jüdin geboren zu sein, um keinen Preis möcht' ich das jetzt missen« – mit diesen letzten Worten Rahel Varnhagen von Enses (1771 Berlin –1833 Berlin) beginnt Hannah Arendts Buch *Rahel Varnhagen. Lebensgeschichte einer deutschen Jüdin aus der Romantik* (dt. 1959). »Hinein in die Welt« hieß für die junge Rahel, »aus dem Judentum heraus; eine andere Möglichkeit sich zu assimilieren«, so Arendt, »scheint es nicht zu geben«. Doch gerade »weil die Frau und Jüdin Rahel außerhalb der Gesellschaft steht, kann sie ›für kurze Zeit eine Art neutralen Bodens‹ werden«, schreibt Eva Meyer. Als Rahels literarischer Salon, in dem man, so Arendt, »ohne gesellschaftlichen Stand leben konnte, ja für den gesellschaftliche Uneinordenbarkeit noch eine Chance war«, zerfällt, notiert sie: »Bei meinem ›Teetisch‹ [...] sitze nur ich mit Wörterbüchern.« Erst in der Zerstörung wird Rahel, Arendt zufolge, gewahr, »daß auch ihre Existenz allgemeinen politischen Bedingungen« unterliegt. Sie kann nicht, wie Goethe, identitätsstiftende Sätze sagen wie »Als ich achtzehn war, war Deutschland auch erst achtzehn«, weil sie, Meyer zufolge »*genau das* zu verbergen hat und *dagegen* mit einer Flut von Briefen anschreibt« – »was auch immer davon ankommen mag«.

263

כשחום היום פג במקצת, יצאו מביתם ועמדו רגע כחוככים, מעיפים עין אילך ואילך לאורך הרחוב. במרחבי הים זרועות היו סירות הדייגים והערב יורד עליהן בלאט. נדף אי־משם ריח דגים צלויים. משהו זר וקרוב כאחד כבוש היה באוויר. סטיפאנו, שהיה מסב בחוג משפחתו לשולחן שבחוץ, נשֻׁבָּה לקערה ענקית של מאקארוני ברוטב עגבניות, קרא לכאן והזמין ברמזי יד. בארט וגינא לא נעתרו להזמנתו. פרשו לצד הנגדי, הלאה על פני הפנסיון, שדייריו סעדו עכשיו בגן, ובניהם לָאצי וזוזי, רוחם טובה עליהם כתמיד, מדברים ושוחקים קולנית. לאיטם התהלכו לאורך הרחוב הריק כמעט, והאבק המרובץ מעמֵּם צעדיהם, ובהגיעם אל קצהו, אל הוִילה האחרונה החבויה בגן, שנזרקו מתוכו נביחות עבות וקצת צרודות של כלב סמוי, כבר היה הים לימינם ממוזג עם הערב לאחד, והדייגים נבלעו בם על סירותיהם. משק דק ומרגיע נתרוסס מתחת לרגליים. ובבת־אחת נמצאתָ תלוש משום מקום מסויים שצורתו קבועה בנפש ועומדת, ומחובר לדבר־מה אחר, נעדר תחומים, אשר בך ומחוצה לך. שעה קלה עמדו מחרישים, שואפים מלוא ריאתם את הערב המרווענן. אחר חזרו על עקבותם.

Als die Tageshitze ein wenig nachgelassen hatte, verließen sie das Haus, blieben draußen einen Moment versonnen stehen und blickten die Straße auf und ab. Das weite Meer war gesprenkelt mit Fischerbooten, über die sich langsam der Abend senkte. Von irgendwoher roch es nach gebratenem Fisch. Etwas zugleich Fremdes und Vertrautes lag in der Luft. Stefano, der im Kreis seiner Familie draußen am Tisch genüßlich vor einer Riesenschüssel Makkaroni mit Tomatensauce saß, rief mit einladender Geste. Bart und Gina leisteten jedoch seiner Aufforderung nicht Folge. Sie schlugen die Gegenrichtung ein, vorbei an der Pension, deren Gäste jetzt im Garten speisten, darunter auch Laci und Susi, die – wie immer gutgelaunt – laut redeten und lachten. Langsam schlenderten sie die fast leere Straße entlang, deren Staubschicht ihre Schritte dämpfte, und als sie an der letzten, in einem Garten versteckten Villa angekommen waren, aus der das dumpfe, etwas heisere Bellen eines Hundes schallte, war das Meer zu ihrer Rechten schon mit dem Abend verschmolzen und hatte die Fischer samt ihren Booten verschlungen. Ein leises, beruhigendes Knirschen klang unter ihren Füßen auf. Und plötzlich fühlte man sich irgendwie von jedem spezifischen Ort, dessen Form einem fest eingeprägt ist, losgelöst und verbunden mit etwas anderem, Grenzenlosen, das in einem und außer einem war. Ein Weilchen verharrten sie stumm, sogen in vollen Atemzügen die frische Abendluft ein. Dann machten sie kehrt.

Wenn eine Novelle »das weite Meer« beschwört, dessen Gegenwart ein Gefühl der Losgelöstheit »von jedem spezifischen Ort« hervorruft, staunt man über ihren deutschen Titel *An der See*. Um so mehr, wenn es um eine Novelle von David Vogel (1891 Sataniw–1944 KZ Auschwitz-Birkenau) geht, der »das Grenzlose, das in einem und außer einem« ist, nicht nur in seinen Werken lebt. »Vogel gehörte immer zum falschen Lager«, sagt Michael Gluzman. In Wien wird er nach Ausbruch des Ersten Weltkriegs als russischer Staatsangehöriger verhaftet. Als er dann die österreichische Staatsangehörigkeit erhält, zieht er nach Paris. Mit einem der begehrten Einwanderungszertifikate gelangt er nach Palästina, um aber kurz darauf wieder nach Europa zurückzukehren, erst nach Polen, dann nach Berlin. 1933 geht er wieder nach Paris, wo er erst als Österreicher und dann als Jude interniert wird. Etwas bringt Vogel immer dazu, »ein Außenseiter zu sein«, sagt Gluzman, und zwar »die Weigerung, die Sprache in einem bestimmten Territorium zu verankern, vor allem in dem nationalen Territorium, in dem sie zur natürlich gesprochenen Sprache wird«. Das bringt auch die Protagonisten seiner Novelle dazu, in der Dämmerung, wenn das Meer mit dem Abend verschmilzt, etwas »zugleich Fremdes und Vertrautes« in der Luft zu spüren.

El sol cambiaba de colores
La luna enamoraba hasta los mas ancianos,
Los tomates se encendían de felicidad al verte pasar.

Die Sonne wechselte die Farben,
Der Mond machte selbst die Ältesten verliebt,
Die Tomaten erröteten vor Glück, als sie dich vorbeigehen sahen.

»Ich bin die Erbin einer sehr turbulenten Geschichte, nämlich der Geschichte der Juden im 20. Jahrhundert, die nicht nur die Geschichte des Völkermords, sondern auch der Diaspora ist, und obendrein befand ich mich inmitten einer weiteren historischen Revolution während der Allende-Jahre«, erzählt Marjorie Agosín (geb. 1955 Bethesda, Maryland) Gregory Donovan im Interview. Sie wird in den Vereinigten Staaten in eine Familie chilenischer Migranten hineingeboren, die zurück nach Chile zieht, wo sie aufwächst. Für sie ist es kein Widerspruch, dass ihre Familie »zutiefst jüdisch«, aber nicht traditionell religiös ist: Man kann eine Jüdin sein, die »so sehr in ihrer Geschichte und ihren Werten verwurzelt ist, dass Gott irgendwie zweitrangig wird«. Agosín nimmt aus dieser Geschichte die »Ethik des Judentums und den Kampfgeist für soziale Gerechtigkeit« mit, betont aber, dass es nicht reicht, »Teil dieser Geschichte zu sein« – »man muss sich entscheiden, für sie zu sprechen«. Erinnerungen sprechen für die Menschenrechtsaktivistin, die sich als Dichterin zur Zeugin ihrer Geschichte macht, aber auch von Vorstellungskraft: »Wenn man einen Überlebenden von Auschwitz oder einen Überlebenden von Pinochet« im Abstand von 15 Jahren interviewt, kann es sein, dass die Person jedes Mal vom selben Ereignis etwas anders berichtet, »denn Erinnerung ist mehrdeutig und nicht statisch, sie ist fließend«.

וַיִּגַּשׁ הַשִּׁשִּׁי וַיֹּאמֶר אֲדֹנִי אֵיךְ צִוְּתָה הַתּוֹרָה "אַל תִּשְׁכַּח עֲנָבִים" · וְלֹא הִזְכִּירָה
הַתְּאֵנִים הָעֲרֵבִים · וְהָרִמּוֹנִים הַמְתוּקִים · הַחֲבוּשִׁים וְהָאֲפַרְסְקִים · וָאַעַן וָאֹמַר
הִזְכִּירָה הַתּוֹרָה הָעֲנָבִים מִפְּנֵי שֶׁנִּמְצָא בָהֶם דְּבַר חִדּוּשׁ · כִּי עִם הַיַּיִן הַיּוֹצֵא מֵהֶם
נַעֲשָׂה הַבְדָּלָה וְקִדּוּשׁ · וְהֵם הַפֵּרוֹת הַמְהֻלָּלִים · בַּעֲבוּר הֱיוֹתָם מְשֻׁלְשָׁלִים ·

Da kam der Sechste und fragte · Warum, Herr, befahl die Thora »Vergiss nicht die Trauben!« · und die wohlschmeckenden Feigen erwähnte sie nicht · das ist kaum zu glauben · auch die süßen Granatäpfel nicht, nicht Pfirsich und Quitten · und ich antwortete ihm, der Rang der Trauben ist in der Thora unbestritten · ihre Frucht ist besonders, und was glaubst du weswegen? · Über ihren Wein spricht man *Havdala* und den *Kiddusch*-Segen! · Die Frucht des Weinstocks zudem ehre und rühm · denn sie fördert auch den Stuhlgang ganz ungestüm.

Immanuel ben Solomon ben Jekuthiel, bekannt als Immanuel Romano (1261 Rom – ca. 1335 Fermo), heißt auf Italienisch Manoello Giudeo, Immanuel der Jude. Er schreibt auf Hebräisch zu einer Zeit, in der diese Sprache den Heiligen Schriften vorbehalten ist, und gilt als Begründer der weltlichen hebräischen Poesie. Die zum Teil hocherotischen und an sozialen Kommentaren reichen *Hefte Immanuels* sind eine Sammlung von Geschichten in gereimter Prosa und Poesie und gelten als Immanuels Hauptwerk. Es wird als Makamensammlung beschrieben, nach der arabischen Versform Makam, مقام, die dem Autor, der wohl kein Arabisch spricht, aus den Schriften von Yehuda al-Harisi vertraut ist, dem jüdisch-spanischen Dichter und Übersetzer aus dem Arabischen ins Hebräische. Wenn Immanuel also auf Hebräisch schreibt, stützt er sich neben dem biblischen Hebräisch auch auf die Texte der andalusischen Autoren, die Arabisch sprachen, Gedichte in biblischem Hebräisch verfassten und philosophische, wissenschaftliche, grammatikalische und mathematische Abhandlungen auf Judäo-Arabisch, d. h. auf Arabisch in hebräischen Buchstaben, schrieben. Das letzte von *Immanuels Heften* handelt von einem gewissen Daniel, von der Hölle und vom Paradies und soll von Dantes *Göttlicher Komödie* inspiriert sein. In seiner Monografie *Immanuel HaRomi* (1924) beschreibt Shaul Tchernichovsky den »Dichter-Philologen« als Vermittler zwischen der europäischen und der arabischen Kultur, zwischen der aschkenasischen und der sephardischen Tradition.

Ulme

Hier kann ich leider nur von weitem aus meinem Fenster das Grünen der Bäume beobachten, deren Spitzen ich über der Mauer sehe; ich suche meist nach dem Habitus und dem Farbenton die Baumarten zu erraten und, wie es scheint, meist richtig. Neulich wurde hier ein gefundener, abgebrochener Ast ins Haus gebracht, und hat durch sein bizarres Aussehen allgemeine Aufregung hervorgerufen; jedermann frug, was das sei. Es war eine Rüster (Ulme); erinnern Sie sich noch, wie ich sie Ihnen zeigte in der Straße in meinem Südende, vollbeladen mit duftigen Paketen der fahl-rosig-grünlichen Früchtchen; es war auch im Mai, und Sie waren ganz hingerissen von dem phantastischen Anblick. Hier wohnen die Leute jahrzehntelang in der Straße, die mit Rüstern bepflanzt ist, und haben noch nicht »bemerkt«, wie eine blühende Rüster aussieht.... Und derselbe Stumpfsinn ist ja allgemein Tieren gegenüber. Die meisten Städter sind doch wirklich rohe Barbaren, im Grunde genommen....

Wenn uns – wie geschehen – jemand fragt, was Rosa Luxemburg (1871 Zamość –1919 Berlin), die ja als Kommunistin und nicht als Jüdin berühmt sei, in einem jüdischen Garten zu suchen habe, fragen wir uns, was von einem Philosemitismus zu halten ist, der Juden für ihre religiöse und ethnische Zugehörigkeit, nicht aber für ihr Denken und Schaffen rühmen will. Luxemburg, die Botanik und Philosophie studiert, bevor sie zur Rechtswissenschaft wechselt und in politischer Theorie promoviert, möchte jedenfalls »auf die Menschen wie der Blitz wirke[n] [...] selbstredend nicht durch Pathos, sondern durch die Weite der Sicht, die Macht der Überzeugung und die Kraft des Ausdrucks«. Nach einer Rede im Jahr 1913, in der Luxemburg die Arbeiter auffordert, im Falle eines Krieges nicht auf ihre Klassenbrüder in Frankreich und in anderen Ländern zu schießen, wird gegen sie ein Prozess geführt. Im Februar 1915 wird sie verhaftet und verbringt mit Unterbrechungen drei Jahre und vier Monate im Gefängnis. »Meine liebste Sonitschka«, schreibt sie aus dem Gefängnis in Breslau an die Kunsthistorikerin Sophie Liebknecht, »Sie wissen, daß ich in Gedanken und mit ganzem Herzen bei Ihnen bin und Sie an Ihrem Geburtstage ganz mit Blumen umgeben möchte: mit lila Orchideen, mit weißen Iris, mit stark duftenden Hyazinthen, mit allem, was zu haben ist.«

Con poche varianti di percorso, queste esplorazioni a largo raggio le ripetemmo diverse altre volte nei pomeriggi successivi. Quando lo spazio lo consentiva, pedalavamo appaiati. E intanto parlavamo: di alberi, soprattutto, almeno da principio.

In materia non sapevo nulla, o quasi nulla, e la cosa non finiva mai di meravigliare Micòl. Mi squadrava come se fossi un mostro.

»Possibile che tu sia così ignorante?« esclamava. »L'avrai pure studiata, al liceo, un po' di botanica!«

»Sentiamo« chiedeva poi, già preparata a inarcare le sopracciglia dinanzi a qualche nuova enormità. »Potrei sapere, per favore, che specie di albero Lei pensa che sia, quello laggiù?«

Poteva riferirsi sia a onesti olmi e tigli nostrani, sia a rarissime piante africane, asiatiche, americane che soltanto uno specialista sarebbe stato capace di identificare: giacché c'era di tutto, al Barchetto del Duca, proprio di tutto. Quanto a me, io rispondevo sempre a vanvera: un po' perché non sapevo sul serio distinguere un olmo da un tiglio, e un po' perché mi ero accorto che niente le faceva piacere come sentirmi sbagliare.

Mit wenigen Abänderungen der Route wiederholten wir diese weiten Streifzüge an den folgenden drei oder vier Nachmittagen. Wenn die Alleen und Wege breit genug waren, fuhren wir nebeneinander.

Oft lenkte ich mein Rad mit nur einer Hand, während ich die andere auf die Lenkstange ihres Rads stützte. Dabei unterhielten wir uns; vor allem, wenigstens anfänglich, über Bäume.

Ich wußte über diesen Gegenstand nichts oder so gut wie nichts, und Micòl wurde nicht müde, sich darüber zu wundern. Sie sah mich an, als wäre ich ein Monstrum.

»Ist es möglich, daß du ein solcher Ignorant bist?«, rief sie immer wieder aus. »Du wirst doch schließlich auf dem Gymnasium ein bißchen Botanik gelernt haben!«

»Laß hören«, forderte sie, schon bereit, die Augenbrauen angesichts irgendeiner neuen Ungeheuerlichkeit hochzuziehen.

»Dürfte ich vielleicht erfahren, für was für einen Baum Sie dieses Exemplar dort unten halten?«

Die Frage konnte sich auf alles mögliche beziehen: auf eine brave Ulme oder heimische Linde wie auf die seltensten exotischen Pflanzen aus Afrika, Asien oder Amerika, die nur ein Mann vom Fach hätte bestimmen können, denn im *Barchetto del Duca* kamen einfach alle Pflanzen vor. Ich aber antwortete immer aufs Geratewohl, teils, weil ich wirklich eine Ulme nicht von einer Linde unterscheiden konnte, teils auch, weil ich bemerkt hatte, daß ihr nichts so viel Freude machte, wie eine falsche Antwort von mir zu hören.

Giorgio Bassani (1916 Bologna – 2000 Rom) wächst in Ferrara auf, wo einige der liberalen jüdischen Familien dem frühen Faschismus nicht abgeneigt sind. Mit dem Ausschluss jüdischer Schüler und Lehrer von öffentlichen Schulen beginnt der promovierte Literaturwissenschaftler an der jüdischen Schule Ferraras zu lehren und wird anschließend im antifaschistischen Untergrund aktiv. Vor dem Hintergrund des sich radikalisierenden Faschismus erzählt Bassanis Roman *Il giardino dei Finzi-Contini* von der Freundschaft junger Leute, besonders derjenigen zwischen dem Ich-Erzähler und Micòl. Über die Jahre stellen seine Leser Bassani die Frage, ob Micòl wirklich existiere. In seiner Antwort hallt die erzwungene Abwesenheit einer jüdischen Person in der damaligen Gesellschaft und die Existenz einer Romanfigur als Textkörper: »Micòl hat nie existiert. Und doch hatten wir eine Liebesbeziehung miteinander. Ich meine, ich hätte diesen Roman nie schreiben können, wenn ich nicht in gewisser Weise viel über sie gewusst hätte. [...] Aber auf jeden Fall hat Micòl Finzi-Contini objektiv gesehen nie existiert. Sie ist meine Figur, das heißt, eine Form von Gefühl.«

באותו יום נשלחו סילבנה ואמה לנכש עשבים מסביב למגורי הקצינים הנאצים. בזמן שעבדו אמרה לה אמה שכאשר תחזור לביתה, הדבר הראשון שתעשה יהיה לנכש את העשבים שלבטח צמחו פרא בחצר, כי אבא לא מסוגל לראות את החצר במצב הזה. לראשונה מאז הגיעו לברגן־בלזן עלתה בתודעתה של סילבנה בבהירות תמונת ביתם בבנגאזי. היא נאחזה בה בכל כוחה. היא ידעה שהתמונה הזאת תוכל לשמש לעיני רוחה עמדת תצפית לסקור ממנה את עירה. בזמן שכרעה לתלוש את העשבים השוטים החלו חלקי העיר לקרום בדמיונה עור וגידים. אף על פי שרבים מחלקי התצרף חסרו, דבר אחד שב ונגלה לה: האור המיוחד של לוב, ששמו יצא למרחוק כמאגד בתוכו את הקשה עם הרך בהרמוניה מופתית. האור הזה הזליף אל תוכה חמימות שלא הרגישה כמותה זה זמן רב. היא ביקשה להתענג עליו, להעניק להבטחה הערטילאית שאצר בתוכו ממד מוחשי. היא המשיכה לעקור עשבים באצבעותיה הנוקשות, ובלבה מתנגנת התקווה שיום אחד תשוב לראות את האור של לוב ולחוש בחומו.

Unkraut

An diesem Tag mussten Sylvana und ihre Mutter rund um die Wohnungen der Naziführer Unkraut jäten. Während sie arbeiteten, sagte ihre Mutter, als erstes, wenn sie wieder zu Hause sei, werde sie das Unkraut jäten, das im Hof bestimmt schon wild gewuchert ist, weil Papa es nicht erträgt, den Hof in einem solchen Zustand zu sehen. Das erste Mal seit ihrer Ankunft in Bergen-Belsen stieg in Sylvanas Bewusstsein ganz deutlich das Bild ihres Hauses in Benghazi auf. Sie hielt es fest, mit aller Kraft. Sie wusste, dieses Bild konnte ihr als Aussichtsturm dienen, von dem aus sie ihre Stadt betrachten konnte. Während sie sich bückte, um das Unkraut auszureißen, erwachten in ihrer Vorstellung nach und nach die Viertel der Stadt zum Leben. Obwohl viele Teile des Puzzles fehlten, zeigte sich ihr vor allem: Das besondere Licht von Libyen, das weithin dafür bekannt war, dass es Härte und Weichheit in beispielhafter Harmonie in sich vereint. Dieses Licht flößte ihr eine Wärme ein, die sie schon lang nicht mehr empfunden hatte. Sie wollte es auskosten und dem unwirklichen Versprechen, das es in sich barg, eine fassbare Dimension verleihen. Mit steifen Fingern riss sie weiter das Unkraut aus der Erde, und in ihrem Herzen summte die Hoffnung, eines Tages wieder das Licht von Libyen zu sehen und seine Wärme zu spüren.

Die Idee der Zugehörigkeit zu einem Ort stellt Yossi Sucary (geb. 1959 Ramat Gan) infrage. Zu was genau sollst du dich zugehörig fühlen, zur Erde? Zu den Menschen? »Nur weil sie wie du Juden sind? Selbst wenn sie faschistische Positionen haben?« Man kann Lebensformen schaffen, »in denen die Sprache bedeutend wird, ohne an einen spezifischen Ort gebunden zu sein«. Die Bestandteile seiner Identität, sagt Sucary, sind in einer ständigen Bewegung und »unterminieren sich scheinbar«. Doch er ist froh über eine Haltung, die ihm von zuhause mitgegeben wurde: »Sich nicht zu beschweren und selbst in der Welt zu handeln.« Das Zuhause Sucarys ist ein »Produkt der italienischen Kolonie« Libyens, »die italienische Kultur einer Großmutter, die sagt: selbst wenn wir hungern müssen, werden unsere Kleider vom Schneider genäht«. *Benghazi-Bergen-Belsen* erzählt von der Shoah der libyschen Juden, die in der offiziellen Geschichtsschreibung des jüdischen Volkes nicht vorkommt. Das ist keine »Mizrachi-Fantasie«, wie der israelische Vermittler der Wiedergutmachungszahlungen die libyschen Juden verächtlich macht. Es ist die Geschichte von Sucarys Familie – »schwarze Juden« im Nazijargon –, die er aus der Perspektive der Romanfigur Sylvana erzählt. Beim Unkrautjäten an der Lagerbaracke denkt Sylvana, sie mag diese Arbeit, die sie jeder Erinnerung »enteignet« und ihr hilft, »Bergen-Belsen im Geiste zu entfliehen«.

لئن حق لنا أن نقول ان الله يطبع خلقه على صورته الجميلة فإن "بنفسجة" تلك الفتاة الجذابة الفاتنة صورة من الصور العلوية التي تمنحها السماء لبني الأرض قرة للعيون ونزهة للأرواح.
هي فتاة في التسعة عشرة من عمرها لطفت خلقة وعذبت أخلاقًا، يزينها تعليم مدرسي في مبادئ العلوم والآداب مما جعل أنظار الشباب تحوم حول جمالها النادر، على اثر تركه المدرسة، حوم النحل حوالي الأزهار الشذية.

Wenn es uns zusteht zu sagen, dass Gott die Menschen nach seinem schönen Bild gestaltet, dann ist Banafsaja – das Veilchen – jenes anziehend verführerische Mädchen, eines dieser Bilder aus höheren Sphären, das der Himmel den Bewohnern der Erde vergönnt, um ihren Augen Genuss und ihren Seelen Erquickung zu gewähren.

Sie ist ein Mädchen von neunzehn Jahren mit freundlichem Wesen und gutem Benehmen, eine Schulbildung in den Grundlagen der Naturwissenschaften und der Literatur gereicht ihr zur Zierde. So kreisten, als das Mädchen die Schule verließ, die Blicke der Knaben um ihre seltene Schönheit wie Bienen um duftende Blüten.

»Auch wenn ich meinen Glauben von Moses übernommen habe / lebe ich unter dem Schutz der Religion Muhammads / Und die Toleranz des Islam war meine Wohnstätte / Und die Redekunst des Korans war meine Inspiration / Meine Liebe zu Muhammads Nation hat nicht nachgelassen, obwohl meine Hingabe der Religion von Moses gilt / Ich werde so loyal bleiben wie Al-Samaw'al / Glücklich oder nicht in Bagdad«. Anwar Shaul (1904 al-Hilla –1984 Kir'on), der nach der Machtübernahme der Baath-Partei 1963 in Bagdad verhaftet wird, schickt dieses Gedicht an den Innenminister und wird begnadigt. Doch erst 1971 verlässt der Verfechter der Aufklärung und erste Iraker, der die Abschaffung des Schleiers sowie Frauenrechte fordert, das Land. Shauls erste Erzählungen werden 1930 in der Anthologie الحصاد الأول (Die erste Ernte) veröffentlicht. Die 1929 von ihm gegründete und herausgegebene literarische Wochenzeitschrift الحاصد (Der Mäher) kritisiert den europäischen Faschismus und die britischen Besatzer Iraks und wird zur führenden Wochenzeitschrift Bagdads. Von »Aufstieg und Untergang der irakisch-arabischen Option« erzählt Shaul in seiner 1980 in Israel auf Arabisch erscheinenden Autobiografie. Das 2018 verabschiedete *Grundgesetz: Israel – Nationalstaat des jüdischen Volkes* sieht Arabisch nicht mehr als Landessprache vor. Eine Gruppe von Mizrachi-Intellektuellen, darunter Almog Behar und Zvika Ben Dor, klagen dagegen und schreiben das Gutachten *Arabisch als jüdische Sprache*.

Wassermelone

עתה, משהגיעה אל המקשה, צנחה מעל הסוס וסבבה על מקומה פעמים אחדות. לפתע רצה בין שתילי המלפפונים הצעירים, התפתלה בשובבות בסבך הקישואים והדלועים, כשפניה הקטנים אדומים מרוב התלהבות. כשראתה אבטיח גדול בשל וחם, צעקה בקול שמחה לאחיה:

»ז'ק, מהר, ז'ק!« קראה ונופפה בשמלתה. »בוא, תראה. אבטיחים... מלפפונים... קישואים... הוי, עולם שלם...«

ז'ק רדף אחריה.

חרש התחמק מזרועות אומנתו והשיג את אחותו. ואז, כל מלפפון גדול נקטף, כל פרח ענוג נמלק. האבטיחים שימשו סוסים לרכיבה וענפיהם – מושכות.

»דהר, ז'ק!« צחקה מריה מתמוגגת מרוב אושר. »נראה אם תוכל להשיג אותי.« אולם האבטיחים עמדו על מקומם.

לסוף התחכמה מריה, החלה מסתובבת על מקומה והאבטיח תחתיה. ז'ק ניסה לעשות כמוה ולא עלתה בידו. ביקש את עזרתה, אך היא, מרוב עליצותה, לא שתה לבה לתחנוניו ונתנתהו לבכות.

בתוך ים הפרות והירק נחה קבוצת המטיילים ובילתה את כל היום. את הערבים בילו בצלם של עצי הבננות.

Als sie nun auf dem Kürbisfeld ankam, rutschte sie von dem hohen Pferd und drehte sich mehrmals um sich selbst. Plötzlich rannte sie los in die jungen Gurkenpflanzen, tobte ausgelassen durch das Gestrüpp von Zucchini und Kürbissen, und ihr kleines Gesicht rötete sich vor Begeisterung. Als sie eine große reife heiße Wassermelone sah, rief sie freudig zu ihrem Bruder:

»Jacques, komm schnell, Jacques!«, und sie wedelte mit ihrem Kleid. »Komm, sieh die Melonen … die Gurken … die Zucchini … oh, eine ganze Welt …«

Jacques rannte hinter ihr her.

Unbemerkt hatte er sich aus den Armen der Kinderfrau befreit und erreichte seine Schwester. Und dann wurde jede große Gurke gepflückt, jede zarte Blume geknickt. Die Wassermelonen dienten als Pferde zum Reiten und ihre Ranken als Zügel.

»Hü, Galopp, Jacques!«, lachte Maria, die das Spiel glücklich genoss, »Zeig, ob du mich einholen kannst!«, doch die Wassermelonen lagen fest auf der Erde.

Zum Schluss entdeckte Maria etwas Neues: Sie begann, sich auf der Stelle zu drehen, und die Melone drehte sich unter ihr. Jacques versuchte es ihr nachzutun, doch es gelang ihm nicht. Er bat sie um Hilfe, aber in ihrer Ausgelassenheit beachtete sie sein Bitten nicht und ließ ihn weinen.

Die Gruppe der Ausflügler verweilte den ganzen Tag im Meer der Früchte und Gemüse und ruhte dort aus. Die Abende verbrachten sie bei den Bananenstauden.

Als Shoshana Shababo (1910 Zichron Ja'akov–1992 Haifa) geboren wird, ruft ihre ältere Schwester im Anblick des rosafarbenen Babys: »Rose!« Um »Probleme mit anderen Kindern« zu vermeiden, wählt Shababo später das hebräische Shoshana, »obwohl es der Botanik zufolge« Lilie heißt. Nach der Veröffentlichung ihres ersten Romans *Maria* schreibt die 22-Jährige an ihren ehemaligen Lehrer, den Schriftsteller Yehuda Burla: »Du hast beschlossen, mich aus dem literarischen Feld auszustoßen, dachtest, dass deine Kritik mein Schreiben endgültig begraben würde, und beeiltest dich, mir einen Trostbrief voller Fälschungen hinterherzuschicken. Ich versichere dir, deine giftigen Pfeile hast du umsonst verschossen [...] die Zukunft wird über uns richten.« Klassenüberschreitende erste Liebe, außereheliche Schwangerschaft und das klösterliche Leben einer christlichen Frau aus der Oberschicht in Haifa sind 1932 für den hebräischen literarischen Kanon voller Pioniergeist und Besiedelungspläne offensichtlich nicht geeignet. Auch erwecken die Arabisch, Englisch und Französisch sprechenden Figuren im Roman den Eindruck – so Yitzhak Gormezano Goren –, der Roman sei nicht auf Hebräisch geschrieben. Shababos nächster Roman אהבה בצפת (Liebe in Safed, 1942) handelt von einer sephardischen Frau, die ihrem Herz folgt und den Mann zurückweist, den die Familie für sie vorsieht. Danach schweigt »die neue Tochter des Orients« (Yosef Halevy) bis auf eine 1984 veröffentlichte Kurzgeschichte, die von einem Hahn mit Tenorstimme erzählt.

Wassermelone

La tête couverte d'un long voile de mousseline blanche et ceinte d'une couronne de pâquerettes que niania a tressée, tenant à la main une baguette toute lisse, encore un peu humide, un peu verdâtre, et embaumant le bois fraîchement écorcé, je conduis la procession qui porte en terre une grosse graine noire et plate de pastèque. Elle repose dans une petite boîte sur une couche de mousse… nous l'enterrons selon les indications du jardinier, nous l'arrosons avec notre petit arrosoir d'enfant, j'agite au-dessus de la terre ma baguette magique en prononçant des incantations faites de syllabes barbares et drôles que j'ai longtemps retenues et que je n'arrive plus à retrouver… Nous irons nous pencher sur cette tombe jusqu'au jour où enfin nous aurons peut-être la chance de voir sortir de terre une tendre pousse vivante…

Mit einem langen Schleier aus weißem Musselin auf dem Kopf, einem Kranz aus Gänseblümchen, den Njanja geflochten hat als Gürtel, und einem ganz glatten, noch etwas feuchten, grünlichen Stab in der Hand, der nach frisch entrindetem Holz riecht, gehe ich an der Spitze der Prozession, die einen großen, flachen, schwarzen Kern einer Wassermelone zu Grabe trägt. Er ruht in einem Schächtelchen auf einer Schicht Moos … wir begraben ihn gemäß den Anweisungen des Gärtners, wir besprengen ihn mit unserer Kindergießkanne, ich schwenke meinen Zauberstab über der Erde und spreche Beschwörungsformeln aus rauh klingenden, komischen Silben, die ich lange behalten habe und nicht mehr wiederfinden kann … Wir werden bis zu dem Tag nach dem Grab schauen, an dem wir vielleicht endlich das Glück haben werden, einen zarten, lebendigen Trieb aus dem Boden hervorsprießen zu sehen …

Nathalie Sarraute   Enfance | Kindheit   1983

Vom Vater her jüdisch, verbringt Nathalie Sarraute (1900 Iwanowo-Wosnessensk – 1999 Paris) die Zeit der deutschen Besatzung von Paris mit falschen Papieren außerhalb der Stadt. 1948 erscheint ihr *Portrait d'un Inconnu* (Porträt eines Unbekannten, dt. 1961). Die führende Verfechterin des Nouveau Roman gibt ihren Romanfiguren keine Namen – die Leser sollen sie nicht von außen identifizieren, sondern von innen erkennen. Bevor sie sich dem Schreiben widmet, bereitet die Rechtsanwältin Sarraute Nachlassverhandlungen vor, die mündlich abgehalten werden. Sie glaubt, sagt sie 1990 im Interview mit *The Paris Review*, dass diese Arbeit »mich von der Schriftsprache weggerissen« hat, hin zu informellen Sprachregistern. *Kindheit* ist ein Dialog mit dem Gedächtnis, dem Sarraute Bilder und Bildfragmente entlockt, bis das Gedächtnis von Gefühlen befreit ist und zu etwas wird, das der Empfindung selbst nahekommt, schreibt *The New Yorker*. Sie verabscheut die Psychoanalyse, hat aber eine Aussage Freuds »immer sehr interessant und wahr gefunden, als er sagte, dass alle Autobiografien falsch sind. Offensichtlich, denn ich kann eine Autobiografie schreiben, die einen Heiligen zeigt, ein Wesen, das absolut idyllisch ist, und eine andere, die einen Dämon zeigt, und alles wird wahr sein. Denn es ist alles miteinander vermischt.«

في قديم الزمان، سار أحد اليهود راكبًا حماره صاعدًا شمالًا بحذاء النيل باحثًا عن بلدة يقيم فيها ويتخذها مكانًا لنشاطه إلى أن وصل إلى دمياط القريبة من البحر الأبيض. قبل أن يدخل البلدة شاهد شخصًا من سكانها يجلس في ظلّ خصّ صغير، فتوقف عنده ونزل من فوق حماره ليستريح قليلًا. رحّب به الرجل وسأله: هل من خدمة أستطيع أن أؤديها إليك؟

فأجاب اليهودي: نعم.. أنا في حاجة لتناول طعام العشاء.. وبعده الحلو.. كما أريد أن أتسلى.. وأن أتدفأ.. كما أريد أيضًا لحماري أن يتناول عشاءه.. بعد ذلك أريد مكانًا أنام فيه حتى الصباح..

سأله الدمياطي ما هي الميزانية التي خصصتها لذلك؟

أجاب اليهودي خمسة مليمات.

أخذ الدمياطي المليمات الخمسة واشترى له رغيفًا بمليم وفلافل بمليم وبطيخة بمليم واحتفظ بالباقي وقال له: عشاؤك هو الخبز والطعمية، وما أجمل أن يكون الحلو بطيخًا..

-وأين التسلية؟

*ستقزقز لب البطيخ.. ما أجملها من تسلية..

-والدفء.. أريد أن أشعل نارًا أتدفأ بها..

*لا تتخلص من قشر اللب.. أشعل فيه النار في هذا الموقد وتدفأ.

-وأكل الحمار؟

*هل نسيت قشر البطيخة؟ هو طعام فاخر لحمارك.

-والنوم؟

*نم هنا يا رجل في نفس المكان.. أنت ضيفي..

فقال اليهودي لنفسه: هذه مدينة لا حياة لي فيها..

وركب حماره ورحل..

In alten Zeiten kam einmal ein Jude auf einem Esel geritten. Auf der Suche nach einem Ort, um sich niederzulassen und seine Geschäfte aufzunehmen, folgte er dem Lauf des Nils gen Norden, bis er nahe dem Mittelmeer Damiette erreichte. Noch bevor er die Ortschaft betrat, sah er einen der Bewohner im Schatten einer kleinen Hütte sitzen, hielt an und stieg von seinem Esel herab, um sich kurz auszuruhen. Der Mann grüßte ihn und fragte: »Kann ich Euch einen Dienst erweisen?«

Da antwortete der Jude: »Ja, ich muß etwas zu Abend essen. Und brauche auch etwas Süßes zum Nachtisch. Außerdem wünsche ich mir Unterhaltung und etwas zum Aufwärmen. Ich möchte auch für meinen Esel etwas zu fressen und danach eine Schlafgelegenheit bis zum Morgen.«

Der Damietter fragte ihn: »Wie viel willst du dafür ausgeben?«

»Fünf Piaster«, antwortete der Jude.

Der Damietter nahm die fünf Piaster und kaufte davon Fladenbrot, Falafel und eine Melone für je einen Piaster. Das Restgeld behielt er für sich und sagte zu dem Juden: »Zum Abendessen habe ich

Falafel und Brot für dich. Und was gibt es Besseres, als eine Melone zum Nachtisch?«

»Und zur Unterhaltung?«

»Da kannst du doch die Kerne der Melone knacken. Was gibt es unterhaltsameres?«

»Und zum Aufwärmen? Ich möchte ein Feuer machen, um mich daran zu wärmen.«

»Wirf die Schale der Melonenkerne nicht weg. Damit kannst du genau hier ein Feuer anzünden und dich wärmen.«

»Und das Fressen für den Esel?«

»Hast du denn die Melonenschale vergessen? Die gibt ein vorzügliches Mahl für deinen Esel.«

»Und schlafen?«

»Mensch, schlaf hier, an Ort und Stelle. Du bist mein Gast.«

Da sagte sich der Jude: »Hier kann ich nicht leben.«

Dann stieg er auf seinen Esel und ritt davon.

Eine Reise nach Israel ist für Ali Salem (1936 Damiette – 2015 Gizeh) auch eine Zeitreise in die Geschichte des Nahen Ostens, die Legenden wie die des jüdischen Gasts wachruft, der im Geburtsort des Autors unterwegs war. Zunächst beginnt die Reise in der Gegenwart, mit dem 1994 unterzeichneten Oslo-Abkommen, das der ägyptische Satiriker und Dramatiker für den historischen Moment einer gegenseitigen palästinensisch-israelischen Anerkennung hält. Noch im selben Jahr steigt er in seinen alten Wagen sowjetischer Bauart und fährt von Kairo nach Israel. Er sei von keiner Institution beauftragt worden, sagt er der Grenzpolizei, »ein freier Schriftsteller«. Der Wochenzeitung أخبار اليوم (Aktuelle Nachrichten) wird er die Freiheit, wissen zu wollen, als Grund seiner Reise nennen. Dieser »ernsthafte Versuch, aus einem Hass herauszukommen«, ist auch an ägyptische Intellektuelle adressiert, die nach dem israelisch-ägyptischen Friedensabkommen von 1979 nichts anderes als eine kulturelle Invasion Israels prophezeien. Der ägyptische Schriftstellerverband sieht in Salems Reise einen Beitrag zur Normalisierung der Beziehung beider Staaten und damit einen Verstoß gegen die Resolutionen der Vollversammlung. Trotz der Unterstützung von Nagib Machfus wird Salem boykottiert und sieht nach der Veröffentlichung des Buchs keines seiner Theaterstücke mehr auf ägyptischen Bühnen. Hätte sich der Verband anders entschieden, wenn Salem für seine Zeitreise keine territoriale Grenze überquert hätte?

Wegdorn

ז וַיַּגִּדוּ לְיוֹתָם וַיֵּלֶךְ וַיַּעֲמֹד בְּרֹאשׁ הַר־גְּרִזִים וַיִּשָּׂא קוֹלוֹ וַיִּקְרָא וַיֹּאמֶר לָהֶם שִׁמְעוּ אֵלַי בַּעֲלֵי שְׁכֶם וְיִשְׁמַע אֲלֵיכֶם אֱלֹהִים: ח הָלוֹךְ הָלְכוּ הָעֵצִים לִמְשֹׁחַ עֲלֵיהֶם מֶלֶךְ וַיֹּאמְרוּ לַזַּיִת מלוכה (מָלְכָה) עָלֵינוּ: ט וַיֹּאמֶר לָהֶם הַזַּיִת הֶחֳדַלְתִּי אֶת־דִּשְׁנִי אֲשֶׁר־בִּי יְכַבְּדוּ אֱלֹהִים וַאֲנָשִׁים וְהָלַכְתִּי לָנוּעַ עַל־הָעֵצִים: י וַיֹּאמְרוּ הָעֵצִים לַתְּאֵנָה לְכִי־אַתְּ מָלְכִי עָלֵינוּ: יא וַתֹּאמֶר לָהֶם הַתְּאֵנָה הֶחֳדַלְתִּי אֶת־מָתְקִי וְאֶת־תְּנוּבָתִי הַטּוֹבָה וְהָלַכְתִּי לָנוּעַ עַל־הָעֵצִים: יב וַיֹּאמְרוּ הָעֵצִים לַגָּפֶן לְכִי־אַתְּ מלוכי (מָלְכִי) עָלֵינוּ: יג וַתֹּאמֶר לָהֶם הַגֶּפֶן הֶחֳדַלְתִּי אֶת־תִּירוֹשִׁי הַמְשַׂמֵּחַ אֱלֹהִים וַאֲנָשִׁים וְהָלַכְתִּי לָנוּעַ עַל־הָעֵצִים: יד וַיֹּאמְרוּ כָל־הָעֵצִים אֶל־הָאָטָד לֵךְ אַתָּה מְלָךְ־עָלֵינוּ: טו וַיֹּאמֶר הָאָטָד אֶל־הָעֵצִים אִם בֶּאֱמֶת אַתֶּם מֹשְׁחִים אֹתִי לְמֶלֶךְ עֲלֵיכֶם בֹּאוּ חֲסוּ בְצִלִּי וְאִם־אַיִן תֵּצֵא אֵשׁ מִן־הָאָטָד וְתֹאכַל אֶת־אַרְזֵי הַלְּבָנוֹן:

7 Man meldete es Jotam, er ging hin, stellte sich auf das Haupt des Berges Grisim, er erhob seine Stimme und rief, er sprach zu ihnen: Hört mich an, Bürger von Sichem, daß Gott auch euch anhöre! 8 Einst gingen die Bäume, gingen, über sich einen König zu salben. Sie sprachen zur Olive: Sei König über uns. 9 Die Olive sprach zu ihnen: Stockt mir denn mein Fett, mit dem man Götter und Menschen ehrt, daß ich gehen sollte, über den Bäumen zu schwanken? 10 Die Bäume sprachen zur Feige: Geh du, sei König über uns. 11 Die Feige sprach zu ihnen: Stockt mir denn meine Süße, mein gutes Gedeihn, daß ich gehen sollte, über den Bäumen zu schwanken? 12 Die Bäume sprachen zur Rebe: Geh du, sei König über uns. 13 Die Rebe sprach zu ihnen: Stockt mir denn mein Most, der Götter und Menschen erfreut, daß ich gehen sollte, über den Bäumen zu schwanken? 14 Die Bäume sprachen alle zum Wegdorn: Geh du, sei König über uns. 15 Der Wegdorn sprach zu den Bäumen: Wollt in Treuen ihr mich zum König über euch salben, kommt, duckt euch in meinen Schatten! sonst aber: ausfahre Feuer vom Wegdorn und fresse die Libanonzedern.

Diese Version der Jotamfabel ist der Übersetzung der Hebräischen Bibel von Martin Buber und Franz Rosenzweig entnommen, einer Übersetzung, die sich einer dichterischen Sprache bedient und den Titel *Die Schrift* trägt. Für Martin Buber, der von Gershom Scholem als »religiöser Anarchist« und vom Anarchisten Gustav Landauer als »Apostel des Judentums vor der Menschheit« bezeichnet wird, ist das Gemeinschaftliche das Besondere am Judentum. Welche politische Form aber gibt sich eine Gemeinschaft von Bäumen? Den Bäumen in der Jotamfabel schwebt eine Monarchie vor, deren Herrscher allerdings durch Wahl bestimmt wird. Der Wegdorn, der kaum Schatten spenden kann, beschwört mit der Annahme der Wahl ein Königtum herauf, das sein Versprechen nicht halten wird. Für Buber ist diese Fabel deshalb die »stärkste antimonarchische Dichtung der Weltliteratur«. Die Brüder Grimm wiederum müssen von der Dichte des Dornbuschs viel gehalten haben, als sie in ihrem Märchen *Der Jude im Dorn* hinter dem Busch einen als hinterlistig stereotypisierten Juden versteckten.

Weide

מײַן שטאַם:

מענער אין אַטלעס און סאַמעט,
פּנימער לאַנג און בלייכזײַדן,
פֿאַרחלש'טע גלוטיקע ליפּן.
די דינע הענט צערטלען פֿאַרגעלטע פֿאָליאַנטן.
זיי רעדן אין טיפֿער נאַכט מיט גאָט.

און סוחרים פֿון לײַפּסק און פֿון דאַנסק.
בלאַנקע מאַנקעטן. איידעלער סיגאַרן־רויך.
גמרא־וויצן. דײַטשע העפֿלעכקייטן.
דער בליק איז קלוג און מאַט,
קלוג און איבערזאַט.
דאָן־זשואַנען, הענדלער און זוכער פֿון גאָט.

אַ שיכּור,
אַ פּאָר משומדים אין קיעוו.

מײַן שטאַם:

פֿרויען ווי געצן באַצירט מיט בריליאַנטן,
פֿאַרטונקלט רויט פֿון טערקישע טיכער,
שווערע פֿאַלדן פֿון סאַטין־דע־ליאָן.
אָבער דאָס לייב איז אַ ווײַנענדיקע ווערבע,
אָבער ווי טרוקענע בלומען די פֿינגער אין שויס,
און אין די וועלקע פֿאַרשלייערטע אויגן
טויטע לוסט.

און גראַנד־דאַמען אין ציץ און אין ליוונט,
ברייטבייניק און שטאַרק, און באַוועגלעך,
מיטן פֿאַראַכטלעכן לײַכטן געלעכטער,
מיט רויִקע ריידן און אומהיימלעכן שווײַגן.
פֿאַר נאַכט בײַם פֿענצטער פֿון אָרעמען הויז
וואַקסן זיי ווי סטאַטוען אויס
און עס צוקט דורך די דעמערענדע אויגן
גרויזאַמע לוסט.

און אַ פּאָר.
מיט וועלכע איך שעם זיך.

זיי אַלע, מײַן שטאַם,
בלוט פֿון מײַן בלוט
און פֿלאַם פֿון מײַן פֿלאַם,
טויט און לעבעדיק אויסגעמישט,
טרויעריק, גראָטעסק און גרויס
טראַמפּלען דורך מיר ווי דורך אַ טונקל הויז.
טראַמפּלען מיט תּפֿילות און קללות און קלאָג,

280

טרייסלען מײַן האַרץ װי אַ קופּערנעם גלאָק,
עס װאַרפֿט זיך מײַן צונג,
איך דערקען ניט מײַן קול –
מײַן שטאַם רעדט.

Mein Stamm:
Männer in Atlas und Samt,
lange, bleichseidene Gesichter,
ohnmächtige, brennende Lippen.
Die mageren Hände streicheln vergilbte Folianten.
Sie reden tief in der Nacht mit Gott.

Und Kaufleute aus Leipzig und Danzig.
Reine Manschetten. Rauch feiner Zigarren.
Rabbinischer Witz. Deutsche Höflichkeiten.
Der Blick ist klug und matt,
klug und übersatt.
Don Juane, Händler. Gottessucher.

Ein Trunkenbold,
ein paar Getaufte in Kiew.

Mein Stamm:
Frauen wie Götzen mit Brillanten behangen,
dunkelrot in türkischen Tüchern,
in schweren Falten aus Satin de Lyon.
Aber der Leib ist eine Trauerweide,
und trockene Blumen sind die Hände im Schoß.
In den welken, verschleierten Augen
tote Lust.

Große Damen in Nesseltuch und Leinen,
Kräftig gebaut und beweglich,
mit verächtlichem, leichtem Gelächter,
mit ruhiger Rede und unheimlichem Schweigen.
An den Fenstern armer Häuser wachsen sie
am Abend wie Statuen heran.
In ihren erwachenden Augen zuckt
grausame Lust

Und ein paar,
derer ich mich schäme.

Sie alle, mein Stamm,
Blut von meinem Blut
Und Glut von meiner Glut,
tot und lebendig vermischt,
traurig, grotesk und groß,
trampeln sie durch mich wie durch ein dunkles Haus.
Trampeln mit Gebeten und Flüchen und Klage,
bewegen mein Herz wie eine kupferne Glocke,
meine Zunge wellt sich,
doch meine Stimme erkenne ich nicht –
Mein Stamm spricht.

»Die Frau mit den kalten Marmorbrüsten, / und dünnen, hellen Händen, / mit Nichts, mit Abfall vergeudete sie ihr Leben. / Vielleicht wollte sie es so, vielleicht wollte sie dieses Elend, / diese sieben Messer der Qual, diesen heiligen lebendigen Wein auf Abfall, auf Nichts verschütten. / Jetzt liegt sie mit zerbrochenem Gesicht. / Ihr geschändeter Geist hat seinen Käfig verlassen. / Vorbeigehende, habt Mitleid, seid still – sagt nichts.« Das Gedicht עפּיטאַף (Epitaph, 1932) von Anna Margolin (1887 Brest-Litowsk – 1952 New York City) steht auf ihrem Grab – ohne die ersten beiden Zeilen, denen sich die Bestatter des Friedhofs in Queens angeblich verweigerten. Als Autorin und Redakteurin der New Yorker jiddischen Zeitung דער טאָג (Der Tag) schreibt Margolin die wöchentliche Kolumne »אין דער פֿרויען־וועלט« (In der Frauenwelt) unter ihrem Geburtsnamen Rosa Harning Lebensboym sowie Artikel unter dem Pseudonym Clara Levin. Als Anna Margolin beginnt sie 1921 in den bekannten jiddischen Zeitungen und Literaturzeitschriften der Zeit Gedichte zu veröffentlichen. Die jiddische Intelligenzija lobt die Texte in den höchsten Tönen, nimmt aber an, wie Margolins enger Freund Reuben Iceland ihr berichtet, dass der Verfasser ein Mann sein müsse, denn, »diese Gedichte sind von einer erfahrenen Hand geschrieben, eine Frau kann so nicht schreiben«.

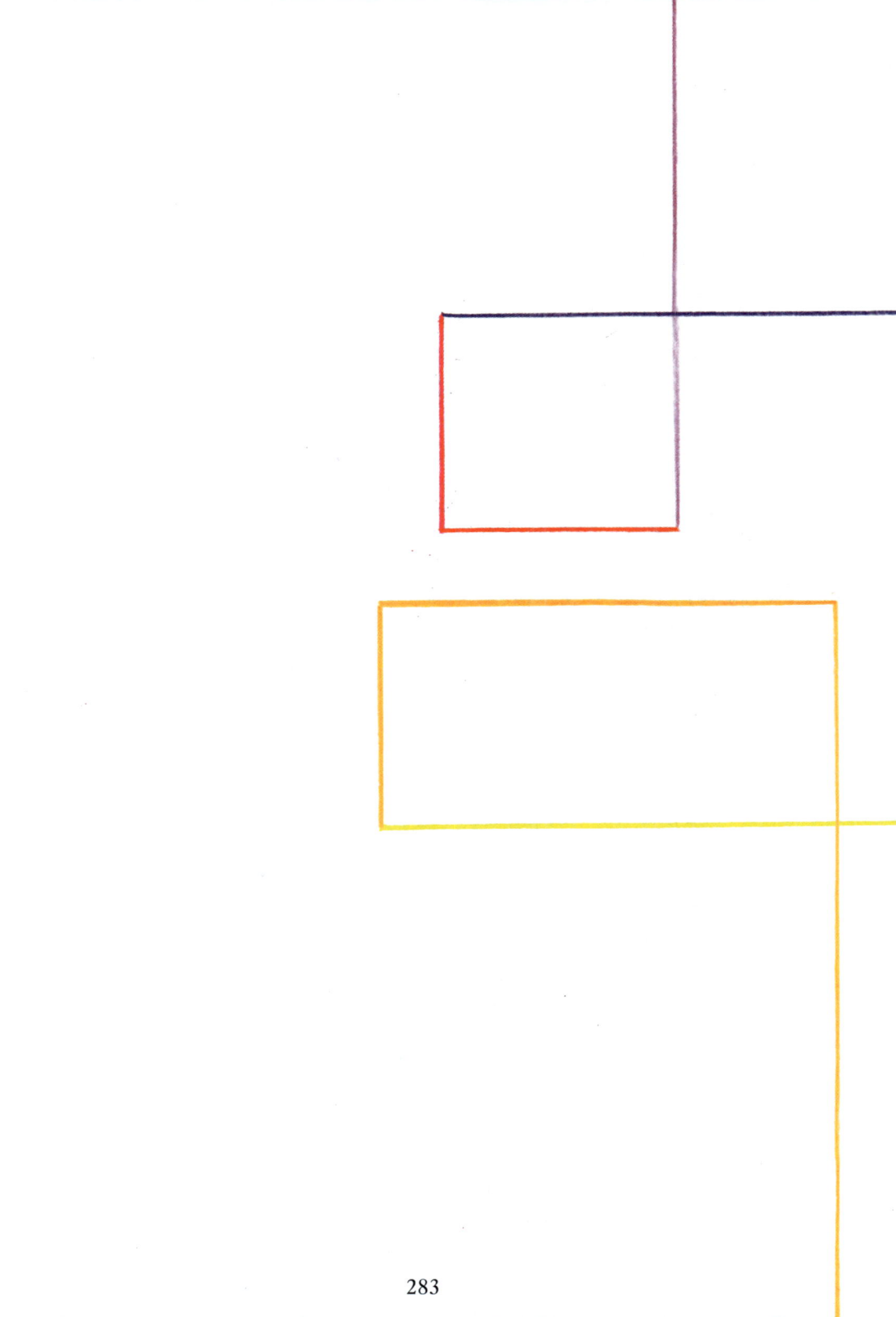

Weide

Die Weibchen der Jaguare, ihre Wechsel sind ausgeschrieben. Ich deute nur hin. Keine Zeichen der Auflösung, die bleiben uns vorbehalten. Nein, nicht anders. Uns vorbehalten. Uns, eben so. Und so. Den Tran schlürfen die andern. Lassen. Unter zehn Leiern die Wahl treffen und keine schlagen. So. Du warst gut.

Du warst sehr gut, du hattest dich in der Macht, bei Fuß, dich selber, du hattest dich. Das war schon und blieb nicht aus, keine Silbe. Bei deiner Sonne. Es war nichts zu sagen.

Gib mir jetzt meine Weiden zurück. Streif dir selber das Fell glatt, gib mir die Weiden. Und gönn dir Ruhe, gönn dir eine Menge Ruhe. Ich bleibe am Rand. Nichts von der Strömung, die soll mich verschonen. Die Mitte, gold, rotgold, schwarzgold. Bis ich verschont bin, zu Ende verschont. Gib her.

Da flog das Wort auf, sinnlos in den Rübenhimmel. Kein Karnickel zu sehen, nichts schnappte danach, keine Hieroglyphe beschädigt. Meine Tiere mögen das nicht, sind nicht leicht zu verlocken. Aber die Weiden, die müssen her, das Gestrüpp, selbst die Stämme. Wie das gehen soll? Keine von meinen Fragen. Links, rechts, da gibt es Leute, Fachwerker oder so, hübsch und stark genug. Z.V.b. und nicht zu unterschätzen.

Die alten Formeln sind überfällig, keine wiederholt sich.

Jetzt Ruhe.

Insurrektion, von lateinisch sich erheben, bewaffneter Aufstand. »Meine Sprache ist eine, die zu Fremdwörtern neigt«, schreibt Ilse Aichinger (1921 Wien – 2016 Wien), sie sucht sich die Wörter aus, holt sie von weit her. Es ist aber »eine kleine Sprache«, kleine Literatur, ein schmales Werk, das die Weite so sucht, »daß Finden nur ein Teil des Nichtfindens ist«. Nicht die große, *Die größere Hoffnung* heißt Aichingers einziger Roman, der von Erfahrungen des Verlusts erzählt. Gewiss muss man nicht als Kind jüdischer und nicht-jüdischer Eltern geboren sein, um maßlos zu hoffen, aber wenn es einem zufällt, öffnet sich eine dritte Perspektive, die es zwischen Mördern und Ermordeten gibt. Es ist die Perspektive derjenigen, die zur NS-Zeit »von der Seite aus zu erleben und anzusehen« hatten, wie ihre jüdischen Verwandten anders als sie selbst oder ihre nicht-jüdischen Verwandten behandelt werden. »Und so habe ich erlebt, was ein Mischling, wie man damals sagte, in dieser Zeit erlebte. Und das war vor allem: Abschied. […] Und den Glanz, den der Abschied gab, habe ich versucht [in *Die größere Hoffnung*] festzuhalten.« Heute sagt man nicht mehr Mischling, stattdessen »streitet die jüdische Gemeinde über Vaterjuden«, wie *Die Zeit* weiß. Das Wort soll weniger schlecht sein.

Die Abbildung im Aufklärungsbuch beweist: an Heimischem, Heimeligem ist die Frau der Pflanze weit überlegen. Andrerseits ist sie dem Waldwuchs wieder ähnlich. Das heißt, sie weiß nicht wohin. Wir geben Ihnen eine Anleitung für eine Versündigung. Die Kirche wendet sich schwankend ab. Die Benützung dieser Frau über den Schlauchweg, den Sie hier schematisch verkürzt sehen, wird dem Mann von diesem Buch anheimgestellt. Er kann sich auch zurückziehen, wenn er will. Der reich prachtbebilderte Versandband in einer Kassette. Gibt Anleitung in galligen Tropfen, widerwillig befolgt man sie. Ob Frau, ob Wiesenknöterich, beide gedeihen sie nach einem einzigen Prinzip, sind zum Abpflücken da, diese Blumen! Dieses Prinzip geben sie nicht ohne Mühe an die Folgegenerationen weiter. Der Vater liest ein Buch, jammernd schlägt seine Frau derweil die Stirn auf die Stufe der Entwicklung, die sie nicht hochsteigen kann.

»Lieben Sie Scholten, Jelinek, Häupl, Peymann, Pasterk ... oder Kunst und Kultur?«, fragt 1995 die Freiheitliche Partei Österreichs auf Großplakaten anlässlich der Wiener Gemeinderatswahl. »Die Realismusdebatte der Dreißigerjahre wurde vom Akutwerden des deutschen Faschismus beendet. Wodurch wird unsere beendet werden?«, fragt Elfriede Jelinek (geb. 1946 Mürzzuschlag) 1976 in einem Text über »Eine (Autorinnen)Versammlung« im Periodikum der Frauenbewegung *Die Schwarze Botin*. Die Tochter eines jüdisch-tschechischen Vaters, der vom NS-Regime »kriegsdienlich« missbraucht wurde, lässt »am liebsten Tote sprechen« und denkt gern mit Ironie über schlüpfrige Sprecherpositionen nach. Aber keine Sorge: »Ich werde jetzt immer ICH sagen, wenn ich ICH meine. Auf der Versammlung hat man mir gesagt, das soll gut und ehrlich sein.«

Zedrach

נִיקוֹל הָיְתָה מְלֵאָה זַרְעֵי קִנָּמוֹן
הִיא נָהֲגָה לְפַדֵּר אֶת פָּנֶיהָ בְּאַבְקַת סֻכָּר שֶׁתִּהְיֶה מַמְתָּק, נֶחְשֶׁקֶת, מַה נֶּחְשֶׁקֶת, בֻּבָּה
סִימוֹן, לְעֻמָּתָהּ, הִטְבִּיעָה וָנִיל בִּשְׂפָתֶיהָ
שֶׁתִּהְיֶה טוֹבָה לִנְשִׁיקוֹת וְגַם מָרְטָה גַּבּוֹת צָרוֹת כַּחוּט
שֶׁעֵינֶיהָ הַחוּמוֹת יוּכְלוּ לִבְלֹט
מַתִּי שָׂנְאָה אֶת שְׁמָהּ, לְכֻלְּכֶן
שֵׁמוֹת שֶׁל שַׂחְקָנִיּוֹת, אֶהֱיֶה, אִם כֵּן, מַטִלְד,
וְאֶמְרַח אֶת צִפָּרְנַי בְּלַק כָּתֹם. אָמְרָה וְעָשְׂתָה.
מִירִי בָּכְתָה, הָיָה לָהּ אַף קָטָן כְּמוֹ אָפוּן יָרֹק
לָכֵן נֶעֶצְרוּ הַדְּמָעוֹת מֵעַל שְׂפָתָהּ הָעֶלְיוֹנָה
וְהִקְנוּ לָהּ מַרְאֶה רָטֹב, מוֹדֶרְנִי,
אֲבָל גַּם הִיא לֹא אָהֲבָה אֶת שְׁמָהּ. אֵירוֹפָּאִי, אֵירוֹפָּאִי,
זֶה לֹא מַה שֶּׁחָשׁוּב, יַאללָה, אֶקְרָא לְעַצְמִי אִזְדַּרְכֶת.

Nicole war voll der Zimtsamen
sie pflegte ihr Gesicht mit Puderzucker zu bestäuben
auf dass sie zu Naschwerk würde, begehrt, was heißt hier begehrt,
    eine Puppe!
Simone, im Gegensatz zu ihr, tauchte in Vanille ihre Lippen
auf dass sie gut zum Küssen würde und zupfte auch ihre
    Augenbrauen zurecht, dünn wie Garn
damit ihre Augen, die braunen, hervorstechen konnten
Matti hasste ihren Namen. Ihr alle habt
Namen von Schauspielerinnen, daher also werde ich Matilde,
und beschmiere meine Nägel mit orangenem Lack. Sagte es,
    und tat es.
Miri weinte. Sie hatte eine Nase, so klein wie eine grüne Erbse,
deshalb blieben ihre Tränen über ihrer Oberlippe stehen
und gaben ihr ein feuchtes Aussehen, ein modernes,
aber auch sie mochte ihren Namen nicht. Europäisch, europäisch,
nicht das ist es, was wichtig ist, jalla, ich nenne mich Izdarechet,
    Zedrach.

Namen von Bäumen wie Eiche oder Zeder sind auf Hebräisch häufig männliche Namen. Dass Miri im Gedicht von Vicki Shiran (1947 Kairo – 2004 Tel Aviv-Jaffa) sich umbenennt in Izdarechet, mag auch daher rühren, dass der hebräische Name des Zedrachbaums aus dem Altsyrischen entlehnt und persischer Herkunft ist, wo er »freier Baum« oder »Edelbaum« heißt. »Wenn Protestdichtung poetisch auf Menschen schaut, die als Objekte behandelt wurden, beginnen sie ihre Subjektivität wiederzuerlangen«, schreibt Haviva Pedaya zu Shirans posthum veröffentlichtem Gedichtband שוברת קיר (Wandbrecherin, 2005); »so ist es, wenn Brecht über den Mörder oder den Dieb singt«, ohne dabei die gesellschaftliche Rolle von Dichtung aus den Augen zu verlieren. Shiran, die in Kriminologie über politische Korruption promoviert und die israelische Bewegung für soziale Gerechtigkeit הקשת הדמוקרטית המזרחית (Mizrachi-demokratische Regenbogenkoalition) mitbegründet, gilt in Israel als Pionierin der Intersektionalität. Als Dichterin zeigt sie, dass es möglich ist, einen dürftigen Ort wie eine Kellerwohnung »zu überwinden, wenn einem der geistige Ort erhalten bleibt, wofür die arabische Reimprosa der Makame ein glänzendes Sinnbild ist«. Doch wenn auch die Makame ausgeschlossen wird, fragt Pedaya in Anspielung auf den homogenen literarischen Kanon Israels – welchen Platz kann eine arabische Jüdin dann noch einnehmen?

Zirbelkiefer

Ich höre schon alle sagen, ein Baum, was ist das schon, ein Stamm, Blätter, Wurzeln, Käferchen in der Rinde und eine manierlich ausgebildete Krone, wenn's hochkommt, na und? Ich höre sie sagen, hast du nichts Besseres, woran du denken kannst, damit sich deine Blicke verklären wie die einer hungrigen Ziege, der man ein schönes fettes Grasbüschel zeigt? Oder meinst du vielleicht einen besonderen Baum, einen ganz bestimmten, der, was weiß ich, womöglich einer Schlacht seinen Namen gegeben hat, etwa der Schlacht an der Zirbelkiefer, meinst du so einen? Oder ist an ihm jemand Besonderer aufgehängt worden? Alles falsch, nicht mal aufgehängt? Na gut, es ist zwar ziemlich geistlos, aber wenn es dir solchen Spaß macht, spielen wir dieses alberne Spiel noch ein bißchen weiter, ganz wie du willst.

Meinst du am Ende das leise Geräusch, das die Leute Rauschen nennen, wenn der Wind deinen Baum gefunden hat, wenn er sozusagen vom Blatt spielt? Oder die Anzahl an Nutzmetern Holz, die in so einem Stamm steckt? Oder du meinst den berühmten Schatten, den er wirft? Denn sobald von Schatten die Rede ist, denkt jeder seltsamerweise an Bäume, obgleich Häuser oder Hochöfen weit größere Schatten abgeben. Meinst du den Schatten? Alles falsch, sage ich dann, ihr könnt aufhören zu raten, ihr kommt doch nicht darauf. Ich meine nichts davon, wenn auch der Heizwert nicht zu verachten ist, ich meine ganz einfach einen Baum. Ich habe dafür meine Gründe. Erstens haben Bäume in meinem Leben eine gewisse Rolle gespielt, die möglicherweise von mir überbewertet wird, doch ich empfinde es so. Mit neun Jahren bin ich von einem Baum gefallen, einem Apfelbaum übrigens, und habe mir die linke Hand gebrochen. Alles ist einigermaßen wieder verheilt, doch gibt es ein paar diffizile Bewegungen, die ich seitdem mit den Fingern meiner linken Hand nicht mehr ausführen kann. Ich erwähne das deshalb, weil es als beschlossene Sache gegolten hat, daß ich einmal Geiger werden sollte, aber das ist an und für sich ganz unwichtig. Meine Mutter wollte es zuerst, dann wollte es mein Vater auch, und zum Schluß haben wir es alle drei so gewollt. Also kein Geiger. Ein paar Jahre später, ich war wohl schon siebzehn, habe ich das erstemal in meinem Leben mit einem Mädchen gelegen, unter einem Baum. Diesmal war es eine Buche, gut fünfzehn Meter hoch, das Mädchen hat Esther geheißen, oder nein, Moira, glaube ich, jedenfalls war es eine Buche, und ein Wildschwein hat uns gestört. Kann sein, daß es auch mehrere waren, wir haben keine Zeit gehabt, uns umzudrehen. Und wieder ein paar Jahre später ist meine Frau Chana unter einem Baum erschossen worden. Ich kann nicht sagen, was es diesmal für einer war, ich bin nicht dabeigewesen, man hat es mir nur erzählt, und ich habe vergessen, nach dem Baum zu fragen.

Sein Leben verbringt Jurek Becker (vermutlich 1937 Łódź–1997 Sieseby), ohne genau zu wissen, wie alt er ist – sein Vater hatte im Ghetto Łódź über sein Alter gelogen, um das Kind vor der Deportation zu bewahren. Das Leben, das mit einer Lüge begann und durch sie gerettet wurde, setzt sich in Beckers Werk nicht als Wahrheitssuche fort, sondern als Umgang mit ihren Lücken. Im Roman *Jakob der Lügner* fragt er: Wie soll Jakob, der im Ghetto nach acht Uhr abends nicht auf der Straße sein darf, wissen, dass es nach acht Uhr ist, wenn er keine Uhr besitzen darf? Mit dem Posten, »einer von der gemütlichen Sorte«, hätte Jakob Lust, »ein wenig zu plaudern«, schreibt Becker, »der Humor soll nicht zu kurz kommen«. Ghetto, Plaudern, Humor und mehr: »Ich kann mich an nichts erinnern [...] Vielleicht habe ich irgendwann auch angefangen, manche meiner Erfindungen für Erinnerungen zu halten. Ohne Erinnerungen an die Kindheit zu sein, das ist, als wärst du verurteilt, ständig eine Kiste mit dir herumzuschleppen, deren Inhalt du nicht kennst.« Der KZ-Überlebende, der sich zu seiner bestenfalls lückenhaften Erinnerung bekennt, ist für W. G Sebalds Erinnerungskultur nicht zu gebrauchen. Erst liest er Becker nicht, dann liest er ihn doch und bezichtigt ihn eines »falschen Realismus« und der »umgangssprachlichen Leichtfertigkeit« der »sogenannten DDR-Literatur«.

Zwiebel

ד וְהָאסַפְסֻף אֲשֶׁר בְּקִרְבּוֹ הִתְאַוּוּ תַּאֲוָה וַיָּשֻׁבוּ וַיִּבְכּוּ גַּם בְּנֵי יִשְׂרָאֵל וַיֹּאמְרוּ מִי יַאֲכִלֵנוּ בָּשָׂר: ה זָכַרְנוּ אֶת-הַדָּגָה אֲשֶׁר-נֹאכַל בְּמִצְרַיִם חִנָּם אֵת הַקִּשֻּׁאִים וְאֵת הָאֲבַטִּחִים וְאֶת-הֶחָצִיר וְאֶת-הַבְּצָלִים וְאֶת-הַשּׁוּמִים: ו וְעַתָּה נַפְשֵׁנוּ יְבֵשָׁה אֵין כֹּל בִּלְתִּי אֶל-הַמָּן עֵינֵינוּ:

4 Aber das Gesindel, das unter ihnen war, hatte Gelüste, und da weinten auch die Kinder Jisraël wieder und sprachen: »Wer wird uns Fleisch zu essen geben? 5 Wir gedenken der Fische, die wir in Mizraim umsonst gegessen, der Gurken und der Melonen, des Gemüses, der Zwiebeln und des Knoblauchs, 6 und jetzt verschmachtet unsere Seele; nichts ist da, nur auf das Manna sind unsere Augen gerichtet!«

1954 veröffentlichte Naftali Herz Tur-Sinai seine vollständige Übersetzung der Hebräischen Bibel, *Die Heilige Schrift*. Als Forscher und Linguist, der sich den biblischen Schriften auf möglichst zeitgemäße und unkonventionelle Weise näherte, stellte er einige etablierte Auslegungstraditionen in Frage, wofür er einen hohen Preis zahlte: Er wurde von den hegemonialen Kreisen der Bibelforscher völlig isoliert und mit Nichtachtung bestraft. Seinen unorthodoxen, sachlichen Zugang zur Bibel teilte er mit Nechama Leibowitz. »Der Leser dieser Worte wird verwirrt sein«, meint sie zu dem Abschnitt, der die Klagen der Israeliten in der Wüste nach ihrer Befreiung aus der Sklaverei beschreibt – und die einzige Stelle in der ganzen Bibel ist, an der Zwiebel und Knoblauch erwähnt werden. »Ist das das Bild, das sie von ihrem Leben in Ägypten im Kopf haben? Wo ist die harte Arbeit mit Ziegeln und schweren Materialien? Wo sind die Wachen, die Schläger und die Folterknechte? Könnte es sein, dass Ägypten in ihrer Erinnerung als ein gastfreundliches Haus dargestellt wird, in dem die Menschen mit allen guten Dingen kostenlos versorgt werden?« Leibowitz stützt sich bei ihrer Lesart auf traditionelle Auslegungen des biblischen Textes, fügt aber auch ihre eigene Interpretation hinzu: »Mit der Befreiung Israels aus der Sklaverei wurde ihnen eine andere Art von Knechtschaft auferlegt – die Last der Zehn Gebote; mit anderen Worten: Zurückhaltung im privaten und öffentlichen Leben, im Familienleben, in den Beziehungen zu den Nachbarn, in den Arbeits- und Ruhetagen, in Sachen Essen und Schlemmen, in Sachen Schleier und Kleidung, und vor allem: in Sachen der Sexualität. In den Augen derer, die an Sklaverei gewöhnt sind, ist diese Last der Freiheit erstaunlich erdrückend.«

Handelsartikel sind hier meist die Produkte der bäuerlichen Landwirtschaft: Eier, Geflügel, Milch und Butter. In diesem Verkehr zeigt sich recht auffallend eine ausgesprochene Animosität zwischen der christlichen und der jüdischen Bevölkerung, die je kleiner die Geschäfte und die Preisdifferenzen sind, sich desto leichter zu großer Feindseligkeit ausgestalten. Unter Verhältnissen, in denen 10 Gulden ein Betriebskapital, und der Gewinn von 50 Kreuzern ein Geschäft ist, dem man Stunden widmen muß, kann sich nur schwer Weite und Größe des Blickes und der Gesinnung entwickeln. Es muß somit der Typus des Handelsjuden entstehen, der um halbe Kreuzer feilscht, wenn er einen Hering, einen Krautapfel, ein paar Zwiebeln oder eine saure Gurke zum Mittagessen genießen will.

In Sigmund Freuds Hysterie-Studien erscheint sie als *Anna O.* verschlüsselt, als »Glikl von Hameln« lässt sie sich in historischer Kleidung porträtieren. Ihre Übersetzung von Mary Wollstonecrafts Verteidigungsschrift für die Rechte der Frau zeichnet sie 1899 mit Bertha Pappenheim (1859 Wien–1936 Neu-Isenburg). Gemeinsam mit der russisch-jüdischen Volkswirtin Sara Rabinowitsch (1880 Berasino–unbekannt) verfasst sie *Reise-Eindrücke* aus Galizien, die dem Stereotyp vom reichen Juden durch Schilderungen der Armut der jüdischen Bevölkerung, der landwirtschaftlichen Rückständigkeit und der Kollision von Chassidismus und Zionismus widersprechen. Den Mädchenhandel, dem Jüdinnen in Galizien, Russland und auf dem Balkan zum Opfer fallen, bezeichnet sie als »Weiße Sklaverei« und verhehlt nicht die Beteiligung jüdischer Männer. »Das Wort Mädchenhandel ist eigentlich nicht richtig. Handeln kann man mit einem Huhn oder mit Stiefeln.« Zionismus erscheint der Sozialarbeiterin als eine Absage an das Land, in dem man lebt, für Assimilation hat die gläubige und liberale Jüdin ebenso wenig übrig. Die Frauenrechtsbewegung sei der Schlüssel, um die Verhältnisse innerhalb der jüdischen Gemeinden sowie zwischen deutschen Mehrheits- und jüdischen Minderheitskulturen zu verändern. Entgegen dem jüdischen Manne, der morgens Gott segnet, dass er nicht als Frau geschaffen wurde, ermächtigt sich Pappenheim zur Direktverhandlung mit Gott: »Du heiligst mich mit deinem ›Du sollst‹«, schreibt sie 1936 in *Gebete*.

Zypresse

בַּקַּיִץ רָאִיתִי בְּגַן גָּדוֹל בֵּין עֵצִים
אִישׁ צָעִיר וְאִשָּׁה צְעִירָה שֶׁצִּלְּמוּ זֶה אֶת זֶה
בַּמִּדְשָׁאָה הַנּוֹטָה לְמַטָּה. וְהֵם יִתְחַלְּפוּ
זֶה לָזֶה, וּמִי שֶׁיָּבוֹאוּ בִּמְקוֹמוֹ וּבִמְקוֹמָהּ, יִהְיוּ
כְּמוֹ הַהֶבְדֵּל בֵּין בְּרוֹשׁ וּבֵין אֹרֶן.

Im Sommer in einem großen Park sah ich zwischen den Bäumen
Einen jungen Mann und eine junge Frau, die einander auf dem
Grünen Hang fotografierten. Dann wechselten sie ihre Plätze
Und wer immer an seinen oder an ihren Platz kommt, wird
Wie der Unterschied zwischen einer Zypresse und einer Kiefer sein.

Als Ludwig Pfeuffer kommt Yehuda Amichai (1924 Würzburg – 2000 Jerusalem) mit elf Jahren nach Palästina. »Es verging nicht viel Zeit, bis ich Teil des nicht-jüdischen Judentums Palästinas wurde.« Seine Kriegserfahrung als Volontär beim britischen Militär 1942 in Ägypten bringt Amichai zum Schreiben. Später sieht er eher den Palästinakrieg und die Gründung Israels 1948 als Anstoß für seine Gedichte. In *Yehuda Amichai. The Making of Israel's National Poet* (2008) vermutet Nili Gold, Amichai habe seine Biografie umgeschrieben und seine diasporische Vergangenheit daraus entfernt. Gedichte, die vor 1948 entstanden, sowie deutschsprachige Skizzen für hebräische Gedichte bezeugen aber einen deutschen Dichter hinter der hebräischen Maske. Oder einen Übersetzer? »Ich habe die Wälder / meiner Kindheit in Felsen und Akazien übersetzt«, schreibt Amichai. In die hebräische Dichtung der 1950er Jahre, die im »Wir« spricht und an einer kollektiven Ideologie arbeitet, bringt er ein »Ich«, das von seinen Konflikten schreibt. Liebe ist »die einzige Waffe, mit der alle Kämpfe besiegt werden«, sagt der säkulare Amichai, »für Gläubige kommt die Erlösung von Gott«. Nicht die Liebesgedichte, sondern die liturgischen Gedichte der mittelalterlichen Lyrik wurden für das israelische Abitur ausgewählt, bemerkt er 1973 in einem Interview mit einem Gymnasiasten. »Wenn ihr nicht mit 18 Jahren Liebe lernt, wann dann, etwa mit 90?«

Namensregister

Abrahams, Israel   260
Adaf, Shimon   40
Agnon, Schemu'el Josef   52f.
Agosín, Marjorie   266
Aichinger, Ilse   284
Akerman, Chantal   164f.
Alcalay, Ammiel   9, 219
al-Fayyumi, Natan'el   8, 58
al-Harisi, Yehuda   259f., 267
al-Ma'arri, Abu l-Ala   67
Alighieri, Dante   267
Almog, Aharon   138f.
Almog, Ruth   8
Alon, Kzia   150
Amichai, Yehuda   256, 292
An-Ski, Salomon   147ff.
Arendt, Hannah   263
Asimov, Isaac   48f.
Assis, Amit   111
Babel, Isaak   102, 142f.
Ballas, Shimon   217, 221f.
Balzac, Honoré de   146
Banai, Sigalit   95
Bar Yosef, Hamutal   77, 100ff.
Barzani, Asenath   50f.
Bassani, Giorgio   269f.
Becker, Jurek   162, 288f.
Behar, Almog   233, 273
Bellow, Saul   170
Ben Dor, Zvika   273
Benjamin, Walter   47, 81, 172, 215
Benn, Gottfried   173
Benoît, Jean   207
Ben Simhon, Miri   150
Bensusan, Inez   24, 25
Berger, Tamar   214f.
Bibel, Hebräische / Tanach   8, 17, 21, 47, 49, 58, 81, 148, 157, 173, 178, 210, 279, 290
Bloch, Ernst   81
Blum, Klara   128
Bluwstein Sela, Rahel   66, 73
Bonnefoy, Yves   74
Borges, Jorge Louis   162
Brauer, Erich   51
Brecht, Bertolt   178, 179, 287
Buber, Martin   81, 193, 279
Burla, Yehuda   275
Cahun, Claude   116f.
Castel-Bloom, Orly   90f.
Celan, Paul   196
Césaire, Aimé   74
Chagall, Marc   227

Cialente, Fausta   6, 84f.
Cixous, Hélène   254
Cohen, Annie   98f.
Cohen-Knohl, Dalia   42f.
Conan Doyle, Arthur   23
Cordovero, Moses   8
Daniłowski, Gustaw   89
Dayan, Yael   73
Descartes, René   55
de León, Moses   9
Delaunay, Sonia   227
Deleuze, Gilles   6, 197
Dischereit, Esther   224f.
Domin, Hilde   179
Dropkin, Celia [Tsylie]   120
Droste-Hülshoff, Annette von   47
Duras, Marguerite   74
Elon, Amos   197
Engelmann, Jonas   75
Ettinger, Bracha L.   61
Ezekiel, Nissim   182f.
Falk, Marcia   231
Farocki, Harun   235
Feldman, Deborah   223
Feuchtwanger, Lion   178
Fichte, Hubert   235
Fink, Ida   107
Fittko, Lisa   163, 172
Foroutan, Parnaz   5
Fortini, Franco   124f.
Foster Wallace, David   94
Freud, Sigmund   178, 276, 291
Frank, Jakob Joseph   93
Fühmann, Franz   189
Garbuz, Yair   56f.
Geissler, Benjamin   13
Genet, Jean   31
Gerstl, Elfriede   257
Gert, Valeska   132
Gikatilla, Joseph   9
Ginzburg, Natalia   212f.
Glanz Leyeles, Aaron   33
Gluzman, Michael   265
Goethe, Johann Wolfgang von   149, 254, 263
Gold, Nili   292
Goldberg, Leah   47, 76f., 120
Gordimer, Nadine   202f.
Gormezano Goren, Yitzhak   275
Grimm, Brüder   279
Guattari, Félix   6, 197
Günther, Gotthard   49
Habibi, Emil   79
Halevy, Yosef   275
Halevi, Jehuda   186
Halfi, Avraham   255f.

Hass, Amira   96f.
Haza, Ofra   159
Heartfield, John   34
Heidegger, Martin   234
Herzl, Theodor   64, 109
Herz Tur-Sinai, Naftali   290
Hever, Hannan   139
Heifetz Tussman, Malka   102, 229ff.
Heine, Heinrich   5, 115, 197, 220, 254
Hess, Amira   20f., 150
Hochberg, Gil Z.   8
Hoffmann, Yoel   246f.
Huillet, Danièle   125
Hume, David   247
Ibn al-Hariri   260
Ibn Esra, Moses   8, 88
Ibn Gabirol, Solomon   156f.
Ibn Pakuda, Bachja   58
Iceland, Ruven   282
Ismail al-Yahudi, Qasmuna bint   9
Jabès, Edmond   5, 60f., 196
Jelinek, Elfriede   285
Judah Leib, Glikl bas [Glikl von Hameln]   187f., 291
Kafka, Franz   34, 197, 258
Kahanoff, Jacqueline   43, 61, 95, 118f., 181
Kaléko, Mascha   234
Kanafani, Ghassan   216f., 232f.
Karmel-Wolfe, Henia   160f.
Karmel Zucker, Ilona   160f.
Kasnitz, Adrian   250
Kastein, Josef   59
Keissar, Adi   108f.
Khalidi, Walid   186
Kincaid, Jamaica   44f.
Kiš, Danilo   75
Koch, Gertrud   137
Koen-Sarano, Matilda   253
Kohen, Tobias   54f.
Kompert, Leopold   152f., 162
Kracauer, Sigfried   81
Krechel, Ursula   250
Kreitman, Esther   134f.
Kwitko, Lejb   128
Lachmann, Hedwig   146
Landauer, Gustav   146, 279
Lasker-Schüler, Else   173
Lefebvre, Henri   117
Leibowitz, Nechama   290
Lepicard, Etienne   55
Levi, Primo   262
Liebknecht, Sophie   268
Liska, Vivian   173
Lispector, Clarice   12, 254
Londres, Albert   6, 243ff.
Lovinescu, Eugen   227

Luxemburg, Rosa   268
Luzzatto, Moshe Chaim   86f.
Machfus, Nagib   15, 278
Machover, Moshé   209
Makhoul, Marwan   232f.
Malamud, Bernard   169f.
Mandelstam, Ossip   70
Manger, Itzik   62ff.
Mansour, Joyce   206f.
Margolin, Anna   280ff.
Marx, Karl   117, 125, 178, 217
Masalha, Salman   105, 141
Matalon, Ronit   180f.
Meeropol, Abel   165
Memmi, Albert   210f.
Meyer, Eva   137, 263
Michael, Sami   78f., 217
Michaux, Henri   74
Miron, Dan   256
Moati, Nine   71
Mojem, Helmuth   189
Molodowsky, Kadia   241f.
Naipaul, V. S.   183
Naqqash, Samir   218f.
Neeman, Yael   192f.
Norich, Anita   242
Ottinger, Ulrike   250
Oz, Amos   197
Ozick, Cynthia   197
Papisto Boy   235
Pappenheim, Bertha   291
Pasternak, Boris   122f.
Pedaya, Haviva   198ff., 287
Perec, George   27f.
Perlov, David   23
Picasso, Pablo   65
Pinto, Emmanuel   30f.
Pizarnik, Alejandra   74
Plath, Sylvia   150
Poe, Edgar Allan   146, 231
Proust, Marcel   171
Rabinowitsch, Sara   291
Rabinyan, Dorit   103
Rakusa, Ilma   75
Rembrandt   115
Reuveni, Yotam   194
Reza, Yasmina   130f.
Rhaïs, Elissa   38f.
Rokhman, Leyb   23
Romano, Immanuel   267
Rosenzweig, Franz   81, 279
Rosner, Orin   194
Roth, Philip   170
Roth, Joseph   81, 261
Sachs, Nelly   26
Safran Foer, Jonathan   94
Salem, Ali   277f.

Salhoov, Shva   184ff.
Salomon, Charlotte   137
Samir   222
Sándor, Petőfi   146
Sapir, Michal   132
Sarraute, Nathalie   276
Sartre, Jean-Paul   71
Schels, Peter C. A.   81
Scherlag, Marek   5
Schiffer, Gundula   250
Schneersohn Mishkovsky, Zelda   23, 83
Scholem Alejchem   141, 238ff.
Scholem, Gershom   15, 279
Schulz, Bruno   13, 33
Sebald, W. G.   162, 289
Seghers, Anna   115
Serri, Bracha   154f.
Shababo, Shoshana   274f.
Shabazi, Shalom   158f.
Shafner, Hyim   111
Shaked, Gershon   91
Shami, Izchak   204f.
Shammas, Anton   6ff., 197, 205
Shammas, Maurice   67f.
Shaul, Anwar   273
Shaw, George Bernard   135
Shehadeh, Raja   6, 248f.
Shenhav-Shahrabani, Yehouda   43
Shiran, Vicki   286f.
Shohat, Ella   222
Sikseck, Ayman   140f.
Singer, Isaac Bashevis   87, 135
Singer, Joshua   135
Sokolow, Nachum   149
Someck, Ronny   104f.
Somekh, Sasson   14f., 68
Sontag, Susan   94
Stav, Shira   155
Stein, Gertrude   65
Straschek, Günther Peter   250
Straub, Jean-Marie   125
Strzeminski, Władysław   33
Sucary, Yossi   271f.
Susa, Nissim   222
Sutzkever, Abraham   190f.
Tabib, Mordechai   174ff.
Tagore, Rabindranath   146
Talmud   9, 53, 55, 110f.
Tchernichovsky, Shaul   144f., 267
Tergit, Gabriele   168
Thomas, Adrienne   121
Tidhar, Lavie   40
Tokarczuk, Olga   6, 92f.
Traktor's Revenge   88
Tucholsky, Kurt   34
Tudela, Benjamin de   236

Tuwim, Julian   166f.
Tzabar, Shimon   208f.
Unbekannt (Ladino Hochzeitslied)   252f.
Varnhagen, Rahel   10, 263
Vogel, David   264f.
Vogel, Dworje   32f.
Voronca, Ilarie   226f.
Wallach, Yona   82f.
Weil, Grete   136, 162
Weiss, Peter   35
Werfel, Franz   18
Wilde, Oscar   146
Witte, Karsten   125
Wittgenstein, Ludwig   132
Wolfram, Gernot   13
Wollstonecraft, Mary   291
Wygodzki, Stanisław   167
Yehoshua, Avraham B.   197
Yeshurun, Helit   83
Yezierska, Anzia   133
Zach, Natan   256
Zamir, Shlomo   16f.
Zweig, Arnold   34
Zweig, Stefan   5
Zwi, Rose   127
Zwi, Sabbatai   15, 67

Thematischer Index

Angst 30f.
Anhänger 23
Auferstehung 276
Aufmerksamkeit 152f.
Aufstand 263
Augapfel 24f.
Behaglichkeit 184ff.
Beschwerde 290
Besitzer 232f.
Betrüger 42f.
Bewunderung 266
Bild 27f., 103, 218f., 223, 226f., 252f.
Bourgeoisie 90f.
Charme 273
Dankbarkeit 179
Deckerinnerung 130f., 178
Dekoration 27f., 150
Deutsch 162
Duftmischung 75, 164f., 261
Empathie 74
Entwurzelung 76f.
Erbe 232f.
Essen 67f., 92f., 94, 100ff., 138f., 140f., 166f., 169f., 182f., 187f., 243ff., 264f., 277f.
Familiengeschichte 108f.
Farbe 103, 133
Festungsarchitektur 115
Form 27f.
Frauenbild 202f., 285
Fremdländische Schiff 70
Fröhlichkeit 156f.
Fruchtbarkeit 252f.
Frühling 18
Führer 279
Galgen 164f.
Gastfreundschaft 134f., 169f., 179
Gedächtnisauslöser 30f., 95, 160f., 171, 184ff., 190f., 212f.
Gefahr 78f.
Geheimnis 120, 171, 206f.
Generationen 62ff., 280ff.
Geruch 142f., 171
Geschenk 50f., 137
Geschichtenträger 288f.
Gespött 150
Gesprächspartner 76f.
Gewohnheiten 56f.
Glücksbringer 137
Glühendes Gift 189
Güter 110f., 127, 214f., 216f., 277f.
Haptische Wahrnehmung 172

Heilmittel 58, 138f.
Heimat 96f.
Herausforderung 197
Hindernis 86f.
Ideologie 20f., 192f.
Imitation 32f., 133
Industrie 214f.
Intergenerationalität 152f.
Intimität 120
Jugend 156
Kenntnisse 269f.
Kennzeichen 223
Kleider 144f.
Kommunikation 248f.
Kontaktaufnahme 163
Körper 40, 194, 241f., 280ff.
Kriegsalltag 121, 124f.
Kultur 16f., 90f., 150
Leben nach dem Tod 158f.
Lebensmittel 56f., 58, 122f., 134f., 142f., 166f., 168, 204f., 212f., 236, 264f., 267, 277f., 291
Lebensquelle 66, 214f.
Legende 246f.
Linearität 65
Mahnmal 47
Männerbild 24f.
Maßangabe 98f.
Medikament 58, 204f.
Mengenangabe 208f.
Mensch 38f., 74, 108f., 144f., 147ff., 150, 156f., 158f., 160f., 190f., 194, 198ff., 202f., 246f., 273, 280ff., 292
Mitleid 62ff., 74
Musik 26
Musikinstrument 75
Nachbarschaftliche Verbindung 107
Name 16f., 81, 127, 160f., 192f., 273, 286f.
Nutz- und Ziergarten 168
Nutzlosigkeit 59
Öde 146
Opfer 66, 180f.
Optimismus 255f.
Ordnung 90f., 279
Ort 132, 234
Ort der Isolierung 44f., 71
Ortcharakterisierung 13, 14f., 40, 73, 76f., 92f., 95, 96f., 128, 162, 174ff., 184ff., 202f., 216f., 218f., 229ff., 236, 246f.
Perfektion 52f.
Perspektivwechsel 60f., 254, 292
Pracht 13, 88, 140f.
Produkt 32f.
Prüfung 197

Rätsel 198ff.
Refugium 197
Reichhaltigkeit 290
Reinheit 147ff., 158f.
Religiöse Vielfalt 84f.
Ressourcen 62ff.
Restort 89
Ritualelement 20f., 50f., 52, 84f., 154f., 221f., 252f., 267
Roboter 48f.
Rückblick 35
Ruhende Liebe 173
Sabbatbrauch 210f.
Sanftheit 12, 273
Scheitern 54f.
Schikanieren 82f.
Schimpfwort 238ff.
Schreibwaren 132
Schüler 23
Schutz 144f.
Schwäche 259f.
Sehnsucht 12, 26, 182f., 212f., 216f., 220
Sexualität 100ff., 120, 206f.
Sexuelle Vielfalt 116f.
Sortierungskriterium 103
Spiel 269f.
Spielzeug 82f., 274f.
Stadt 182f.
Stammbaum 81
Stellvertreter 258
Stereotyp 142f., 178, 243ff.
Stumpfsinn 268
Sünder 147ff.
Täter 232f.
Tatort 47
Tier 274f.
Tischsitten 121
Traum 104f., 110f., 132, 220
Trost 67f., 71, 104f., 255f.
Tsabar 118f.
Übersetzung 248f.
Ungerechtigkeit 24f.
Unmöglichkeit 34
Unordnung 30f., 180f.
Unreinheit 262, 271f.
Unschuld 154f.
Unterstützung 67f.
Unverwüstlichkeit 120, 190f.
Versager 259f.
Versteck 89, 122f.
Verstehen 124f.
Verwilderte Ordnung 257, 271f.
Verzauberung 138f., 266
Viehhändler 121
Vorfahrinnen 280ff.
Wachstum 194

Waffe 82f.
Wanderer 26
Weissagung 65
Werkzeug 221f.
Widerstand 262
Wildnis 54f., 86f., 180f.
Wissen 198ff., 250, 268
Wuchernde Kreisbewegung 60f.
Wunschgegenstand 50f., 52, 55, 92f., 94, 133, 187f., 206f., 290
Zaddik 147ff., 158f.
Zartheit 14f.
Zeitangabe 226f.
Zeitkapsel 196
Zugehörigkeit 223
Zugehörigkeitstest 235
Zuhause 73
Zuhörerin 23
Zukunft 110f.
Zurückverlangen 284

Quellennachweise

Shimon Adaf: אביבה-לא, Tel Aviv: Dvir Publishers, 2009; dt. Anne Birkenhauer

Schemu'el Josef Agnon: »אתרוגו של אותו צדיק«, in: האש והעצים, Tel Aviv: Schocken Publishing, 1962; dt. Anne Birkenhauer

Marjorie Agosín: »El sol cambiaba de colores«, in: *The White Islands / Las Islas Blancas,* Chicago: Swan Isle Press, 2016; dt. Roberto de Hollanda, © 2016 by Swan Isle Press

Ilse Aichinger: »Insurrektion«, in: *Schlechte Wörter,* Frankfurt am Main: S. Fischer, 1976

Chantal Akerman: *Marcher à côté de ses lacets dans un frigidaire vide,* Installation, 2004; dt: »Neben seinen Schnürsenkeln in einem leeren Kühlschrank laufen«, in: Cilly Kugelmann (Hg.), *Neben seinen Schnürsenkeln in einem leeren Kühlschrank laufen,* Übers. Barbara Honigmann, Berlin: Stiftung Jüdisches Museum Berlin / Laconic Press, 2007

Natan'el al-Fayyumi: بستان العقول, 1147, https://tablet.otzar.org; dt. Lydia Böhmer und Harry Oberländer

Yehuda al-Harisi: »תחכמוני: העט והחרב ומחלקותם, מי יותר נצרך לאישים ולמלחמתם«, in: תחכמוני שער 39, 1899; dt. Lydia Böhmer und Harry Oberländer

Aharon Almog: »לא קוקוס«, in: הצדעה לישראל: חילוטן ירושלים, Tel Aviv: Sifriyat Poalim, 1979; dt. Anne Birkenhauer, © All rights reserved by Hakibbutz Hameuchad Publishing House Ltd

Yehuda Amichai: »אֲהָבוֹת, טָעֻיוֹת, חֲלוּפִים«, in: גם האגרוף היה פעם יד פתוחה ואצבעות, Tel Aviv: Schocken Publishing, 1989; dt.: »Änderungen, Irrtümer, Lieben«, in: *Auch eine Faust war einmal eine offene Hand,* Übers. Alisa Stadler, München/Zürich: Piper, 1994, © Schocken Publishing

Anonymus/unbekannt: מוז׳אן יוקה מיסטע אין איל כאמיי, dt. Andrej Jendrusch

Salomon An-Ski: דער דבוק: צווישן צוויי וועלטן, Vilnius: Yisroel Kviat, 1919; dt.: *Der Dybuk – Dramatische Legende in vier Akten,* Berlin: Verlag Ost und West, Leo Winz, 1921

Isaac Asimov: *I, Robot,* Garden City, Doubleday, 1950; dt: *Ich, der Robot,* Übers. Otto Schrag, Berlin: Verlag Neues Leben, 1982

Isaak Babel: »Евреика«, in: *Петербург 1918,* hrsg. von E. Sicher, Ann Arbor: Ardis 1989; dt.: »Die Jüdin«, in: *Mein Taubenschlag. Sämtliche Erzählungen,* hrsg. von Urs Heftrich, Bettina Kaibach, Übers. dies. und Peter Urban, München: Hanser, 2014, © der deutschen Übersetzung: 2014 Carl Hanser Verlag GmbH & Co. KG, München

Shimon Ballas: והוא אחר, Tel Aviv: Hakibbutz Hameuchad, 2005; dt. Lydia Böhmer und Harry Oberländer, © All rights reserved by Hakibbutz Hameuchad Publishing House Ltd

Sigalit Banai: »עזרא שווייקי הפך לפלסטיני«, in: הכיוון מזרח 14, Bimat Kedem, 2007; dt. Lydia Böhmer und Harry Oberländer

Hamutal Bar Yosef: »אם אתה מצליח לזכור«, in: השתוות, Bnei Brak: Hakibbutz Hameuchad, 2010; dt.: »Falls du dich noch erinnerst«, in: *Akzente,* Heft 2 (April 2011) *Moderne hebräische Lyrik,* zusammengestellt von Ariel Hirschfeld, Übers. Anne Birkenhauer, hrsg. von Michael Krüger, München: Hanser, 2011, © All rights reserved by Hakibbutz Hameuchad Publishing House Ltd

Asenath Barzani: »איגרת מאת הרבנית אסנת ברזאני«, in: U. Melammed & R. Levine Melammed (Hg.), הרבנית אסנת: ראש הישיבה בכורדיסתאן, Jerusalem: *Pa'amim* 82 (2000); dt. Lydia Böhmer und Harry Oberländer

Giorgio Bassani: *Il giardino dei Finzi-Contini,* Turin: Einaudi, 1962; dt.: *Die Gärten der Finzi-Contini,* Übers. Herbert Schlüter, München: Piper, 1963, © 2001, 2008 Verlag Klaus Wagenbach, Berlin

Jurek Becker: *Jakob der Lügner,* Frankfurt am Main: Suhrkamp 1976, © Suhrkamp Verlag Berlin

Miri Ben Simhon: »שיבולת דקה בכד חרס עתיק«, in: שיבולת דקה בכד חרס עתיק, Tel Aviv: Alef, 1985; dt. Lydia Böhmer und Harry Oberländer

Walter Benjamin: »Die Speisekammer«, in: *Berliner Kindheit um Neunzehnhundert,* Gesammelte Schriften IV, 1, Frankfurt am Main: Suhrkamp 1972

Inez Bensusan: »The Apple«, in: Susan Croft (Hg.), *Votes for Women and Other Plays,* Richmond: Aurora Metro Publications, 2009; dt. Wiebke Meier

Tamar Berger: ויינוסוס בסנטר, Tel Aviv: Hakibbutz Hameuchad – Siman Kri'a Books, 1998; dt. Lydia Böhmer und Harry Oberländer

Klara Blum: *Der Hirte und die Weberin. Autobiographischer Roman,* in: *Klara Blum, Kommentierte Auswahledition,* hrsg. von Zjidong Yang, Wien: Böhlau, 2001

Rahel Bluwstein Sela: »אקליפטוס«, in: מנגד, Tel Aviv: Davar, 1930; dt. Lydia Böhmer und Harry Oberländer

Claude Cahun: »Untitled Manuscript«, in: Eran Schaerf: *Frequency-Modulated Scenario,* Berlin: Archive Books, 2015; dt.: »Unbetiteltes Manuskript«, in: Eran Schaerf: *Frequenzmoduliertes Szenario,* Übers. Wilfried Prantner, München: Belleville Verlag, 2015

Orly Castel-Bloom: »עונת המתים«, in: חיי חורף, Tel Aviv: Hakibbutz Hameuchad – Siman Kri'a Books, 2010, dt. Anne Birkenhauer, © All rights reserved by Hakibbutz Hameuchad Publishing House Ltd

Paul Celan: »Corona«, in: *Mohn und Gedächtnis. Gedichte,* Stuttgart: Deutsche Verlags-Anstalt, 1952, © Deutsche Verlags-Anstalt, München, in der Penguin Random House Verlagsgruppe GmbH

Fausta Cialente: *Cortile a Cleopatra,* Mailand: Arnoldo Mondadori Editore, 1973; dt.: *Hof in Cleopatra,* Übers. Arianna Giachi, Zürich: Manesse, 1973

Hélène Cixous: »L'Approche de Clarice Lispector«, in: *Entre l'écriture,* Paris: des femmes, 1986; dt. Patricia Klobusiczky, © Des femmes-Antoinette Fouque

Annie Cohen: *La rivière des gobelins,* Tours: Farrago, 1999; dt. Patricia Klobusiczky

Dalia Cohen-Knohl: מעבר מנדלבאום, Jerusalem: Carmel, 2016; dt. Lydia Böhmer und Harry Oberländer

Gustav Cywiński Daniłowski: »Nad urwiskiem«, in: *Fragment pamiętnika: Policzek: Laureat: Nad urwiskiem: Rien ne va plus: Humoreska,* Warschau: Nakład i druk tow. Akc. S. Orgelbranda Synów, 1906; dt.: »Am Felsabhang«, Übers. Amalie Scherlag, in: Arthur Landsberger (Hg.), *Das Ghettobuch,* München: Georg Müller, 1914

Yael Dayan: מגע, Moshav Ben Shemen: Modan Publishing, 2014; dt. Anne Birkenhauer

Esther Dischereit: »Eine Frau spricht mit ihrem toten Mann«, in: *Blumen für Otello. Klagelieder,* Zürich: Secession Verlag für Literatur, 2014

Hilde Domin: »Apfelbaum und Olive«, in: *Gesammelte Gedichte,* Frankfurt am Main: S. Fischer, 1987, © S. Fischer Verlag GmbH, Frankfurt am Main 2009

Tsylie Dropkin: »רויטע בלום«, in: *In Heysn Vint,* New York: Shulsinger, 1935; dt. Susanne Klingenstein

Annette von Droste-Hülshoff: *Die Judenbuche. Ein Sittengemälde aus dem gebirgichten Westfalen,* Tübingen, Cotta, 1842

Nissim Ezekiel: »Edinburgh Interlude«, in: *Collected Poems,* Oxford/Delhi: Oxford University Press, 1992; dt. Wiebke Meier

Deborah Feldman: *Unorthodox: The Scandalous Rejection of My Hasidic Roots,* New York: Simon & Schuster, 2012; dt.: *Unorthodox. Eine autobiographische Erzählung,* Übers. Christian Ruzicska, München: btb, 2019, © 2012 by Deborah Feldman. Reprinted with the permission of Simon & Schuster, Inc. / dt. 2017, btb Verlag, München, in der Penguin Random House Verlagsgruppe GmbH

Lion Feuchtwanger: *Jud Süß,* München: Drei Masken Verlag 1925, © Aufbau Verlage GmbH & Co. KG, Berlin 1999, 2008

Hubert Fichte: *Petersilie. Die afroamerikanischen Religionen IV. Santo Domingo, Venezuela, Miami, Grenada,* Frankfurt am Main: S. Fischer, 1980, © S. Fischer Verlag GmbH, Frankfurt am Main 1980

Ida Fink: »Odpływający ogród«, in: *Skrawek czasu,* Warschau: Wydawnictwo W.A.B., 2002; dt.: »Der entgleitende Garten«, in: *Eine Spanne Zeit. Erzählungen,* Zürich: Unionsverlag, 1983

Lisa Fittko: »Der alte Benjamin«, in: *Mein Weg über die Pyrenäen,* München: Hanser, 1985. Der Text, ursprünglich in englischer Sprache verfasst, folgt der Übersetzung von Christoph Groffy, von Lisa Fittko für die Buchausgabe modifiziert, © der deutschen Fassung Carl Hanser Verlag GmbH & Co. KG, München.

Parnaz Foroutan: *The Girl from the Garden,* New York: HarperCollins, 2015

Franco Fortini: *I Cani del Sinai,* Macerata: Quodlibet, 2002; dt. Peter Kammerer und Antonia Weiße

Franz Fühmann: *Das Judenauto. Vierzehn Tage aus zwei Jahrzehnten,* Berlin: Aufbau Verlag, 1962, zit. nach der Neuausgabe bei Hinstorff, 2019

Yair Garbuz: תמיד פולני, Tel Aviv: Zemora Bitan, 1989; dt. Anne Birkenhauer

Elfriede Gerstl: *Mein papierener Garten. Gedichte und Denkkrümel,* Graz/Wien, Literaturverlag Droschl, 2006

Natalia Ginzburg: »Inverno in Abruzzo«, in: *Le piccole virtù,* Turin: Giulio Einaudi, 1962; dt.: »Winter in den Abruzzen«, in: *Die kleinen Tugenden,* Übers. Hedwig Kehrli und Alice Vollenweider, Berlin: Verlag Klaus Wagenbach, 1989 © 1989, 1996, 2001, 2016, 2020 Verlag Klaus Wagenbach, Berlin

Leah Goldberg: »אורן«, in: שירים ב, Tel Aviv: Sifriat Poalim, 1973; dt.: Norbert Oellers (Hg.), »Manche Worte strahlen«. Deutsch-jüdische Dichterinnen des 20. Jahrhunderts, Übers. Tuvia Rübner, Erkelenz, Altius-Verlag, 1999, © All rights reserved by Hakibbutz Hameuchad Publishing House Ltd

Nadine Gordimer: *The Pickup,* New York: Farrar, Straus & Giroux, 2001; dt.: *Ein Mann von der Straße,* Übers. Heidi Zerning, Berlin: Berlin Verlag, 2001, © The Estate of Nadine Gordimer / © der deutschen Übersetzung: 2001 Berlin Verlag in der Piper Verlag GmbH, Berlin und München

Avraham Halfi: »כל מה שאין לי«, in: שירים ב, Tel Aviv: Hakibbutz Hameuchad, 1988; dt. Lydia Böhmer und Harry Oberländer, © All rights reserved by Hakibbutz Hameuchad Publishing House Ltd

Amira Hass: לשתות מהים של עזה, Tel Aviv: Hakibbutz Hameuchad – Siman Kri'a Books, 1996; dt. Anne Birkenhauer, © All rights reserved by Hakibbutz Hameuchad Publishing House Ltd

Hebräische Bibel, משל יותם, ספר שופטים ט', פסוקים ו עד ט, Yarid Sfarim Edition, 1998; dt.: *Die Schrift. Die hebräische Bibel. Das Alte Testament,* Übers. Martin Buber und Franz Rosenzweig, Gerlingen: Schneider Verlag, 1954

Hebräische Bibel, במדבר י"א, פסוקים ד עד ו, Yarid Sfarim Edition, 1998; dt. Buch Mose 11, 4–6, in: *Die Heilige Schrift,* Übers. Naftali Herz Tur-Sinai, Berlin: Jüdische Gemeinde, 1934

Malka Heifetz Tussman: איך בין פרוי, Tel Aviv: Keshev Publishers, 1949; dt. Susanne Klingenstein

Heinrich Heine: »Ein Fichtenbaum steht einsam«, in: *Buch der Lieder,* Werke und Briefe 1, *Gedichte,* hrsg. von Hans Kaufmann, Textrevision Gotthard Erler, Berlin/Weimar: Aufbau Verlag 1980

Amira Hess: של התכלית בכל מה« עלייתנו לארץ הזאת שבלעה אותנו ומחצה את הורינו«, in: *Haaretz,* 30.6.2021; dt. Anne Birkenhauer

Yoel Hoffmann: השונרא והשמטרלינג, Jerusalem: Keter Publishing, 2001; dt. Anne Birkenhauer

Moses Ibn Esra: »כְּתֻנּוֹת פַּסִּים לָבַשׁ הַגָּן«, in: Haviva Ishay (Hg.), *An Anthology of Moshe ibn Ezra's Poetry. Hebrew Poetry of the Spanish Golden Age,* Tel Aviv: Haim Rubin Publishing House of Tel Aviv University, 2010; dt. Lydia Böhmer und Harry Oberländer

Solomon Ibn Gabirol: »מְלִיצָתִי בְּדַאֲגָתִי הֲדוּפָה«, in: שירים, שלמה אבן גבירול, Tel Aviv: Haim Rubin Publishing House of Tel Aviv University, 2007; dt. Lydia Böhmer und Harry Oberländer

Qasmuna bint Ismail al-Yahudi: »Eine arabische Dichterin«, in: Meyer Kayserling (Hg.), *Die jüdischen Frauen in der Geschichte, Literatur und Kunst,* Übers. Meyer Kayserling, Leipzig: Brockhaus 1879

Edmond Jabès: *Le Livre des Questions* I, Paris: Gallimard 1965; dt: *Das Buch der Fragen,* Übers. Henriette Beese, Frankfurt am Main: Suhrkamp, 1989, © Éditions Gallimard / dt. Suhrkamp Verlag Berlin 2019

Elfriede Jelinek: *Oh Wildnis, oh Schutz vor ihr*, Reinbek bei Hamburg: Rowohlt, 1985, © 1985, Rowohlt Verlag GmbH, Hamburg

Glikl bas Judah Leib: זכרונות מרת גליקל האמיל משנת ט״ז ועד שנת תע״ט, hrsg. von David Kaufmann, Frankfurt am Main: J. Kauffmann, 1896; dt.: *Die Memoiren der Glückel von Hameln*, Übers. Bertha Pappenheim, Wien: Meyer & Pappenheim, 1910

Franz Kafka: Ansichtspostkarte an seine Schwester Ottla, 1916, in: *Briefe an Ottla und die Familie*, odaha.com

Jacqueline Kahanoff: »To Remember Alexandria«, in: Deborah S. Starr und Sasson Somekh (Hg.), *Mongrels and Marvels: The Levantine Writings of Jacqueline Kahanoff*, Redwood City: Stanford University Press, 2011; dt. Wiebke Meier, © 2011 Estate of Jacqueline Shohet Kahanoff. Reprinted by permission of Ms. Laura d'Amade

Mascha Kaléko: »Selten vorkommende Küchenkräuter«, in: *Feine Pflänzchen. Rosen, Tulpen, Nelken und nahrhaftere Gewächse*, Düsseldorf: Eremiten-Presse, 1976

Ghassan Kanafani: أرض البرتقال الحزين», in: أرض البرتقال الحزين, Beirut: Arab Research Foundation, 1987; dt.: »Das Land der traurigen Orangen«, in: *Das Land der traurigen Orangen. Palästinensische Erzählungen I*, Übers. Hartmut Fähndrich, Basel: Lenos, 1983, © 1983 Lenos, Basel

Henia Karmel und Ilona Karmel: »Ślad na Ścianie«, in: *Pieśń ujdzie cało: Antologia wierszy o żydach pod okupacją niemiecką*, hrsg. von Michał Maksymilian Borwicz, Warschau u. a.: Centralna żydowska komisja historyczna przy Centralnym komitecie Zydów w Polsce, 1947; dt. Joanna Manc

Josef Kastein: *Eine palästinensische Novelle*, Haifa (Selbstverlag), 1942

Adi Keissar: »קיצור תולדות האהבה«, in: מוזיקה גבוהה, Tel Aviv: Ars Poetika Publishing, 2016; dt. Lydia Böhmer und Harry Oberländer

Jamaica Kincaid: *Annie John*, New York: Hill & Wang Pub, 1985; dt.: *Annie John*, Übers. Barbara Henninges, München: Droemer-Knaur, 1992

Danilo Kiš: *Rani jadi: za decu i osetljive*, hrsg. von Ivana Sor und Milisav Savić, Zagbreb: Globus / Belgrad: Prosveta, 1970; dt.: »Im Herbst, wenn die Winde aufkommen«, in: *Familienzirkus. Die großen Romane und Erzählungen*, hrsg. und Nachwort von Ilma Rakusa, München: Carl Hanser, 2014, © dt. 2014 Carl Hanser Verlag GmbH & Co. KG, München

Tobias Kohen: אחימן ושולמית, Warschau: Haim Kelter Verlag, 1885; dt. Lydia Böhmer und Harry Oberländer

Leopold Kompert: »Eine Verlorene. Eine Dorfgeschichte böhmischer Juden«, in: *Böhmische Juden*, Wien: Jaspar, Hügel und Manz, 1851

Siegfried Kracauer: *Ginster*, Frankfurt am Main: Suhrkamp, 1990, © Suhrkamp Verlag Berlin 2011

Ursula Krechel: *Shanghai fern von wo*, Salzburg: Jung und Jung, 2008

Esther Kreitman: »די נייע וועלט«, in: *Yikhes*, London: Narod Press, 1949; dt.: »Die neue Welt«, in: Frieda Forman u. a., *Aus der Finsternis geborgen: Erzählungen jiddischer Autorinnen*, Übers. Armin Eidherr, Salzburg + Wien: Müller, 1999

Hedwig Lachmann: »Auswanderer«, in: *Gesammelte Gedichte*, Potsdam: Gustav Kiepenheuer, 1919

Else Lasker-Schüler: »Es kommt der Abend«, in: *Mein blaues Klavier. Neue Gedichte*, Jerusalem: Jerusalem Press, 1943

Primo Levi: *Il sistema periodico*, Turin: Einaudi, 1975; dt.: *Das periodische System*, Übers. Edith Plackmeyer, Berlin/Weimar: Aufbau-Verlag, 1988, © Aufbau Verlage GmbH & Co. KG, Berlin 1979, 1982, 2008

Clarice Lispector, *O lustre*, Rio de Janeiro: Livaria Agir Editora, 1946, dt.: *Der Lüster*, Übers. Luis Ruby, Frankfurt am Main: Schöffling & Co., 2013, © dt. Schöffling & Co. Verlagsbuchhandlung GmbH, Frankfurt am Main

Albert Londres: *Le juif errant est arrivé*, Paris: Albin Michel, 1930; dt.: »Ahasver ist angekommen«, in: *Ein Reporter und nichts als das*, Übers. Petra Bail und Dirk Hemjeoltmanns, Berlin: Die Andere Bibliothek, 2013, © dt. Aufbau Verlage GmbH & Co. KG, Berlin 2013

Rosa Luxemburg: Brief an Sophie Liebknecht, Breslau, 12.5.1918, in: *Briefe aus dem Gefängnis*, Berlin-Schöneberg: Verlag der Jugendinternationale, 1922

Moshe Chaim Luzzatto: מגדל עז או תומת ישרים, Warschau: Bi-defus Yitshak Goldman Print, 1885; dt. Lydia Böhmer und Harry Oberländer

Marwan Makhoul: أرض الباسيفلورا الحزينة, Baghdad/Beirut: Al-Jamal Publications, 2011; dt. Günther Orth

Bernard Malamud: »The Jewbird«, in: *Idiots First*, New York: Farrar, Straus & Giroux, 1963; dt.: »Der Judenvogel«, in: *Schwarz ist meine Lieblingsfarbe und andere Erzählungen*, Übers. Annemarie Böll, Köln: Kiepenheuer & Witsch, 1972

Ossip Mandelstam, »Еврейский хаос«, in: *Собрание Сочинений. Том второй. Проза*, New York: Inter-Language Literary Associates, 1971; dt.: »Feigenbaum«, in: *Das Rauschen der Zeit*, hrsg. und übers. von Ralph Dutli, Zürich: Ammann, 1985, © S. Fischer Verlag GmbH, Frankfurt am Main

Itzik Manger: »די באלאדע פון דעם האלצהעקער«, in: *Lid un Balade*, New York [Eigenverlag], 1953; dt. Susanne Klingenstein

Joyce Mansour: »Lorsque Myriam sortit de l'extase«, in: *Carré blanc*, Paris: Le Soleil Noir, 1965; dt. Patricia Klobusiczky

Anna Margolin: »מיון שטאַם רעדט«, in: *Drunk from the Bitter Truth*, Albany: State University of New York Press, 2005; dt. Susanne Klingenstein

Ronit Matalon: זה עם הפנים אלינו, Tel Aviv: Am Oved, 1995, S. 163; dt.: *Was die Bilder nicht erzählen*, Übers. Ruth Achlama, Reinbek b. Hamburg: Rowohlt Taschenbuch Verlag, 1998

Albert Memmi: *La statue de sel*, Paris: Gallimard, 1953; dt.: *Die Salzsäule*, Übers. Gerhard M. Neumann, Köln, Berlin: Kiepenheuer & Witsch, 1963, © Éditions Gallimard

Sami Michael: מים נושקים למים, Tel Aviv: Am Oved, 2001; dt. Lydia Böhmer und Harry Oberländer

Nine Moati, *Une Terrasse sur le Nil*, Paris: Ramsay, 2004; dt. Patricia Klobusiczky

Kadia Molodowsky: »פרויען־לידער«, in: Heshvendike Nekht, Vilnius: B. Kletskin, 1927; dt.: »Frauenlieder VIII«, in: Splitter von Licht und Nacht. Jiddische Gedichte: Anna Margolin, Kadja Molodowsky, Malka Heifetz Tussman und Rochl Korn, hrsg. und übers. von Peter Comans, Frankfurt am Main: Campus, 2013

Samir Naqqash: شلومو الكردي وأنا والزمن, Köln: Al-Kamel Verlag, 2004; dt. Günther Orth, © Sharjah – Al-Kamel Verlag, Baghdad

Yael Neeman: היינו העתיד, Tel Aviv: Ahuzat Bait, 2011; dt. Anne Birkenhauer

Bertha Pappenheim und Sara Rabinowitsch: Zur Lage der jüdischen Bevölkerung in Galizien. Reise-Eindrücke und Vorschläge zur Besserung der Verhältnisse, Frankfurt am Main: Neuer Frankfurter Verlag, 1904

Boris Pasternak: Доктор Живаго, Mailand: Feltrinelli Editore, 1957; dt.: Doktor Shiwago, Übers. Thomas Reschke, Frankfurt am Main: S. Fischer Verlag, 2011, © Aufbau Verlage GmbH & Co. KG, Berlin 1992, 2008

Haviva Pedaya: »חכמת האגוז«, in: The Eye of the Cat, Tel Aviv: Am Oved, 2009; dt. Anne Birkenhauer

Georges Perec: La Vie mode d'emploi. Romans, Paris: Hachette, 1978, dt.: Das Leben, Gebrauchsanweisung. Romane, Übers. Eugen Helmlé, Frankfurt am Main: Zweitausendeins, 1982, © dt. diaphanes, Zürich 2017. Mit freundlicher Genehmigung des Verlags.

Emmanuel Pinto: טינטוס, Tel Aviv: Hakibbutz Hameuchad, 2009; dt. Lydia Böhmer und Harry Oberländer, © All rights reserved by Hakibbutz Hameuchad Publishing House Ltd

Alejandra Pizarnik: »En la Oscuridad Abierta«, in: Poesía completa (1955–1972), Barcelona: Ed. Lumen, 2003; dt. Roberto de Hollanda

Marcel Proust: À la recherche du temps perdu – Du côté de chez Swann, Paris: Gallimard, 1926; dt.: »Auf dem Weg zu Swann«, in: Auf der Suche nach der verlorenen Zeit, Übers. Bernd-Jürgen Fischer, Stuttgart: Reclam, 2013, © 2013 Philipp Reclam jun. Verlag GmbH, Ditzingen

Dorit Rabinyan: גדר חיה, Tel Aviv: Am Oved, 2014; dt.: Wir sehen uns am Meer, Übers. Helene Seidler, Köln: Kiepenheuer & Witsch, 2016, © Gader Chaija/Borderlife 2014

Yasmina Reza: Nulle part, Paris: Albin Michel, 2005; dt.: Nirgendwo, Übers. Eugen Helmlé, Frank Heibert und Hinrich Schmidt-Henkel, München: Hanser, 2012, © dt. Carl Hanser Verlag GmbH & Co. KG, München

Elissa Rhaïs: »Enfants de Palestine«, in: Michel Abitbol und Guy Dugas (Hg.), Israël. Rêve d'une terre nouvelle, Paris: Omnibus, 1998, dt. Patricia Klobusiczky

Immanuel Romano: מחברות עמנואל, Konstantinopel: Poznin, 1535; dt. Anne Birkenhauer

Orin Rosner: »לפסיכולוגית יעל«, in: גורי רוח. Bnei Brak: Hakibbutz Hameuchad, 2019; dt. Lydia Böhmer und Harry Oberländer, © All rights reserved by Hakibbutz Hameuchad Publishing House Ltd

Joseph Roth: Hiob. Roman eines einfachen Mannes, Berlin: Gustav Kiepenheuer, 1930

Nelly Sachs: »In der blauen Ferne«, in: Fahrt ins Staublose. Gedichte, Frankfurt am Main: Suhrkamp, 1961, © Suhrkamp Verlag Berlin

Jonathan Safran Foer: Everything Is Illuminated, Boston: Houghton Mifflin Co., 2002, dt.: Alles ist erleuchtet, Übers. Dirk van Gunsteren, Köln: Kiepenheuer & Witsch, 2003, © dt. 2003, Verlag Kiepenheuer & Witsch GmbH & Co. KG, Köln

Ali Salem: رحلة إلى إسرائيل, Kairo: Madbouli Al Saghir Library, 1996; dt.: Ein Ägypter zu Besuch. Eine Reise nach Jerusalem, Übers. Ruben Schenzle, Berlin: AphorismA Verlagsbuchhandlung, 2012

Shva Salhoov: מח יש לך, אסתר, Jerusalem: Keter, 2005; dt. Lydia Böhmer und Harry Oberländer

Charlotte Salomon: Leben? Oder Theater? Ein autobiographisches Singspiel in 769 Bildern, Köln: Kiepenheuer & Witsch, 1981

Michal Sapir: הריקוד המודרני, Hevel Moddi'in Kineret, Zmora-Bitan, Dvir Publishing House, 2018; dt. Anne Birkenhauer

Nathalie Sarraute: Enfance, Paris: Gallimard, 1983; dt.: Kindheit, Übers. Elmar Tophoven, Köln: Kiepenheuer & Witsch, 1986, © Éditions Gallimard, Paris, 1983 / dt. Suhrkamp Verlag Berlin 2017

Zelda Schneersohn Mishkovsky: »היה מלמד תנ״ך«, in: פנאי, Tel Aviv: Hakibbutz Hameuchad, 1967; dt. Lydia Böhmer und Harry Oberländer, © All rights reserved by Hakibbutz Hameuchad Publishing House Ltd

Scholem Alejchem: פונעם יאריד: א מענה־לשון פון א שטיפמאמע, Warschau: Literarische Blätter, 1939; dt.: Vom Jahrmarkt, Übers. Leny Klementinwskaja, Kiew: Staatsverlag der nationalen Minderheiten der UdSSR, 1941

Bruno Schulz: »Sierpień«, in: Sklepy cynamonowe / Sanatorium pod Klepsydrą / Kometa, Krakau: Wydawnictwo Literackie, 1957; dt.: »August«, in: Die Zimtläden, Übers. Doreen Daume, München: Carl Hanser, 2008, © 2008 Carl Hanser Verlag GmbH & Co. KG, München

W. G. Sebald: Austerlitz, München: Carl Hanser, 2001, © 2001, The Estate of W. G. Sebald, used by permission of The Wylie Agency (UK) Limited / 2001 Carl Hanser Verlag GmbH & Co. KG, München

Anna Seghers: »Der Ausflug der toten Mädchen«, in: Erzählungen 1926–1944, Gesammelte Werke in Einzelausgaben Bd. IX, Berlin: Aufbau-Verlag, 1981

Bracha Serri: »בְּזָרוֹעַ נְטוּיָה (זֶבַח פֶּסַח)«, in: אוסף הא-גדה (הגדה לפה-סח) (bisher unveröffentlicht), mit freundlicher Genehmigung von Nizchia Serri und Amichai Serri-Menkes; dt. Lydia Böhmer und Harry Oberländer

Shoshana Shababo: מריה, Tel Aviv: Keshet HaMizrach, 2001; dt. Anne Birkenhauer

Shalom Shabazi: »יקול אלשבזי נאלנא אלעוזי«, in: שלום שבזי שירים, hrsg. von Yosef Tobi in Zusammenarbeit mit Paltiel Giat, Tel Aviv: Haim Rubin Publishing House of Tel Aviv University, 2012; dt. Lydia Böhmer und Harry Oberländer

Jizchak Shami: »רוֹעִים: גּוּמְעָה אָלאַהְבַּל«, in: *Moznaim 5 / מאזנים ה*, Hebrew Writers Association in Israel, 1937; dt. Anne Birkenhauer, © Joseph Zernik

Anton Shammas: ערבסקות, Tel Aviv: Am Oved, 1986; dt.: *Arabesken*, Übers. Magali Zibaso, München/Zürich: Piper, 1989

Maurice Shammas: الشيخ شبتاي وحكايات من حارة اليهود: قصص, Shafaʿamru: Dār al-Mashriq, 1979; dt. Günther Orth

Anwar Shaul: بنفسجة, Jerusalem: The Hebrew University, Moreh, 1981; dt. Günther Orth

Raja Shehadeh: *Palestinian Walks: Forays into a Vanishing Landscape*, London: Profile Books, 2007; dt.: *Wanderungen in Palästina: Notizen zu einer verschwindenden Landschaft*, Übers. Jürgen Heiser, Zürich: Unionsverlag, 2011

Vicki Shiran: »נשים קטנות«, in: שוברת קיר, Tel Aviv: Am Oved, 2005; dt. Lydia Böhmer und Harry Oberländer

Ayman Sikseck: אל יפו, Tel Aviv: Miskal – Yedioth Ahronot Books and Chemed Books, 2010; dt.: *Reise nach Jerusalem*, Übers. Ruth Achlama, Zürich: Arche Verlag, 2012

Ronny Someck: »סמין, שיר על נייר זכוכית«, in: *Gan Eden le Orez*, Tel Aviv: Zmora-Bitan, 1996; dt. Udi Levy

Sasson Somekh: בגדאד, אתמול, Tel Aviv: Hakibbutz Hameuchad – Siman Kriʾa Books, 2003; dt. Anne Birkenhauer, © All rights reserved by Hakibbutz Hameuchad Publishing House Ltd

Gertrude Stein: »Mrs. Reynolds«, in: *Mrs. Reynolds and Five Earlier Novelettes*, New Haven, CT: Yale University Press, 1952; dt.: *Frau Reinelt*, Übers. Klaus Schmirler, Hamburg: Achilla-Presse, 1998

Yossi Sucary: בנגאזי-ברגן-בלזן, Tel Aviv: Am Oved, 2013; dt. Anne Birkenhauer

Abraham Sutzkever: »1975«, in: *Lider fun ṭogbukh*, Tel Aviv: Di goldene ḳeyṭ, 1977, dt. Susanne Klingenstein

Mordechai Tabib: כעשב השדה, Sifriat Poalim, 1948; dt. Anne Birkenhauer, © All rights reserved by Hakibbutz Hameuchad Publishing House Ltd

תלמוד בבלי, מסכת תענית, דף כ"ג עמוד א hrsg. von Henry Malter, Philadelphia: The Jewish Publication Society of America 1928; dt.: *Der Tractat Taanit des babylonischen Talmud*, Übers. D. O. Straschun, Halle: Niemeyer 1883

Shaul Tchernichovsky: »הרב שמחה לאו-דווקא«, in: שירים, Tel Aviv: Schocken Publishing, 1957; dt.: *Dein Glanz nahm mir die Worte*, Bd. II: *Autobiographie, Poeme, Das goldene Volk*, Übers. Jörg Schulte, Berlin: Edition Rugerup, 2020

Gabriele Tergit: *Effingers*, Frankfurt am Main: Schöffling & Co., 2019, © Schöffling & Co. Verlagsbuchhandlung GmbH, Frankfurt am Main, 2019

Adrienne Thomas: »Die Katrin wird Soldat«, in: *Die Katrin wird Soldat und Anderes aus Lothringen*, St. Ingbert: Röhrig Universitätsverlag, 2008

Olga Tokarczuk: *Księgi Jakubowe*, Krakau: Wydawntwo Literackie, 2014; dt.: *Die Jakobsbücher*, Übers. Lisa Palmes und Lothar Quinkenstein, Zürich: Kampa, 2019

Kurt Tucholsky: Brief an Arnold Zweig, 15. Dezember 1935, in: *Politische Briefe*, Reinbek bei Hamburg: Rowohlt, 1984

Benjamin de Tudela: ספר מסעות בנימין, Warschau: David de Castro Tartas, 1844; dt.: »Die Reisen des Rabbi Benjamin dar Jona von Tudela«, in: *Jüdische Reisen im Mittelalter / Benjamin von Tudela, Petachja von Regensburg*, Übers. Stefan Schreiner, Köln: Parkland-Verlag, 1998

Julian Tuwim: »Spóźniony słowik«, in: *Wiadomości Literackie* 17 (IV/1938); dt.: »Herr Nachtigall kommt spät nach Haus«, in: *Droga nie ma końca. Antologia wierszowanej bajki polskiej*, Übers. Bernhard Hartmann, Wrocław: Biuro Festiwalowe IMPART, 2016, © Fundacja im. Juliana Tuwima i Ireny Tuwim, Warszawa 2006 / Übersetzung © Bernhard Hartmann

Shimon Tzabar: 1996 תפילה, Poem 13 https://www.shimontzabar.com/poetry.html; dt. Lydia Böhmer und Harry Oberländer

Rahel Varnhagen: *Rahel. Ein Buch des Andenkens für ihre Freunde*, hrsg. von Karl August Varnhagen van Ense, Berlin: Duncker & Humblot, 1834

David Vogel: למכה הים, Hebräische Ausgabe in der Fassung von Menakhem Perry, nach den Manuskripten des Autors, Bnei Brak: Siman Kriʾa Books / Hakibbutz Hameuchad, 2005; dt.: »An der See«, in: *Im Sanatorium / An der See – Zwei Novellen*, Übers. Ruth Achlama, München: List, 1994, © Menakhem Perry, © All rights reserved by Hakibbutz Hameuchad Publishing House Ltd

Dworje Vogel: בלומען-געשעפטן מיט אאליעס, Lemberg: Varshe, 1935; dt.: *Die Geometrie des Verzichts. Gedichte, Montagen, Essays, Briefe*, Übers. Anna Maja Misiak, Wuppertal: Arco, 2016

Ilarie Voronca: »Oval«, in: *Invivaţie la bal*, Bukarest: Editura Unu, 1931; dt.: »Oval«, Übers. Franz Hodjak, in: *Texte der rumänischen Avantgarde 1907–1947*, Leipzig: Reclam, 1988

Yona Wallach: »יונתן«, in: דברים, Jerusalem: Achshav Publishing House, 1966; dt. Lydia Böhmer und Harry Oberländer

Grete Weil: *Tramhalte Beethovenstraat*, Frankfurt am Main: Fischer Taschenbuch Verlag, 1983

Peter Weiss: *Abschied von den Eltern*, Frankfurt am Main: Suhrkamp 1961, © Suhrkamp Verlag Frankfurt am Main 1961

Franz Werfel: *Die vierzig Tage des Musa Dagh*, Berlin: Zsolnay, 1933

Anzia Yezierska: »Wings«, in: *Hungry Hearts*, New York: Penguin Books, 1996; dt. Wiebke Meier

Shlomo Zamir: »אני חנוני המתלבש ניצוצות, כסוחר וכצייני מהמאה הי"ד סטגוניס«, in: Jerusalem: Carmel 2017; dt. Anne Birkenhauer

Rose Zwi: *Safe Houses. A Novel of Love and Betrayal in South Africa*, Mission Beach: Spinifex Press, 1993; dt. Wiebke Meier

Dank an die Autorinnen und Autoren, deren Werke wir für die Recherche als Quellen herangezogen haben, die Personen, die uns mit Hinweisen und Gesprächen unterstützt haben, sowie die Organisationen, deren Webseiten wir konsultiert haben:

Ruth Almog, Kzia Alon, Peter-André Alt, Menashe Anzi, Amit Assis, Nava Atlas, Verena Auffermann, Carol J. Avins, blacksash.org, Almog Behar, Uriel Ben Ami, Schalom Ben-Chorin, Frank Birbalsingh, Daniel Blatman, Elena Blum, Avi Bohbot, Jan Brandt, Nicola Brenez, Patricia Brett Erens, Jens Brüning, David Neo Buhbut, Nissim Calderon, Ennio Cavalli, Hayyim J. Cohen, Madeleine Cottenet-Hage, Arthur Ernest Cowley, Susan Croft, Catherine Daligga, Uri Davis, Marie-Francine Desvaux-Mansour, Yuval Evri, Lisbeth Exner, Omer Fast, FrauenMediaTurm, geschichte-menschenrechte.de, Donatien Grau, Assaf Gruber, Doron Halutz, Susan Hawthorne, Helmut Herbst, Sara R. Horowitz, Danièle Huillet, Carol Iancu, Felix Philipp Ingold, Haviva Ishay, israelnetz.com, Gili Izikowitz, Maya Jaggi, Andrej Jendrusch, Jewish Virtual Library, Hanan Jiyad, Herbert Kapfer, Eran Katzav, Beth Kissileff, Elisa Klapheck, Lea Klibanoff-Ron, Marie-Luise Knott, Matilda Koen-Sarano, Grażyna Legutko, Leo Baeck Institute, Shiri Lev-Ari, Isabelle Levy, Noa Limone, Tamar Marin, Ariana Melamed, Renée Levine Melammed, Uri Melammed, Eva Marin Sartori, marxists.org, Jakov Z. Mayer, Jonatan Meir, Eva Meyer, Uri Misgav, Anna Maja Misiak, MIT Tech Talk, Emilie Moorhouse, Christine Nagel, Yigal S. Nizri, Anita Norich, Amos Noy, Mary-Elizabeth O'Brian, Yair Oron, Maria Serena Palieri, Tomer Persiko, Matthew Phipps, Susan Pfisterer, Pier Francesco Pompeo, Ion Pop, Rotem Preger Wagner, Matan Radin, Yehuda Ratzaby, Miriam Rosen, Catherine Rottenberg, Susan Rubin Suleiman, Rabbi Amy Scheinerman, Günther Scholdt, Franz Schuh, Christa Schulze-Rohr, Uwe-Jens Schumann, Maya Sela, Daniel Septimus, Shimon Shamir, Hyim Shafner, Mati Shemoelof, Helena Shillony, Michał Sobelman, Ingrid Steiger-Schumann, Jean-Marie Straub, Lior Tal Sadeh, Ran Tal, Aleksander Tišma, Yosef Tobi, Ralph Tyler, Nelson H. Vieira, Annegret Walz, Will Winkler, Uljana Wolf, Jennifer Young, Oliver Zahm, Natalie Zemon Davis, Yang Zhidong

Dank an Bernd Scherer für sein Vertrauen und die großzügige Unterstützung

Dank an ARGE / Margherita Fanin, Wilfried Kuehn, Manfred Pernice und atelier le balto für ihre Einladung, an der konzeptionellen Entwicklung des Jüdischen Gartens in den Gärten der Welt in Berlin mitzuwirken

Dank an Eva Meyer für ihre Lektüre

Herausgeber*innen: Itamar Gov, Hila Peleg, Eran Schaerf
Editorische Notizen: Eran Schaerf
Gesamtkoordination: Philipp Albers
Redaktion und Lektorat: Martin Hager
Korrektorat: Kirsten Thietz
Redaktionelle Mitarbeit: Ella Shechter
Redaktionelle Beratung: Anne Birkenhauer, Efrat Gal-Ed, Günther Orth
Rechercheassistenz: Maisan Hamdan, Clemens Hübner, Itamar Orlev
Umschlag, Gestaltung und Satz: Flo Gaertner (magma design studio)
Schrift: Genath (Optimo)
Herstellung: Stefanie Schelleis, München
Druck und Bindung: CPI books GmbH, Leck

Diese Publikation ist Teil des HKW-Projekts *Das Neue Alphabet* (2019–2022), gefördert von der Beauftragten der Bundesregierung für Kultur und Medien aufgrund eines Beschlusses des Deutschen Bundestages.

Haus der Kulturen der Welt
John-Foster-Dulles-Allee 10
D-10557 Berlin
www.hkw.de

Das Haus der Kulturen der Welt ist ein Geschäftsbereich der Kulturveranstaltungen des Bundes in Berlin GmbH (KBB).
Intendant: Bernd Scherer
Geschäftsführung: Charlotte Sieben
Vorsitzende des Aufsichtsrats: Claudia Roth, MdB Staatsministerin für Kultur und Medien

Das Haus der Kulturen der Welt wird gefördert von

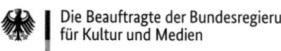  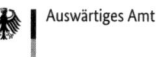